Julia Fülling

Wonach schmeckt Herkunft?

Geographische Handelsforschung

GHF 33

Herausgeber
Maike Dziomba, Sina Hardaker, Elmar Kulke,
Cordula Neiberger, Peter Pez, Jürgen Rauh

Schriftleitung
Jürgen Rauh (kommissarisch)

Schriftenreihe des Arbeitskreises Geographische Handelsforschung in der Deutschen Gesellschaft für Geographie in Zusammenarbeit mit dem Institut für Geographie und Geologie an der Julius-Maximilians-Universität Würzburg

Julia Fülling

Wonach schmeckt Herkunft?

Über (Nicht-)Wissen beim Lebensmittelkonsum und die Bedeutung der Geographien und Biographien von frischem Obst und Gemüse

Würzburg University Press

Dissertation, Humboldt-Universität zu Berlin
Mathematisch-Naturwissenschaftliche Fakultät, 2021
Gutachter: Prof. Dr. Elmar Kulke (Humboldt-Universität Berlin), Prof. Dr. Sabine Fuss (Humboldt-Universität Berlin), Prof Dr. Angela Million (Technische Universität Berlin)

Gefördert durch die Deutsche Forschungsgemeinschaft (DFG) – Projektnummer 290045248 – SFB 1265.

Impressum

Julius-Maximilians-Universität Würzburg
Würzburg University Press
Universitätsbibliothek Würzburg
Am Hubland
D-97074 Würzburg
www.wup.uni-wuerzburg.de

Print on Demand

Titelbild: Julia Fülling

ISSN 2196-5811 (print)
ISSN 2626-8906 (online)
ISBN 978-3-95826-182-2 (print)
ISBN 978-3-95826-183-9 (online)
DOI 10.25972/WUP-978-3-95826-183-9
URN urn:nbn:de:bvb:20-opus-268869

Inhalt

Verzeichnis der Abbildungen

Verzeichnis der Tabellen

Verzeichnis der Exkurse

Verzeichnis der Abkürzungen

BMEL	Bundesministerium für Ernährung und Landwirtschaft
CVUAS	Chemisches und Veterinäruntersuchungsamt Stuttgart
FAO	Food and Agriculture Organization
HDE	Handelsverband Deutschland

1 Einleitung

Das Angebot an frischen Lebensmitteln wie Obst und Gemüse hat in den letzten Jahrzehnten an Vielfalt gewonnen und Konsument*innen[1] können sich heute an stets prall gefüllten Warenauslagen mit preisgünstigen, regionalen, exotischen und frischen Angeboten im Supermarkt erfreuen. Ermöglicht wird dieses Angebot durch ein globales Nahrungsmittelsystem, in dem einerseits große Distanzen überwunden und andererseits entfernte Orte genauso wie die verschiedenen Akteur*innen der Warenkette, also Landwirt*innen, Logistiker*innen, Händler*innen und schließlich auch Konsument*innen miteinander verbunden werden (Cook et al. 1998). Dieses System gerät zunehmend in die Kritik, wird es doch in Verbindung gebracht mit großen Umweltbelastungen, hohen Ressourcenverbräuchen und unfairen Handelsbeziehungen (Ermann/Strüver 2020: 5). Im globalisierten Nahrungsmittelsystem treten durch den Konsum von Lebensmitteln das Private und das Politische in Verbindung, indem Beziehungen zwischen verschiedensten Menschen entstehen und der Konsum damit zum „Politikum jenseits des essenden Körpers bzw. des konsumierenden Subjekts“ (Ermann/Strüver 2020: 2) wird.

Der Konsum von Lebensmitteln, d.h. die Auswahl, der Erwerb, die Zubereitung, der Verzehr und die Entsorgung sind integraler Bestandteil des menschlichen Lebens. Er erfüllt dabei zum einen eine Versorgungsfunktion, indem er die Nährstoffaufnahme sicherstellt. Zum anderen hat er aber auch gesellschaftliche und individuelle Funktionen, wie etwa als Ausdruck von Individualität, Zugehörigkeit und Distinktion (Rössel/Pape 2009) sowie als Mechanismus gesellschaftlicher Teilhabe (Pfeiffer 2014: 13). Als kulturelle und soziale Praxis berührt er damit „issues from health to nationalism, from ethics to aesthetics, from local politics to the role of transnational corporations in global regimes of accumulation“ (Bell/Valentine 1997: 3).

Lebensmittelkonsum als Thema der Geographie: Forschungslücke und Ziel der Arbeit

Der Konsum von Lebensmitteln ist in verschiedenen wissenschaftlichen Disziplinen relevant. Konsum als Gegenstandsbereich der Geographie ist jedoch insgesamt unterrepräsentiert. Er hat nach Ermann/Pütz (2020: 64) seine Wurzeln einerseits in der geographischen Handelsforschung, die sich mit den raumstrukturellen Bedingungen des Einkaufsverhaltens sowie dem Einfluss des Einkaufsverhaltens auf den Betriebsformenwandel befasst (z.B. Dannenberg et al. 2017; Kulke 2005; Martin 2005). Zum anderen ist er beeinflusst von den *cultural studies,* in denen der Konsum als konstitutiver

[1] Das Gender-Sternchen verwende ich, wenn es sich um (Einzel-)Personen handelt. Handelt es sich um juristische Entitäten, wie Unternehmen o.ä. verzichte ich darauf. So wird z.B. der*die Händler*in gegendert, wenn ich mich auf die Händler*innenpersönlichkeit beziehe, der Händler im Sinne einer Einheit des Lebensmitteleinzelhandels hingegen wird nicht gegendert.

Gesamtprozess (post-)moderner Gesellschaften untersucht wird (z.B. Crewe 2003; Goss 2004, 2006). Die Konsumgeographie beschäftigt sich mit unterschiedlichen Schwerpunkten, wie Konsumorten, Konsum als Globalkultur oder dem Zusammenhang von Konsum und Wertschöpfung. Die Forschung zu Lebensmitteln in der deutschsprachigen Geographie war lange Zeit stark fokussiert auf die Nahrungsmittelproduktion. So werden in der Wirtschaftsgeographie die Verteilung von Produktionsstandorten oder globale und transnationale Warenströme untersucht. In der Agrargeographie liegt der Fokus hingegen auf der landwirtschaftlichen Produktion. Themen wie Ernährungssicherung, Nahrungssouveränität und Aspekte globaler Ungleichheit beschäftigten die geographische Entwicklungsforschung und die politische Geographie (Augustin 2020: 42-43; Schmied 2018: 11). Der Konsum von Nahrungsmitteln wurde, insbesondere in der deutschsprachigen geographischen Forschung, bisher nur wenig empirisch untersucht. Ausnahmen bilden hier bspw. die Arbeiten von Marit Rosol zum Urban Gardening in Berlin (als Beispiel für *prosumerism*[2]) (Rosol 2005), Julika Weiß' Studie zum Umweltverhalten beim Lebensmitteleinkauf in Berlin (Weiß 2006) sowie Hanna Augustin zum Zugang zu Nahrungsmitteln in Städten am Beispiel Bremens (Augustin 2020).

Das Wissen der Akteur*innen der Warenkette und somit auch der Konsument*innen über die Nahrungsmittel, die sie produzieren, handeln und einkaufen, ist bislang in der Forschung hingegen unterbelichtet (Kulke et al. 2020: 4). Zwar konnte Weiß (2006: 233, 240) in ihrer Arbeit zeigen, dass Wissensdefizite über Waren bei Konsument*innen, z.B. durch unklare Kennzeichnung, ein Hemmnis für nachhaltigen Konsum sind. Welches Wissen für Konsument*innen heute beim Lebensmitteleinkauf relevant ist, ist jedoch unklar. Praxistheoretische Ansätze in der Konsumforschung beleuchten zwar den habitualisierten Charakter des (Lebensmittel-)Konsums (Warde 2005), welche bewussten Reflexionsprozesse den Routinen vorausgingen bleibt bei diesen Ansätzen jedoch häufig unberücksichtigt (Knoblauch 2017: 35-36). Dabei sind Forderungen nach aufgeklärten und in Folge dessen – so die Hoffnung – *verantwortungsvollen* Konsument*innen sowohl von der Politik als auch der Zivilgesellschaft zu vernehmen. Räumlich disperse Produktionsnetzwerke und lange Warenketten machen es für Konsument*innen bisweilen jedoch schwierig die *Geographien und Biographien* der Nahrungsmittel zu überblicken (Cook et al. 1998). Und zugleich erfordert der alltägliche Lebensmitteleinkauf diese Auseinandersetzung mit der Produktion der Waren auch gar nicht (Harvey 1990), bzw. wird sie durch Praktiken der Verschleierung (ebd.), der Dissoziation (Ibert et al. 2019) oder des selektiven Storytellings (Hering/Fülling 2021) auf Seiten des Handels erschwert. Es zeigt sich, nicht nur was Konsument*innen wissen, sondern auch was sie nicht wissen, prägt maßgeblich den Konsum.

Von besonderem Interesse für die geographische Forschung ist dabei die räumliche Dimension des (Nicht-)Wissens: Global gehandelte Waren wie frisches Obst und Gemüse sind in unterschiedlichste räumliche Verflechtungen eingebunden. Diese können sowohl bei der Vermarktung der Waren durch den Handel als auch bei der Zuschreibung

---

[2] Die Wortneuschöpfung *prosumer* (gebildet aus producer und consumer) bezeichnet „Menschen, deren Tätigkeiten des Konsumierens und Produzierens ineinander übergehen" (Ermann/Pütz 2020: 72). Dazu können unter anderem Aktivitäten der Selbstversorgung oder des Do-it-yourself gehören, wie sie auch das Urban Gardening umfasst.

von symbolischen Bedeutungen (wie Authentizität oder Exklusivität) durch Konsument*innen eine wichtige Bedeutung entfalten. In der Wirtschaftsgeographie wird ein besonders starker Fokus auf die Bedeutung von *Produktionsorten* gelegt, die Ausgangspunkt für verschiedenste Assoziationen und Bedeutungszuschreibungen sein können (Pike 2009). Hier können bspw. Exotisierung von Produkten (Cook 2004), die Problematisierung von sozialen und Umweltfolgen des Anbaus von Produkten an bestimmten Orten oder die besondere Wertschätzung von räumlicher Nähe (Ermann 2004) eine Rolle spielen. Die Herkunft der Waren kann zudem genutzt werden, um bestimmte Qualitäten und kenntnisreiche Produktionsweisen zu inszenieren oder zu kommunizieren, wie es etwa Pütz et al. (2020) am Beispiel von neuseeländischem Wein zeigen. Auch die Bedeutung von Ernährung für die Erzeugung regionaler oder nationaler Identitäten wurde in der Literatur hervorgehoben (Brulotte/Di Giovine 2016). Während die Inszenierung und Vermarktung der Herkunft in der geographischen Forschung bereits gut untersucht ist, gibt es keine systematische Forschung zur Bedeutung der Herkunft von Lebensmitteln aus Perspektive von Konsument*innen.

Obst- und Gemüsekonsum beforschen

Konsum umfasst sowohl den Erwerb als auch den Gebrauch von Dingen, also „sämtliche Verhaltensweisen, die auf die Erlangung und private Nutzung wirtschaftlicher Güter und Dienstleistungen gerichtet sind“ (Wiswede 2000: 24). Rössel/Pape (2009: 345) ergänzen, dass diese Nutzung auch imaginierten Konsum sowie Strategien der Identitätsbildung mittels Konsumgüter umfassen kann. Er ist zudem auf die Befriedigung von Bedürfnissen ausgerichtet, seien es die eigenen oder die anderer (Hellmann 2013: 9). Konsum ist damit ein mehrphasiger Prozess (Augustin 2020: 92), der in dieser Arbeit nur in Teilen betrachtet werden kann. Da Kauf und Nutzung von Waren eng miteinander verflochten sind, insofern als dass im Kauf eines Produktes die zukünftige Nutzung bereits antizipiert wird und die identitätsbildende Funktion des Konsums über alle Phasen des Konsums hinweg wirkt, lassen sich die verschiedenen Phasen des Konsums (Auswahl, Erwerb, Zubereitung, Verzehr und Entsorgung) nicht vollständig voneinander trennen.

Zur Untersuchung der Geographien von Konsum ist der Lebensmitteleinkauf selbst nach Everts/Jackson (2009: 921) ein geeigneter Ansatzpunkt, insbesondere um die Beziehung zwischen den Kontexten der Produktion und des Konsums zu untersuchen, da dabei einerseits eine alltägliche Handlung Untersuchungsgegenstand ist und somit der routinisierte Charakter zum Tragen kommt. Andererseits werden, wie meine Ergebnisse zeigen, über den Lebensmitteleinkauf auch tiefgehende Reflexionen von Konsument*innen über die Waren, ihre Geographien und Biographien und damit zusammenhängend auch über Fragen von Moral und Nachhaltigkeit zugänglich. Zur Eingrenzung des empirischen Gegenstands fokussiere ich mich in dieser Arbeit auf den Einkauf von frischem Obst und Gemüse. Der Konsum von frischem Obst und Gemüse ist in den letzten Jahrzehnten in Deutschland stark angestiegen (Stracke et al. 2017) und macht heute einen wichtigen Teil der Ernährung vieler Menschen aus, sodass es sich bei Obst und Gemüse um alltägliche Konsumgüter handelt. Durch ein global organisiertes Nahrungsmittelsystem sind frische Lebensmittel in Deutschland ganzjährig in großer

Vielfalt verfügbar. Die Waren stellen damit auch eine Verbindung zwischen Konsument*innen und Produzent*innen her, die mitunter in großer räumlicher und sozialer Distanz voneinander agieren. Gleichzeitig führen frisches Obst und Gemüse per Gesetz eine Herkunftsangabe mit sich, die den Ort des Anbaus bezeichnet und zudem eine zunehmende Anzahl an weiteren Labels und Siegeln. Diese sollen spezifische Formen von Wissen transportieren, durch die Konsument*innen etwas über die Waren erfahren und die ihre Kaufentscheidung unterstützt werden sollen (Spiller/Zühlsdorf 2020). Trotz dieser Informationsangebote ist der Konsum von frischen Lebensmitteln jedoch auch davon geprägt, dass Konsument*innen nicht alles über die Waren wissen (können), die sie konsumieren. Frischeprodukte wie Obst und Gemüse sind damit ein geeignetes Beispiel, um daran Wissen und Nichtwissen von Konsument*innen sowie die Bedeutung der Herkunft der Waren zu untersuchen.

Herleitung der Forschungsfragen

Diese Dissertation entstand im Rahmen des Forschungsprojektes „Waren und Wissen: Raumwissen von Konsumenten und Produzenten" (TP W&W), ein Teilprojekt des Sonderforschungsbereichs „1265 Re-Figuration von Räumen". Ziel dieses interdisziplinären Forschungsprojektes war es, durch die Kombination soziologischer und geographischer Methoden und Perspektiven das Wissen der Akteur*innen der Warenkette sowie der Konsument*innen und die Rolle der Waren als Wissensträgern für die Interaktionen zwischen den Akteur*Innen zu erforschen. Komplementär zu dieser Dissertation wurde von meiner Kollegin der Lebensmitteleinzelhandel untersucht (Hering 2022), sodass sich beide Arbeiten in ihren Ergebnissen ergänzen und so ein umfassendes Bild über relevante Entwicklungen und Wissensbestände zum Ein- und Verkauf von Frischeprodukten liefern.

Im Zuge der umfangreichen Literaturrecherche zum Nahrungsmittelsystem und Lebensmittelkonsum und der Aufarbeitung derselben zeigte sich, wie komplex sich der Einkauf von Lebensmitteln heute für Konsument*innen darstellt und in wie viele verschiedenen Kontexte ihr Handeln bei einer alltäglichen Tätigkeit, wie dem Einkauf von frischem Obst und Gemüse, eingebettet ist: das Private – der eigene Körper, der Haushalt und die Familie – sind zentral für die Frage, wie Einkauf und Ernährung praktiziert werden (Bell/Valentine 1997: 21ff.; 57ff.). Gleichzeitig wird von Konsument*innen immer mehr das Eingebundensein in ein globales Nahrungsmittelsystem und die Nebenfolgen des eigenen Konsumhandelns reflektiert – bzw. werden entsprechende Anforderungen von verschiedensten Seiten an sie herangetragen. Das kann sich – mitunter als konkurrierender Anspruch – im Einkaufsverhalten oder der Bewertung der Waren manifestieren (Barnett et al. 2005; Popke 2006). Es treffen somit verschiedene Wissensbestände zusammen, die sowohl von den Konsument*innen selbst, dem Handel, den Medien sowie politischen oder zivilgesellschaftlichen Akteur*innen hervorgebracht werden, bei der Bewertung der Waren und beim Einkauf selbst. Durch die räumliche Organisation von Warenketten verlieren zudem bestimmte Wissensbestände an Wert, während andere an Bedeutung gewinnen, da sich Konsument*innen nur noch selten selbst einen Eindruck bspw. von Produktionsbedingungen machen können, sondern auf Bewertungsinstrumente, wie Siegel und Zertifikate von Dritten angewiesen sind

(Carolan 2011; Spiekermann 2006). Es findet somit eine Machtverschiebung statt, weg von den Konsument*innen und hin zum Handel. Diese Wissensasymmetrie und die damit einhergehende Unsicherheit war ein wiederkehrendes Thema in den Interviews, die ich im Zuge dieses Forschungsprojektes geführt habe: Konsument*innen äußerten Unbehagen und Unmut darüber, dass sie nicht *genug* über die Frischeprodukte, die sie im Lebensmitteleinzelhandel vorfinden, wüssten und zeigten gleichzeitig große Bedenken im Hinblick auf die Umwelt-, Sozial- und gesundheitliche Verträglichkeit der Waren. Es zeigt sich daher, dass ein Bewusstsein über die Nebenfolgen des Konsumhandelns besteht, meine Interviewpartner*innen also ethisch-moralische Überlegungen und Fragen der Nachhaltigkeit zumindest potenziell in ihr Konsumhandeln mit einbeziehen. Gleichzeitig, und dies erwies sich für mich als besonders spannend, wurde es mitunter aber auch als störend oder belastend empfunden *zu viel* zu wissen oder sich zu intensiv mit den Biographien der Waren auseinandersetzen zu müssen. Die Reflexion darüber – so die Aussagen – schmälert den eigenen Genuss oder verkompliziert den Einkauf.

Ein wiederkehrendes Motiv im Zusammenhang mit dem Wunsch mehr darüber zu wissen, war die Frage *wo* die Waren herkämen. Diese Fokussierung auf die geographische Herkunft lässt sich auch im Handel beobachten, wo die Inszenierung von Anbauorten eine wichtige Vermarktungsstrategie ist. Diese Verknüpfung von Herkunft und anderen Produkteigenschaften wurde in der geographischen Literatur bspw. von Ulrich Ermann aufgegriffen:

> *„Die ‚Wo-Frage' ist also auch eine ‚Wie-Frage', und genau diese Relation zwischen ‚wo' und ‚wie' ist für die wissenschaftliche Geographie [...] entscheidend." (Ermann 2015: 77)*

Vor dem Hintergrund räumlicher und sozialer Distanz zwischen den Kontexten der Produktion und des Konsums ergeben sich für mich die beiden forschungsleitenden Fragen für meine Arbeit:

1) Welche Bedeutung hat die Herkunftsangabe, als Hinweis auf die Geographien der Waren, als Wissensquelle für Konsument*innen beim Kauf von frischem Obst und Gemüse?

2) Welche Rolle nehmen Wissen und Nichtwissen im Hinblick auf die Biographien der Waren für Konsument*innen ein?

Unter den Kontexten des Konsums und der Produktion verstehe ich in Anlehnung an Kulke et al. (2020: 3) in dieser Arbeit die Gesamtheit der Akteur*innen, die an der Koordination der Wertschöpfungskette beteiligt sind, also z.B. Landwirt*innen, Zulieferer, Hersteller, Veredler, Logistik- und Handelsunternehmen. Unter dem Kontext des Konsums verstehe ich die Konsument*innen selbst sowie ihr persönliches Umfeld und die alltagsweltlichen Rahmenbedingungen, die ihr Konsumverhalten strukturieren. Als Bindeglied zwischen beiden steht der Handel, einerseits als Ort des Einkaufs und andererseits als mächtiger Marktakteur, der durch Einkaufs- und Informationspolitik, Marketingstrategien und Angebotsgestaltung maßgeblich Einfluss auf die beiden vor- und nachgelagerten Kontexte und somit auch auf das (Nicht-)Wissen von Konsument*innen nimmt.

Unter Geographien von Lebensmitteln verstehe ich mit Cook et al. (1998) die Orte, die über die Waren miteinander verbunden werden, genauso wie die Bedeutungen, die Konsument*innen aus diesen räumlichen Verstrickungen ableiten. Die Perspektive der Biographien von Lebensmitteln legt den Fokus zusätzlich auf die Idee, dass Lebensmittel ein Leben haben bevor und nachdem sie im Supermarktregal zum Verkauf angeboten werden. Sie rückt damit neben den Orten auch die Menschen und Institutionen in den Fokus, die an der Bereitstellung der Ware und ihrer Reise beteiligt sind. Diese Perspektive gibt dem Aufeinanderwirken des Konsumkontextes und des Produktionskontextes besonderes Gewicht:

> *„As consumers, it means that our mundane, everyday routines of food shopping, cooking and eating are developed in relation to increasingly internationalized food supply networks. Hence, our dietary intake and health are affected by practices far away from our direct experience. And, in reverse, our food choices have effects that reach far beyond our own domestic worlds." (ebd.: 162f.)*

Ziel der Arbeit ist es einerseits empirische Erkenntnisse über Konsument*innenverhalten zu gewinnen. Andererseits möchte ich die bislang in der Wirtschafts- und Konsumgeographie geführten Debatten über die räumliche Organisation von Warenketten und wissens- und organisationssoziologische Ansätze zu den Begriffen des Wissens und Nichtwissens zusammenführen. Dabei möchte ich besonders die Folgen der räumlichen Trennung von Produktion und Konsum für die Beziehung beiden Kontexten sowie die Bedeutung der Produktherkunft als Vermittler von Wissen und Vorstellungen über die Waren in den Blick nehmen.

Aufbau der Arbeit

Im ersten Teil der Arbeit (Kapitel 2-4) stelle ich basierend auf einer Literaturrecherche eine Analyse der Beziehungen zwischen den Kontexten der Produktion und des Konsums an und leite darauf aufbauend meinen theoretischen Rahmen zu Wissen und Nichtwissen ab. Im zweiten Teil der Arbeit stelle ich zunächst mein Forschungsdesign (Kapitel 5) und im Anschluss meine empirischen Ergebnisse vor (Kapitel 6-8).

Um ein tiefgehendes Verständnis über den Obst- und Gemüsekonsum in Deutschland zu erhalten, arbeite ich in Kapitel 2 zunächst die wesentlichen Rahmenbedingungen heraus, die das Angebot an frischem Obst und Gemüse sowie den Lebensmitteleinzelhandel heute insgesamt formen. Dabei zeige ich, wie scheinbar gegenläufige Prozesse, zum einen die Zunahme an Vielfalt im Produktsortiment und zum anderen die Standardisierung der Waren sowie der Einkaufsorte den Konsum prägen. Hierfür beziehe ich mich vor allem auf Arbeiten aus der Wirtschaftsgeographie und -soziologie sowie den Agro-Food Studies, ergänzt durch statistische Daten zum Lebensmittelmarkt in Deutschland. Aus diesen Erkenntnissen leite ich die für diese Arbeit zentralen Aussagen über die Beziehung zwischen den Kontexten des Konsums und der Produktion ab. Hieran anschließend zeichne ich in Kapitel 3 nach, wie sich der Konsum von Lebensmitteln seit den 1950er Jahren in Deutschland verändert hat. Dabei fokussiere ich zunächst auf die Folgen der erweiterten finanziellen und sozialen Spielräume für Konsument*innen sowie die veränderte Rolle von Waren und Konsum als solchem. Hierfür ziehe ich vor allem Autor*innen aus der soziologischen Konsumforschung heran. Zudem lege ich einen zweiten Fokus auf die Moralisierung des Konsums als Besonderheit der letzten Jahrzehnte und die daraus resultierenden Herausforderungen und verbinde dabei Erkenntnisse aus der Soziologie, Geographie und der Nachhaltigkeitsforschung. Zuletzt gebe ich einen Überblick über die wesentlichen Determinanten, die den Lebensmittelkonsum prägen, also sowohl ermöglichen als auch begrenzen. Hier waren zudem Arbeiten aus den Ernährungswissenschaften gewinnbringend. Im Anschluss leite ich aus diesen Überlegungen die zentralen Schlussfolgerungen bezüglich der Rahmenbedingungen für den Konsum von Lebensmitteln ab. Im Anschluss führe ich die Ergebnisse der Kapitel 2 und 3 zusammen. Unter Bezugnahme auf meine Analysen, die ich in den Kapiteln 2 und 3 vorgenommen habe, widme ich mich den zentralen Begriffen Wissen und Nichtwissen im nachfolgenden Kapitel 4. Hier führe ich auf Grundlage der Schlussfolgerungen aus den vorangegangenen Kapiteln im Hinblick auf die veränderte Beziehung zwischen Konsument*innen und Produzent*innen eine Differenzierung des Wissensbegriffes für die Analyse des Lebensmittelkonsums ein. Dabei zeige ich, wie implizites und praktisches Wissen an Bedeutung gegenüber explizitem und objektiviertem Wissen verlieren und es somit zu einer Wissens- und Machtasymmetrie zwischen Konsument*innen und dem Handel kommt. Hierfür ziehe ich vor allem Arbeiten aus der Wissenssoziologie sowie Forschungen zum Wissensmanagement heran und ergänze sie um Perspektiven aus den Agro-Food Studies. Im Anschluss widme ich mich dem Begriff des Nichtwissens, den ich zunächst auf Grundlage wissens- und organisationssoziologischer Arbeiten einführe und dann mittels wirtschaftsgeographischer Ansätze und Perspektiven aus der Konsumforschung auf den Lebensmittelkonsum zuspitze. Im letzten Teil des Kapitels arbeite ich auf Grundlage wirtschafts- und kulturgeographischer Arbeiten sowie des Marketings die Bedeutung der Herkunft von Waren, mit besonderem Fokus auf frischem Obst und Gemüse, für die Vermarktung von Waren und die Anhaftung symbolischer Werte an diese heraus.

Im nächsten Schritt folgt in Kapitel 5 die Vorstellung des Forschungsdesigns und des methodischen Vorgehens. Da es, wie bereits thematisiert, bislang keine systematische Forschung zu den Kernthemen meiner Forschungsarbeit gibt, habe ich mich zur Beantwortung der Forschungsfragen für ein exploratives, qualitatives Forschungsdesign entschieden: Neben der Kombination verschiedener Interviewmethoden habe ich Go-Alongs (Kusenbach 2003) durchgeführt, also meine Interviewpartner*innen beim Lebensmitteleinkauf ethnographisch begleitet. Ergänzend habe ich gemeinsam mit meiner Kollegin eine Foto-Dokumentation des Lebensmitteleinzelhandels in Berlin durchgeführt, um einen systematischen Eindruck insbesondere des Warenangebotes in der Frischeabteilung zu erhalten. Als Ort der Untersuchung sah das Teilprojekt Waren und Wissen Berlin vor. Im Anschluss an die Darstellung der Datenerhebung und -auswertung folgt eine Methodenreflexion.

In den Kapiteln 6 bis 8 präsentiere ich die Ergebnisse meiner empirischen Forschung. Zunächst gehe ich in Kapitel 6 auf die besonderen Voraussetzungen für die

Berücksichtigung besonderer Produkteigenschaften ein, wie etwa die Herkunft oder Nachhaltigkeitssiegel, wie sie in meinen Interviews zur Sprache kamen. Das Kapitel 7 widmet sich der Bedeutung der Herkunft von frischem Obst und Gemüse. In einem ersten Schritt wird dabei die Herkunftsangabe als vermeintlich eindeutige Information über ein Produkt, anhand von Beispielen aus der Literatur sowie aus Interviews hinterfragt. Im Anschluss wird die Interpretation der Herkunftsangaben durch die Konsument*innen und das Wissen, das Konsument*innen aus dieser Angabe ableiten entlang der folgenden Themen dargestellt: Umwelt-, Sozial- und Gesundheitsverträglichkeit, Solidarität, Identifikation und Qualität. In einer anschließenden Interpretation der Ergebnisse zeige ich auf, wie die Herkunft der Waren zur Deutung der Produktbiographien durch Konsument*innen genutzt und insbesondere die regionale Herkunft als vermeintliche Lösung für komplexe Herausforderungen in der Warenkette von diesen herangezogen wird. Dem Thema Nichtwissen widme ich mich in Kapitel 8 aus empirischer Perspektive und zeige anhand der Analyse meiner Interviews, wie Nichtwissen sowohl als hemmender Kontextfaktor wirkt als auch als Ressource von Konsument*innen genutzt werden kann und wie sich diese beiden Dimensionen des Nichtwissens beim Lebensmittelkonsum gegenseitig bedingen und stabilisieren können.

Im Kapitel 9 ziehe ich ein Resümee der Ergebnisse meiner Arbeit anhand der eingangs formulierten Forschungsfragen. Im Anschluss stelle ich den empirischen, theoretischen und praktischen Ertrag meiner Arbeit sowie weitere interessante resultierende Forschungsfragen dar.

2 Wandel in der Obst- und Gemüseabteilung: Vielfalt, Standardisierung und Nachhaltigkeit

Der Einkauf von frischem Obst und Gemüse hat sich seit der Nachkriegszeit in Deutschland stark gewandelt. Dieser Wandel betrifft zum einen das Angebot an Frischeprodukten selbst und zum anderen auch die Struktur des Lebensmitteleinzelhandels. Zugleich unterlagen auch das Verhalten und die Wünsche der Konsument*innen und die ihnen zugeschriebene Rolle einem Wandel. Beide Pole, Nachfrage und Angebot, wirken natürlich aufeinander und es ist nicht immer möglich hier eine klare Ursache-Wirkungs-Beziehung herzustellen, gerade vor dem Hintergrund der Frage, wann eine Nachfrage ein Angebot bestimmt und wann ein Angebot auch Nachfrage induzieren kann. Ziel der folgenden beiden Kapitel ist es daher nicht, Aussagen über dieses Ursache-Wirkungs-Gefüge zu machen, sondern zum einen die wesentlichen Prozesse aufzuzeigen, die den Wandel des Lebensmittelkonsums seit etwa der Mitte des vergangenen Jahrhunderts angetrieben haben. Daraus möchte ich zum anderen – jeweils in einem Zwischenfazit – Aussagen über die Beziehung zwischen den Kontexten des Konsums und der Produktion bzw. zwischen Konsument*innen und Produzent*innen ableiten und aufzeigen, inwiefern sich dadurch für Konsument*innen ein verändertes Verantwortungsbewusstsein sowie eine erhöhte Komplexität und Unsicherheit beim Einkauf von frischem Obst und Gemüse ergeben haben.

Der Wandel des Lebensmittelhandels ist durch eine Vielzahl verschiedenster Prozesse, sowohl politischer, gesellschaftlicher als auch ökonomischer Natur gekennzeichnet. Für dieses Kapitel habe ich jene Prozesse herausgegriffen, die sich im Zuge von Literatur- und Datenauswertung als für den Fokus und die Fragestellung dieser Arbeit als besonders relevant herausgestellt haben. Hierbei handelt es sich um die Zunahme von Fülle und Vielfalt in der Obst- und Gemüseabteilung, die Standardisierung des Warenangebotes und der Einkaufsumgebung sowie den Bedeutungsgewinn als nachhaltig vermarkteter Waren. In der Folge kommt es zu einer räumlichen und zeitlichen Entbettung der Waren und einer Entfremdung zwischen den Kontexten der Produktion und des Konsums sowie Nebenfolgen des Konsums, die durch das Angebot nachhaltigerer Produkte aufgefangen werden sollen. Gleichzeitig entstehen durch die globalen Verflechtungen des Nahrungssystems neue Beziehungen zwischen beiden Kontexten, die weit entfernte Orte und Menschen miteinander verbinden.

2.1 Der Einkauf von frischem Obst und Gemüse im Supermarkt des 21. Jahrhunderts: Vielfalt und Standardisierung, Entfremdung und neue Beziehungen

Das Angebot an frischem Obst und Gemüse in deutschen Lebensmittelgeschäften ist von großer Vielfalt gekennzeichnet. Konsument*innen sind daran gewöhnt montags bis samstags, in städtisch geprägten Gebieten sogar mittlerweile oft bis in die späten Abendstunden hinein, stets ein breites Angebot an frischen Produkten im Supermarkt vorzufinden. Während meine Großmutter mir gerne davon berichtet, wie sie sich als Kinder die Nase an den Fenstern des Tante Emma Landens plattgedrückt haben, wenn dort die Orangen und Bananen aufgetürmt waren, gehören diese heute zum Standardsortiment in jedem Supermarkt und haben längst ihre exotische Anmutung verloren. Unterhalte ich mich mit meiner Großmutter übers Kochen, so berichtet sie vom eigenen Stück Land, das bewirtschaftet wurde, von den Winter- und Frühlingsmonaten, in denen Eingelegtes und Eingemachtes zu den wichtigsten Speisen gehörte, wie man Kartoffeln und Äpfel einkellerte und Kohlköpfe in die Erde eingrub, um sie haltbar zu machen. Für die Generation der im zweiten Weltkrieg Aufgewachsenen war also bis ins junge Erwachsenenalter der Konsum frischer Produkte wie Obst und Gemüse fast ausschließlich geprägt von lokalen, z.B. klimatischen und räumlichen Bedingungen. Im Unterschied dazu gehören heutzutage nicht nur heimische Sommergemüse auch im Winter auf den Speiseplan, sondern auch tropische Früchte, die noch vor einigen Jahrzehnten eine Besonderheit waren. Auch der Einkauf im Lebensmittelgeschäft, wie er heute zum Alltag gehört, spielte damals nur eine untergeordnete Rolle für die Versorgung mit Lebensmitteln. In den folgenden beiden Kapiteln möchte ich aufzeigen, was das (historisch) besondere am Obst- und Gemüseangebot, wie es sich heute darbietet, ist und dabei argumentieren, dass der Konsum dieser Produkte heute durch die Gleichzeitigkeit von Entfremdung und die Entstehung neuer Beziehungen gekennzeichnet ist.

2.1.1 Rahmenbedingungen des globalisierten Nahrungsmittelsystems

Verantwortlich für die Bereitstellung dieser Vielfalt an frischen Lebensmitteln ist eine global organisierte Lebensmittel- und Agrarindustrie. Dabei war es ein Zusammenspiel aus gesellschaftlichen Veränderungen, Entwicklungen der landwirtschaftlichen Produktion, Innovationen in der Logistik sowie politische Rahmensetzungen, die diese Prozesse ermöglichten und vorantrieben und damit zur Herausbildung der oftmals langen und komplexen Warenketten führten, wie sie heute in der Wirtschaftsgeographie beschrieben werden (s. dazu bspw. Ermann et al. 2017: 46; Kulke 2017: 238-248; Scholz 2006: 130). Im Folgenden werden kurz die wesentlichen Entwicklungen in der Landwirtschaft und Logistik sowie politische Rahmensetzungen umrissen. Auf die gesellschaftlichen Veränderungen – also die Veränderungen auf der Nachfrageseite – werde ich im Kapitel 3 ausführlicher eingehen.

Entwicklungen in der landwirtschaftlichen Produktion

Bereits mit der landwirtschaftlichen Revolution im 18. und 19. Jahrhundert konnte durch Innovationen und Effizienzgewinne ein starker Anstieg der Flächenproduktivität in der Landwirtschaft erreicht werden. So wurden immer weniger Arbeitskräfte benötigt, um die Bevölkerung zu ernähren (Baur et al. 2019: 110-113). Die Anzahl von Menschen, die durch einen*eine Landwirt*in in Deutschland ernährt werden können, stieg in den vergangenen 200 Jahren stetig, zuletzt zwischen 1950 und 2010 von zehn auf 131 Personen (DBV 2018). Ein Blick auf die Entwicklung der Beschäftigtenanteile der deutschen Bevölkerung in den verschiedenen Wirtschaftssektoren verdeutlicht diese Entwicklung: Waren 1950 noch 24,6% der Menschen in Deutschland (BRD) im primären Sektor (also der Land- und Forstwirtschaft und Fischerei) beschäftigt, waren es 2019 noch 1,3% (DeStatis 2020). Neben Effizienzgewinnen ist aber auch die Verlagerung der landwirtschaftlichen Produktion in andere Teile der Welt eine Ursache für diese Verschiebung.

Global betrachtet gehören Gemüse und Obst dabei seit einigen Jahrzehnten zu einem der am schnellsten wachsenden Nahrungskomplexe (*horticultural revolution*). Seit den 1990er Jahren führte die Intensivierung des Handels mit frischen Gartenbauerzeugnissen zur Entstehung von hochgradig koordinierten und integrierten Warenketten. Diese sind geprägt durch globale Arbeitsteilung und wachsende Komplexität (Dannenberg/Nduru 2013: 41-42). Heute werden weltweit im Bereich Gemüse am meisten Tomaten, Wassermelonen, Zwiebeln, Kohlgemüse, Gurken, Auberginen, Karotten und Rüben angebaut. Im Bereich des Obstes sind es Bananen, Äpfel, Weintrauben, Orangen, Mandarinen und Kochbananen (Schmied 2018: 50). Insbesondere Länder des Globalen Südens haben sich mit ihren Produkten auf dem Weltmarkt positioniert.[3] Sie setzen auf den Export von frischen Gartenbauprodukten, weil durch die hohe Arbeitsintensität vergleichsweise hohe Einkommen pro Fläche erreicht werden können und viele Arbeitsplätze geschaffen werden. Mehr und mehr Weiterverarbeitungsschritte (waschen, verpacken, etikettieren) finden vor Ort statt, sodass die Wertschöpfung dort steigt. So entwickelten sich Länder wie Kenia (Gemüse, Blumen), Brasilien (tropische Früchte und Obstsäfte), Mexico und Chile (Obst und Gemüse) sowie Südafrika (Zitrusfrüchte) zu wichtigen Exportländern, die den deutschen Markt versorgen (ebd.). Nach Daten der Food and Agriculture Organization (FAO) hat sich die Gemüseproduktion weltweit zwischen 1963 und 2013 mehr als verfünffacht von 223,3 auf 1138,6 Mio. Tonnen, die Obstproduktion stieg im selben Zeitraum von 188,1 auf 679,3 Mio. Tonnen. Die Industrieländer waren dabei 2013 für 56,8% der Gemüse (Obst: 50,0%) Exporte verantwortlich sowie 66% (65%) der Importe (Schmied 2018: 77).

[3] Wichtige Exportländer von Obst und Gemüse sind Chile, Mexiko, Brasilien, Peru, Thailand, Philippinen, Niger, Kenia, Marokko, Ägypten (Schmied 2018:50).

Der durchschnittliche Gesamtverbrauch von Frischeprodukten pro Kopf und Jahr lag in Deutschland 2019 bei 73,6 kg Obst und 96,9 kg Gemüse (BMEL 2020c, 2020d). Der Selbstversorgungsgrad fällt für diese Produkte eher gering aus. Für Obst liegt er bei 22%, für Gemüse bei 36% (BMEL 2020a) (vgl. Abb. 1). Für die Versorgung der deutschen Bevölkerung mit frischem Obst und Gemüse ist Deutschland dementsprechend abhängig von Importen aus dem europäischen und außereuropäischen Ausland. Die drei wichtigsten Importländer von Frischobst und -gemüse sind Spanien, Italien und die Niederlande. Spanien und Italien gehören neben Südafrika auch zu den wichtigsten Importländern für Zitrusfrüchte. Die größten Mengen anderer Südfrüchte kommen aus Costa Rica, Ecuador und Kolumbien (vgl. Tab. 1).

Abbildung 1: Pro-Kopf-Verbrauch und Selbstversorgungsgrad mit frischem Obst und Gemüse in Deutschland

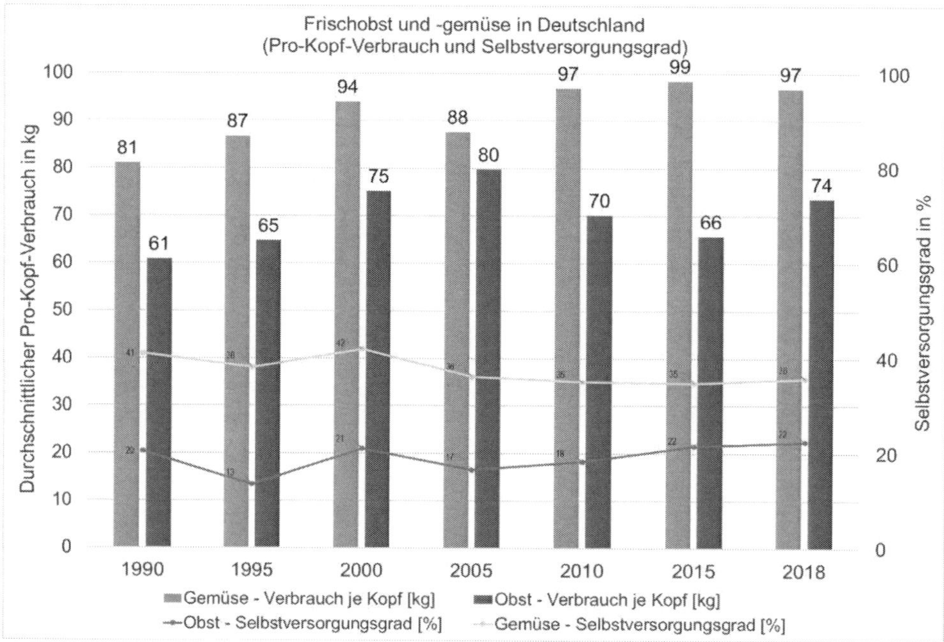

Daten: BMEL (2020a, 2020c, 2020d) | Eigene Darstellung

Tabelle 1: Die wichtigsten Importländer und ihre Einfuhrmengen in Deutschland, aufgeteilt nach Warengruppe, in 2020 (in Tonnen, pro Jahr)

Frischobst		Frischgemüse		Zitrusfrüchte		Andere Südfrüchte	
Spanien	793	Spanien	1 178	Spanien	923	Costa Rica	396
Italien	582	Niederlande	1 066	Südafrika	77	Ecuador	336
Niederlande	163	Italien	278	Italien	51	Kolumbien	331
Polen	98	Belgien	111	Griechenland	19	Dominikanische Republik	105
Südafrika	80	Polen	90	Türkei	15	Peru	87

Daten: BMEL (2021a) | Eigene Darstellung

Logistik

Maßgeblich für die Bereitstellung dieses Angebotes an frischem Obst und Gemüse ist neben der Produktion die Logistik. Die zuverlässige und stetige Bereitstellung des Frischwarenangebotes, in der Breite und Tiefe wie wir es heute gewohnt sind, ist nur möglich durch einen hohen logistischen Aufwand. Im Allgemeinen dient die Logistik der Überwindung der räumlichen Distanz zwischen den Orten der Produktion und des Konsums. Insbesondere in der zweiten Hälfte des 20. Jahrhunderts sind die zurückgelegten Distanzen sowie die transportierten Warenmengen dabei stark angestiegen. Zur Überbrückung weiter Distanzen, sprich zum Import von bspw. Südfrüchten, hat der Schiffsverkehr die größte Bedeutung. Bereits Ende des 19. Jahrhunderts wurden Bananen und Zitrusfrüchte mit den ersten Kühlschiffen nach Europa transportiert. Ab den 1950er Jahren setzte die Containerisierung, d.h. die Verbreitung des Containers in der weltweiten Warenlogistik, ein. Sie erleichterte vor allem den Wechsel zwischen verschiedenen Verkehrsträgern, z.B. vom Schiff auf den LKW, und führte so zu erheblichen Kosten- und Zeiteinsparungen. Der Transport verderblicher Waren wurde zudem erleichtert durch den Einsatz von Kühlcontainern und Reefers. Neben der Kontrolle der Temperatur können in letzteren auch Sauerstoff- und Kohlendioxidgehalt im Container gesteuert und so der Reifungsprozess verlangsamt werden (Hering/Fülling 2021: 347-350; Schmied 2018: 237-239).

Der Transport von frischem Obst und Gemüse per Luftfracht macht mengenmäßig einen weit geringeren Anteil als die Seefahrt aus, spielt aber insbesondere bei leicht verderblichen Lebensmitteln, hochwertigen Produkten und Luxuslebensmitteln eine wichtige Rolle, da hier die Transportdauer verringert und somit eine größere Frische der Produkte gewährleistet werden kann. Zu den am häufigsten per Luftfracht nach Deutschland transportierten Obstsorten gehören Ananas, Steinfrüchte, Mangos, Papayas, Kiwis, Minibananen und Trauben. Beim Gemüse handelt es sich um Spargel, Salat, frische Hülsenfrüchte und tropisches Gemüse (Keller 2010: 8).[4] Neben dem Import von solchen besonders leicht verderblichen Produkten ermöglicht es ein Transport per Luftfracht auch Ernteeinbrüche in anderen Regionen auszugleichen. So kann z.B. eine Trockenperiode in Spanien, einem der wichtigsten Obst- und Gemüseproduzenten in Europa, durch Flugwaren aus Kalifornien, Mexiko oder China ausgeglichen werden (Schmied 2018: 240). Zuletzt sei noch auf den Transport auf der Straße eingegangen, der zumindest auf dem letzten Transportabschnitt, z.B. vom Containerhafen über Warenverteilzentren zum Supermarkt, für alle Waren relevant ist. Besonders bei Transporten innerhalb der EU ist der Transport per LKW das wichtigste Transportmedium. Ein gut ausgebautes Netz, das Straßen und Verbraucherzentren miteinander verbinden, ermöglicht dies (ebd.).

Der Transport von frischem Obst und Gemüse ist notwendig, um das Nahrungsmittelangebot, so wie wir es heute kennen, zu ermöglichen und die Ernährungssicherheit in Deutschland zu gewährleisten. Insbesondere der Transport über weite Strecken wird jedoch von Konsument*innen zunehmend kritisch gesehen, da ihm hohe CO_2-Emissionen, Energieverbräuche und andere negative Umweltauswirkungen zugeschrieben werden. Wie in Kapitel 7 und 8 dargelegt werden wird, ist dies eine Ursache dafür, dass Konsument*innen die geographische Herkunft der Waren zunehmend mehr bei der Bewertung dieser in Betracht ziehen.

Politik

Als wesentliche Treiber der Globalisierung der Nahrungsproduktion gelten, neben den Entwicklungen in der Landwirtschaft und der Logistik, zudem politische Rahmensetzungen, die den Welthandel erleichtern. Seit dem Ende des zweiten Weltkriegs zielen politische Rahmensetzungen in erster Linie auf die Liberalisierung des Welthandels und den Abbau von Handelsbarrieren. Ab den 1980er Jahren zielten Abkommen der World Trade Organization Mitgliedsstaaten auf eine Verbesserung der Handelsfreiheit mit landwirtschaftlich erzeugten Produkten (Europäisches Parlament 2020; Kulke 2007). Auch über bi- und multilaterale Abkommen werden seither Handelshemmnisse abgebaut und so der globale Handel mit Waren erleichtert. Länder des Globalen Südens, die heute wichtige Produzenten von Lebensmitteln sind, öffneten sich im Zuge von Strukturanpassungsmaßnahmen für Importe, und erhielten im Gegenzug einen erleichterten Zugang zum europäischen Markt. Handelsabkommen haben dabei stets das Ziel nichttarifäre Handelshemmnisse wie Standards zu harmonisieren. (Ermann et al. 2017: 46; Kulke 2017: 238-248). Oft sind Sozial- und Umweltstandards nicht Teil dieser Abkommen. Dies führte in den Ländern des Globalen Südens mitunter zu einem *race to the bottom,* in dem sich Staaten versuchten gegenseitig mit niedrigen regulativen Sozial- und Umweltstandards zu unterbieten, um so attraktiv als Produktionsländer zu bleiben oder zu werden (Hobelsberger 2012: 61; Scholz 2006: 130).

---

[4] Zu den wichtigsten Importländern dieser Obstsorten gehören Kenia, Ghana, Ägypten, Kamerun, Kanada, Brasilien, Chile, Indien. Für Gemüse handelt es sich um Kenia, Senegal, Kamerun, Tansania, Guatemala, Peru, Thailand und Japan (Keller 2010: 8).

Auch wenn diese Prozesse zunächst sehr weit weg von einem Obst- und Gemüseeinkauf erscheinen, können sie auf politischer Ebene als Ermöglichungsstrukturen für die Herausbildung des Welthandels mit frischem Obst und Gemüse und damit für die Vielfalt in unseren Supermärkten gesehen werden. Sie wirken damit mittelbar auf unseren Ernährungsalltag. Wie sich diese Prozesse konkret auf das Obst- und Gemüseangebot im Lebensmitteleinzelhandel Deutschland auswirkt, möchte ich im folgenden Kapitel am Beispiel sowohl tropischer Früchte aus dem Globalen Süden sowie potenziell heimischer Produkte aufzeigen.

2.1.2 Südfrüchte und heimische Früchte: Global eingebunden und lokal versorgt

Wollte eine Konsument*in zu Beginn des 20. Jahrhunderts bspw. eine Banane kaufen, so konnte sie dies nur in Kolonialwarengeschäften in größeren Städten tun und musste dafür einen hohen Preis zahlen, denn Bananen waren ein exotisches Handelsgut (Spiekermann 2020; Warneken 1992). Seither hat sich die Rolle der Banane im Ernährungsalltag deutlich verändert: Heute können Bananen in jedem Supermarkt an der Ecke im Sonderangebot gekauft werden. Mit 13 kg pro Kopf und Jahr sind sie nach dem Apfel das zweitbeliebteste Obst der Deutschen (Hering/Fülling 2021). Im Supermarkt kosten sie zwischen 99 Cent und drei Euro pro Kilo und sind damit sehr günstig zu

Abbildung 2: Entwicklung der Importmenge verschiedener Südfrüchte nach Deutschland (1980-2015)

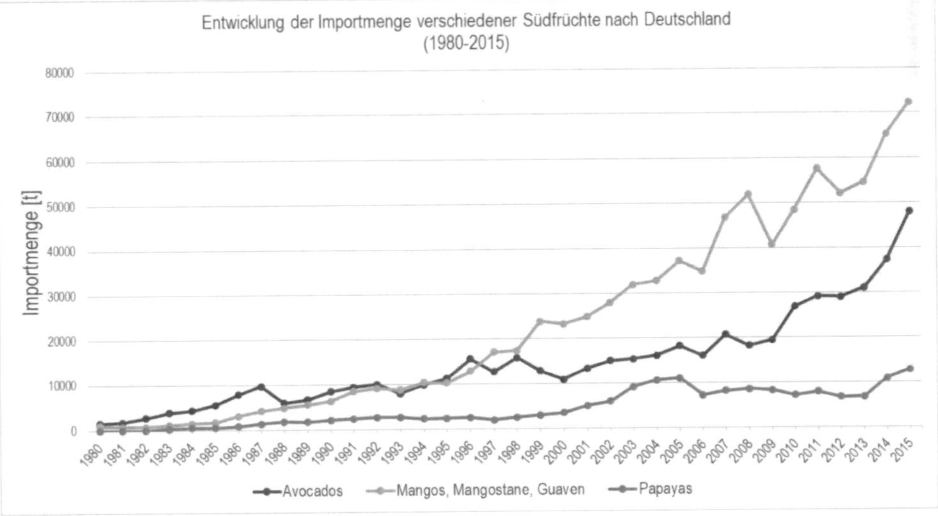

Eigene Darstellung | Daten: FAO (2021)

erwerben (Ladeninnenbegehung, TP W&W).[5] Längst gehören sie zum Ernährungsalltag in Deutschland. Ihre exotische Anmutung scheinen sie durch ihre Alltäglichkeit längst verloren zu haben und rufen weniger Assoziationen mit fernen Ländern als mit typisch deutschen Ernährungsgewohnheiten hervor. Während Bananen schon in den 1970er Jahren zumindest in Westdeutschland sehr verbreitet waren, zeigt die Darstellung der Importmengen verschiedener anderer Südfrüchte wie Mangos, Papayas und Avocados auf Basis von Zahlen der FAO, dass sich gerade in den vergangenen 20 Jahren der Handel mit frischem Obst und Gemüse nochmals intensiviert hat (vgl. Abb. 2). Waren diese Früchte in den 1990er Jahren noch eine Seltenheit, gehören sie heute, zumindest in den großen Supermarktketten und in Vollsortimentern zum Standardangebot (vgl. Abb. 3). Die bereits vorhandene Vielfalt an Südfrüchten hat sich also seither nochmals vervielfacht.

Abbildung 3: Warenauslage mit Südfrüchten in einem konventionellen Supermarkt

Foto: Eigene Aufnahme

[5] Im Rahmen des SFB-Teilprojekts „Waren und Wissen: Raumwissen von Konsumenten und Produzenten" wurde im Sommer 2019 eine Sortimentserhebung in allen Lebensmittelgeschäften in vier ausgewählten Quartieren in Berlin vorgenommen. Erhoben wurden u.a. Preis, angebotene Verpackungsgrößen, Art der Verpackung, und Zertifizierungen von Tomaten, Äpfeln, Bananen und Auberginen.

Doch nicht nur in Bezug auf die Versorgung mit tropischen Obst- und Gemüsesorten ist der*die deutsche Konsument*in auf Importe aus dem Ausland angewiesen. Während bis in die Nachkriegszeit hinein vor allen Dingen die Konservierung von heimischen Frischeprodukten die Ernährung über die Wintermonate sicherstellte (Baur et al. 2019: 109-110), sind heute auch heimische, aber nur saisonal wachsende Obst- und Gemüsesorten durch den Import aus verschiedensten Ländern ganzjährig verfügbar. Ein Ernährungsalltag, der sich an den jahreszeitlich verfügbaren Obst- und Gemüsesorten orientiert, ist somit heute längst nicht mehr üblich. Zwar findet man im Internet sowie im Handel zahllose Saisonkalender, die Konsument*innen darüber informieren sollen, wann welche Obst- und Gemüsesorten in Deutschland gerade Saison haben. Konsument*innen können ihren Ernährungsalltag aber auch vollkommen unabhängig von saisonalen Angeboten gestalten. Der Saisonkalender des Bundeszentrums für Ernährung (vgl. Abb. 4) zeigt darüber hinaus in welchen Monaten welche Produkte in welcher Größenordnung importiert werden. Dabei fällt auf, dass einige Produkte, z.B. Himbeeren, Johannisbeeren, Kirschen oder Mirabellen (als typische Sommerobstsorten) oder Schwarzwurzeln, Rosenkohl oder Grünkohl (als typische Wintergemüse), außerhalb ihrer jeweiligen Saison offenbar kaum importiert werden, ihren saisonalen Charakter also gewissermaßen beibehalten. Andere Produkte wie Blumenkohl, Eisbergsalat, Radicchio, Rettich, Rucola, Äpfel und Birnen werden ganzjährig in gleichbleibenden Mengen angeboten, d.h. die saisonalen Schwankungen werden mehr oder weniger vollständig durch Importe ausgeglichen. Gleichwohl Jahreszeiten sich also durchaus im Bereich einzelner Produkte niederschlagen, orientieren sich Angebot und Nachfrage insgesamt offenbar nur partiell an saisonalen Verfügbarkeiten.

Abbildung 4: Eigene Zusammenstellung einzelner Ausschnitte des Saisonkalenders des Bundeszentrums für Ernährung

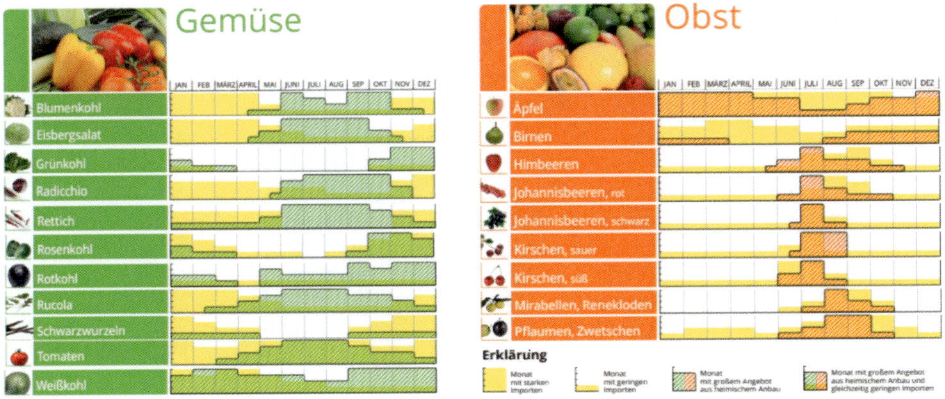

Eigene Darstellung, Grundlage: BLE (o.J.)

Auch ein etwas genauerer Blick auf den Selbstversorgungsgrad bei Obst und Gemüse in Deutschland (vgl. Abb. 5) macht die Abhängigkeit von und die enge

Verflechtung mit globalen Warenströmen deutlich: Bei Obst liegt der Selbstversorgungsgrad in Deutschland zwischen 6% bei Himbeeren und 60% bei Pflaumen, Zwetschgen, Mirabellen und Renekloden. Bei der Tomate – mit 27 kg/Kopf und Jahr das beliebteste Gemüse der Deutschen (BMEL 2020c) und ganzjährig im Supermarkt verfügbar – liegt er bei lediglich 4%. Bei anderen Gemüsesorten liegt er allerdings auch wesentlich höher, z.B. 115% bei Weiß- und Rotkohl oder 43% bei Champignons (BMEL 2020e, 2020f.).

Abbildung 5: Selbstversorgungsgrad mit ausgewählten Obst- und Gemüsesorten in Deutschland

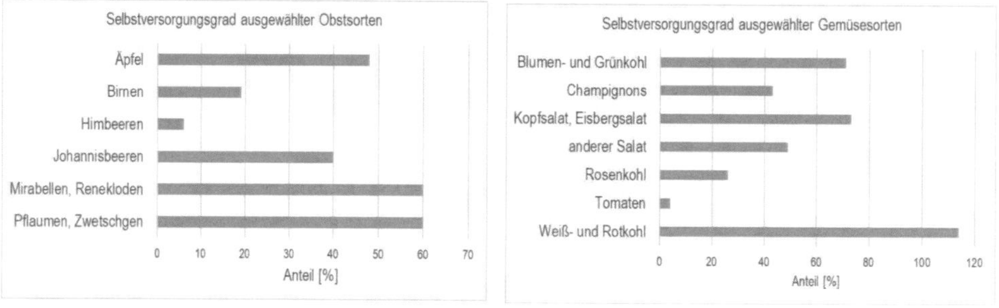

Eigene Darstellung | Daten: BMEL (2020e, 2020f)

Bis hierhin habe ich gezeigt, wie im Zusammenspiel aus Veränderungen in der Landwirtschaft, der Logistik und der politischen Rahmensetzung auf Seiten des Angebotes die Voraussetzungen geschaffen wurden für das ganzjährig gleichbleibende und vielfältige Angebot an frischem Obst und Gemüse aus aller Welt im deutschen Lebensmitteleinzelhandel[6]. Die Herausbildung dieser Beziehungen lässt sich jedoch nur erklären im Zusammenhang mit der Veränderung der Ware selbst sowie der Einzelhandelsstruktur. Auf beides möchte ich im nachfolgenden Abschnitt näher eingehen.

[6] Auf die spezifischen Situationen in verschiedenen Produktionsländern konnte ich dabei an dieser Stelle nicht eingehen, verweise jedoch auf verschiedene Arbeiten aus der Wirtschaftsgeographie, Geographischen Entwicklungsforschung sowie der Agrarsoziologie, die dieses Thema bearbeiten (siehe z.B. Barrientos et al. 2016; Shreck 2002; Vagneron/Roquigny 2011; Velte/Dannenberg 2014).

2.2 Standardisierung, Homogenisierung und Filialisierung: Die Veränderung lebendiger Waren und ihrer Verkaufsorte

Ein zweiter globaler Trend, durch den sich die Produktion von und der Handel mit Obst und Gemüse charakterisieren lässt, sind Standardisierungsprozesse. Diese betreffen sowohl die Waren selbst als auch die Einzelhandelslandschaften. Im Folgenden möchte ich daher auf die Veränderungen in beiden Bereichen eingehen. Im ersten Teil zeige ich dabei exemplarisch am Beispiel der Banane sowie des Apfels auf, dass die gleichbleibende Vielfalt im deutschen Lebensmitteleinzelhandel durch die Anpassung und Vereinheitlichung der Sorten selbst realisiert wird und somit ein Verlust von Sortenvielfalt und spezifischer Produkteigenschaften in Kauf genommen wird. Auf Seiten der Einzelhandelslandschaft kann die Omnipräsenz weniger Lebensmitteleinzelhandelsketten mit großer Marktmacht auf Kosten von inhaber*innengeführten Geschäften ebenfalls als ein Verlust an Vielfalt gelesen werden. Zudem verändert sich auch die räumliche Verteilung des Lebensmitteleinzelhandels in diesem Zuge und verändert somit den Lebensmitteleinkauf selbst.

2.2.1 Transportfähigkeit und Vermarktbarkeit durch Standardisierung der Waren

Auch wenn es zunächst widersprüchlich erscheint, geht die oben beschriebenen Steigerung der Vielfalt des Angebotes mit einer Standardisierung und Homogenisierung der Waren einher. Die massenhafte Bereitstellung dieser Warenvielfalt aus verschiedensten Ländern erfordert eine Organisation der Obst- und Gemüseproduktion in industriellem Maßstab. Um große Mengen an Produkten anzubauen und sie über weite Strecken zu transportieren, entwickelte sich nicht nur die Technik, z.B. im Bereich der Logistik weiter, sondern auch die lebendigen Waren selbst wurden den Erfordernissen der Logistik und des großmaßstäbigen Verkaufs angepasst. Seit die ersten Bananendampfer Ende des 19. Jahrhunderts von Mittelamerika nach Großbritannien fuhren, hat sich die Logistik von Frischeprodukten zu einer hochtechnisierten und wissensintensiven Industrie entwickelt. Innovationen in der Hochseeschifffahrt ermöglichten, wie im vorangegangenen Kapitel bereits beschrieben, Raumgewinne in den Laderäumen und gesteigerte Geschwindigkeiten. Um die Haltbarkeit der Früchte auf ihrem Weg über den Atlantik zu verbessern, entwickelten sich über das 20. Jahrhundert hinweg zunächst Kühlschiffe und später Kühlcontainer, in denen heute durch die Steuerung von Temperatur, sowie Sauerstoff- und Ethylengehalt[7] der Luft der Reifungsprozess ausgebremst wird

[7] Ethylen ist ein Reifegas, das von den Früchten selbst produziert wird und die Reifung vorantreibt. Durch regelmäßige Luftwechsel wird er niedrig gehalten. Auch die Reduktion des Luftsauerstoffs soll den Reifeprozess bremsen. Erst in Reifehäusern im Zielland wird die Reifung durch gezielte Begasung der Früchte wieder in Gang gesetzt (Hering/Fülling 2021: 349).

(Hering/Fülling 2021: 340, 347). Diese aufwändige und hochspezialisierte Logistikinfrastruktur ermöglicht es heute jährlich etwa 1,3 Mio. Tonnen Bananen nach Deutschland zu importieren (DeStatis 2021). Sie stammen aus Ländern Mittel- und Südamerikas, wie bspw. Costa Rica, Kolumbien, Panama oder der Dominikanischen Republik (Ladeninnenbegehung TP W&W). Der massenhafte Import von Bananen nach Deutschland und die EU ist möglich durch die Ko-Evolution einer aufwändigen und hochspezialisierten Logistikinfrastruktur und der Frucht selbst: Die Bananensorte Cavendish ist heute die nahezu einzige im Supermarkt verfügbaren Bananenvariante, da diese sich für den langen und aufwändigen Überseetransport besonders eignet. Zugleich hat sich um den Transport dieser Frucht eine aufwändige Logistik herausgebildet, die an die individuellen Ansprüche der zu transportierenden Ware angepasst ist (Buss 2020; Hering/Fülling 2021). Am Bespiel der Banane zeigt sich das Nebeneinander von Vielfalt und Standardisierung, wie es heute im Supermarkt zu finden ist. Einerseits ermöglicht es die aufwändige Logistik die Banane (die hier als Beispiel für viele andere Produkte fungiert) ganzjährig und mit immer gleichbleibender Farbe, Form und Geschmack in die Supermärkte zu bringen und leistet somit einen Beitrag zu dem vielfältigen und abwechslungsreichen Angebot. Andererseits erfordert es genau diese Logistik das Naturprodukt Banane so weit zu homogenisieren und auf eine einzige Sorte zu reduzieren, dass es für den aufwändigen Prozess handhabbar und planbar ist (Hering/Fülling 2021: 340).

Doch nicht nur bei Südfrüchten lässt sich dieser Trend nachzeichnen. Auch heimisches Obst wie Äpfel sind ihm unterworfen. Bereits Ende des 19. Jahrhunderts begannen in Deutschland Obstbauern die Vielfalt von Apfelsorten zu reduzieren, um sie marktfähig zu machen. Unter dem steigenden Druck der ersten importierten frischen Produkte (Äpfel aus Kalifornien, Gurken aus Holland), die sich bei deutschen Konsument*innen großer Beliebtheit erfreuten, entstanden erste Versuche über Massenproduktion günstigere Waren anbieten zu können. Ziel wurde es, ein Angebot zu schaffen, dass „gefällig, transportfest und preisgünstig“ (Spiekermann 2020: o.S.) ist. Die Massenproduktion machte auch eine Anpassung von Verpackung und Transport notwendig. Unterschiedlichen Apfelsorten, die sich in ihrer Größe und Form voneinander unterschieden, ließen sich in den standardisierten Verpackungen nicht unversehrt transportieren. Somit wurden zunehmend Sorten gezüchtet, die den neuen Anforderungen angepasst waren (Spiekermann 2020). Dieser Prozess setz sich seit der Nachkriegszeit bis jetzt fort. So argumentiert bspw. Böge (1996), dass der Anbau von Äpfeln sich vor allen Dingen daran orientiert, ob die Früchte „widerstandsfähig, transporttauglich und geeignet für eine Massenverarbeitung“ (ebd.: 57) sind und den ästhetischen Ansprüchen der Konsument*innen entsprechen, wohingegen der Geschmack nur eine untergeordnete Rolle spielt. Diese Entwicklung geht, so Böge (1996), mit einem Verlust der Vielfalt, bzw. mit einer Standardisierung der Produkte einher.

Die Homogenisierung von lebendigen Produkten mit dem Ziel diese marktfähig zu machen, zeichnet auch Legun (2015) am Beispiel des Apfels nach. Gängige Apfelsorten, wie Granny Smith, Fuji, Jonagold, Gala oder Red Delicious zeichnen sich zum einen durch ihre Unempfindlichkeit gegenüber Witterungsbedingungen und Schädlingsbefall aus, um so einen großmaßstäbigen Anbau überhaupt zu ermöglichen. Zudem fungieren sie als optisch in Form und Farbe genormtes Produkt für Kund*innen als wiederkennbare Marken (vgl. Abb. 6).

Abbildung 6: Typische Warenauslagen im konventionellen Lebensmitteleinzelhandel: transporttaugliche, standardisierte Vielfalt

Foto: Eigene Aufnahme

Neben den besonderen Anforderungen von großmaßstäbiger Produktion und Logistik zu genügen, gilt es den antizipierten Kund*innenwünschen zu entsprechen. Auf diesem Wege wurden verschiedenste Apfelsorten mittels aufwändiger Veredelungsprozesse zu dem, was Legun (2015) das „kulturelle Konstrukt eines Apfels“ (ebd.: 305) nennt: stets gleichförmige, größere Äpfel, mit intensiverer, roter Farbe und unversehrter Schale, die nach dem Aufschneiden weniger schnell braun werden, erzielen die höchsten Marktpreise. Dabei verlieren Geschmack und Inhaltsstoffe an Bedeutung (Legun 2015). So rufen neuere Züchtungen, die sich weniger schnell verfärben eher allergische Reaktionen hervor, da sie einen geringeren Polyphenolgehalt aufweisen.[8] Das vermeintliche Naturprodukt, dass Konsument*innen heute im Supermarkt erwerben beschreibt Legun (2015) dabei wie folgt:

---

[8] Polyphenol ist einerseits verantwortlich für die Verfärbungen eines angeschnittenen Apfels, bindet gleichzeitig jedoch auch Allergene im Apfel (Norddeutscher Rundfunk 2019).

„The modern apple is truly the fruit of an arboreal Frankenstein. All common eating varieties of apples are reproduced by attaching shoots of a parent tree onto tree roots, so called root-stocks, both of which have been selected purposefully to have particular characteristics." (ebd.: 300)

Mit dieser Fokussierung auf die Markt- und Transportfähigkeit geht also auch ein Verlust an Sortenvielfalt einher. Gerade bei heimischen Produkten wird dabei von Umweltorganisationen, einigen Anbauer*innen sowie Konsument*innen der Verlust sogenannter *alter Sorten*, z.B. bei Äpfeln und Tomaten beklagt. Diese sind zwar oftmals unansehnlicher, uneinheitlicher, kleiner, empfindlicher usw. stehen jedoch für intensiveren und vielfältigeren Geschmack und/oder bessere ernährungsphysiologische Eigenschaften. Auch Konsument*innen thematisierten die veränderten Qualitäten der Produkte in den Interviews. So stellte Sara im Vergleich zwischen jenen Tomaten, die sie während ihrer Lehre zur Gärtner*in als junge Frau kennenlernte, und jenen, die sie heute im Supermarkt kauft, fest:

„[...] die normalen Tomaten schmecken wie Wasser und die Rispentomaten haben noch ein bisschen Ähnlichkeit mit Tomate."

(Frage: Was heißt ein bisschen Ähnlichkeit?)

„Also sie schmecken noch ein bisschen nach Tomate. Also die Tomaten schmecken nicht wirklich mehr nach Tomate. Also ich habe damals angefangen Gärtner zu lernen und dann mussten wir ja auch auf die Felder. Und haben Tomaten geerntet. Und da haben wir sie frisch gegessen, also vom Strauch. Und das waren Tomaten also, da hat man richtig die Tomate geschmeckt. Das hat man jetzt nicht mehr. Das ist alles so verwässert und die Rispentomaten, die kleinen[9] die kommen noch ungefähr so ein bisschen daran. Alle anderen sind so nichtssagend." (Sara)

Neben den Anforderungen, die Logistik und Kundenwünsche an die Produkte stellen, sind Produktstandards eine weitere Ursache für die Homogenisierung der Waren. An den EU-Vermarktungsnormen lässt sich hier beispielhaft zeigen, wie diese zur Dominanz ganz bestimmter Waren beitragen. Die definierten Mindestanforderungen, die die Güte der wichtigsten Obst- und Gemüsesorten sicherstellen sollen, fokussieren stark auf die optischen Eigenschaften der Waren. Andere Eigenschaften, wie etwa Geschmack oder Konsistenz, treten durch diese visuelle Regulierung in den Hintergrund (Hering 2022: 127; Kleinert 2020: 143f.). Dementsprechend richten sich auch die Züchtungen neuer Handelssorten, z.B. bei Tomaten, stark nach diesen harten Standards, die über den Markteintritt entscheiden (Hendriks 2018). Was meine Interviewpartnerin Sara also in ihrem alltäglichen Konsum beobachtet, lässt sich durch das Zusammenwirken verschiedener Mechanismen der Warenketten – Logistik und Standardisierung, aber auch die Nachfrage nach optisch makellosen Produkten – erklären. Auch wenn das

[9] Kleine Tomaten haben einen höheren Brix-Wert und sind süßer bzw. somit auch geschmacklich intensiver. Der Brix-Wert gibt an, wieviel Zucker in einer Flüssigkeit gelöst ist (Sauer 2018).

Stereotyp geschmackloser Hollandtomaten heute als überholt gilt (Kleinert/Braun 2018: 166), sind es doch weiterhin die optischen Eigenschaften, die über die Vermarktbarkeit von frischen Waren entscheiden.

Zuletzt soll nicht unerwähnt bleiben, dass sich nicht nur die geschmackliche und ernährungsphysiologische Qualität der Waren in diesem Zuge verändert haben. Auch Fragen nach dem Besitz von Saatgut und Patenten und damit auch danach, welche Akteur*innen Wissen und Macht innerhalb des Ernährungssystems haben, schließen sich hier unmittelbar an. Denn bspw. Tomaten, die im Supermarkt verkauft werden, sind in der Regel nicht samenecht, d.h. aus den Samen lassen sich keine neuen Pflanzen ziehen. Damit entsteht eine Abhängigkeit von Saatgutfirmen, die die Rechte an gängigen Sorten und damit eine große Marktmacht besitzen. Da diese Fragen an dieser Stelle nicht vertiefend diskutiert werden können, sei bspw. auf die Veröffentlichung von Hendriks (2018: 67-106), die sich speziell mit der Rolle der Tomate auf dem globalisierten Lebensmittelmarkt beschäftigt hat, oder auf die Arbeiten der Wissenschaftlerin und Aktivistin Vandana Shiva hingewiesen, die sich seit Langem kritisch mit der Rolle globaler Saatgutunternehmen im Ernährungssystem auseinandersetzt (z.B. Shiva 2016).

2.2.2 Filialisierung und Standortstrukturwandel: Die Standardisierung des Lebensmitteleinzelhandels

Nicht nur das Warenangebot im Lebensmitteleinzelhandel, sondern auch die Lebensmitteleinzelhandelslandschaft selbst und damit die Einkaufsmöglichkeiten für Konsument*innen haben sich in den letzten Jahrzehnten stark verändert. Die Veränderung der Einzelhandelslandschaft in Deutschland lässt sich charakterisieren als Betriebsformen[10]- und Standortstrukturwandel (d.h. mit einer Umschichtung der räumlichen Verteilung der Geschäfte des Einzelhandels), wobei beide Prozesse miteinander einhergehen (vgl. Abb. 7). Seit den 1970er Jahren kam es zu einem immer stärkeren Rückgang inhaber*innengeführter Geschäfte. Kleine Verkaufseinheiten (in der Regel sog. Tante-Emma-Läden mit Bedienung), die ein dichtes Versorgungsnetz bildeten, wurden mehr und mehr ersetzt durch Selbstbedienungsläden und Supermärkte. Diese zeichnen sich durch größere Verkaufsflächen, längere Öffnungszeiten, ein breiteres und tieferes, aber auch vereinheitlichtes Angebot sowie ein größeres Marktgebiet aus.[11] In den 1980er und 90er Jahren ergänzten zunehmend großflächige Verbrauchermärkte sowie kleinere Discounter das Angebot (Kulke 2011, 2020). In den letzten Jahren und insbesondere im

[10] Unter Betriebsformen werden „typische Kombinationen von Merkmalen eines Betriebs (z.B. Flächengröße, Bedienungsform, Preisniveau, Betriebsgestaltung, Personalstruktur)“ (Kulke 2010: 219) verstanden. Weiterhin lassen sich die Angebotstiefe und -breite, d.h. die Vielfalt verschiedener Produktgruppen und die Vielfalt innerhalb einer Produktgruppe dabei unterscheiden (Weiß 2006: 14).

[11] Eine ausführliche Ausarbeitung zur historischen Entwicklung des Lebensmitteleinzelhandels findet sich z.B. in Hering (2022).

Abbildung 7: Betriebsformenwandel im Einzelhandel

Betriebsform	Merkmale					Marktbedeutung
	Fläche (qm)	Bedienungs-form	Ort der Waren-übergabe	Preis-niveau	Sortiment	1950 1960 1970 1980 1990 2000 2010 2020
Bedienungs-laden	klein	fremd	im Laden	hoch	Food	
SB-Laden	< 400	SB	im Laden	mittel	Food	
Supermarkt	> 400	SB	im Laden	mittel	Food & Begleit-sortiment	
Verbrauchermarkt SB-Warenhaus	> 1500	SB	im Laden	niedrig bis hoch	Food & Non-Food	
Discounter	> 400	SB	im Laden	sehr niedrig	Food	
Reiner Online LH	0	fremd	beim Kunden	mittel bis hoch	Food & Non-Food	
Bricks-and-Clicks Online LH	> 0	fremd	im Laden/ beim Kunden	mittel bis hoch	Food & Begleit-sortiment	

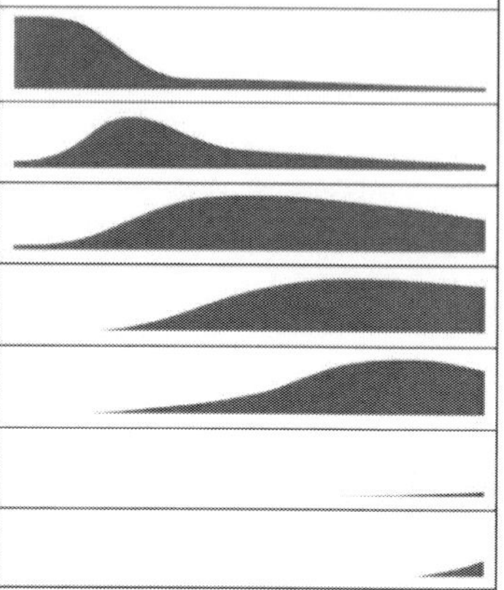

Quelle: Dannenberg/Franz (2014: 238), Kulke (2017: 167)

Zuge der Corona-Pandemie gewinnt auch der Online-Handel mit Lebensmitteln langsam an Bedeutung (Dannenberg et al. 2020; Dannenberg et al. 2017). Da jedoch keine*r meiner Interviewpartner*innen tägliche Lebensmitteleinkäufe online erledigt und das Thema entsprechend auch in der Auswertung meiner Daten keine Rolle spielt, gehe ich an dieser Stelle nicht weiter auf den Online-Handel ein.

Das nahezu vollständige Verschwinden des Bedienungsladens und damit auch die Trennung von Verkäufer*in und Konsument*in führte dazu, dass heute der persönliche Kontakt zwischen beiden auf ein Minimum reduziert und gleichzeitig stark formalisiert ist. Eine Interaktion zwischen Konsument*in und Handel findet im Selbstbedienungslebensmitteleinzelhandel heute fast ausschließlich über die Ware selbst statt. Der Einkauf wurde damit anonymer, da sowohl die nachbarschaftliche als auch die beratende Funktion, die der Bedienungsladen und seine Mitarbeiter*innen hatten, verloren ging (Hering 2021: 58). Während das Personal im Lebensmitteleinzelhandel damit eine gewisse Entlastung erfuhr, bzw. heute eine andere Rolle einnimmt, müssen sich Konsument*innen heute anderes Wissen aneignen, um das wachsende und gleichzeitig standardisierte Warenangebot zu lesen (Hering 2021: 62, siehe zum Bedeutungswandel der Wissensbestände beim Lebensmitteleinkauf auch Kapitel 4).

Bei den heute dominierenden Betriebsformen handelt es sich in weiten Teilen um Filialen einiger weniger Handelsunternehmen, die sich seit den 1990er Jahren in Folge von Fusionen herausbildeten und dadurch eine beträchtliche Marktmacht entwickeln konnten (Schmied 2018: 216). In Deutschland teilten sich im Jahr 2019 fünf Handelsunternehmen drei Viertel des Umsatzes (BVE 2020, vgl. Abb. 8). Einige wenige Unternehmen bestimmen damit, welche Waren in welchen Qualitäten und zu welchen Preisen angeboten werden. Vor allem für landwirtschaftliche Zulieferbetriebe ist das von großer Bedeutung, da die dominanten Konzerne ihre starke Verhandlungsposition gegenüber ihren Zulieferbetrieben ausnutzen können und mitunter dem Vorwurf unfairer Handelspraktiken ausgesetzt sind. So berichtet Oxfam in einem Fact-sheet auf Basis einer anonymen Befragung von Zulieferbetrieben deutscher Supermärkte von zahlreichen unfairen Geschäftspraktiken, durch die unternehmerische Risiken vor allem auf die Lieferanten abgewälzt werden. Dazu gehören u.a. rückwirkende Konditionsänderungen, Rücknahmevereinbarungen nicht abverkaufter Waren, Ausgleichsrabatte, wenn Verkaufszahlen hinter den Erwartungen des Handels zurückbleiben oder schlicht Preise, die die Produktionskosten nicht decken. In der Folge, so Oxfam, können keine existenzsichernden Preise und Löhne entlang der Lieferkette gezahlt werden (Wiggerthale 2021).

Abbildung 8: Anteile am Lebensmittelumsatz im Einzelhandel

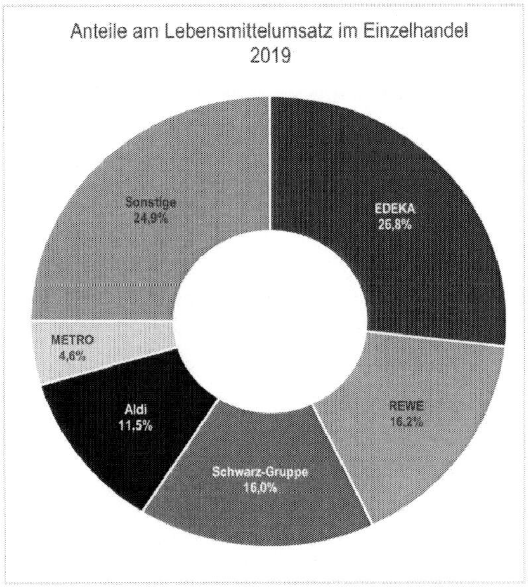

Eigene Darstellung | Daten: BVE (2020)

Mit dem Betriebsformenwandel geht auch eine deutliche Veränderung der räumlichen Verteilungsmuster der Einzelhandelsbetriebe einher. Größere Verkaufsflächen und Marktgebiete erforderten die Erzielung eines wachsenden Mindestumsatzes, sodass zentralere Standorte immer attraktiver wurden (Kulke 2020: 185). Die früheren, flächigen oder netzwerkartigen Verteilungen, die auch bis in Wohngebiete hineinreichten, wichen zunehmend einer Konzentration von Einzelhandelsagglomerationen. Diese finden sich besonders in suburbanen Lagen und an verkehrsgünstig gelegenen Knotenpunkten. Solche Ansiedlungen entsprechen vor allem dem Leitbild der autogerechten Stadt und begünstigen Konsument*innengruppen, die über ein Auto verfügen. Zweck der Ansiedlung solcher Agglomerationen ist es, die Vereinbarkeit von Arbeits-, Freizeit- und Einkaufswegen (Wegekopplungen) zu ermöglichen (Fülling/Hering 2020; Kulke 2010,

2017, 2020). Zugleich lässt sich jedoch auch eine Ausdünnung der Versorgung in peripheren Regionen beobachten:

> *„Während das Angebot absatzstarker Produkte in den kaufkräftigen Zentren wächst, verursacht die Marktsegmentierung andernorts ein immer einseitiger werdendes Angebot. Zugleich kommt es zu einer Standardisierung und Homogenisierung des Angebots. Während inhaber*innengeführte Einzelhandelsgeschäfte oftmals ein individuelles Angebot abdecken, geben die Einkaufsstrukturen der großen Filialisten das Angebot in weiten Teilen vor." (Fülling/Hering 2020: 4)*

In ländlichen oder suburbanen Gebieten führten diese Prozesse auch zur Entstehung von Versorgungsdefiziten. Einhergehend mit demographischem Wandel und dem Verlust öffentlicher Versorgungsstrukturen (wie ÖPNV) lässt sich ein „Rückzug des Einzelhandels aus der Fläche" (Jürgens 2020: 368) beobachten. Die Konzentration von Supermärkten und Discountern in Standortgemeinschaften an zentralörtlichen Versorgungsknotenpunkten führt zu einer teilweise mangelhaften Versorgung in der Fläche. In den *food studies* wird dies auch unter dem Schlagwort der *food deserts* diskutiert. Dieses Konzept, welches bislang vor allem im angloamerikanischen Raum Anklang fand, befasst sich mit der Entstehung und den Auswirkungen eben jener Prozesse der Ausdünnung der Supermarktlandschaft auf die Versorgung mit bzw. den Zugang der Bevölkerung zu Lebensmitteln. Diese Ausdünnung kann dabei zu einer Unterversorgung insbesondere benachteiligter Bevölkerungsgruppen mit gesunden und vollwertigen Nahrungsmitteln führen (Augustin 2020). Insgesamt zeigt eine Analyse der Lebensmitteleinzelhandelsstruktur in Deutschland, dass diese noch nicht in der gleichen Weise zentralisiert ist wie in den Ursprungsländern des *food deserts*-Konzeptes (USA, Großbritannien). Dennoch deuten die oben beschriebenen Entwicklungen der Lebensmitteleinzellandschaft darauf hin, dass dieses Konzept auch in Deutschland an Relevanz gewinnen könnte (Augustin 2014).

In diesem Unterkapitel habe ich gezeigt, dass sowohl im Hinblick auf die Waren selbst als auch auf die Verkaufsorte eine Standardisierung und Homogenisierung des Angebotes zu erkennen ist, durch die sich Waren, Interaktionen am Ort des Einkaufs, Angebotsstrukturen sowie die Verteilung von Wissen und Macht innerhalb des Produktionsnetzwerks verändert haben. Die gleichbleibende Vielfalt und Fülle an frischem Obst und Gemüse und die damit verbundenen großen Produktmengen, die tagtäglich auf Plantagen auf der ganzen Welt geerntet, verschifft und/oder per LKW transportiert und dann vermeintlich erntefrisch in der Auslage am Ort des Verkaufes präsentiert werden, werden realisiert auf Kosten anderer Produkteigenschaften wie Geschmack, Nährstoffgehalt oder Sortenvielfalt. Durch den Betriebsformenwandel des Lebensmitteleinzelhandels veränderte sich die Breite und Tiefe des Angebotes in einzelnen Einheiten des Lebensmitteleinzelhandels. Zudem wandelten sich Interaktionsmuster am Ort des Einkaufs: die Kommunikation mit dem*der Händler*in verlor an Bedeutung, sodass die Ware zunehmend für sich selbst sprechen bzw. durch den*die Konsument*in entschlüsselt werden muss. Fusionen großer Einzelhandelsketten führten zudem zu einer Konzentration von Wissen und Macht z.B. im Hinblick auf das Angebot und die Preise beim

Lebensmitteleinzelhandel. Parallel dazu lässt sich auch eine räumliche Konzentration von Geschäften des (Lebensmittel-)Einzelhandels an günstig gelegenen Standorten beobachten, durch die sich die Gelegenheitsstrukturen zum Einkauf für die Konsument*innen deutlich verändert haben (s. zur Bedeutung der Gelegenheitsstrukturen Kapitel 3.4). Zuletzt möchte ich auf einen Trend eingehen, der in den letzten Jahren im Lebensmitteleinzelhandel an Bedeutung gewonnen hat: die Vermarktung von als nachhaltig gelabelten Lebensmitteln[12].

2.3 Bedeutungsgewinn von Nachhaltigkeit im Handel

Das globale Nahrungsmittelsystem ist nicht nur die Voraussetzung für das vielfältige (aber auch standardisierte) Warenangebot in den Obst- und Gemüseabteilungen unserer Supermärkte und ermöglicht Konsument*innen im Globalen Norden die Verwirklichung eines gesunden und individuellen Lebens- und Ernährungsstils. Es wird auch in Zusammenhang gebracht mit zahlreichen Nebenfolgen, wie:

- Bodendegradation durch Einsatz von Düngemitteln
- Verlust von Biodiversität durch Abholzung von Wäldern
- Insektensterben durch Monokulturen und den Einsatz von Pestiziden
- Verunreinigung des Grundwassers durch Einsatz von Düngemitteln und Pestiziden
- Sinkende Grundwasserspiegel durch hohen Wasserbedarf
- Emission von Klimagasen durch den weiten Transport von frischen Waren
- Verpackungsmüll
- Verlust von Sortenvielfalt
- Unfaire Handelsbeziehungen zwischen Produzent*innen und Handel
- Schlechte Bezahlung und prekäre Beschäftigungsverhältnisse von Erntehelfer*innen sowie Produzent*innen (Böge 2001; Clapp 2016; Ermann et al. 2017; Franz/Schumacher 2020; Legun 2015, 2016; Müller-Lindenlauf et al. 2013; Reckinger 2018; Schmied 2018)

[12] Mit der Formulierung „als nachhaltig vermarktete Lebensmittel“ möchte ich mich von einer Beurteilung der Produkte selbst lösen. Es geht mit an dieser Stelle nicht darum zu bewerten, ob die Produkte halten, was sie versprechen/implizieren oder ob mitunter sogenanntes *green-washing* betrieben wird, sondern darum aufzuzeigen, dass ethisch-moralische Kriterien sich im Warenangebot niederschlagen.

Kritik an diesen Nebenfolgen der Produktion wird in den letzten Jahren immer lauter und sowohl von Seiten der Politik als auch der Zivilgesellschaft sowie dem Handel formuliert (s. dazu auch Kapitel 3.3).

In den alltäglichen Konsumlandschaften, ob online oder offline, finden sich zunehmend Belege für die wachsende Bedeutung der Auseinandersetzung mit diesen Nebenfolgen des Konsums: Die veränderten Anforderungen von Konsument*innen an unternehmerisches Handeln schlagen sich im Angebot von Produkten, aber auch Dienstleistungen wieder und zwingen Unternehmen sich daran anzupassen (Stehr/Adolf 2008: 196). So richten immer mehr Unternehmen Corporate-Social-Responsibility-Abteilungen ein. In verschiedensten Warengruppen, so z.B. in der Mode, entstehen nachhaltige oder grüne Linien und Labels und selbst Banken oder Reiseanbieter bieten nachhaltige Services an. Auch im Lebensmitteleinzelhandel lassen sich diese Veränderungen des Angebotes und der Unternehmenspolitiken beobachten (Koos/Kattermann 2020).

Auf der Ebene der Verkaufseinheit, also des Supermarktes, ist eine wachsende Anzahl von Bioläden zu verzeichnen: So berichtet das Online-Branchenmagazin biomarkt.info über eine Zunahme von Verkaufsstellen des Naturkosteinzelhandels um 7% zwischen 2010 und 2017. Dabei hätten vor allem die Bio-Supermärkte (hier Verkaufsstellen mit einer Verkaufsfläche von >400m²) Zugewinne zu verzeichnen (+130%), während die Anzahl kleinerer Verkaufseinheiten deutlich zurückging (Fachgeschäfte mit <100m²-34%, 100-200m²-5%). Hier fallen also das wachsende Interesse an Bioprodukten und die Filialisierungstendenzen im Lebensmitteleinzelhandel (vgl. Kapitel 2.2.2) zusammen. Die gesamte Verkaufsfläche von Bio-Läden wuchs demnach im genannten Zeitraum um 62% (Fiedler 2018). Und auch auf der Ebene des Produktangebotes zeichnet sich ein verändertes Nachfrager*innenverhalten ab: Im konventionellen Lebensmitteleinzelhandel lässt sich eine Anpassung des Produktsortimentes und steigende Absatzzahlen von als nachhaltig vermarkteten Lebensmitteln beobachten. Die Produktsortimente, gerade in Supermärkten mit einer größeren Tiefe des Angebotes, beinhalten immer häufiger Alternativen, die auf die Sozial- und Umweltverträglichkeit der Waren verweisen. An allererster Stelle ist hier das EG-Bio-Siegel zu nennen (oftmals verborgen hinter Bio-Eigenmarken) sowie weitere Bio-Siegel verschiedener Bio-Branchenverbände (Naturland, Bioland, demeter). Laut Zahlen des Umweltbundesamtes stieg der Umsatz mit Biolebensmitteln in der Zeit zwischen 2008 und 2019 von 5,8 Milliarden Euro auf 11,97 Milliarden Euro. Im Zeitraum von 2008 bis 2018 stieg der Marktanteil von Biolebensmitteln an allen verkauften Lebensmitteln von 3,5% auf 5,38% (vgl. Abb. 9) (UBA 2020). In der Branchenbilanz 2019 der ökologischen Lebensmittelwirtschaft konstatiert der Bund Ökologische Lebensmittelwirtschaft e.V. (2020) ein Umsatzplus von 11,4% (2017: +10,34%, 2018: +10,91%), welches vor allem durch das

Abbildung 9: Umsatz und Marktanteil von Biolebensmitteln

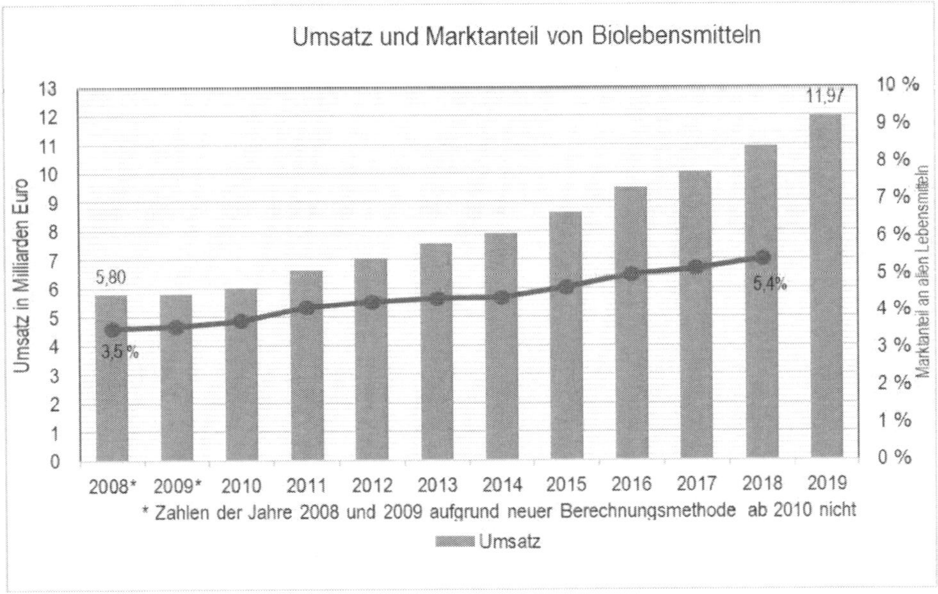

Eigene Darstellung | Daten: UBA (2020)

wachsende Bioangebot im konventionellen Lebensmitteleinzelhandel erreicht wurde. Das Umsatzplus bei frischem Obst und Gemüse lag dabei etwa bei jeweils 25% (ebd.).

Ebenfalls schon lange in den Sortimenten vorhanden (im Bereich der Lebensmittel jedoch stark auf einzelne Produktgruppen wie Kaffee, Tee, Schokolade und Bananen beschränkt) sind die Fairtrade-zertifizierten Produkte. Im Zeitraum von 2009 bis 2018 stieg der Umsatz mit fair gehandelten Produkten in Deutschland insgesamt von 322 Millionen Euro auf 1.697 Millionen Euro (Blendin et al. 2019: 4). Südfrüchte wie Bananen, Ananas, Orangen und Mangos machen unter fair gehandelten Waren die größte Absatzmenge aus. Diese entwickelt sich auch seit Jahren positiv. So stieg die in Deutschland verkaufte Menge von fair gehandelten Südfrüchten zwischen 2011 und 2018 von etwa 19.000t auf mehr als 100.000t. Der größte Anteil hiervon sind mit 95.000t Bananen. Mit 14% Marktanteil spielen Bananen aus fairem Handel in Deutschland bereits eine relativ große Rolle, sind dabei aber unter den fair gehandelten Waren insgesamt eine Ausnahme (ebd.: 9). Zwar zeigt sich auch hier ein positiver Trend, die geringere Breite und Tiefe des Produktangebotes an fair gehandelten Produkten legt jedoch den Schluss nahe, dass hier insgesamt eine weniger große Nachfrage besteht. In den letzten Jahren neu hinzugekommen sind verschiedene sog. Umweltzeichen, die oftmals spezifisch für eine bestimmte Supermarktkette sind, so das WWF-Siegel (EDEKA) oder ProPlanet (REWE). Inzwischen führen zudem alle großen Supermarkt- und Discounterketten ein Angebot an vegetarisch/veganen Alternativen in ihrem Sortiment. Daneben findet sich im Lebensmitteleinzelhandel immer häufiger die Vermarktung der Herkunft von Produkten, z.B. aus *regionaler* Herkunft. Da es sich hierbei, anders als bei Bio oder Fairtrade nicht um einen geschützten Begriff handelt, ist es schwierig Aussagen zur Häufigkeit dieser Art der Vermarktung zu machen. Der besondere Fall der Verknüpfung räumlicher und moralischer Zuschreibungen oder anderer Wertigkeiten an einzelne Produkte wird im Kapitel 4.4 ausführlich diskutiert und daher hier nicht weiter behandelt. Es kommt durch diese Entwicklungen zu einer Ausdifferenzierung des Angebotes in dreifacher Hinsicht: Zum einen verändert sich das Angebot im Hinblick auf die Art der Anbauweise, wie bei Bio-zertifizierten Lebensmitteln. Zweitens wird die soziale Dimension hervorgehoben, wie es bei Fairtrade-zertifizierten Produkten der Fall ist. Umweltzeichen wie bspw. Pro-Planet vereinen dabei sowohl Umwelt- als auch soziale Aspekte. Und drittens kommt es zu einer Betonung der räumlichen Dimension der Herstellung, indem die (regionale) Herkunft der Waren in den Fokus gestellt wird. Aus diesen bis hierhin dargestellten Phänomenen, dem stetig wachsenden Angebot, der Standardisierung von Waren und Einzelhandelslandschaft sowie dem Bedeutungsgewinn von Nachhaltigkeitsaspekten, ergeben sich Auswirkungen auf die Beziehung zwischen den Kontexten der Produktion und des Konsums. Diese möchte ich im folgenden Unterkapitel darlegen.

2.4 Zwischenfazit I: Neue Beziehungen und Entfremdung

In diesem Kapitel habe ich als wesentliche Veränderungsprozesse des Lebensmittelangebotes in Deutschland die Vergrößerung des Angebotes im Hinblick auf Vielfalt und Menge, die Standardisierung der Waren und des Lebensmitteleinzelhandels sowie den Bedeutungsgewinn von als nachhaltig gelabelten Waren charakterisiert. Im folgenden Abschnitt werde ich nun darauf eingehen, welche Konsequenzen diese Veränderungen auf die Beziehung zwischen den Kontexten des Konsums hat.

Die Erweiterung des Angebotes hat durch die Intensivierung der Landwirtschaft und die Etablierung globaler Warenströme zunächst vor allem zu einer deutlichen Verbesserung der Ernährungssituation der in Deutschland lebenden Bevölkerung beigetragen. Gleichzeitig führt die Verlagerung großer Teile der landwirtschaftlichen Produktion ins Ausland auch zu einer stärkeren Trennung der Kontexte der Produktion und des Konsums. Die Landwirtschaft verschwand im vergangenen Jahrhundert sowohl alltagsweltlich als auch (für eine immer noch wachsende städtische Bevölkerung) sinnlich mehr und mehr aus dem Leben von Konsument*innen. Wissen über Anbauweise, Ernte bis hin zur Haltbarmachung und Verarbeitung sind heute weitestgehend freiwillig, da nicht mehr überlebenswichtig (Baur et al. 2019: 120). Auf diese Veränderung der Wissensbestände werde ich in Kapitel 4.1 ausführlicher eingehen. Körperliche und geistige Anstrengungen der an der Bereitstellung der Waren beteiligten Akteur*innen oder äußere Prozesse, wie Schwankungen im Klima, politische Umwälzungen in Ländern des Anbaus, technische Innovationen usw. sind für die Endverbraucher*innen nicht sichtbar (Campbell 2009). Dies führt zu einem abnehmenden Interesse der Konsument*innen am Herstellungsprozess und dazu, dass lebendige Produkte zu einer anonymen und abstrakten Ware ohne erkennbare Entstehungsgeschichte werden (Böge 2001: 12; Reitmeier 2013: 232). Durch die Standardisierung der Waren selbst, ihre ganzjährige Verfügbarkeit in immer gleicher Farbe, Form und Qualität rückt der Entstehungszusammenhang des Produktes und seine Eigenschaft als lebendiges Naturprodukt nochmals in den Hintergrund (Böge 1996: 56; Hering 2022: 244ff.).

Die Filialisierung des Lebensmitteleinzelhandels verstärkt dabei diesen Prozess: Dort, wo über die Verkäufer*in am Marktstand oder im Bedienungsladen zumindest noch ein mittelbarer Kontakt zur Erzeuger*in möglich war, ist die Kommunikation zwischen Produzent*innen und Konsument*innen heute reduziert auf die Gestaltung des Supermarktes und der Warenauslagen. Über diese werden nun Wissen über Waren und daran anschließende Wertigkeitsvorstellungen (u.a. sozial gerechte Bezahlung der Arbeiter*innen oder Vertrauen in regionale Produktion) vermittelt (Hering 2021: 204f.). Mitunter können diese dabei selbst Gegenstand des Konsums werden (Hellmann 2008: 38).

Neben dieser Trennung der Sphären kann aber gleichzeitig argumentiert werden, dass durch globale Warenketten neue ökonomische und damit auch soziale Beziehungen entstehen: Durch den alltäglichen, lokalen Einkauf von frischem Obst und Gemüse sind Konsument*innen – mutmaßlich oft ohne es zu reflektieren – eingebunden in ein globales Handelsnetz und stehen in Beziehung zu einer Vielzahl von Akteur*innen innerhalb des komplexen Produktionsnetzwerks, das notwendig ist, um die angebotenen Waren bereitzustellen (Cook 2004; Cook/Crang 1996; Harvey 1990). Auch wenn die Konsumhandlung selbst an einem einzigen Ort und damit lokal stattfindet, entsteht durch den globalen Handel eine Distanzerweiterung (Ermann 2005: 284): lokale und individuelle Handlungen stehen in Verbindung mit globalen Prozessen (Giddens 1996: 115) und weit entfernten Menschen und Orten (Cook 2004). Neben dieser – möglicherweise erstmal abstrakt erscheinenden – sozialen Verbindung hinterlassen die Konsumhandlungen jedoch auch ganz konkrete Spuren an den Orten der Produktion. Sie verändern Landschaften und lokale Ökonomien (und damit das Leben der Menschen vor Ort) in den Anbauländern (Hering/Fülling 2021: 355), haben aber auch globale Auswirkungen, bspw. durch entstehende CO_2-Emissionen (Müller-Lindenlauf et al. 2013). Abb. 10 zeigt exemplarisch, mit wie vielen verschiedenen Produktionsorten (und damit verbunden auch Menschen vor Ort und auf dem Weg dazwischen) allein über die Auswahl an frischem Obst und Gemüse bei einem typischen Einkauf eine Verbindung entsteht.

Ob und wie Konsument*innen sich mit diesen Verbindungen jedoch auseinandersetzen, ist ihnen zunächst freigestellt. Der Kauf und Verzehr einer Banane erfordert es nicht sich mit dem Produktionssystem auseinanderzusetzen, welches die Banane in den Supermarkt gebracht hat oder nach den beteiligten Akteur*innen zu fragen (Harvey 1990: 422). Egal wie dynamisch, fluide und komplex sich das Produktionsnetzwerk verhält, am Ende dessen finden sich scheinbar unberührt davon die immer gleichen Waren im Supermarkt. Führt eine Dürre an einem Produktionsort zu Ernteausfällen, werden die fehlenden Waren einfach aus anderen Ländern eingeflogen. Ein möglicherweise schwerer Einschnitt in die Einkommen der Menschen vor Ort bleibt im hiesigen Supermarkt unsichtbar und von den Konsument*innen unbemerkt.[13]

Abbildung 10: Durch den lokalen Einkauf global eingebunden: Eine typische Auswahl an frischem Obst und Gemüse und typische Herkunftsländer

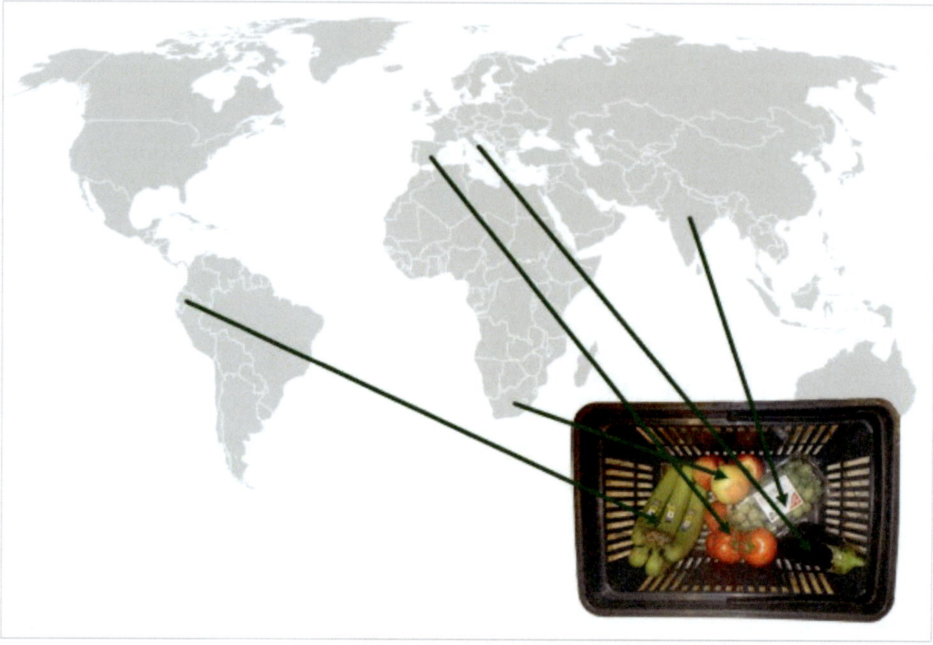

Eigene Abbildung | Foto: eigene Aufnahme | Daten: Ladeninnenbegehung TP W&W und FAO (2021)

In ihrem normierten Aussehen und Geschmack, ihrer ständigen Verfügbarkeit und ihren minimalen Preisschwankungen verraten sie nichts über die Lebendigkeit und Dynamik ihres Entstehungsweges. Saisonale Schwankungen im Produktangebot werden nach Möglichkeit durch Importe ausgeglichen. Die Biographien der Waren sind damit weitestgehend unsichtbar. Eine Ernährung entlang des jahreszeitlich lokal verfügbaren Angebotes und basierend auf dem praktischen Wissen der Konsument*innen ist somit nicht wie noch vor 70 Jahren eine Selbstverständlichkeit, sondern hat sich zu einem besonderen Ernährungsstil entwickelt, den umzusetzen die Hilfe von Saisonkalendern,

---

[13] Im Frühjahr 2020 wurde diese Gewissheit durch den Ausbruch der Corona-Pandemie vorübergehend in Frage gestellt. Leere Supermarktregale, mitunter auch bei den Frischeprodukten, schürten Ängste bei der Bevölkerung, die Nahrungsmittelversorgung sei nicht gesichert und globale Warenströme könnten zusammenbrechen (Hering 2020). Das Nahrungsmittelsystem hat sich jedoch für ein wohlhabendes Land wie Deutschland als stabil erwiesen und es kam zu keinen Engpässen, die die Ernährungssicherheit der Bevölkerung gefährdet haben – wenngleich Bevölkerungsgruppen, die auf Grund ihrer sozio-ökonomischen Lage ohnehin einen erschwerten Zugang zu Nahrungsmitteln haben, durch den Wegfall von Infrastrukturen wie Tafeln, Schul- und Kitaverpflegung sich durchaus vor großen Problemen standen (Busch/Bayer/Gunarathne/ et al. 2020: 49).

Gemüsekisten und speziellen Kochrezepten erfordert. Campbell (2009) sieht dieses Fehlen von „feedback loops“ (ebd.: 315), also des Rückflusses von Wissen und Informationen über die Produktion an die Konsument*innen, als charakteristisch für das bestehende globale Ernährungssystem. Die sozialen, geographischen, technischen und ökonomischen Voraussetzungen sowie die ökologischen und sozialen Folgen der Lebensmittelproduktion spielen sich „at a safe distance from consumers in the industrial core“ (ebd.: 314) ab und werden somit auch nicht an die Konsument*innen zurückgespiegelt – ein „‚Food from Nowhere‘ regime“ (ebd.: 310). Dem Gegenüber steht das „‚Food from Somewhere‘ regime“ (ebd.), welches sich durch den Versuch charakterisieren lässt, neue oder alternative Ernährungsnetzwerke zu etablieren. Durch den direkten Kontakt zu Erzeuger*innen, die re-Regionalisierung der Warenketten oder Zertifizierungen sollen so die Beziehungen zwischen den Kontexten der Produktion und des Konsums wieder intensiviert und die Wissensflüsse verbessert werden. Der Bedeutungsgewinn von als nachhaltig vermarkteter Waren macht deutlich, dass dieses Fehlen von Wissen über den Kontext der Produktion zunehmend als Problem wahrgenommen wird und von Handel und Verbänden durch die Etablierung von Standards und Siegeln adressiert wird.

Auch Tuan (1977) zitiert nach Schmied (2018: 242) nutzt eine räumliche, bzw. raumtheoretische Perspektive, um die Beziehung zwischen Produktions- und Konsumkontext zu analysieren: das globale Nahrungssystem versteht er als *space*. Die räumlichen Bezüge der Waren können von den Konsument*innen ignoriert werden und bleiben dementsprechend abstrakt. Dem gegenüber steht ein Nahrungssystem, das die zwischenmenschliche Erfahrung und direkte Beziehungen zwischen Produzent*innen bzw. Produktionsort und Konsument*innen ermöglicht. Dies ermöglicht die Erfahrung von *place,* also der Zuschreibung von Bedeutungen und Erfahrungen an den Ort der Produktion. Dass solche Prozesse der Relokalisierung in Folge der lauter werdenden Kritik am Ernährungssystem an Bedeutung gewinnen, zeigt der in Deutschland seit einigen Jahren deutlich zu beobachtende Regionaltrend (vgl. Kapitel 2.3, Kapitel 3.3 und Kapitel 4.4.2). Dieser deutet darauf hin, dass Konsument*innen zunehmend beginnen, ihre Beziehung zu den Menschen und Orten der Produktion, aber auch zu den globalen Auswirkungen ihres Konsums neu zu bewerten. Es wird bereits deutlich, dass für die Beziehung zwischen den Akteur*innen des Konsums und der Produktion die Frage, welches Wissen zwischen den Kontexten hin und her wandert, entscheidend ist. Welche Implikationen also diese Entfremdung und Distanzerweiterung für das Wissen und Nichtwissen von Konsument*innen über die Produkte und deren Herkunft haben, soll im empirischen Teil dieser Arbeit, in den Kapiteln 7 und 8, noch ausführlicher beleuchtet werden.

Zusammenfassend lässt sich bis hierhin sagen, dass sich durch die Globalisierung des Handels mit frischem Obst und Gemüse, die Vielfalt des Warenangebotes sowie die Standardisierung der Waren und der Einzelhandelslandschaften das Verhältnis zwischen den Kontexten des Konsums und der Produktion deutlich verändert haben. Es lässt sich beschreiben durch eine Gleichzeitigkeit von Entfremdung und der Entstehung neuer Beziehungen. Im folgenden Kapitel möchte ich dieses Bild um die Rolle der*des Konsument*in ergänzen und aufzeigen, wie gesellschaftliche Veränderungen der letzten siebzig Jahre den Lebensmittelkonsum und damit die Perspektive von Konsument*innen auf die Waren und den Produktionskontext verändert haben.

3 Wandel der Konsument*innen: Neue Wahlfreiheiten und Verantwortung

Die im vorangegangenen Kapitel illustrierten Veränderungen auf der Angebotsseite können nicht unabhängig von Entwicklungen auf der Nachfrageseite verstanden werden. Beide Kontexte haben sich in einem wechselseitigen Prozess zusammen entwickelt. In diesem Kapitel soll dargestellt werden, entlang welcher Entwicklungslinien Ernährung und Lebensmittelkonsum, mit besonderem Fokus auf frischem Obst und Gemüse, sich seit dem Ende des zweiten Weltkriegs verändert haben. Wie im vorangegangenen Kapitel habe ich auch hier jene Prozesse herausgegriffen, die sich für die Fragestellung der Arbeit als zentral herausgestellt haben. Auf den folgenden Seiten wird es daher zunächst um den Übergang von der Mangel- zur Überflussgesellschaft gehen, der im Zusammenhang mit den Wandlungsprozessen der Nahrungsmittelproduktion steht, die in Kapitel 2.1 und 2.2 dargestellt wurden. Die neue Vielfalt und Wahlfreiheit ermöglichten zudem eine Bedeutungsverschiebung des Konsums, bei der die reine Versorgungsfunktion immer stärker durch symbolische Funktionen ergänzt wurde. Wie bereits in Kapitel 2.3 gezeigt, spielen zudem immer stärker Fragen der Nachhaltigkeit von Produktion und Konsum eine Rolle, sodass es zu einem Bedeutungsgewinn reflexiver Konsument*innenverhaltensweisen kommt. In Kapitel 3.4 werde ich schließlich die wesentlichen Faktoren darstellen, von denen der Lebensmittelkonsum heute beeinflusst ist, bevor ich in einem zweiten Zwischenfazit die wesentlichen Ergebnisse des Kapitel 3 zusammenfasse und zuletzt die Kernaussagen von Kapitel 2 und 3 zusammenführe.

3.1 Wohlstandsgewinne und Diversifizierung des Konsums

Während auf der Angebotsseite durch Innovationen im Bereich von Landwirtschaft und Logistik sowie durch politische Rahmensetzung eine immer größere Angebotsvielfalt bei gleichzeitiger Standardisierung und Homogenisierung der Produkte erreicht werden konnte, trieben gesellschaftliche und wirtschaftliche Umbrüche seit dem Ende des zweiten Weltkriegs auch Veränderungen auf der Nachfrageseite an. Dieser Wandel kann aus soziologischer Perspektive auf zwei wesentliche Faktoren zurückgeführt werden – Wohlstandsgewinne und gesellschaftliche Öffnung – die im Folgenden skizziert werden sollen.

3.1.1 Von der Mangel- zur Überflussgesellschaft: Wohlstand und Ernährungsunsicherheit in Deutschland

Ab dem Ende des zweiten Weltkriegs konnte in Deutschland (BRD) im Zuge des sogenannten Wirtschaftswunders ein rasanter Anstieg der durchschnittlichen Einkommen beobachtet werden: ab den 1950er Jahren begann der Übergang von einer Mangel- zur Überflussgesellschaft. Bis zu diesem Zeitpunkt waren Mangel und Hunger selbst für Mittelschicht-Haushalte noch eine alltägliche Bedrohung (Barlösius 2016; Baur et al. 2019: 118). Doch die steigenden Einkommen ermöglichten es immer mehr Menschen ihre physisch-materiellen Grundbedürfnisse zu befriedigen (Inglehart 1995: 93). Und auch die Art und Weise, wie verfügbare Einkommen ausgegeben wurden, veränderte sich. So verringerte sich jener Anteil des Einkommens, der für Güter des täglichen Bedarfs wie bspw. Lebensmittel ausgegeben wurde. In Deutschland lag er 1950 noch bei 44%, 2020 lag er nur noch bei 15,5% (vgl. Abb. 11; Ahrens 2021). Es ist jedoch zu berücksichtigen, dass einkommensschwache Haushalte – entsprechend dem „Engelschen Gesetz"[14] – trotz dieser Entwicklungen auch weiterhin einen größeren Anteil ihres Einkommens für Grundbedarfsgüter wie Nahrungsmittel ausgeben (Kulke 2005: 10f.)

Abbildung 11: Anteil der Ausgaben für Lebensmittel in Deutschland an den Konsumausgaben

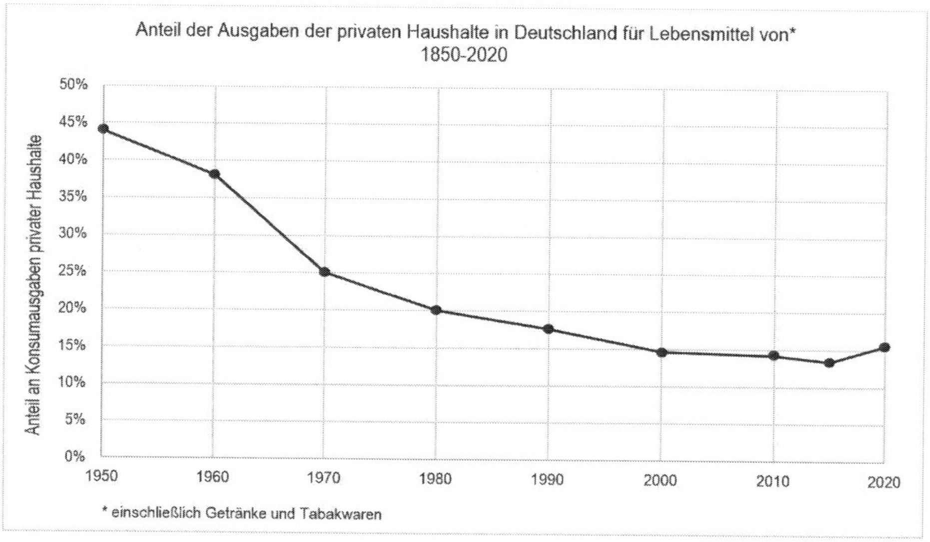

Eigene Darstellung | Daten: Ahrens (2021)

[14] Das engelsche Gesetz wurde 1857 von dem deutschen Statistiker Ernst Engel formuliert. Es beschreibt den Zusammenhang zwischen Einkommen und der Zusammensetzung der Konsumgüterausgaben: Wegen der geringen Einkommenselastizität von Grundbedarfsgütern wie Lebensmitteln bleibt das Nachfragevolumen an diesen Gütern bei steigendem Einkommen relativ stabil, sodass der Anteil am Einkommen, den einkommensschwache Haushalte für Grundbedarfsgüter ausgeben, höher ist (Kulke 2005: 10).

Im Hinblick auf die Ernährung begann der Übergang von der Mangel- in die Übergangsgesellschaft in den 1950er und 60er Jahren zunächst mit einer Phase, die auch als „Fresswelle" (Reitmeier 2013: 234) bezeichnet wird. Wachsender Wohlstand ermöglichte immer größer werdenden Teilen der Bevölkerung ein neues Essverhalten: Nahrungsmittel wie Getreide, Kartoffeln, Hülsenfrüchten, Grobgemüse (wie Rüben und Kohl), die oftmals mit der Mangelwirtschaft der vergangenen Jahre in Verbindung gebracht wurden, wichen mehr und mehr neuen Speisen, wie Milchprodukten, Schweine- und Geflügelfleisch, Citrus- und Südfrüchten oder Feingemüsen wie Tomaten (Reitmeier 2013: 233-234).

Ab den 1970er Jahren konnten Produkte wie Mangos, Papayas oder Kiwis, Auberginen und Avocados in den ersten westdeutschen Geschäften erworben werden (BMEL 2018b). Bis sie wie heute flächendeckend und ganzjährig angeboten wurden dauerte es jedoch, wie im vorangegangenen Kapitel gezeigt wurde, noch weitere 30 Jahre. Diese große Vielfalt an frischem Obst und Gemüse betraf jedoch nur Westdeutschland. Während dorthin zunehmende Mengen an Frischeprodukten importiert wurden, bildeten in der DDR leicht zu kultivierende, regionale Produkte wie Kohl, Äpfel und Möhren – oft aus dem Kleingarten – die Basis der Ernährung (BMEL 2018b).

Tabelle 2 zeigt, die Entwicklung des Verbrauchs von verschiedenen Lebensmitteln pro Kopf (in kg/Jahr) in den vergangenen 60 Jahren: Zwischen 1950 und 2014 hat sich der Verbrauch von Gemüse fast verdoppelt, das Angebot von Obst stieg in derselben Zeit um 30% (Stracke et al. 2017). Die verfügbare Kalorienmenge stieg insgesamt von täglich 3.000 Kilokalorien 1950 auf heute etwa 3.500 Kilokalorien (BMEL 2018a; Spiekermann 2006: 28). Es hat sich also nicht nur die Gesamtmenge der verzehrten Lebensmittel verändert, sondern zudem fand eine Verschiebung der Konsummuster statt.

Tabelle 2: Verbrauch von Nahrungsmitteln pro Kopf (in kg/Jahr) in Deutschland, seit 1950 (Daten bis 1980/81 beziehen sich auf das frühere Bundesgebiet)

Jahr / Sorte	1950/51	1960/61	1970/71	1980/81	1990/91	2000/01	2010/11	2012/13	2012/13	2013/14
Kartoffeln	186	132	102	81	75	70	57	65	59	60
Gemüse*	50	49	64	64	81	84	95	96	97	93
Obst (Marktanbau ohne Zitrusfrüchte*, **	41	81	93	84	61	75	69	69	68	69

** einschließlich nicht abgesetzter Mengen, einschließlich Verarbeitung und Einfuhr von Erzeugnissen in Frischgewicht;*
*** bis 1990 Frischobst insgesamt, einschließlich tropischer Früchte*

Eigene Darstellung nach Stracke et al. (2017: 33)

Steigender Wohlstand trug zudem dazu bei, dass andere Einkommensverwendungen wie bspw. Reisen an Bedeutung gewannen (Kulke 2005: 12). Insbesondere wohlhabenderen Schichten eröffneten diese Reisen auch neue kulinarische Horizonte, sodass Konsument*innen in Deutschland zunehmend Interesse an als exotisch empfundenen Speisen und Zutaten entwickelten. Gepaart mit neuen kulinarischen Einflüssen durch Gastarbeiter*innen und Migrant*innen wurden die Küchen zunehmend vielfältiger und die Nachfrage nach den entsprechenden Zutaten stieg (Inglis/Gimlin 2009).

Die Ernährungssituation der in Deutschland lebenden Menschen hat sich insgesamt seit dem Ende des zweiten Weltkriegs somit deutlich verbessert: Mangelernährung bzw. durch Nährstoffmangel hervorgerufene Erkrankungen sind heute immer seltener festzustellen. Heute sind ernährungsbedingte Erkrankungen im Gegenteil, eher auf ein Übermaß an z.T. krankheitsförderlichen Nährstoffen wie Zucker oder Fett zurückzuführen (Hayn 2005: 284; Spiekermann 2006: 28). Trotz der verbesserten Ernährungssituation spielen Einkommensarmut und Ungleichheit und damit einhergehend auch Ernährungsunsicherheit immer noch eine Rolle in Deutschland. Es muss davon ausgegangen werden, dass in Deutschland etwa drei Millionen Menschen von moderater oder schwerer Ernährungsunsicherheit betroffen sind (Augustin 2020: 41). Ernährungsunsicherheit umfasst dabei nach Augustin (2020: 41) Lebenslagen, in denen Menschen „aus finanziellen Gründen auf Lebensmittelqualität oder -vielfalt verzichten, Mahlzeiten auslassen, sich Mengenbeschränkungen auferlegen oder sogar Hunger erleben“. Dazu kommt eine „unbekannte Anzahl von Menschen, die sich Sorgen um die Beschaffung der nächsten Mahlzeit machen müssen“ (ebd.).

3.1.2 Diversifizierung von Lebensstilen

Doch nicht nur die gesamtgesellschaftlich betrachtet verbesserte Einkommenssituation führte zu Veränderung des Lebensmittelkonsums. Ab den 1960er/70er Jahren setzte ein Wertewandel ein, der insgesamt zu einer gesellschaftlichen Öffnung, einem Bedeutungsverlust tradierter Rollenerwartungen und gesellschaftlicher Institutionen führte. Damit wurde eine größere Vielfalt an unterschiedlichen politischen Sichtweisen und persönlichen Arten der Lebensführung zunehmend akzeptabel. Die Wahl- und Konsumfreiheit des*der Einzelnen vergrößerte sich und die eigene Lebensgestaltung und damit auch der eigene Konsum konnten mehr und mehr an persönlichen Werten und Präferenzen orientiert werden. Individuelle Lebens- und Konsumentscheidungen konnten immer mehr an selbstgewählten Lebensphilosophien ausgerichtet werden. Es kam also zu einem Bedeutungsgewinn postmaterieller Werte, wie Selbstverwirklichung, Individualität und Kreativität (Inglehart 1995: 90-96; Rössel/Pape 2009: 354; Schulze 1992). Rössel/Pape (2009: 353-355) sprechen daher von einer Zunahme sowohl ökonomischer als auch sozialer Niedrigkostensituationen, die einen vergrößerten Spielraum individueller Verhaltensmöglichkeiten schafften und sich gleichfalls auf den Konsum auswirkten. Oder wie Ermann/Pütz (2020: 64) es formulieren: der lebens-gestaltende Konsum gewann gegenüber dem lebens-erhaltenden Konsum für immer größere Bevölkerungsgruppen an Bedeutung.

In der (Konsum-)Soziologie spielt vor diesem Hintergrund die Ausdifferenzierung verschiedener Lebensstile eine wichtige Rolle. Diese zeichnen sich im Hinblick auf Wertehaltung, Lebensführung und auch Konsumweisen durch eine gewisse Homogenität nach innen und eine Differenzierung nach außen aus. Es lassen sich hierbei stärker wissenssoziologische Ansätze wie der der „Erlebnisgesellschaft" von Gerhard Schulze (1992) und eher machttheoretisch fokussierte Ansätze wie der Pierre Bourdieus (1984) unterscheiden.

Nach Schulze (1992: 60-78) führen die neugewonnenen (Konsum-)Freiheiten nicht einfach zu einer vollkommenen Individualisierung. Da Menschen ein Bedürfnis nach Orientierung und Sicherheit haben, bilden sich Gruppen, Szenen oder *soziale Milieus* heraus, in denen sich Menschen mit ähnlichen Vorstellungen, Werten und *Lebensstilen* zusammenfinden, um Unsicherheit zu reduzieren. Während Schulze (1992) also den Zugewinn an Wahlfreiheit fokussiert, sind für Bourdieu (1984) die ermöglichenden und begrenzenden ökonomischen, sozialen und kulturellen Voraussetzungen (Kapitalien) entscheidend für das Ausleben des individuellen Lebensstils. Diese Lebensstile wurden auf verschiedene Weisen empirisch operationalisiert. Da in dieser Arbeit die Lebensstile und ihre Semantiken eine untergeordnete Rolle spielen sollen, gehe ich an dieser Stelle nicht im Detail auf ihre Unterschiede ein. Sie wurden jedoch als Orientierung beim Sampling genutzt, um eine möglichst breite Streuung verschiedener Wertehaltungen unter den Interviewpartner*innen sicherzustellen. Inwiefern sich die Wissensbestände und Strategien, die ich in dieser Arbeit untersuche, innerhalb der verschiedenen Milieus unterscheiden, ließe sich in einer größer angelegten, repräsentativen Studie untersuchen (vgl. Kapitel 5.2).

3.2 Bedeutungsveränderung von Waren und Konsum

Durch die bis hierhin beschriebene Diversifizierung von Lebens- und Konsumstilen sowie die wachsende Wahlfreiheit veränderte sich auch die Bedeutung des Konsumierens und die Bedeutung der Waren selbst. Bereits ab der Konsumrevolution im 19. Jahrhundert begann, so Lucia Reisch (2002), eine Bedeutungsverschiebung von Gütern und Konsumhandlungen, die mit Beginn der Postmoderne darin „gipfel[te] sämtliche Lebensbereiche zu kolonisieren" (Reisch 2002: 227). Der Nutzwert von Produkten trat immer weiter hinter dem Symbolwert derselben zurück (Foster 2008; Pike 2009; Willmott 2010) oder es entstanden Waren, die sogar frei von jedem Gebrauchswert sind (Reisch 2002: 227). Ausschlaggebend hierfür war nach Schulze (1992), dass mit steigenden Haushaltseinkommen die *Opportunitätsstrukturen* der Haushalte immer günstiger wurden und somit die ästhetischen Aspekte eines Produktes, also ihre Qualität in den Vordergrund gegenüber seiner Funktion treten konnte. (Schulze 1992: 54). Waren werden damit nicht mehr nur gekauft, um ein externes Ziel zu erreichen (das Fahrrad wird nicht nur gekauft, um eine Strecke von A nach B zu überwinden, Lebensmittel werden nicht nur gekauft, um satt zu werden), sondern auch um dadurch einen Genuss zu erreichen, also ein subjektives Ziel (Rössel/Pape 2009; Schulze 1992). Nach Bourdieu ist es „der aus Freiheit – oder Luxus – geborene Geschmack“ (Bourdieu 1987: 25), der das Augenmerk der Konsument*innen von Quantität und Funktion auf Qualität und Form lenkt.

Aus einer wirtschaftswissenschaftlichen bzw. wirtschaftsgeographischen Perspektive lässt sich der Bedeutungsgewinn des symbolischen Wertes von Waren damit erklären, dass durch die Anhaftung von Bedeutungen an Waren Begehrlichkeiten geweckt und damit ihr Tauschwert für Geld erhöht werden kann (Barnett et al. 2005; Cook 2004; Cook/Crang 1996; Ermann 2007; Pike 2009). Da Konsumgütermärkte heute mehrheitlich gesättigt sind, müssen Waren mehr als eine rein sachbezogene Funktion erfüllen. Der Zwang konkurrenzfähig zu bleiben führt dazu, dass heute Innovationen oftmals nicht mehr im Rahmen der sogenannten formellen Produktion – also der Herstellung des physischen Produktes – stattfinden, sondern vielfach über eine Beziehung zwischen Konsument*innen und Gütern hergestellt wird (Foster 2008). Diese symbolischen Werte werden oftmals über Marken transportiert. Dienten diese ursprünglich als Garant für eine bestimmte Qualität eines Produktes, entwickelten sie sich ab den 1950er Jahren zu lebensstilbezogenen Symbolen (Ermann 2007). Auf Konsumgütermärkten ist aus unternehmerischer Perspektive daher heute die Produktion einer Marke, also einer Bedeutung, viel zentraler als die Herstellung des physischen Produktes.

> *„Bedeutungen und symbolisch vermittelte Werte ergeben sich nicht mehr als Effekt der Herstellung von Produkten, sondern die Produktion von Bedeutungen wird ins Zentrum wirtschaftlicher Aktivitäten gestellt.“ (Ermann 2007: 321)*

Wie in Kapitel 2.2 gezeigt wurde, sind diese Prozesse der Markenbildung selbst beim Handel von frischem Obst und Gemüse heute relevant, da auch lebendige Waren wie Äpfel oder Bananen als wiedererkennbares, qualitativ gleichbleibendes Markenprodukt gehandelt werden. Waren werden daher in Form von Marketingstrategien gezielt Bedeutungen zugeschrieben mit dem Ziel die Waren an die Konsument*innen anzuhaften und die Waren in ihr Leben zu verstricken (Foster 2008). Diese können rational, ästhetisch, kulturell, moralisch oder anderer Natur sein (vgl. Kapitel 3.3). Auf diese Art und Weise lässt sich ein *image* oder ein *feeling* transportieren, das sich verkaufen lässt (Pike 2009: 4). Jenseits der Materialität der Waren und ihrer Herstellung entsteht somit eine Art Eigenleben, durch das mitunter quasireligiöse Versprechungen und Sehnsüchte an die Waren gekoppelt werden (Ermann 2007: 334).

Aufbauend auf diesen Überlegungen schlägt Reisch (2002) eine Klassifikation fünf sich überlappender Funktionen des Konsums vor, die von Kulke et al. (2020) auch auf den Konsum von Lebensmitteln und damit verbundene räumliche Assoziationen (s. dazu ausführlich Kapitel 4.4) übertagen wurden:

1. Positionsfunktion: Der Konsum kann der Wahrung oder Erreichung einer bestimmten sozialen Position, der Zugehörigkeit zu einer Bezugsgruppe oder Subkultur dienen und damit auch der Distinktion gegenüber anderen Gruppen (Bourdieu 1987; Schulze 1992). Im Konsum von Lebensmitteln kann sich dies bspw. äußern, in dem als exklusiv oder besonders empfundene Waren konsumiert werden, um einen „gehobenen Geschmack [zu] signalisieren“ (Kulke et al. 2020: 13).

2. Kompetenzfunktion: Durch Konsumstil und Kaufverhalten können Konsument*innen Kennerschaft illustrieren und sich profilieren. Durch die fachkundige Auswahl, durch Klopfen, Fühlen und Riechen einer Melone, um die perfekt reife Frucht zu identifizieren, können Konsument*innen bspw. zeigen, dass sie sich mit Lebensmitteln sehr gut auskennen.
3. Expressionsfunktion: Der Lebensmittelkonsum kann dazu dienen Identität und Selbstwert zum Ausdruck zu bringen (Barlösius 2016; Schulze 1992). Waren wie Lebensmittel können dabei eine das Selbstkonzept stützende Wirkung entfalten. Dies zeigt sich z.B. in der Beibehaltung nationaler Küchen und landestypischer Zutaten unter Migrant*innen, kann sich aber ebenso in einem *Gastronationalismus,* also der Bevorzugung als *einheimisch* oder *lokal* empfundener Küche äußern (DeSoucey 2010).
4. Hedonismusfunktion: Konsum kann zudem imaginativ sein, indem er positive Empfindungen erzeugt und Waren oder das Kauferlebnis selbst zu Projektionsflächen für Tagträume werden (Hellmann 2008: 38). So kann der Konsum von Südfrüchten Assoziationen mit fernen, tropischen Ländern hervorrufen oder Erinnerungen an Reisen in diese Länder wecken (Cook/Crang 1996).
5. Kompensationsfunktion: Als Ausgleich für ungelöste Probleme oder Stabilisierung bei empfundenen Defiziten können Waren als Kompensation dienen. So kann der Kauf eines schmackhaften und schnell zubereiteten Fertiggerichtes als Ausgleich für Stress und Anspannung oder Ausdruck von Fürsorge fungieren (Meah/Jackson 2017).

Gerade an den Themen Essen und Ernährung lassen sich die bis hierhin skizzierten Bedeutungsverschiebungen von Konsum und Waren seit den 1950er Jahren gut nachvollziehen. Zwar wurde durch demonstrativen Konsum, dadurch was und wie gegessen wurde, schon in vorindustriellen Zeiten Status und Lebensstil markiert (Baur et al. 2019: 110). Die oben beschriebene Verbesserung der Versorgungssituation gepaart mit steigendem Wohlstand und wachsenden Möglichkeiten der sozialen Mobilität führten jedoch dazu, dass Essen mehr und mehr zum Statussymbol auch für eine breitere Bevölkerungsschicht werden konnte (Baur et al. 2019: 112). Nach Hirschfelder (2018) sind dabei Ernährungsstile selbst längst zu Lebensstilen avanciert. Hinweise darauf sind eine Vielzahl verschiedener Ernährungsweisen wie vegetarische/vegane Ernährung, Paleodiät, glutenfreie Kost, Clean Eating, Mittelmeerdiät usw., die alle für sich beanspruchen gesundheitlich, sozial und/oder ökologisch besonders wertvoll zu sein und damit auch eine politische Aufladung erfahren haben, ein Aspekt auf, den ich im nachfolgenden Unterkapitel näher eingehen werde. Zugleich findet auch eine bewusste Abgrenzung von solcherlei Ernährungstrends statt. So prägten Johnston/Baumann (2007) den Begriff der „kulturellen Omnivoren" und beschreiben damit den Versuch insbesondere gehobener Milieus sich durch die Suche nach *Authentizität* und *Exotik* vom als snobistisch empfundenen Ernährungsstil der Eliten abzugrenzen (s. dazu auch Kapitel 4.4).

3.3 Reflexiver Konsum: Selbst- und Fremdfürsorge beim Einkauf

Im folgenden Kapitel möchte ich auf eine Besonderheit des Themenkomplexes Konsum und Ernährung eingehen, die in den letzten zwei Jahrzehnten an Bedeutung gewonnen hat: die Moralisierung des Konsums bzw. die Entstehung zunehmend reflexiver Konsument*innenverhaltensweisen.

In politischen und zivilgesellschaftlichen Kampagnen, öffentlichen Debatten, Mediendiskursen und im Produktmarketing ist die Frage, wie sich ein nachhaltiger, ökologischer oder ethischer Konsum verwirklichen lassen kann, allgegenwärtig. Standen in den 1970er und 80er Jahren noch die Industrieunternehmen im Zentrum von Umweltdebatten, hat sich der Fokus seither deutlich auf die Verantwortung der Konsument*innen verschoben (Bogun 2020: 517; Halkier 2010: 45). Oft zielen öffentliche Debatten darauf ab, Konsument*innen zu *guten* Konsumentscheidungen zu bewegen und damit zur Lösung verschiedenster Probleme beizutragen. Unter Bezugnahme auf die Nachhaltigkeitsziele der Vereinten Nationen und das darin verankerte Ziel 12 (für nachhaltige Konsum- und Produktionsmuster sorgen) setzte die Bundesregierung bspw. das „Nationale Programm für nachhaltigen Konsum" auf. Dieses verfolgt das Ziel Konsument*innen, unter anderem im Bereich der Ernährung, dazu zu befähigen „durch ihre Entscheidung direkten Einfluss auf das übergeordnete Ziel einer nachhaltigen Entwicklung [zu] nehmen und sowohl Lokal- als auch Weltpolitik [zu] gestalten" (BMEL 2021b: o.S.). Und auch die (Lebensmittel-)Einzelhandelslandschaft wird durch diesen Trend geprägt (vgl. Kapitel 2.3). Um diesen Trend besser zu verstehen, möchte ich in diesem Unterkapitel nachzeichnen, inwiefern die Moralisierung des Konsums und reflexive Verhaltensweisen von Konsument*innen beim Einkauf eine Rolle spielen, wie sie sich erklären lassen und welche Herausforderungen und Konflikte sich daraus ergeben.

3.3.1 Moralisierung des Konsums

Spricht man von einer Moralisierung des Konsums ist die Variabilität des Moralischen zu berücksichtigen. Was als Moral definiert wird, ist nicht nur historischen Veränderungen unterworfen, sondern so Stehr/Adolf (2008: 197) auch in liberalen Demokratien unbestimmt. So können verschiedenste Werte von Konsument*innen (und auch Produzent*innen) artikuliert und praktiziert werden. Unter Rückgriff auf Grauel (2013: 34-44) möchte ich daher zunächst auf die verschiedenen Gestalten eingehen, in denen Moral im Konsumhandeln eine Rolle spielen kann. Grauel (ebd.) unterscheidet hiernach zwischen einer „Moralität des Konsums als Konsumgesinnung", der „Moralität des Konsums als Alltagsmoral" und Debatten um „ethischen Konsum im engeren Sinne".

Forschungen, die nach der Konsumgesinnung fragen, versuchen „die fundamentalen sozialen Strukturen herauszuarbeiten, die dem Verhältnis von Moral und Gesellschaft zugrunde liegen" (Grauel 2013: 35). Dabei ist eine Unterscheidung zwischen moralischem und nicht-moralischem Konsum nicht sinnvoll. Jede Konsumhandlung hat eine moralische Komponente, gleichwohl sie den Konsument*innen nicht unbedingt bewusst ist. Unter dem Stichwort Konsum als Alltagsmoral wird in den Sozialwissenschaften die Auffassung vertreten, dass jeglichem Konsumhandeln stets moralische Konzeptionen zu Grunde liegen, diese sich aber nicht unbedingt an dominanten Diskursen um Gesundheit oder Nachhaltigkeit orientieren müssen. So kann Konsum, gerade wenn er im Kontext von Familie oder anderen sozialen Beziehungen stattfindet ein Ausdruck von Liebe und Fürsorge sein (Barnett et al. 2005; Meah/Jackson 2017). Aber auch andere moralisch konnotierte Orientierungen wie religiöse Moralvorstellungen können im alltäglichen Konsum wirksam werden (Grauel 2013: 42). Debatten um „ethischen Konsum im engeren Sinne" (ebd.) befassen sich hingegen gezielt mit den Konsumpraktiken, die sich mit den Auswirkungen des individuellen Konsums auf Mensch und Umwelt, also dem Themenkomplex der Nachhaltigkeit befassen. Grauel (2013: 38) kritisiert die dieser Forschungsperspektive zu Grunde liegende normative Unterscheidung in „guten" und „schlechten" Konsum. Für diese Arbeit möchte ich mich dennoch an dieser Forschungsperspektive orientieren, ohne jedoch eine Unterscheidung in *richtig* oder *falsch* zu Grunde zu legen. Vielmehr geht es mir darum, die Besonderheiten dieser Form des moralischen Konsums hervorzuheben, nämlich die *Reflexivität von Konsument*innenverhaltensweisen.*

Unter reflexiven Konsument*innenverhaltensweisen oder reflexivem Konsum verstehe ich solche Verhaltensweisen bei denen Konsument*innen die potenziellen Nebenfolgen ihres Handelns und die globalen Implikationen alltäglicher Handlungen in ihre Kaufentscheidungen mit einbeziehen (Giddens 1996). Das individuelle Konsumhandeln ist damit nicht mehr nur an den eigenen Bedürfnissen (oder denen nahestehender Menschen) ausgerichtet, sondern kann auch auf andere (fremde) Menschen oder (ferne) Orte, bzw. gesamtgesellschaftliche oder ökologische Ziele und Ideale gerichtet sein (vgl. Exkurs I). Im Hinblick auf den Einkauf von frischem Obst und Gemüse verstehe ich darunter dementsprechend Versuche durch den Kauf von Bio[15]-, Fairtrade- oder anderweitig zertifizierten Produkten, den Verzicht auf Verpackungsmaterialien, den bewussten Einkauf regionaler und saisonaler Lebensmittel usw. die sozialen und ökologischen Nebenfolgen, die mit dem eigenen Konsum in Verbindung gebracht werden, zu reduzieren.

In der englischsprachigen, geographischen Literatur wird die von Konsument*innen (in der Regel im Globalen Norden) empfundene Verantwortung für die Menschen und Orte (in der Regel im Globalen Süden), die an der Produktion von Waren beteiligt sind, unter dem Konzept des „caring at a distance" diskutiert (Barnett et al. 2005; Foster 2008; Popke 2006). Hier steht die Frage im Zentrum wie und unter welchen Bedingungen Fürsorge (*care*) nicht nur im klassischen Verständnis in einem physisch und sozial nahen Umfeld stattfinden kann, sondern Räume der Fürsorge (*carescapes*) auf entfernte Andere (*distant others*) (Popke 2006: 507) ausgeweitet werden können. Mit dieser Fürsorge für entfernte Andere geht das Bewusstsein für die Biographien der Waren (Cook et al. 2018) einher, also den Umstand, dass sie ein Leben und eine Entste-

[15] Auch wenn der Konsum von Bio-Lebensmitteln gemeinhin als von altruistischen Motiven getrieben verstanden und auch hier so angebracht wird, konnte bspw. Julika Weiß (2006) in ihrer Studie über Umweltverhalten beim Lebensmittelkonsum zeigen, dass daneben oftmals auch gesundheitsbezogene Motive eine Rolle spielen.

hungsgeschichte, vor ihrem Erscheinen im Supermarktregal, haben. Simandan (2016) nimmt auf Basis der Zusammenführung experimentalpsychologischer sowie geographischer Arbeiten eine Unterscheidung zwischen vier Dimensionen der Distanz vor, die sich auch auf diesen Kontext übertragen lässt: sozial, physisch, zeitlich und hypothetisch. Die Wahrnehmung dieser verschiedenen Distanzen hängt demnach voneinander ab bzw. beeinflusst sie sich gegenseitig:

> *„Getting somebody to think about distant places (spatial distance), tends to spontaneously elicit related thoughts about more distant futures (temporal distance), about unlikely happenings (hypothetical distance), and about other people (social distance). Conversely, when we prime somebody to think about ‚now' (temporal proximity), this prime spontaneously generates kindred thoughts about ‚here' (spatial proximity), the self (social proximity), and current reality (hypothetical proximity)." (Simandan 2016: 250)*

Legt man diese konzeptionelle Differenzierung zu Grunde wird deutlich, dass Verhaltensweisen von Konsument*innen, die eher darauf fokussiert sind im persönlichen, sozialen (z.B. der Familie) oder räumlichen (z.B. einer Region) Umfeld eine positive Wirkung zu hinterlassen, durchaus naheliegender sind, als solche, die auf weit entfernte Menschen und Orte gerichtet. Dieses Abwägen zwischen der Orientierung am Nahen oder Fernen ist, wie im weiteren Verlauf der Arbeit noch deutlicher werden wird, eine der Schwierigkeiten vor denen Konsument*innen stehen, wenn sie versuchen ethische Konsumentscheidungen im Alltag zu etablieren. Dennoch zeigen Absatzzahlen von als „grün", „nachhaltig", „umweltfreundlich" oder „fair" gelabelten Produkten, dass diese in den letzten Jahren an Bedeutung gewonnen haben (vgl. Kapitel 2.3). In den nachfolgenden beiden Unterkapiteln möchte ich daher zunächst aufzeigen, in welcher Art und Weise dieser Bedeutungswandel in Verhaltensweisen von Konsument*innen sichtbar wird und verschiedene Erklärungsansätze für diese Entwicklungen aufzeigen.

3.3.2 Reflexiver Konsum in Zahlen: Verbraucher*innenbefragungen

Absatz- und Umsatzzahlen, wie sie in Kapitel 2.3 vorgestellt wurden, sind ein etablierter Indikator, um Aussagen über Entwicklungen auf Märkten zu treffen. Sie können leicht und eindeutig gemessen werden und lassen dadurch mittelbar Rückschlüsse auf die Präferenzen der Verbraucher*innen zu. Konsument*innenbefragungen hingegen beinhalten immer Unsicherheitsfaktoren, wie die soziale Erwünschtheit bestimmter Antworten sowie, im Bereich des reflexiven Konsums besonders relevant, die *attitude-behaviour-gap*, also die Lücke zwischen der eigenen Werthaltung (die dann auch in Befragungen zum Ausdruck gebracht wird) und der tatsächlichen Kaufentscheidung, die sich in vielen Studien zu ethischem oder nachhaltigem Konsum zeigt (Shaw et al. 2016). Dennoch sollen hier auch Ergebnisse aus Verbraucher*innenbefragungen kurz dargestellt werden. So lässt sich aus verschiedenen Verbraucher*innenbefragungen zwar nicht unbedingt auf das Einkaufsverhalten der Konsument*innen schließen, sie geben jedoch einen Hinweis auf sich wandelnde Einstellungen.

Die Nationale Verzehrstudie erhob zuletzt 2008 in einer repräsentativen Umfrage Daten zum Lebensmittelverzehr der Bevölkerung in Deutschland. Dort gaben 38,8% der Befragten an, dass ökologische Erzeugung, Bioprodukte oder das Biosiegel für sie ein wichtiges Einkaufskriterium sind (Max Rubner-Institut 2008: 199). Das BMEL veröffentlicht einmal jährlich den Ernährungsreport, in dem verschiedene Kennzahlen zum Thema Ernährung, Einkaufen und Kochen in deutschen Haushalten veröffentlicht werden. Hier gaben im Jahr 2020 50% der Befragten an beim Einkauf auf das Bio-Label und 48% auf das Fairtrade-Siegel zu achten (BMEL 2020b: 14). Stellt man diesen Angaben die Marktanteile von Bioprodukten oder fair gehandelten Produkten gegenüber, so zeigt sich hier zwar eine deutliche Diskrepanz, ein Aufwärtstrend ist jedoch im Vergleich zu den Vorjahren deutlich zu erkennen: So gaben laut Ernährungsreport 2016 nur 5% der Männer und 12% der Frauen an, regelmäßig Bio-Produkte zu kaufen (BMEL 2016). Von Meyer-Höfer/Spiller (2013) konnten in einer nicht repräsentativen[16] Sondierungsstudie zu Bekanntheit von, Vertrauen in und Nutzung von Nachhaltigkeitslabeln zeigen, dass zumindest das Deutsche Bio-Siegel (95%) sowie das Fairtrade-Siegel (72%) unter den Befragten eine sehr große Bekanntheit haben und Produkte, die diese Siegel haben, von Kund*innen, denen die Siegel bekannt sind, auch gekauft werden (Bio-Siegel 73%, Fairtrade-Siegel 72%) (von Meyer-Höfer/Spiller 2013). Laut Handelsreport des Handelsverband Deutschland (HDE) gaben 2015 noch 33% der befragten Kund*innen an, sich an Nachhaltigkeitssiegeln zu orientieren, 2017 waren es bereits 41% (HDE 2018). Vergleicht man diese Selbsteinschätzung der Konsument*innen mit den in Kapitel 2.3 vorgestellten Absatzzahlen von Bio- und Fairtrade-Produkten, wird deutlich, dass es hier – analog zu der eingangs erwähnten *attitude-behaviour-gap* – deutliche Abweichungen gibt. Zudem spielt die Orientierung an der Herkunft der Produkte und hier insbesondere der Kauf als *regional* vermarkteter Produkte eine wachsende Rolle. So gaben in einer repräsentativen Verbraucher*innenbefragung durch Zühlsdorf/Spiller (2014) 85,3% der Befragten an, dass es ihnen bei Obst und Gemüse wichtig ist, zu wissen, wo die Lebensmittel herkommen (nur Fleisch erreichte mit 89,7% einen noch höheren Wert) (Zühlsdorf/Spiller 2014: 15). 56% der Befragten gaben an, möglichst viele Lebensmittel aus der Region zu kaufen (vgl. Kapitel 2.3 und Kapitel 4.4).

[16] „Insgesamt wurden 300 Verbraucher im Alter zwischen 18 und 75 Jahren (Durchschnittsalter 45 Jahre) befragt mit einem Anteil von 54,3% weiblichen und 45,7% männlichen Personen. Der Großteil der Befragten lebt in einer Stadt (5 000-100 000 Einwohner*innen; 25%) oder Großstadt (> 100 000 Einwohner*innen; 32%). Das Bildungsniveau der Stichprobe ist höher als das im Bundesdurchschnitt" (von Meyer-Höfer/Spiller 2013: 2).

Exkurs I: Erklärungsansätze zu reflexiven Konsument*innenverhaltensweisen

Verschiedene Ansätze diskutieren die Entstehung reflexiver Konsument*innenverhaltensweisen und versuchen diese zu erklären. Im Folgenden werde ich einige ausgewählte Ansätze vorstellen, um die bis hierhin beschriebenen Trends in einen größeren, gesellschaftlichen Zusammenhang einzubetten. Sie ergänzen sich und ermöglichen die verschiedenen Faktoren und gesellschaftlichen Entwicklungen nachzuvollziehen, die eine zunehmende Moralisierung des Konsums vorangetrieben haben.

1. Bedeutungsgewinn postmaterieller Werte: Wie im Kapitel 3.1 bereits dargestellt, führten Wohlstandsgewinne und wachsende Wahlfreiheit ab den 1950er Jahren zu einem Wertewandel: Nicht mehr nur funktionale, sondern mehr und mehr auch ästhetische und symbolische Aspekte von Waren und Handlungen gewannen an Bedeutung. Inglehart (1995: 317, 325) diagnostiziert hierbei noch weiterführend, dass ab der Nachkriegszeit postmaterielle Werte, wie bspw. Solidarität, Umweltschutz, Feminismus oder Selbstverwirklichung in den Fokus der Menschen rückten. Im Hinblick auf das Thema Konsum lässt sich dieser Wandel mit Stehr/Adolf (2008: 200) mit einer Verschiebung des Fokus' der Konsument*innen weg vom Marktergebnis (output), hin zum Marktprozess (input), also z.B. den verwendeten Ressourcen oder der Produktionsweise, beschreiben.
2. Global verflochtene Identitäten: Nach Stehr (2007) und Stehr/Adolf (2008) haben sich durch die Globalisierung auch die Beziehung zwischen Menschen verändert: Menschen haben zum einen heute mehr Wissen über globale Produktionssysteme. Zum anderen haben Handlungen von Individuen heute weltweite Konsequenzen und Selbst-Identitäten sind von eben diesen Verflechtungen geprägt (Giddens 1991). „Gemeinsame soziale und kulturelle Erfahrungshorizonte" (Stehr/Adolf 2008: 202) heben die früher strikte Trennung von endogenen und exogenen Faktoren auf und führen somit auch zu mehr altruistischen Motiven beim Konsum. Eine besondere Bedeutung kommt dabei medialen Repräsentationen und Diskursen zu. So zeigen beispielsweise Bilder, die zur Vermarktung fair gehandelter Lebensmittel produziert werden, oftmals hart arbeitende, aber glückliche Menschen und unberührte Naturlandschaften[17] (Adams/Raisborough 2008: 1174; Wright 2009: 146), über die nicht nur Informationen über die Ware und ihre Herstellung transportiert, sondern vor allem eine neue Beziehung zwischen Konsument*innen und Produzent*innen geschaffen werden soll. Halkier (2010: 2) argumentiert, dass diese Bilder und die damit verbundenen Diskurse das alltägliche Konsumhandeln herausfordern und Konsument*innen gewissermaßen zwingen sich zu ihnen zu positionieren.
3. Klassenspezifische Phänomene: Adams/Raisborough (2008) argumentieren am Beispiel von Fairtrade-Konsum entlang zweier Ebenen: einerseits verstehen sie den Konsum von Fairtrade-Produkten, welcher typischerweise vor allem von Angehörigen der Mittelschicht praktiziert wird, als ein Ausdruck der Distinktion im Sinne Bourdieus innerhalb der eigenen Gesellschaft. Gleichzeitig erkennen sie – ähnlich wie auch von Stehr/Adolf (2008) argumentiert – im Konsum sozial nachhaltiger Waren eine wachsende Identifikation mit einer globalen Arbeiter*innenklasse, also

[17] Zur Kritik an solchen Darstellungen s. Kapitel 4.4.

den Produzent*innen im Globalen Süden, den Ausdruck eines Verantwortungsgefühls gegenüber Globalisierungsverlierer*innen (Grauel 2013).

4. Citizen-Consumer: Insbesondere in öffentlichen Debatten, aber auch in der Verbraucher*innenpolitik lässt sich eine „Verschmelzung von Konsumenten- und Bürgerrolle“ beobachten (Kneip 2010. 59). Konsument*innen wird darin zum einen eine Mitverantwortung für soziale, ökologisch und ökonomische Schieflagen, zum anderen aber auch eine Handlungsmacht zugesprochen (Halkier 2010: 46). Konsum wird dabei nicht mehr als individuelle Handlung, sondern als demokratische Partizipation verstanden (Kneip 2010: 59). Konsument*innen nehmen in dieser Rolle in ihrem Einkaufsverhalten nicht nur ihre individuellen Bedürfnisse wahr, sondern haben das gesamtgesellschaftliche Wohl im Blick (Dulsrud 2017).

3.3.3 Herausforderungen und Konflikte

Bei der Debatte um reflexiven Konsum ist stets zu berücksichtigen, dass es sich hier auch um ein Thema handelt, das unter Ungleichheitsgesichtspunkten relevant ist: Als *grün* oder *nachhaltig* gelabelte Produkte sind in der Regel hochpreisiger als solche, die konventionell erzeugt werden, weil die Produktionsweisen oft arbeits- und zeitintensiver und Produktionsmengen häufig kleiner sind. Daher müssen sich Verfechter*innen des moralischen Konsums den Vorwurf gefallen lassen, dass damit gesellschaftliche Ausschlüsse produziert werden. So wird bspw. mit der Forderung an Konsument*innen doch einfach *gute* Konsumentscheidungen zu treffen, an der Lebensrealität von Menschen mit niedrigem Einkommen, aber auch solcher mit anderen Interessenslagen, vorbeiargumentiert. Im Rahmen der Erhebung für diese Arbeit stellte sich jedoch heraus, dass sich Konsument*innen unabhängig von Einkommen und Milieuzughörigkeit Gedanken um die Folgen ihres Konsums machen und vielfach versuchen zumindest im Rahmen ihrer Möglichkeiten Konsumentscheidungen zu treffen, die sie als verantwortungsvoll wahrnehmen. Aus diesem Grund ist die Frage, wie Konsument*innen mit den moralischen Anforderungen an ihren Konsum umgehen, nicht nur für besserverdienende Haushalte relevant. Neben einer finanziellen Mehrbelastung bringt der Anspruch nachhaltig zu konsumieren jedoch auch andere Herausforderungen und Unsicherheiten mit sich. Mit verschiedenen Produkten bzw. Labels können Konsument*innen versuchen auf verschiedene Probleme, die mit dem Nahrungsmittelsystem in Verbindung gebracht werden, zu reagieren (s. dazu auch Kapitel 2.3). Dabei entstehen, wie sich auch in den Interviews mit den Konsument*innen zeigte, Zielkonflikte (Kulke et al. 2020: 8): Durch den Kauf von Bio-Produkten kann versucht werden verschiedene ökologische Nebenfolgen, z.B. im Hinblick auf Böden, Wasser oder Biodiversität abzumildern. Die Bio-Produkte kommen aber nicht unbedingt aus der Region, sondern werden im Gegenteil oft weit transportiert, was sich ebenfalls negativ auf die Umwelt auswirken kann. Zugleich ist ein relativ großer Anteil der frischen Bio-Produkte separat abgepackt, was dem Handel dazu dient, eine Vermischung von ökologisch und konventionell hergestellten Waren zu vermeiden. Die Verpackung erhöht zudem die Haltbarkeit der Waren und hilft somit Lebensmittelabfälle zu reduzieren. Je nachdem woran Konsument*innen sich orientieren, kann also der Versuch bspw. umweltfreundlich einzukaufen sehr unterschiedlich ausfallen (vgl. Abb. 12).[18]

Fairtrade Produkte machen insgesamt einen vergleichsweisen geringen Anteil des frischen Obst- und Gemüsesortimentes aus und stammen dann in der Regel aus Ländern des Globalen Südens, sodass Aussagen über die Art der Beschäftigungsverhältnisse und Entlohnung bei Produkten aus Europa selten getroffen werden können.

Durch welche Kaufentscheidungen Konsment*innen ihr Ziel eines verantwortungsvollen, umwelt- oder sozialverträglichen Konsums erreichen können, ist für diese oft nicht zu erkennen, da sich die materiellen Folgewirkungen deutlich komplexer darstellen, als bspw. durch *grüne* Marketingstrategien suggeriert wird (Geden 2009). Informationen solcher Art sind zudem nicht nur widersprüchlich und für Konsument*innen mitunter schwer zu verarbeiten, sondern auch schwer zu erhalten. Zwar haben Konsument*innen auf der einen Seite durch Medien die Möglichkeit Einblicke in weit entfernt stattfindende Produktionsorte zu erhalten. Auf der anderen Seite fordern zivilgesellschaftliche Akteur*innen von Unternehmen seit vielen Jahren mehr Transparenz über die eigenen Lieferketten zu schaffen oder bspw. den CO_2-Fußabdruck auf Waren abzu-

Abbildung 12: Bio, regional oder unverpackt? Beispiele zweier Einkäufe im Rahmen des Go-Alongs

Fotos: Eigene Aufnahmen

drucken, eine Forderung der der Lebensmitteleinzelhandel nur sehr zögerlich nachkommt. Die hohe Komplexität der Warenkette, Entfremdung und Distanz schaffen trotz medialer Angebote eine Wissensasymmetrie zwischen Konsument*innen, Handel und Produktion, die es dem Handel ermöglicht Informationen nur sehr selektiv, gezielt und nur in verkaufsfördernder Weise weiterzugeben. Auf die Charakteristika dieser Ungleichverteilung von Wissen über die Warenkette werde ich im zweiten Teil des nachfolgenden Kapitels näher eingehen.

In Diskursen, die sich kritisch mit der Rolle des*der *verantwortungsvollen Konsument*in* auseinandersetzen, werden zudem Zweifel daran formuliert, inwiefern

[18] Durch *natural branding*, ein Laserverfahren, bei dem das Biosiegel direkt auf die Schale appliziert wird, wird versucht den Einsatz von Verpackungen bei frischem Obst und Gemüse zu reduzieren. Nicht zuletzt, weil sich das Verfahren aber nicht für jedes Produkt eignet, ist es keine flächendeckende Lösung (Tillar 2018).

überhaupt ein Zusammenhang zwischen individuellen Konsumhandlungen und Nebenfolgen der Produktion hergestellt werden kann (Bogun 2020) und zweitens, ob durch individuelle Konsumentscheidungen – und der damit einhergehenden Privatisierung gesellschaftlicher Verantwortung (Halkier 2010: IX) – das Ziel einer sozial- und umweltverträglicheren Produktion erreicht werden kann. So ist die Annahme, dass Konsument*innen Verantwortung für Umweltprobleme tragen, historisch keine Selbstverständlichkeit. Noch in den 1970er und 80er Jahren wurde der Industrie diese Verantwortung zugeschrieben und Bürger*innen galten eher als Betroffene denn als Verursacher*innen. Erst in den vergangenen beiden Jahrzehnten ließ sich eine Verschiebung der allgemeinen Begründungsmuster, weg von den Unternehmen, hin zu den individuellen Konsument*innen beobachten (Bogun 2020). Dabei wird z.B. durch Methoden der Umwelt- und Ökobilanzierung oder durch aggregierte Pro-Kopf-Verbräuche ein unmittelbarer Kausal- und Wirkzusammenhang zwischen der Produktion von Waren, deren Umweltwirkungen und dem individuellen Konsum hergestellt, der in Frage gestellt werden kann: Zum einen handelt es sich bei solchen Instrumenten um *Indikatoren* und nicht um wissenschaftlich präzise *Messungen*. Zum anderen, so argumentiert (Bogun 2020: 526), muss berücksichtigt werden, „dass zumindest ein gewisser Anteil der in der Produktion erzeugten Umweltbelastungen (z.B. bei der Produktion von Ausschuss oder nicht absetzbaren Überschüssen) in keinerlei Zusammenhang zu irgendwelchen Konsumaktivitäten steht." (ebd.). Der direkte Einfluss den Konsument*innen tatsächlich auf bspw. ihre persönlichen Emissionen durch Ernährung haben, sei vermutlich verschwindend gering, sofern man – wie (Bogun 2020) vorschlägt – die Umweltauswirkungen der Produktion nicht unmittelbar dem privaten Konsum zurechnet. Zudem steht die Einflussmacht von Konsument*innen auf die Produktion und den Handel in Frage. Die Annahme ein verändertes Verhalten von Konsument*innen führe zu einer Anpassung der Produktionsentscheidungen von Unternehmen ist zumindest nicht unumstritten (ebd.). Geden (2009: 133) plädiert daher für eine De-Politisierung der Alltagspraxis. Vielmehr sieht Geden (2009: 140) die Rolle der Bürger*innen in der Einflussnahme auf den Politikbetrieb. Der nämlich habe die Mittel durch die Setzung von Rahmenbedingungen Unternehmen zu tatsächlich wirkungsvollen Veränderungen zu zwingen.

Die Debatte um nachhaltigen Konsum ist, wie deutlich wurde, von erheblichen Widersprüchen geprägt und Konsument*innen, die über die Nebenfolgen ihres Konsumhandelns reflektieren, stehen von verschiedensten Herausforderungen, insbesondere im Hinblick auf die Frage welche Konsumentscheidungen die gewünschten Auswirkungen haben (oder vermeiden) und ob ihre individuellen Handlungen überhaupt Wirkung entfalten können. Neben diesen Überlegungen ist der Konsum von Lebensmitteln jedoch alltagsweltlich von vielen anderen Faktoren geprägt, die den Einkauf und die Ernährung beeinflussen. Diesen möchte ich mich im folgenden Unterkapitel zuwenden.

3.4 Determinanten des Lebensmittelkonsums

Wie bis hierhin deutlich wurde, ist der Einkauf von Lebensmitteln durch große Freiheitsgewinne, eine Vielfalt an Möglichkeiten sowie wandelnde Bedeutungen und wachsendes Verantwortungsgefühl geprägt. Gleichzeitig gibt es beschränkende Faktoren, die Einfluss darauf nehmen, wie Menschen Lebensmittel einkaufen. Welche Determinanten für den Lebensmittelkonsum lassen sich nun aber identifizieren? Hier gibt es verschiedene Einflussfaktoren, aus denen ich jene herausgegriffen habe, die für meine Fragestellung und für die Analyse meiner Daten relevant sind.[19] Zunächst lassen sich die Individualebene und die Strukturebene unterscheiden. Auf der Individualebene lassen sich Einflussgrößen wie das Einkommen, Verkehrsmittelwahl, Zeitbudget, Geschlecht, Lebensphase/Alter und Einkaufsmotive identifizieren (Augustin 2020; Baur et al. 2019; Hayn 2005; Kulke 2005; Setzwein 2004; Weiß 2006). Auf der Strukturebene spielt vor allem die Angebotsstruktur sowie physisch-räumliche Bedingungen (wie etwa die Verkehrsinfrastruktur) eine wichtige Rolle (Augustin 2020; Fülling/Hering 2020; Kulke 2005; Martin 2005; Weiß 2006). Da der Einkauf von Lebensmitteln eng verwoben ist mit dem Verzehr derselben – also der Ernährung – überschneiden sich beide Themen. Der Fokus soll jedoch auf dem Einkauf der Waren liegen.

Einkommen

Unzweifelhaft spielt das Individual- bzw. Haushaltseinkommen eine zentrale Rolle beim Einkaufsverhalten.[20] Wie im ersten Teil des Kapitels deutlich wurde, sind die Einkommen deutscher Haushalte seit den 1950er Jahren im Durchschnitt stark gestiegen. Der Anteil der Ausgaben für Lebensmittel an den Gesamtausgaben eines Haushaltes ist dabei von 44% 1950 auf heute auf etwa 15% gesunken (vgl. Abb. 11). Einkommens- und damit auch Ernährungsarmut spielen in Deutschland dennoch weiter eine Rolle (Augustin 2020). Ein beschränktes Budget geht dann oftmals mit besonderen Strategien und speziellem Wissen einher, bspw. über die Sonderangebotszyklen verschiedener Supermärkte (Beagan et al. 2016; Chen 2016) sowie die Orte und Termine von Lebensmittelbanken und anderen caritativen Einrichtungen, die ergänzend genutzt werden (Pfeiffer et al. 2015). Hier wird deutlich, dass ein preisbewusster Einkauf in Konkurrenz zum zeitsparenden Einkauf stehen kann, da das Aufsuchen mehrerer Geschäfte, um jeweils einzelne günstige Artikel zu erwerben (statt alle Einkäufe in einem Laden zu

[19] Nicht in meine Betrachtung aufgenommen habe ich Migration bzw. die Migrationsgeschichte von Konsument*innen. Die kulturelle Herkunft beeinflusst zweifellos stark, wie gegessen und eingekauft wird, da Speisen immer eng mit lokalen/nationalen Identitäten aufgeladen sind und die Sozialisation maßgeblich das Essverhalten prägt (Reitmeier 2013). Da die Betrachtung dieser Dimension jedoch den Rahmen meiner Arbeit gesprengt hätte, habe ich mich entschieden sie auszuklammern (s. dazu auch meine Ausführungen in Kapitel 5). Da dem Wissen von Konsument*innen mit Kapitel 4 ein eigenes Kapitel gewidmet ist, gehe ich auf diesen Aspekt hier nicht gesondert ein, auch wenn er zweifellos eine zentrale Determinante für den Lebensmittelkonsum ist.

[20] Grundsätzlich wird deutschen Konsument*innen ein besonders großes Preisbewusstsein nachgesagt. Aktuelle Studien weisen jedoch auf einen Anstieg der Qualitätsorientierung und einen Rückgang des Preisbewusstseins hin (Zühlsdorf et al. 2018: 6).

erledigen) deutlich mehr Zeit kostet. Daniel (2016), Johansson et al. (2013) und Pfeiffer et al. (2015) konnten zudem zeigen, dass Haushalte mit niedrigem Einkommen sich eher risikoavers verhalten, d.h. weniger Neues ausprobieren und weniger frisch und vielfältig kochen, aus Sorge davor, dass Speisen verderben, von Haushaltsmitgliedern nicht gemocht werden und dann entsorgt werden müssen. Damit einher geht, dass oftmals *sichere Gerichte* – z.B. unverderbliche Convenience-Produkte, die auch noch eine Zeitersparnis versprechen – gegenüber kostspieligen *Experimenten* vorgezogen werden.

Verkehrsmittelwahl

Abbildung 13: Modal Split bei Einkaufswegen 2008

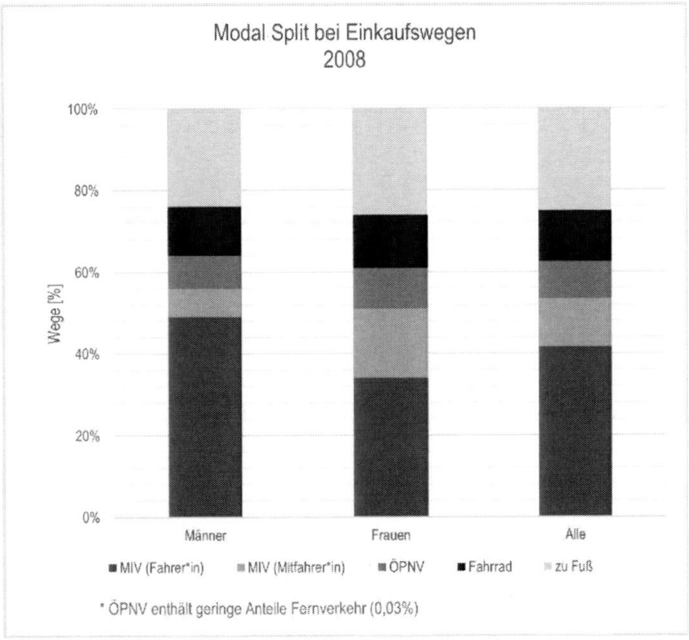

Eigene Darstellung | Daten: BMVBS (2011)

In engem Zusammenhang mit dem Einkommen steht die Verkehrsmittelwahl beim Lebensmitteleinkauf. Die durchschnittliche Wegelänge für Einkaufswege beträgt in Deutschland in Metropolen 4 km, in ländlichen Regionen sind es durchschnittlich bis zu 7 km (Nobis/ Kuhnimhof 2018: 63). Für die deutsche Bevölkerung setzte sich der Modal Split für Einkaufswege 2008, wie in Abbildung 13 zu sehen ist, zusammen. Es wird deutlich, dass das Auto, gefolgt vom Fußverkehr, das wichtigste Verkehrsmittel zur Erledigung von Einkäufen ist. Da das Auto jedoch in großen Städten insgesamt einen geringeren Anteil am Modal Split hat als in ländlichen Regionen (Nobis/Kuhnimhof 2018: 69) ist davon auszugehen, dass sich hier auch die Verkehrsmittelwahl beim Einkaufen etwas stärker auf andere Verkehrsmittel, vor allem den ÖPNV verteilt. Da Haushalte mit niedrigerem Einkommen weniger häufig über einen privaten PKW verfügen, werden hier Einkäufe häufiger zu Fuß, mit dem Fahrrad und öffentlichen Verkehrsmitteln zurückgelegt (Augustin 2020: 160; Kulke 2005: 14). Unter Berücksichtigung des in Kapitel 2 beschriebenen Standortstrukturwandels, durch den es zu einer Ausdünnung der Versorgung in der Fläche kommt, wird deutlich, dass einkommensschwache Haushalte dementsprechend einen erschwerten Zugang zu Lebensmitteln haben, da Lebensmittelgeschäfte nicht immer fußläufig erreichbar sind, sondern zunehmend an Standorten zu finden sind, die besser mit dem Auto zu erreichen sind (Kulke 2005: 19). Das für Lebensmitteleinkommen verfügbare Einkommen und die damit in Verbindung stehende Verkehrsmittelwahl beeinflussen dementsprechend sowohl die Produkt- als auch die Einkaufsstättenwahl und spielt, wie in Kapitel 6.1 deutlich werden wird, auch bei der Frage nach der Priorisierung besonderer Produktqualitäten eine wichtige Rolle.

Zeitbudget

In unmittelbarem Zusammenhang mit der Verfügbarkeit von Verkehrsmitteln steht das Zeitbudget. So bietet ein PKW gegenüber einem Einkauf zu Fuß oder mit dem Rad oft nicht nur eine Zeitersparnis beim Einkauf, sondern auch die Möglichkeit größere Besorgungen zu machen. Dementsprechend werden von Konsument*innen häufig Lebensmittelgeschäfte aufgesucht, die nicht nur verkehrsgünstig gelegen sind, sondern zudem die Möglichkeit bieten alle gewünschten Produkte möglichst an einem Ort zu finden und den Einkauf mit anderen Besorgungen, wie Arztbesuchen oder auch Freizeitaktivitäten, zu verbinden (Kulke 2005: 20-22; Baur/Kulke im Erscheinen). Die Frage nach dem Zeitbudget berührt auch die Kategorie des Geschlechts. Da Frauen zwar zunehmend berufstätig sind, tendenziell aber weiterhin einen größeren Teil der Haus- und Sorgearbeit übernehmen (und damit oft auch für den Lebensmitteleinkauf zuständig sind) (Baur et al. 2019), ergeben sich für Frauen oft komplexere Wegeketten, z.B. aus Arbeitsweg, Einkäufen, Freizeitaktivitäten und Kinderfahrten (Kulke/Baur im Erscheinen). Entsprechend knapp können die Zeitfenster kalkuliert sein, die berufstätige Menschen und Eltern für den Einkauf von Lebensmitteln zur Verfügung haben, sodass Produkt- und Einkaufsstättenwahl oft unter der Maßgabe der Effizienz erledigt werden. Ein knappes Zeitbudget wirkt sich, wie wir in Kapitel 6.2 sehen werden, zudem auch auf die Möglichkeit und Bereitschaft von Konsument*innen aus, sich über Lebensmittel – entweder am Ort des Einkaufs selbst oder vorab zu Hause – zu informieren.

Geschlecht

Geschlecht, Ernährung und Konsum hängen eng miteinander zusammen. Dabei spielen vor allem die Herstellung von Geschlecht (*doing gender*) und gesellschaftliche Körpernormen eine wichtige Rolle. Es lässt empirisch nachweisen, dass Frauen und Männer unterschiedlich essen. Schritt (2011: 55-58) konnte bspw. zeigen, dass es sowohl als typisch weibliche als auch als typisch männlich angesehene Speisen und Ernährungsweisen gibt. So ernähren sich Frauen gesünder, essen mehr Obst und Gemüse, essen häufiger vegetarisch und haben insgesamt ein größeres Ernährungswissen als Männer. Dabei spielt vor allem die gesellschaftliche Konstruktion von Geschlecht durch Ernährung eine zentrale Rolle (ebd.). Doch nicht nur die Frage was gegessen wird, sondern auch sämtliche Aktivitäten, die um das Thema Ernährung herum von Belang sind (Einkauf, Zubereitung, Hausarbeit), sind vergeschlechtlicht. Baur et al. (2019) zeigen, dass die innerfamiliäre Arbeitsteilung, d.h. Lohnarbeit sowie Heim- und Sorgearbeit auch heute noch in vielen Haushalten relativ deutlich den klassischen Rollenverteilungen folgt (auch wenn es in modernen Milieus Versuche gibt dies aufzubrechen): Frauen sind für den Konsum zuständig und damit auch für den Lebensmitteleinkauf (ebd.). Diese typischen Rollenverteilungen zeigten sich auch im Rahmen der Datenerhebung für diese Arbeit. So erwies es sich als deutlich schwieriger männliche Studienteilnehmer zu finden. Unter diesen Teilnehmern findet sich nur ein Familienvater, der auch für die Einkäufe zuständig war. Alle anderen sind alleinstehend oder zumindest alleinlebend, während sich unter den Teilnehmerinnen mehrere Frauen finden, die alleinig oder hauptsächlich für den Familieneinkauf zuständig sind.

Lebensphase/Alter

Hayn (2005) konnte anhand der von ihr entwickelten Typologie von Ernährungsstilen zeigen, dass die Lebensphase (und damit in Zusammenhang das Alter) eine wichtige Determinante des Ernährungs- und Einkaufsverhaltens ist: So legen gerade junge Menschen, Singles oder Paare ohne Kinder großen Wert auf Flexibilität und Spaß, sowohl beim Kochen als auch beim Einkauf. Dabei lassen sich wiederum Gruppen unterscheiden, die ein gering ausgeprägtes Interesse an Ernährungsthemen haben und entsprechend wenig Zeit, Geld und Energie in ihre Ernährung investieren und solche, die sowohl beruflich wie auch gesundheitlich sehr leistungsorientiert sind und daher ein großes Interesse an diesen Themen zeigen. Diese müssen pragmatisch in Einklang mit beruflichen Anforderungen gebracht werden, indem bspw. an Wochenenden kreativ und entspannt eingekauft und gekocht wird. Eine Zäsur stellt oftmals das erste Kind dar. Der Einkaufs- und Ernährungsstil beginnt sich dann zunehmend an der Koordination von Familie und Beruf zu orientieren und zeichnet sich einerseits durch hohe Ansprüche an die Küche und andererseits durch ein geringes Zeitbudget aus (s.o.). Die Geburt eines Kindes prägt zudem die innerfamiliäre Arbeitsteilung (und damit die Frage, wer für Einkauf und Zubereitung von Lebensmitteln zuständig ist), denn selbst bei modern orientierten Paaren lässt sich dann eine „Retraditionalisierung der Arbeitsteilung" (Baur/Akremi 2012: 287) beobachten. Daniel (2016), Johansson et al. (2013) und Pfeiffer et al. (2015) zeigten zudem, dass (insbesondere in Haushalten mit niedrigem Einkommen) mit dem ersten Kind maßgebliche Veränderungen in der Auswahl der Lebensmittel einhergehen, da dann das Zeitbudget knapper und die zubereiteten Speisen stärker an die Bedürfnisse und Präferenzen des Kindes angepasst werden. Auch eine Veränderung der Haushaltszusammensetzung durch den Auszug des Kindes oder den Tod des*der Partner*in sowie der Eintritt ins Rentenalter können das Ernährungs- und Einkaufsverhalten verändern. Eingeschliffene Routinen können dann aufbrechen, wenn keine Mahzeiten mit Kindern bzw. dem*der Partner*in mehr stattfinden und eine veränderte finanzielle Situation Anpassungen erfordern (Reitmeier 2013: 312-319).

Einkaufsmotive

Im engen Zusammenhang mit der im vorangegangenen Kapitel beschriebenen Ausdifferenzierung von Lebensstilen, aber sicherlich auch mit allen anderen genannten Einflussfaktoren steht auch die Ausdifferenzierung von Einkaufsmotiven. Kulke (2005: 16f.) schlägt (für den Einkauf im Allgemeinen) die Unterscheidung in Bequemlichkeitskauf, Preiskauf, Erlebniskauf und Umweltkauf vor. Beim Bequemlichkeitskauf spielen vor allem pragmatische Erwägungen, wie die Lage und ein möglichst allumfassendes Sortiment des Geschäftes, eine wichtige Rolle. Wie bereits deutlich wurde, spielt diese

Orientierung gerade beim Lebensmitteleinkauf eine zentrale Rolle, da dieser in den Alltag eingetaktet werden und mit anderen Aktivitäten arrangiert werden muss. Es ist anzunehmen, dass vor allem Menschen mit einem engen Zeitbudget und/oder wenig Interesse am Thema Ernährung sich hier zuordnen lassen. Beim Preiskauf spielt die Suche nach möglichst günstigen Angeboten die zentrale Rolle, indem entweder Discounter aufgesucht oder gezielt besonders günstige Angebote gesucht werden. Dieser Gruppe lassen sich insbesondere jene Konsument*innen zuordnen, die ein begrenztes finanzielles Budget haben. Beim Erlebniseinkauf ist der Einkauf selbst ein Element der Freizeitgestaltung. Oft wird er mit weiteren Aktivitäten wie Kino- oder Restaurantbesuche kombiniert. Im Hinblick auf den Lebensmitteleinkauf kann hier neben der Kombination von Aktivitäten der Einkauf selbst als Erlebnis gestaltet werden, indem besondere Lebensmittelgeschäfte, z.B. Feinkostläden aufgesucht oder ausgiebig und in Ruhe in den Gängen flaniert wird, um sich vom Warenangebot inspirieren, vom Personal beraten und zum Kauf besonderer Ware verführen zu lassen. Den umweltorientierten Einkauf, der unter anderem von Weiß (2006) untersucht wurde, fasse ich analog zu den Ausführungen im vorangegangenen Kapitel unter den Begriff des reflexiven Konsums und beziehe damit auch soziale Aspekte mit ein. Er gewinnt in den letzten Jahren immer mehr an Bedeutung. Sowohl die Wahl der Einkaufstätte und der Produkte als auch die Verkehrsmittelwahl können hier prägend sein. Neben dem Motiv die Nebenfolgen der Nahrungsmittelproduktion sowie ihres Konsums zu reduzieren, stehen hier auch gesundheitliche Aspekte im Vordergrund. Hierbei kann es sich um den Verzicht auf tierische Produkte, den Kauf von Bio- oder regionalen Produkten handeln. Genauso spielt der Verzicht auf den eigenen PKW zu Gunsten umweltfreundlicherer Verkehrsmittel eine Rolle. Aufgrund höherer Preise konkurriert der Umwelteinkauf häufig mit dem preisbewussten Einkauf. Zudem erfordern Angebotslücken oftmals einen größeren zeitlichen Aufwand (ebd.: 236), da die Anzahl der Biosupermärkte gerade in großen Städten wie Berlin zwar wachsen, aber längst nicht so flächendeckend vorhanden sind, wie konventionelle Lebensmittelgeschäfte (Fülling/Hering 2020) und nachhaltige oder umweltfreundliche Angebote im konventionellen Lebensmitteleinzelhandel noch kein vollständiges Sortiment abbilden.

Strukturebene (Angebot)

Da der Lebensmitteleinkauf in Städten weiterhin vor allem im Nahraum um den eigenen Wohnort herum erledigt wird, ist für die Frage, was und wo eingekauft wird, maßgeblich die Ausstattung des jeweiligen Quartiers mit Geschäften des Lebensmitteleinzelhandels zentral. Wie in Kapitel 2.2.2. bereits deutlich wurde, kam es in den letzten Jahren zu einer Ausdünnung der Versorgung mit Geschäften des Lebensmitteleinzelhandels in der Fläche, zu Gunsten von Einzelhandelsagglomerationen an verkehrsgünstig gelegenen Knotenpunkten.

Für die Stadt Berlin, das Untersuchungsgebiet der vorliegenden Arbeit, lässt sich zum gegenwärtigen Zeitpunkt sagen, dass die Versorgung mit Lebensmittelgeschäften auch in Randlagen gut ist. In einer 2018 durchgeführten Einzelhandelskartierung von vier verschiedenen Berliner Quartieren (sowohl innerhalb wie auch außerhalb des S-Bahnrings) zeigte sich zwar, dass die Anzahl der Geschäfte des Lebensmitteleinzelhandels in Gebieten, die eher in Stadtrandlage sind niedriger ist, als in zentraleren Lagen (Fülling/Hering 2020). Dennoch kann auf Grund der Vielfalt und Dichte der Geschäfte und des vergleichsweise gut ausgebauten ÖPNV in allen Gebieten davon ausgegangen werden, dass zumindest eine Erreichbarkeit im „klassischen Sinne“ vorhanden ist (Scheffler et al. 2020). Das heißt, dass die Ausstattung der in der Studie exemplarisch untersuchten vier Untersuchungsgebiete sowohl mit preisgünstigen Angeboten (Discountern) als auch mit Vollsortimentern in relativer Wohnortnähe überall gegeben ist. Inwiefern jedoch bspw. mentale *food deserts* vorliegen, also das Angebot des Lebensmitteleinzelhandels nicht zu den Bedürfnissen der Bewohner*innen passt, wurde hier nicht untersucht.

3.5 Zwischenfazit II: Wahlfreiheit, Moralisierung, Unsicherheit

In diesem Abschnitt möchte ich nun die wesentlichen Erkenntnisse des vorangegangenen Kapitels zusammenfassen und darauf eingehen, welche Konsequenzen sich hieraus für die Beziehung zwischen den Kontexten der Produktion und des Konsums ergeben.

Auf Seite der Nachfrage sind als wesentliche Prozesse zum einen die Wohlstandsgewinne seit den 1950er Jahren und die damit verbundene Diversifizierung der Konsument*innenverhaltensweisen zu nennen. Zum anderen lässt sich insbesondere in der jüngeren Vergangenheit eine zunehmende Moralisierung des Konsums und so auch des Lebensmittelkonsums beobachten: Die Externalitäten des Wirtschaftens insbesondere westlicher Gesellschaften stehen immer mehr zur Diskussion, die Biographien der Waren erhalten mehr Aufmerksamkeit, sodass reflexive Konsument*innenverhaltensweisen an Bedeutung gewinnen.

Parallel zu den Veränderungen der Organisation von Lebensmittelwarenketten hat sich auch der Konsum von Waren im Allgemeinen und von Obst und Gemüse im Speziellen sowie die Rolle der Konsument*in in den letzten 70 Jahren verändert. Zunächst lassen sich die Veränderungen des (Lebensmittel-)Konsums durch ein Mehr und durch eine Vervielfältigung charakterisieren. Steigende Einkommen ermöglichen es einem großen Teil der Bevölkerung alle seine Grundbedürfnisse zu befriedigen. Gerade im Bereich der Ernährung vollzog sich hier ein Wandel von einer Mangel- zur Überflussgesellschaft. Hunger und Unterernährung sind für den überwiegenden Teil der deutschen Bevölkerung heute kein Thema mehr (wenngleich auch in Deutschland Menschen von Ernährungsunsicherheit betroffen sind) und die Vielfalt an Nahrungsmitteln hat sich enorm vergrößert (Barlösius 2016; Baur et al. 2019). Insbesondere der Anteil von frischem Obst und Gemüse an der Ernährung ist gestiegen. Mit der wachsenden Wahlfreiheit hat sich auch eine größere Vielfalt an verschiedenen Konsum- und Ernährungsstilen herausgebildet, die durch verschiedene Determinanten wie Geld- und Zeitbudget, verfügbare Verkehrsmittel, Geschlecht, Lebensphase, Einkaufsmotive und Angebot beeinflusst werden. Die Funktion von Waren – und hier ganz besonders von Lebensmitteln –

hat sich damit erweitert von einer reinen Versorgungs- hin zu einer Distinktions- und identitätsstiftenden Funktion: Man konsumiert nicht mehr nur um ein außenorientiertes Ziel zu erreichen, sondern auch um innenorientierte Ziele (Zugehörigkeit oder Abgrenzung von einer Gruppe, Ausdruck persönlicher Werte usw.) zu erreichen (Reisch 2002; Schulze 1992). Den Waren, die konsumiert werden, kommt dabei eine besondere Rolle zu, da sie gewissermaßen zum Vehikel werden, über das die eigene Persönlichkeit zum Ausdruck gebracht wird (Foster 2008; Pike 2009; Willmott 2010). Die Waren werden selbst zum Träger bestimmter Werte und Symboliken.

Durch die neugewonnenen (Konsum-)Freiheiten entstehen für Konsument*innen heute jedoch auch neue Unsicherheiten. Schulze (1992: 60-67) argumentiert hierzu, dass die neue Offenheit zu Unkalkulierbarkeit und Orientierungsproblemen beim einzelnen Menschen führt, da ständig aus einer Vielzahl an verschiedenen Optionen gewählt werden kann und auch muss. Dabei besteht stets das Risiko sich gewissermaßen falsch zu entscheiden, d.h. in der Gestaltung des Alltags oder im Konsum eine Option gewählt zu haben, die nicht das gewünschte positive Erlebnis bewirkt. Um diese Unsicherheit zu reduzieren suchen sich Menschen ein gesellschaftliches Umfeld und kollektive Muster, an denen sie sich orientieren können. Durch die Orientierung der alltäglichen Handlungen an einer Gruppe kann so zwar Komplexität reduziert werden (ebd.: 62f.). Gleichzeitig kann davon ausgegangen werden, dass diese sich nicht komplett auflöst. Denn unabhängig von Milieuzugehörigkeit müssen sich Konsument*innen heute mit einem extrem breiten Angebot an Produkten in unterschiedlichen Qualitäten und verschiedensten Bedeutungszuschreibungen auseinandersetzen und Strategien entwickeln zwischen ihnen zu wählen.

Bei der Bewertung der Waren spielt dabei heute nicht mehr nur die Berücksichtigung der eigenen Bedürfnisse eine Rolle, sondern auch postmaterielle Werte haben an Bedeutung gewonnen (Inglehart 1995). So gelten Konsument*innen heute als verantwortungsvoll, wenn sie auch die Nebenfolgen ihres Konsumhandelns auf ferne Orte und fremde Menschen mit zu berücksichtigen (Barnett et al. 2005; Halkier 2010; Popke 2006). Denn während einerseits die Produktion von Konsumgütern wie Lebensmitteln zu einem abstrakten und fernen Prozess geworden ist, so kann eine neue Fülle von Informationen, Bildern, Berichten und Diskursen zu einem stärkeren Gefühl der Eingebundenheit in ein globales System führen (Stehr/Adolf 2008) (vgl. Kapitel 2.4) und trägt zugleich neue Entscheidungszwänge an die Konsument*innen heran (Halkier 2010). Dazu gehört zunächst die Frage, ob man sich in seinem Alltagshandeln überhaupt dem Paradigma des*der verantwortungsvollen Konsument*innen unterwerfen möchte oder nicht. Die eigene Fürsorge entweder auf das eigene Umfeld, mit seinen spezifischen Alltagsdynamiken und -routinen oder auf weit entfernte Menschen und Orte (*caring at a distance*) auszurichten kann dann durchaus im Widerspruch zueinanderstehen (Halkier 2010: 48-49). So gilt es also zunächst die Frage zu beantworten, wie man sich überhaupt gegenüber den neuen Anforderungen an den eigenen Konsum positioniert:

> *„We can, for example, comment upon, reflect upon, ignore, discuss, and/or act upon such suggestions for changing our food consumption routines." (Halkier 2010: 2)*

Hinzu kommt die beschriebene, große Vielfalt an Ernährungs- und Konsumstilen, die in irgendeiner Form als *nachhaltig* oder *moralisch* gelabelt werden, bzw. einzelner Waren, die das Erreichen des jeweiligen Ideals ermöglichen sollen. Erstens können hier Zielkonflikte bestehen zwischen dem Verfolgen der ökologischen und der sozialen Nachhaltigkeit. Zudem ist oft unklar, durch welche Wahl oder (Nicht-)Handlung ein entsprechendes Ziel erreicht werden kann. Nicht zuletzt sind es auch uneinheitliche und oft widersprüchliche Wissensbestände von Expert*innen (Beck 1996: 298; Stehr 2007: 262) und widersprüchliche Informationen darüber, welche Konsum- und Ernährungsstile oder welche Produkte überhaupt am geeignetsten sind und eine Prioritätensetzung erschweren (Bogun 2020; Geden 2009).

3.6 Zusammenführung: Lebensmittelkonsum zwischen Vielfalt und Verantwortung

In den Kapiteln 2 und 3 habe ich mich dem Konsum von frischem Obst und Gemüse aus Perspektive der Produktion und des Angebots sowie aus Perspektive des Konsums angenähert. In der Zusammenführung der Ergebnisse der beiden Kapitel zeigt sich, dass der Konsum von Lebensmitteln heute durch eine hohe Komplexität und Vielschichtigkeit geprägt ist. Die Entstehung von frischem Obst und Gemüse ist heute für Konsument*innen kaum noch erlebbar. Das liegt einerseits daran, dass die Kontexte der Produktion und des Konsums räumlich und sozial stark voneinander getrennt, die Geographien der Waren über verschiedene Teile der Welt verteilt, sind. Urbanisierung, Strukturwandel und Auslagerung der Produktion an Orte mit einer günstigeren Kostenstruktur führen zu einer Entfremdung zwischen beiden Kontexten, da alltagsweltliche und sinnliche Erfahrungen kaum noch möglich sind. Gleichzeitig verschleiert auch die immer gleichbleibende Angebotsgestaltung im Supermarkt die Biographien der Waren, die Anstrengungen und Aufwendung, die ihre Produktion und Bereitstellung erfordert. Autor*innen wie Böge (2001), Cook (2004) und Reitmeier (2013) argumentieren, dass dies zu einer abnehmenden Wertschätzung der Waren und einem nachlassenden Interesse an ihrer Entstehungsgeschichte führt. Zumindest aber kann, wie von Harvey (1990) bemerkt, festgehalten werden, dass eine Auseinandersetzung mit den Produktbiographien nicht mehr notwendig ist, um die Waren zu konsumieren.

Gleichzeitig haben Konsum und Waren ihre Bedeutung verändert. Die großen Wahlmöglichkeiten, die durch das wachsende Angebot und Wohlstandsgewinne entstanden sind, führen dazu, dass Waren und Konsum immer mehr Mittel geworden sind, um sich auszudrücken, abzugrenzen und auch um Wertehaltungen zu vermitteln. Dazu gehört, dass – konträr zu der erwähnten Acht- und Sorglosigkeit beim Konsum – mehr und mehr Menschen ein erhöhtes Interesse an den Biographien der Waren haben. Dies ergibt sich aus dem wachsenden Bewusstsein der Konsument*innen, dass durch die Einbindung in globale Handelsbeziehungen nicht nur ökonomische, sondern auch soziale Beziehungen entstehen, dass das individuelle Handeln globale Implikationen und die Konsum- und

Lebensweise der Menschen im Globalen Norden, sowohl in den Produktionsländern als auch global, negative Effekte hat. Dieses neue Verantwortungsgefühl wird vorangetrieben durch ein Mehr an (zumeist medial vermittelten) Bildern und Informationen. Konsument*innen sehen sich also einerseits dem Zwang gegenüber zwischen verschiedensten Waren, bzw. Ernährungs- und Lebensstilen zu wählen und andererseits der Anforderung dabei nicht nur das eigene Wohl, sondern auch das der anderen, z.T. räumlich und sozial weit entfernten Menschen im Blick zu behalten. Aufbauend auf diesen Veränderungen der Beziehung zwischen den Kontexten der Produktion und des Konsums und ihren Akteur*innen sowie der Funktion des Handels werde ich mich im folgenden Kapitel dem Begriff des Wissens zuwenden. Dazu werde ich diesen einerseits für die Zwecke dieser Arbeit ausdifferenzieren und andererseits auf den Bedeutungswandel verschiedener Wissensbestände sowie die Rolle von Nichtwissen eingehen. Im Anschluss daran werde ich mich dem Thema der Herkunft der Waren zuwenden, das in diesem Kapitel bereits zur Sprache kam und darauf eingehen welche Rolle die Herkunft spielt, um Bedeutungen und Wissen über Waren zu vermitteln.

4 Was man wissen soll: Wissen und Lebensmittelkonsum[21]

Regelmäßig wird von Verbraucherschützer*innen, zivilgesellschaftlichen Organisationen und einigen politischen Parteien gefordert mehr Transparenz im Hinblick auf alltägliche Konsumobjekte wie Lebensmittel herzustellen. Informationsportale und Lebensmittelkennzeichnungen (wie z. B. lebensmittelklarheit.de) sollen Konsument*innen mit möglichst umfassendem Wissen versorgen. Gleichzeitig zeigt sich, dass sich Konsument*innen trotz eines besseren und einfacheren Zugangs zu Wissen heute nicht besser über Waren informiert fühlen und sich das *Mehr* an Wissen oft nicht in den intendierten *besseren* Konsumentscheidungen niederschlägt (Carolan 2011; Ermann 2015). Ein zentrales Problem ist, dass der in diesen Debatten angelegte objektivistische Wissensbegriff zu kurz greift, um Konsumentscheidungen zu verstehen: Ein objektivistischer Wissensbegriff geht davon aus, dass Wissen außerhalb und unabhängig von Individuen vorhanden ist und von diesen entdeckt und angeeignet wird. Einem objektivistischen Wissensbegriff nach gibt es „vollständige und korrekte Formen des Wissens" (Wilkesmann 2009, 78). Ein konstruktivistischer Wissensbegriff nimmt nach Knoblauch (2017: 55-57) hingegen an, dass Wissen nicht unabhängig vom erkennenden Subjekt existiert. Während im radikalen Konstruktivismus angenommen wird, dass sich die Konstruktion der Wirklichkeit allein im individuellen Verstand vollzieht, liegt dem Sozialkonstruktivismus die Annahme zugrunde, dass in der Wechselwirkung sozialer Akteure und ihrer Handlungen soziale Strukturen und damit letztendlich Wissen entsteht (ebd.). Die oben skizzierten Debatten von Verbraucher*innenschutz und -information nehmen an, dass Konsument*innen sich nur eine ausreichende Menge an Wissen aneignen müssen, um *gute* Konsumentscheidungen treffen zu können. Ausgehend von einem sozialkonstruktivistischen Wissensbegriff wird jedoch deutlich, dass menschliche Handlungen einerseits nicht von dem Wissen angeleitet werden, das (vermeintlich) objektiv wahr oder messbar ist, sondern von dem Wissen, das Menschen für wahr halten und welches sie damit handlungsfähig macht (Stehr 2001; Strübing 2014). Daraus ergibt sich, dass eine Ausdifferenzierung und Erweiterung des Wissensbegriffes notwendig ist, um ein Verständnis für das Handeln von Menschen im Allgemeinen und den Konsum vom Lebensmitteln im Speziellen zu gewinnen.

---

[21] Die Einleitung dieses Kapitels basiert auf einem Auszug aus dem Aufsatz „Lebensmittelkonsum im Spannungsfeld von Nichtwissen und Verantwortung", den ich im Jahr 2020 verfasst habe und der in der Zeitschrift „Berichte. Geographie und Landeskunde" erschienen ist. Der Auszug wurde für diese Arbeit ausgearbeitet und ergänzt.

Vgl. Fülling, Julia (2020): Lebensmittelkonsum im Spannungsfeld von Nichtwissen und Verantwortung. *Berichte. Geographie und Landeskunde, 93*(1-2), S. 79-95.

In der Konsumforschung spielt etwa seit Beginn der 2000er der Praxisbegriff eine wichtige Rolle (Thompson 2011; Warde 2005; Warde et al. 2017). Im Zentrum dieser Perspektive steht der routinisierte und habitualisierte Charakter des alltäglichen Konsums, zu dem auch der Konsum von Lebensmitteln gehört. Anders als Ansätze, die Konsum vor allem als Ausdruck von Identität, Milieuzugehörigkeit (Beck 1986; Schulze 1992) oder Status (Bourdieu 1984) verstehen, steht im Fokus der Praxisperspektive der Routinekonsum, durch den Komplexität reduziert und Normalität hergestellt wird (Grauel 2013: 32-34). Wie Knoblauch (2017: 35) jedoch erläutert, geht mit einer Überbetonung des Praxisbegriffes die Gefahr einher, die „Sinnhaftigkeit, Bewusstheit und Objektivierung" (ebd.) von Handlungen zu unterschätzen. Den Prozessen der Habitualisierung und Routinisierung geht demnach ein durchaus bewusstes Verhalten voraus, welches auf bestimmten Handlungszielen fußt und zunächst nicht als unbewusst zu verstehen ist. Wenngleich die Praxisperspektive wichtige Einsichten in das Feld der Konsumforschung gibt und die zentrale Bedeutung, die Routinen für Konsumhandeln haben, vielfach belegt wurde (s.o.), möchte ich mich in dieser Arbeit dem Untersuchungsgegenstand über die bewusste Reflexion der Konsument*innen über ihre eigenen Wissensbestände sowie ihr bewusstes Nichtwissen über die Waren nähern, ohne dabei einen rein objektivistischen Wissensbegriff zu Grunde zu legen. Weiterhin spielt in der (Konsum-)Soziologie auch die Ausdifferenzierung der Wissensbestände über verschiedene soziale Gruppen und Milieus hinweg eine zentrale Rolle (Kulke et al. 2020: 5; Schulze 1992). Diese Ausdifferenzierung klammere ich aus, da sich in der Auswertung meiner Interviews kein Zusammenhang zwischen der Milieuzugehörigkeit der Teilnehmer*innen und ihren Wissensbeständen bzw. Wertehaltungen erkennen ließ und ich diese Differenzierung in Folge nicht weiter fokussiert habe (vgl. Kapitel 5.2).

Im folgenden Kapitel werde ich daher zunächst eine Differenzierung meines Wissensbegriffes in Bezug auf den Konsum von Lebensmitteln vornehmen. Ich werde aufzeigen, inwiefern die Unterscheidung zwischen implizitem und explizitem, bzw. praktischem und objektiviertem Wissen sowie zwischen Wissen und Informationen den Blick auf die Art und Weise, wie Konsument*innen vor dem Hintergrund der in Kapitel 2 und 3 skizzierten Rahmenbedingungen heute Lebensmittel *wissen,* schärfen kann. Im Anschluss daran werde ich mich dem Nichtwissen als Teil des Wissens zuwenden und zeigen, welche Rolle das Nichtwissen in Form von Verschleierung einerseits und Vermeidung andererseits beim Konsum von Lebensmitteln spielt und welche Folgen das Fehlen von Wissen sowie das Misstrauen von Konsument*innen in die Nahrungsmittelproduktion für den Handel mit Lebensmitteln haben. In diesem Kapitel spielt vor allem die Beziehung zwischen den Kontexten der Produktion, des Handels und des Konsums, die ich im vorangegangenen Kapitel aufgearbeitet habe, eine zentrale Rolle. Insbesondere wird die Art und Weise herausgearbeitet, wie Wissensbestände und damit auch Macht zwischen den Akteuren verteilt sind. Da sich in den Kapiteln 2 und 3 bereits gezeigt hat, dass die räumliche Organisation von Warenketten sich auf die Beziehung zwischen den Kontexten der Produktion, des Handels und des Konsums sowie das Wissen der Akteur*innen innerhalb der Kontexte übereinander auswirkt, möchte ich zuletzt eine Perspektive auf Wissen einnehmen, die räumliche Aspekte fokussiert: Konkret wird es um die Bedeutung des Herkunftsortes der Waren für Konsument*innen gehen.

In der Wirtschaftsgeographie und -soziologie wird davon ausgegangen, dass „Teilbereiche unseres Wissens einen räumlichen Bezug bzw. eine räumliche Begründung haben. Wir gehen davon aus, dass Akteure durch die Berücksichtigung von räumlichen Aspekten neue Erkenntnisse zu Wissensprozessen erlangen" (Kulke et al. 2020: 6). Dieser Perspektive auf das Wissen über Lebensmittel möchte ich mich über die Frage annähern, welche Rolle der tatsächliche oder imaginierte Herkunfts- oder Produktionsort für die Bewertung von Waren spielt.

4.1 Explizites und implizites Wissen

In der Wirtschaftsgeographie ist die Unterscheidung zwischen explizitem bzw. kodifiziertem und implizitem Wissen sehr verbreitet (Amin/Cohendet 2004). Die Unterscheidung dieser beiden Wissensdimensionen geht auf Polanyi (1985) zurück. Unter **explizitem bzw. kodifiziertem Wissen** werden dabei jene Wissensbestände gefasst, die sich in Form von Wörtern, Zahlen, wissenschaftlichen Verfahren, universellen Prinzipien, Formeln oder Labels und Kennzeichnungen vermitteln lassen (Amin/Cohendet 2004: 23; Ermann 2015: 27; Ibert 2007: 105; Polanyi 1985: 27). Im Kontext von unternehmerischem Handeln wird darunter auch das *know-that* oder das *embrained knowledge* verstanden (Amin/Cohendet 2004: 30). Unter **implizitem Wissen** werden Wissensbestände verstanden, die in Praktiken und Routinen und damit an einzelne Individuen oder Gruppen von Personen gebunden sind (Polanyi 1985: 16). Dieses „stille Wissen" (Ermann 2015: 90), auch als *know-how* oder *embodied knowledge* verstanden (Amin/Cohendet 2004: 23), manifestiert sich also eher in Handlungen und ist dem*der Träger*in mitunter nicht bewusst.

Das explizite Wissen lässt sich in Sprach- und Schriftform, digital oder analog übermitteln. Für den Austausch impliziten Wissens hingegen ist in der Regel ein persönlicher Austausch verschiedener Akteur*innen erforderlich. Die Übermittlung von explizitem Wissen ist entsprechend mit weniger Transaktionskosten verbunden. Explizites Wissen hat insbesondere im Zuge der Digitalisierung an Bedeutung gewonnen, da diese die Übermittlung von Informationen in kodifizierter Form deutlich vereinfacht hat (Amin/Cohendet 2004: 20-21). Weil es leichter zu übermitteln ist, ist es als öffentliches oder ökonomisches Gut sehr leicht handelbar, gilt teils sogar als ubiquitär (Ibert 2007: 106). Explizites Wissen erleichtert damit aber auch den Zugang zu Wissen und ermöglicht es anderen Menschen an anderen Orten dasselbe zu wissen (Carolan 2011: 17). Damit kann es helfen, Wissensasymmetrien abzubauen. Da das implizite Wissen an seine*n Träger*innen gebunden ist, lässt es sich hingegen weniger gut weitergeben. Nur im Tun, d.h. im „Benennen-durch-zeigen" (Polanyi 1985: 15) können implizite Wissensbestände vermittelt werden. Der Grund hierfür ist, dass implizites Wissen im Unbewussten des*der Träger*in existiert, also präreflexiv ist. So lassen sich körperliche Handlungen und Routinen oft nur schwer in ihre Einzelmerkmale zerlegen, sondern sind zu einer kohärenten Entität integriert (Polanyi 1985: 25).

4.1.1 Implizites Wissen beim Lebensmittelkonsum

Wie bereits deutlich wurde spielt gerade beim impliziten Wissen der Körper als Speicher, aber auch als Ausdruck des Wissens eine zentrale Rolle (Carolan 2011; Ibert 2007; Knoblauch 2014; Knoblauch/Tuma 2018; Polanyi 1985). Das implizite Wissen ist, so Polanyi (1985), in Wahrnehmung übersetzte Körperempfindung: Die Welt wird über den Körper erfahren und über erlernte Prozesse wird diese Wahrnehmung mit Bedeutung versehen (ebd.: 22-24). Dieses in den Körper eingeschriebene Wissen ist, wie bereits erwähnt, in der Regel präreflexiv. So ist die Fingerfertigkeit eines*r Klavierspieler*in Ausdruck eines Wissens/Könnens, welches sich nur schwer und nur bruchstückhaft verbalisieren lässt. Auf ähnliche Weise lassen sich die Warenprüfung im Laden im Zusammenspiel aus Haptik, Geruch und Aussehen eines Frischeproduktes – in der sich ein verkörpertes Erfahrungswissen niederschlägt – oder die Frage, warum ein bestimmtes Lebensmittel oder eine Speise einen besonders anspricht, mitunter schwer in Worte fassen. Dass verkörpertes Wissen gerade im Hinblick auf den Einkauf und Verzehr von Lebensmitteln eine wichtige Rolle spielt, leuchtet ein. Denn kaum eine Ware kommt dem eignen Körper so nah. Einkauf, Zubereitung und Verzehr von Lebensmitteln ist körperlich. Dementsprechend zeigen verschiedene Autor*innen, dass Wissen über Lebensmittel sich nicht durch das „Stopfen von Wissensdefiziten" (Goodman 2011: 247) vermitteln lässt, sondern, dass die Motivation sich in einer bestimmten Weise zu ernähren, von emotionalen/affektiven und körperlichen Beziehungen zu Lebensmitteln und Speisen herrührt (Ermann 2015; Goodman 2011; Hayes-Conroy/Hayes-Conroy 2013). Menschen haben demnach eine individuelle „visceral topography" (Hayes-Conroy/Hayes-Conroy 2013: 83), die als verkörperte Wissensbestände über Lebensmittel verstanden werden können und Ernährungs- und Konsumentscheidungen prägen. Dazu zählen z.B. die Art und Weise, wie die Zubereitung und der Verzehr, aber auch der Anbau bzw. die Produktion von Lebensmitteln mit dem eigenen Körper und im Miteinander mit anderen Menschen erfahren wurden und werden. Und auch die emotionale Verbindung zu bestimmtem Essen, z.B. durch biographische Erfahrungen und die Sozialisation im Allgemeinen (also Einflüssen aus dem Elternhaus, von Schule, Gleichaltrigen, Medien und vielem mehr) beeinflussen Essens- und Einkaufspräferenzen (Hayes-Conroy/Hayes-Conroy 2013: 83; Reitmeier 2013).

4.1.2 Explizites Wissen beim Lebensmittelkonsum und der Bedeutungswandel von Wissensbeständen

Carolan (2011: 15-17) zeigt jedoch auf, dass es in modernen, westlich geprägten Gesellschaften eine starke Dominanz des kodifizierten Wissens gibt[22]. Explizites Wissen spielt

[22] In anderen Gesellschaftsformen hingegen geht Wissen viel stärker über einen rein kognitiven und oftmals auf das Visuelle beschränkten Zugang hinaus und verschiedenste Sinneswahrnehmungen und damit der Körper als solcher werden in die Wissensproduktion und den Wissensausdruck eingeschlossen (Carolan 2011: 15-17).

nach Carolan (2011: 17-18) auch eine zentrale Rolle in der heutigen Lebensmittelwirtschaft. Sowohl in der Landwirtschaft als auch in der Lebensmittelverarbeitung und -vermarktung herrscht eine große Dominanz kodifizierten Wissens. So bspw. bei der gesetzlichen Regelung des Einsatzes von Düngemitteln und Pestiziden, Besatzdichten von Ställen, aber auch durch die Formen der Repräsentation von Produktionskontexten für Konsument*innen, z.B. in Form von Labels, Marken und Standards. Diese Kodifizierung von Wissen in Form von Gesetzen, Normen und Standards ermöglichen es Waren global zu handeln. Als geteilte Wissensbestände erleichtern sie die Koordination zwischen den verschiedenen Akteur*innen der Lieferkette, ohne dass diese sich persönlich kennen oder begegnen müssten. Sie können Verlässlichkeit und Vertrauen schaffen und eine gleichbleibende Produktqualität sicherstellen (Hering 2022: 113f.).

Durch die zunehmende Distanz zwischen den Kontexten des Konsums und der Produktion wird die gelebte Erfahrung der Lebensmittel(-herstellung) zunehmend durch Repräsentationen in Form von Bildern, Nährwerttabellen und Beschreibungen ersetzt. Lebensmittelverpackungen und andere Zusatzinformationen am Ort des Verkaufs dienen als „proxies for proximity" (Carolan 2011: 18). Diese *Stellvertreter* für die Nähe sollen dazu dienen jenes Wissen, das Konsument*innen nicht mehr aus erster Hand und mit den eigenen Sinnen erfahren können, zu übermitteln. Carolan (ebd.) argumentiert jedoch, dass diese *proxies* ein unzulänglicher Ersatz für die gelebte Erfahrung der Lebensmittelproduktion sind. Eden et al. (2008) fassen solche Systeme als „knowledge intermediaries" (ebd.: 1047), Wissensvermittler, die dabei helfen sollen Konsument*innen vor allem jenes Wissen zu vermitteln, das sie nicht mehr aus erster Hand erhalten können. Neben Labels/Siegeln, mit denen ich mich im Verlauf dieses Kapitels noch näher befassen werde, nennen sie die Orte des Verkaufs als „spatial proxies" (ebd.: 1049), also räumliche Stellvertreter. In ihrer Studie über Wissen und Beurteilungsinstrumente britischer Konsument*innen aus der Stadt York werden hier vor allem Wochenmärkte und Hofläden von den Teilnehmer*innen als vertrauensvoll bewertet. Sie werden mit Nachverfolgbarkeit der Waren und kurzen Zulieferstrukturen assoziiert – unabhängig davon, ob dies für das einzelne Produkt tatsächlich zutrifft. Den Orten des Verkaufs wird somit zugeschrieben „to stand for ‚good' regardless of other attributes or verification" (ebd.: 1050). Neben dem Ort des Verkaufs, der durch seine spezielle Anmutung stellvertretend für die Produktionsweise der Waren selbst stehen kann, spielen zudem die Mitarbeiter*innen eine wichtige Rolle als Wissensvermittler*innen, indem auch diese durch ihr spezifisches Produktwissen oder mitunter auch durch ihre reine Präsenz Nachverfolgbarkeit suggerieren und durch den direkten Kontakt Vertrauen der Konsument*innen gewinnen können. Diese „aura of personal relations" (Hinrichs 2000: 299 zitiert nach Eden et al 2007: 1050) ist es, die über das Soziale eine Verbindung zwischen den Kontexten des Konsums und der Produktion herstellt. Wie im Verlauf dieser Arbeit deutlich werden wird, können auch andere räumliche Bezüge, nämlich der (vermeintliche) Ort der Produktion als *proxy* dienen, um Wissen und Assoziationen über die Waren zu vermitteln.

Spiekermann (2006) beschreibt ebenfalls einen Wandel relevanter Wissensbestände im Bereich der Ernährung. Objektiviertes Wissen, also naturwissenschaftlich-medizinisches Wissen, gewinnt gegenüber praktischem Wissen an Bedeutung. Während objektiviertes Wissen stark auf Rationalität und Optimierung setzt, versteht er unter praktischem Wissen heterogenes und alltagsbezogenes Wissen über Ernährung (Spiekermann 2006: 27). Er argumentiert, dass praktisches Wissen an Bedeutung verliert, weil es durch käufliche Dienstleistungen ersetzt werden kann, z.B. durch den Kauf bereits zubereiteter Speisen oder von Convenience-Produkten beim Kochen. Zugleich verweist auch er auf die arbeitsteilige Organisation des Nahrungsmittelsystems, durch welche praktisches Wissen an Relevanz verliert und Menschen mehr und mehr auf objektiviertes Wissen angewiesen sind, um Waren zu bewerten (ebd.: 35). Die Homogenisierung der Waren sowie ihre Entbettung aus dem Produktionskontext (vgl. Kapitel 2) und nicht zuletzt auch die Verpackung und Verarbeitung der Waren, machen das praktische Wissen von Konsument*innen weniger nützlich, um Waren zu bewerten. Stattdessen wird objektiviertes Wissen wichtiger. Dieses zu nutzen erfordert aber „Vertrauen bzw. Indifferenz" (ebd.: 35), da es nicht selbst geprüft werden kann. Gleichzeitig werden, so Spiekermann (2006), Lebensmittel durch schwindendes subjektives Wissen zu Projektionsflächen für Images und ästhetisierte Bilder, die von Handel, Industrie und Werbung kreiert werden.

Entsprechend den Ausführungen von Carolan (2011) und Spiekermann (2006) verändert sich nicht nur das relevante Wissen im Hinblick auf Lebensmittel. Auch andere Eigenschaften von Waren stehen in Folge dessen stärker im Fokus, nämlich solche, die sich über explizites bzw. objektiviertes Wissen erfassen und vermitteln lassen. Es lassen sich nach Zühlsdorf/Spiller (2012b) solche Eigenschaften identifizieren, bei denen Konsument*innen auf ihr praktisches Wissen zurückgreifen können, indem sie Waren mit ihren eigenen Sinnen prüfen oder auf ihre eigenen Erfahrungen zurückgreifen können. Im Unterschied dazu können Eigenschaften, die sich auf den Herstellungsprozess beziehen, nicht von Konsument*innen anhand ihres praktischen Wissens beurteilt werden. Hier braucht es dritte Instanzen, die Waren prüfen und zertifizieren und damit Wissen kodifizieren (vgl. Exkurs II). Diese prozessbezogenen, immateriellen oder symbolischen Eigenschaften sind es jedoch, die zunehmend an Bedeutung gewinnen, wie in Kapitel 3.2 und 3.3 deutlich wurde: nicht mehr nur Marktergebnis, z.B. Geschmack und Aussehen, sondern auch der Marktprozess, also die Biographie der Ware ist von Interesse. Da Konsument*innen sich selbst kein Bild über diese prozessbezogenen Eigenschaften machen können, gehen diese mit einer höheren Wissensasymmetrie einher, da Konsument*innen auf den Wahrheitsgehalt von Siegeln, Herkunfts- und Qualitätsangaben vertrauen müssen. Das kodifizierte Wissen hat hier demnach einen widersprüchlichen Charakter: Einerseits ist es, wie oben beschrieben, grundsätzlich relativ leicht zu übermitteln. Da es aber nur den Ersatz für das heute nahezu vollständig fehlende eigene Erleben und Erfahren des Produktionsprozesses darstellt, vermag es das gefragte Wissen nur bruchstückhaft zu vermitteln, wie im nachfolgenden Abschnitt noch deutlicher werden wird. Es erfordert zudem ein hohes Maß an Vertrauen in die entsprechenden Organisationen. Auf letzteren Aspekt werde ich im Unterkapitel 4.3.2 vertieft eingehen.

Exkurs II: Produkteigenschaften und Wissensasymmetrie

Zühlsdorf/Spiller (2012b: 27-29) unterscheiden vier verschiedene Arten von Produkteigenschaften, die ein unterschiedliches Maß an Wissens- und damit auch Machtasymmetrie zwischen der Lebensmittelwirtschaft und den Konsument*innen mit sich bringen: Sucheigenschaften, Erfahrungseigenschaften, Vertrauenseigenschaften und Potemkinsche Eigenschaften.

Bei Sucheigenschaften handelt es sich um Eigenschaften der Waren, die Konsument*innen bereits am Ort des Verkaufs überprüfen können, wobei dies ein gewisses Warenwissen voraussetzt. So müssen Konsument*innen in der Lage sein, anhand von Optik, Geruch und wenn möglich Haptik bspw. auf Frische oder Geschmack von frischem Obst und Gemüse zu schließen. Hierbei handelt es sich also um implizites, praktisches, verkörperlichtes Wissen. Der Grad der Wissensasymmetrie ist hier im Vergleich zu den folgenden Eigenschaften am geringsten. Bei verarbeiteten Lebensmitteln ist diese Art der Prüfung jedoch kaum noch möglich. Und auch für frisches Obst und Gemüse dürfte diese Tendenz gelten; zum einen sind auch hier Waren häufig verpackt und entsprechend schwer zu begutachten. Zum anderen ist diese Form der Warenprüfung bei losen Produkten, zumindest im Supermarkt, nicht gern gesehen oder mitunter gar verboten. Auch die Frische der Waren lässt sich nicht eindeutig beurteilen, wenn durch Kühllogistik, Frischetechnologien und Züchtungen, die auf besondere äußere Robustheit und optische Unversehrtheit setzen, auch Frischeprodukte nicht mehr erkennbar „altern".

Bei Erfahrungseigenschaften handelt es sich um Eigenschaften der Waren, die Konsument*innen bei der Weiterverarbeitung und dem Verzehr beurteilen können. Oftmals spielt hier der Geschmack eine wichtige Rolle. Da die Fähigkeit zur geschmacklichen Differenzierung jedoch beim Menschen nur gering ausgeprägt ist und Konsument*innen die sensorische Lebensmittelqualität nicht zuverlässig beurteilen können, eignen sich die Erfahrungseigenschaften nur selten zur Beurteilung von Waren. Es handelt sich hier folglich ebenfalls um implizite, praktische Wissensbestände. Durch Geschmacksangaben, z.B. „fruchtig-süß" oder „säuerlich" kann im Handel mit frischem Obst und Gemüse versucht werden dieses Wissen zu kodifizieren, um damit Entscheidungs- und Bewertungshilfen zu geben (vgl. Abb. 14).

Unter Vertrauenseigenschaften werden Eigenschaften verstanden, die am Endprodukt zwar theoretisch noch nachweisbar sind, z.B. Rückstände von Pestiziden oder Schadstoffen, die aber in der Praxis für einzelne Konsument*innen nicht zu überprüfen sind. Das Wissen muss also in Siegeln, Zertifikaten, Berichten o.ä. objektiviert und expliziert werden. Hier werden „Vertrauensagenten", z.B. Verbraucherschutzorganisationen, Testinstitute oder staatliche Akteure relevant, die Analysen durchführen und diese an Konsument*innen kommunizieren. Dabei ist die Übermittlung der Informationen zum Ausgleich der Wissensasymmetrie eine Herausforderung, da sie z.B. über Medien korrekt und vollständig vermittelt und von Konsument*innen wiederum aktiv gesucht werden müssen. Bei den Potemkin-Eigenschaften handelt es sich um Charakteristika von Waren, die auch am Endprodukt nicht mehr nachweisbar sind. Bei Lebensmitteln kann es sich dabei um Prozesseigenschaften wie z.B. Tierhaltung, fairen Handel oder die Herkunft handeln. Um diese zu überprüfen sind, wie bei den Vertrauenseigenschaften, Kontrollen durch neutrale Prüfungsinstanzen notwendig, die die Herstellung der Waren nach entsprechenden Vorgaben kontrollieren und die Waren entsprechend zertifizieren – also das Wissen über diese explizieren und objektivieren. Konsument*innen sind hier darauf zurückgeworfen den prüfenden Organisationen, ihren Prüfungsmethoden sowie der Zertifizierung, die vergeben wird, zu vertrauen, ohne dass sie selbst eine Möglichkeit der Prüfung haben (Zühlsdorf/Spiller 2012b).

Abbildung 14: Entscheidungshilfen im Supermarkt: Kodifizierung von Produkteigenschaften

Foto: Eigene Aufnahme

4.1.3 Kodifizierung von Wissen und Produktsiegel

Wie deutlich wurde, erfüllen Produktsiegel, Standards und Labels eine wichtige Rolle für das Funktionieren des Handels mit Lebensmitteln. Sie können als Ersatz für die persönliche Prüfung der Waren und ihrer Herstellungsbedingungen dienen und eine gleichbleibende Qualität der Waren sicherstellen. Ermann (2015: 89) weißt unter Bezugnahme auf Lebensmittelstandards darauf hin, dass es sich bei der Kodifizierung und Quantifizierung von Wissen immer um das Ergebnis eines Konstruktionsprozesses handelt. Produktsiegel bilden immer nur einen bestimmten Aspekt der Produktion ab, z.B. Sozialstandards oder Ökobilanzen. Dabei finden unweigerlich Komplexitätsreduktionen statt, da Systemgrenzen definiert werden und Einzelaspekte des gesamten Produktionsprozesses als Operationalisierung bestimmter z.B. moralischer oder ethischer Ansprüche herausgegriffen werden. Um eine komplexe Realität abzubilden werden Indikatoren definiert und Annahmen getroffen (Bogun 2020: 534; Ermann 2015: 89). Die Summe dieser formalisierten Einzelaspekte bildet dann das Siegel, welches über die moralische oder ökologische Güte oder eine sonstige Qualität des Produktes Auskunft geben soll. Die Komplexität des Produktionsprozesses kann dadurch jedoch nicht abgebildet werden. Polanyi (1985: 25-27) erläutert, dass die Zerlegung von Handlungen oder Prozessen in formalisierbare Einzelteile zwar auf der einen Seite ein tiefes Verständnis und Analyse des jeweiligen Prozesses erfordert, dies aber zugleich unweigerlich dazu führt, dass der Gesamtkontext nicht mehr erkennbar ist. Durch die Kodifizierung wird Wissen reduziert zu einer Information, die unabhängig von Zeit und Ort existiert und damit auch entbettet ist aus ihren sensorischen oder sozialen Zusammenhängen (Amin/Cohendet 2004: 20; Carolan 2011: 17) (vgl. Exkurs III). Um das kodifizierte Wissen in eine Handlung zu überführen, ist wiederum implizites Wissen notwendig, da die Einzelteile integriert und wieder in Beziehung zueinander gesetzt werden müssen (Polanyi 1985: 26). Dabei verändert sich das Wissen erneut, da die Art und Weise, wie das explizite Wissen entschlüsselt wird von den individuellen Bedingungen der jeweiligen Person abhängt (Amin/Cohendet 2004: 22), also z.B. dem bereits vorhandenen Vorwissen und den jeweiligen Kompetenzen. Implizites Wissen ist also sowohl für den Prozess der Kodifizierung wie auch zur Entschlüsselung des kodifizierten Wissens notwendig. Gleichzeitig ist das Wissen durch die Entbettung und Wiedereinbettung einem Wandlungsprozess unterworfen. Durch die Art und Weise, wie die Lebensmittelwirtschaft organisiert ist und durch die sich wandelnden Ansprüche an Produkte und ihre Eigenschaften entstehen also Wissensasymmetrien zwischen den Konsument*innen und dem Handel. Diese Wissensasymmetrie kann sich, wie im Verlauf dieses Kapitels deutlich werde wird, auch in Form von Nichtwissen zeigen.

Exkurs III: Die Explizierung von Ernährungswissen am Beispiel des Nutri-Scores

Ein Beispiel für die Explizierung und Formalisierung von Ernährungswissen und die damit einhergehenden Schwierigkeiten ist der NutriScore, eine erweiterte Ernährungskennzeichnung mit dem Ziel, Konsument*innen „auf einen Blick eine Hilfestellung für die gesunde Wahl von Lebensmitteln“ (BMEL 2019b) zu geben. Er dient vor allen Dingen dazu, Konsument*innen eine Hilfestellung bei der Einordnung stark verarbeiteter Lebensmittel mit einer komplexen Zusammensetzung zu geben. Als Hintergrund für die Einführung dieser Kennzeichnung werden die hohe Anzahl von als übergewichtig eingestuften Menschen und ernährungsbedingte Krankheiten genannt. Zugleich wird betont, dass der NutriScore selbst nichts darüber aussagt, ob ein Lebensmittel gesund oder ungesund ist, da ohnehin nur unbedenkliche Lebensmittel in den Verkehr gebracht werden (BMEL 2019b). Beim NutriScore erfolgt durch die Verrechnung von Kaloriengehalt sowie ernährungsphysiologisch als „günstig“ oder „ungünstig“ eingestufte Nährstoffe die Einordnung des Produktes in eine Skala von A (grün) bis E (rot) (vgl. Abb. 15).

Abbildung 15: Das NutriScore-Logo und ein beispielhafter Warenkorb mit verschiedenen Bewertungen

Quellen: Rempe (2020), Nestlé Ernährungsstudio (o.J.)

Kritiker*innen des NutriScore beanstanden, dass durch dieses Instrument einzelne Lebensmittel statt ein ganzer Ernährungsstil als gesund oder ungesund eingeordnet werden. Durch das Verrechnen verschiedener, ernährungsphysiologischer Aspekte wird außerdem die Möglichkeit für die Hersteller verarbeiteter Lebensmittel geschaffen, den Score durch die Anpassung einzelner Zutaten zu verbessern, ohne dass das Produkt insgesamt hochwertiger wird. Die Verbraucher*innen erhalten durch den NutriScore kein systemisches Verständnis gesunder Ernährung (Endres/Molling 2019). Die Kritik am NutriScore bezieht sich also genau auf den Versuch die komplexe Entität dessen, was eine gesunde Ernährung ausmacht, mithilfe einzelner, ernährungsphysiologischer Indikatoren, auf Kosten des Verständnisses der komplexen Zusammenhänge, zu formalisieren. Im Gegensatz dazu argumentieren Befürworter*innen von Lebensmittelkennzeichnungen, dass Konsument*innen Schwierigkeiten haben, Detailangaben wie Nährwertangaben zu interpretieren und dass „interpretative Label wie Ampelsysteme“ (Spiller/Zühlsdorf 2020: o.S.) zu einem besseren Verständnis beitragen können.

Bis hierhin habe ich gezeigt, wie sich die heutigen, durch soziale und räumliche Distanz geprägten, Beziehungen zwischen den Kontexten der Produktion und des Konsums sowie die Standardisierung und Homogenisierung der Waren selbst auf den Bedeutungsgewinn und -verlust verschiedener Wissensbestände auswirken: Während implizites und praktisches Wissen von Konsument*innen an Bedeutung verliert, da das eigene Erfahren bzw. die Warenprüfung auf Grundlage der eigenen sinnlichen Wahrnehmung immer weniger möglich ist, gewinnen explizites und objektiviertes Wissen in Form von Siegeln und Labels an Bedeutung. Sie können dabei als *proxy*, also als Annäherung bzw. Ersatz für das eigene Erleben und Erfahren der Lebensmittelproduktion dienen. Gleichzeitig findet bei der Kodifizierung, also bei den Übersetzungsprozessen von implizitem zu explizitem Wissen, immer auch eine Veränderung des Wissens statt. Im nächsten Unterkapitel möchte ich aufbauend auf diesem letzten Punkt die Unterscheidung zwischen Wissen und Informationen einführen und zeigen, inwiefern diese fruchtbar für die Untersuchung von Konsument*innenwissen beim Lebensmittelkonsum ist.

4.2 Von Daten, über die Information zum Wissen

Ein weiteres Wissensmodell, das ich im Folgenden vorstellen möchte, unterscheidet zwischen verschiedenen Ebenen des Wissens: Daten, Informationen und Wissen. Ich möchte es zu den bisher vorgestellten Unterscheidungen in explizites und implizites bzw. objektiviertes und praktisches Wissen hinzuziehen, weil es den Fokus stärker auf einen weiteren Aspekt legt, der für meine Arbeit zentral ist: die Transferfähigkeit bzw. Anwendungsbereitschaft von Wissen. Mit Stehr (2001) definiere ich Wissen als die Fähigkeit zu handeln. Dies ist gerade für den Einkauf von Lebensmitteln zentral, bedenkt man die verbraucherpolitischen Forderungen nach informierten Konsument*innen, die durch Wissen zu *guten* Kaufentscheidungen befähigt werden sollen. In meinen Daten zeigt sich jedoch, dass Konsument*innen oftmals Informationen über die Waren am Ort des Verkaufs vorfinden, aus denen sie keine für sie brauchbaren Schlüsse ziehen können. Die Ausdifferenzierung zwischen den verschiedenen Ebenen des Wissens ermöglicht es, dieses Phänomen besser zu fassen.

Das Modell hat seinen Ursprung in der Informatik (Aamodt/Nygård 1995), findet aber inzwischen auch Anwendung in den Sozialwissenschaften und im Wissensmanagement (Probst et al. 2012; Wilkesmann 2009; Wilkesmann 2005). Aamodt/Nygård (1995: 197) nehmen dabei die folgende Unterscheidung vor:

Tabelle 3: Daten, Informationen, Wissen

Daten sind syntaktische Einheiten	Daten sind Muster ohne Bedeutung; sie sind Input für einen Interpretationsprozess, d.h. für den ersten Schritt der Entscheidungsfindung.
Informationen sind interpretierte Daten	Informationen sind Daten mit Bedeutung; sie sind der Output der Dateninterpretation sowie der Input und Output des wissensbasierten Prozesses der Entscheidungsfindung.
Wissen ist erlernte Information	Wissen ist eine Information, die in die Argumentationsressourcen eines Agenten aufgenommen und für die aktive Nutzung innerhalb eines Entscheidungsprozesses bereitgestellt wird; es ist das Ergebnis eines Lernprozesses.

Eigene Darstellung nach Aamodt/Nygård (1995: 6) und Wilkesmann (2009: 83)

In Anlehnung an Wilkesmann (2009: 84) lässt sich dieses Modell folgendermaßen beispielhaft und idealtypisch auf den Kauf von Frischeprodukten übertragen (vgl. Abb. 16): Daten über einen Apfel werden „in Form von Zahlen, Texten oder Symbolen repräsentiert“ (Wilkesmann 2009: 84). Dies könnte zum Beispiel die Bezeichnung der Sorte (z.B. Boskoop) sein, die an der Ware ausgewiesen wird. Wenn diese Daten für eine*n Konsument*in eine gewisse Relevanz besitzen, werden sie zu Informationen. Nutzt die Konsument*in die Informationen und verbindet sie mit bereits gemachten Erfahrungen, kann sie anhand der Sorte (Information) auf den Geschmack, z.B. säuerlich (Wissen) schließen. Erst die Einbindung in einen zweiten Kontext von Relevanzen macht aus diesen Informationen somit Wissen. Um eine Sortenwahl zu treffen, muss der*die Konsument*in z.B. einen Vergleich zu anderen Sorten anstellen können oder eine Vorstellung haben, ob die Sorte mit ihren spezifischen Eigenschaften dem eigenen Geschmack entspricht oder sich für den eigenen Verwendungszweck eignet (Boskoopäpfel gelten klassisch als Backäpfel, andere säuerliche Sorten wie Granny Smith werden eher direkt gegessen). Das heißt, um aus der Angabe der Sorte eine Kaufentscheidung abzuleiten, ist es notwendig, dass Daten und Informationen auf Basis des eigenen Vorwissens und im Kontext der eigenen Ziele interpretiert werden.

Ähnlich wie das implizite Wissen nach Polanyi (1985) ist auch das Wissen in diesem Modell demnach an seine*n Träger*in und seine*ihre individuellen Fähigkeiten und Relevanzsysteme gebunden. Auf Basis der Interpretation von Daten, Informationen und eigener Konstruktionsleistung werden Daten und Informationen strukturiert und im individuellen Kontext verankert, sodass sich daraus Handlungen ableiten lassen. Insbesondere die Unterscheidung von Informationen und Wissens ist dabei für die Fragestellung dieser Arbeit relevant.

Abbildung 16: Von Daten über Informationen zu Wissen am Beispiel des Kaufs eines Apfels

Eigene Abbildung

Sowohl die Unterscheidung in implizites und explizites Wissen als auch das Daten-Informationen-Wissen-Modell zeigen im Kern zwei für diese Arbeit relevante Aspekte auf: Erstens bekommen durch die Bindung von Wissen an die Träger*innen die individuellen Fähigkeiten der Konsument*innen sowie ihre Einbettung in Gesellschaft, Milieu und Kultur eine wichtige Rolle bei der Übermittlung von Informationen und Wissen. Es wird deutlich, dass sich keine einheitlichen, abgeschlossenen Einheiten von Wissen vermitteln lassen, sondern dass Wissen beim Transfer individuell überformt wird. Auf der anderen Seite lassen sich daraus auch Schlussfolgerungen über die Art der Aufbereitung von Informationen ableiten. Denn diese müssen transferfähig, das heißt so aufbereitet sein, dass sie für die Empfänger*innen möglichst anwendungsbereit sind, damit sie in eigene Relevanzsysteme und Handlungen überführt werden können (Eckert 2013). Für den Einkauf des Apfels würde dies bedeuten, dass die Information über die Sorte in Wissen überführt wird, wenn Konsument*innen diese auf Grundlage ihrer Erfahrungen mit bestimmten Eigenschaften in Verbindung bringen können (oder im Laden probieren, bzw. die Verwendungseigenschaften prüfen dürfen), um sich für eine Sorte zu entscheiden, die zu dem jeweiligen Zweck des Apfelkaufs (Snack, Backzutat, usw.) passt. In der Realität spielen natürlich auch noch andere Eigenschaften (z.B. Preis, Aussehen oder Herkunft) eine Rolle bei der Auswahl. Während manche Konsument*innen einen guten Überblick über verschiedene Sorten und ihre Eigenschaften (also Erfahrung) haben oder oftmals aus Routine immer dieselben Sorten kaufen, ist die Information der Sorte für andere möglicherweise kaum zu entschlüsseln, weil sie keine Produkteigenschaften daraus ableiten können. Wie im Verlauf dieser Arbeit deutlich werden wird, müssen auch andere Informationen, wie etwa die Herkunft oder Produktsiegel, auf Grund der dahinterliegenden Komplexität und moralischen Aufladung entschlüsselt werden, und können Konsument*innen vor große Herausforderungen stellen.

Wie bereits deutlich wurde, weisen die beiden vorgestellten Modelle zur Unterscheidung verschiedener Wissensebenen Parallelen auf. So wird in beiden Modellen unterschieden zwischen jenen Wissensebenen, die unabhängig (explizites Wissen/Daten und

Informationen) und jenen, die abhängig (implizites Wissen/Wissen) von ihren Träger*innen existieren. Auch die Unterscheidung in objektiviertes und praktisches Wissen nach Spiekermann (2006), welches sich speziell auf Wissen über Lebensmittel bezieht, lässt sich analog verstehen. Weiterhin stellt der Transfer von Informationen zu Wissen bzw. die Dekodierung des expliziten Wissens vor dem Hintergrund der Aufbereitung des Wissens und der individuellen Fähigkeiten und Relevanzsystemen der Empfänger*innen eine Gemeinsamkeit der beiden erstgenannten Modelle dar. Anders als das Daten-Informationen-Wissens-Modell fokussieren jedoch die Autor*innen, die mit Polanyis Modell arbeiten, stark auf die verkörperlichte Dimension des impliziten Wissens, während der Körper im zuletzt vorgestellten Modell keine entscheidende Rolle spielt. Die Verknüpfung von Körper und Kognition ist im Zusammenhang mit dem Konsum von Lebensmitteln nicht zuletzt für die Erhebung der Forschungsdaten und damit auch für die methodische Herangehensweise zentral, da über das körperliche Handeln ein Zugang zu kognitiven Prozessen der Konsument*innen geschaffen werden kann, auf die ich in dieser Arbeit fokussieren möchte (vgl. Kapitel 5). Wichtig ist für mich zudem die im Daten-Informationen-Wissens-Modell zentrale Nutzung des Wissens für Entscheidungsprozesse und Handlungen. Aus diesem Grund werde ich mich für diese Arbeit sowohl auf die Unterscheidung zwischen implizitem/praktischem Wissen und explizitem/objektiviertem Wissen als auch zwischen Wissen und Informationen beziehen.

In den beiden ersten Unterkapiteln dieses Kapitels habe ich meinen Wissensbegriff definiert und eine Ausdifferenzierung des Begriffs vorgenommen, mit der sich die in Kapitel 2 und 3 charakterisierte Beziehung zwischen den Kontexten der Produktion und des Konsums genauer beschreiben und untersuchen lässt. Im Nächsten Teil des Kapitels werde ich auf das Nichtwissen als Dimension des Wissens eingehen und aufzeigen, welche Relevanz dieses für den Konsum von Lebensmitteln hat.

4.3 Nichtwissen und Konsum[23]

In verschiedenen Subdisziplinen der Soziologie gibt es eine breite Debatte zum Themenkomplex Wissen/Nichtwissen. Allen voran sei Ulrich Beck genannt, der in seinem Aufsatz zu „Perspektiven reflexiver Modernisierung'" konstatiert, dass Nichtwissen in Form von nachlassender Kontrolle, Unvorhersagbarkeit und unintendierter Nebenfolgen zentrales Motiv der Moderne ist. Nichtwissen ist dabei Ausdruck der Pluralität des Wissens, des Mangels an Eindeutigkeit, neuer Ambivalenzen und Unsicherheiten. Charakteristisch ist weiterhin, dass mit der Idee des Nichtwissens als „*Noch*-Nicht-Wissen" (Beck 1996: 304) oder *potenziellem* Wissen gebrochen wird und das Motiv des „Nicht-

[23] Bei diesem Unterkapitel handelt es sich um eine erweiterte Ausarbeitung aus dem Theorieteil des Aufsatzes „Lebensmittelkonsum im Spannungsfeld von Nichtwissen und Verantwortung", den ich im Jahr 2020 verfasst habe und der in der Zeitschrift „Berichte. Geographie und Landeskunde" erschienen ist.

Vgl. Fülling, Julia (2020): Lebensmittelkonsum im Spannungsfeld von Nichtwissen und Verantwortung. In: Berichte. Geographie und Landeskunde, Jg. 93, Nr. 1-2, S. 79-95.

Wissen-können[s]“ (ebd.) an Bedeutung gewinnt. Beck (1996) betont in seiner Auseinandersetzung vor allem das konflikthafte Verhältnis von Wissen und Nichtwissen und argumentiert, dass es die Aushandlungsprozesse verschiedener Wissensakteur*innen (z. B. aus Wissenschaft, Politik und Medien) sind, die festlegen, welche der sich möglicherweise „ausschließenden Gewissheiten“ (ebd.: 309) sich schlussendlich durchsetzt. Im Feld von Ernährung und Konsum gibt es eine Vielzahl solcher sich teils ausschließender, teils ergänzender Wissensbestände, die über Politik, Medien und Bildungseinrichtungen an Konsument*innen herangetragen werden. So werden z.B. die Fragen, was eine gesunde Ernährung ausmacht, welche ethisch-moralischen Überlegungen einer Kaufentscheidung zugrunde liegen sollten oder ob ein Produkt unter konventionellen oder biologischen Bedingungen produziert werden sollte, sehr unterschiedlich diskutiert.

Nichtwissen soll hier aus zweierlei Gründen nicht als das Gegenteil von Wissen verstanden werden, sondern als Teil des Wissens. Erstens besteht vielfach ein Bewusstsein über das Nicht-Gewusste, d. h., Menschen sind sich über ihr Nichtwissen im Klaren und haben verschiedene Optionen damit umzugehen (Groß 2007: 754) – darauf gehe ich auf der nächsten Seite weiter ein. Zweitens kann Wissen Handlungen anleiten, ohne dass eine bewusste Auseinandersetzung stattfindet. Hierbei kann es sich um implizites, habitualisiertes Wissen handeln, dass sich in Alltagspraktiken niederschlägt, ohne dabei dem Bewusstsein unmittelbar zugänglich zu sein – also ohne gewusst zu werden (Knoblauch 2014: 352). Polanyi (1985) fasste diesen impliziten Charakter des Wissens, wie ich ihn im Kapitel 4.1 eingeführt habe z. B. beim Ausüben einer besonderen Fingerfertigkeit (aber auch bei der Frage, welche Lebensmittel als „hochwertig“ oder „appetitlich“ eingestuft werden), mit den Worten „dass wir mehr wissen, als wir zu sagen wissen“ zusammen (ebd.: 14).

Beck (1996: 304) entwickelt anhand des gesellschaftlichen Umgangs mit *riskanten Nebenfolgen* eine Typisierung des Nichtwissens:

1. Die selektive Rezeption und Vermittlung, z.B. im Sinne einer verfälschten Übersetzung von sogenanntem Expert*innen-Wissen durch Medien;
2. Die Unsicherheit des Wissens,
3. Irrtümer und Fehler,
4. Nicht-Wissen-Können und
5. Nicht-Wissen-Wollen.

Im Bereich des Nicht-Wissen-Könnens spezifiziert Beck weiter das gewusste Nicht-Wissen-Können, welches für ihn und seine Frage nach dem gesellschaftlichen Umgang mit Risiken und Nebenfolgen von zentraler Bedeutung ist. Denn aus der Erkenntnis darüber etwas nicht wissen zu können ergibt sich die Frage, welche Konsequenzen für das Handeln sich daraus ableiten. Ein „Freibrief des Handels oder [...] die Verlangsamung des Handelns, [...] Moratorien, vielleicht sogar [...] Nicht-Handeln“ (Beck 1996: 305) wären denkbar. Zuletzt unterscheidet Beck das nicht-gewusste-Nichtwissen, welches es insbesondere bei Expert*innen zu überspielen gilt (ebd.: 310). Während Beck auf die Konflikte fokussiert, die zwischen Wissen und Nichtwissen und verschiedenen Wissensakteur*innen entstehen können, betrachtet der Umweltsoziologe Groß (2007) hingegen den dynamischen und prozesshaften Charakter von Wissen und Nichtwissen (vgl. Abb. 17). Er schlägt ebenfalls eine Typologie des Nichtwissens vor und zeigt auf, wie die verschiedenen Dimensionen des (Nicht-)Wissens in Beziehung zueinanderstehen, wie sie innerhalb sozialer Dynamiken aufeinander wirken und in einem andauernden Erkenntnisprozess ineinander übergehen können. Auf oberster Ebene unterschiedet Groß (2007) Wissen („knowledge") und Unwissenheit („nescience"). Wissen ist demnach ein „begründeter Glaube, der verknüpft ist mit einem Zweck und assoziiert wird mit Intentionalität" (ebd.: 742). Unter Unwissenheit versteht er das Fehlen jeglichen Wissens und jeglicher Vorahnung. Es korrespondiert mit Becks nicht-gewusstem Nichtwissen. Diese Dimension des Nichtwissens ist nur schwer zu untersuchen und daher nicht zentraler Gegenstand dieser Arbeit. Groß (2007) unterschiedet als Unterformen von Wissen zwischen bewusstem Nichtwissen („ignorance"), als das Bewusstsein über die Grenzen des eigenen Wissens in einem bestimmten Bereich, sowie erweitertem Wissen („extended knowledge"), als das Resultat von Recherche und Lernen, welches Infolge des gewussten Nichtwissens stattgefunden hat. Zuletzt lassen sich nach Groß (2007) das berücksichtigte („non-knowledge") und das nichtberücksichtigte Nichtwissen („negative knowledge") als Typen des gewussten Nichtwissens unterscheiden. Ersteres zeichnet sich dadurch aus, dass es für zukünftige Handlungen Berücksichtigung findet. Dies kann einerseits bedeuten, dass durch aktive Recherche versucht wird neues Wissen hinzuzugewinnen. Andererseits kann die Konsequenz sein, dass das Nichtwissen hingenommen wird, da es sich zum gegebenen Zeitpunkt nicht ändern lässt und somit auf Grundlage von Unsicherheit und Risiko gehandelt wird. Diese Dimension des Nichtwissens verstehe ich daher in Analogie zu Becks Nicht-Wissen-können. Das nichtberücksichtigte Nichtwissen hingegen wird als nicht relevant angesehen und führt daher auch nicht zu einer Auseinandersetzung der Akteur*innen mit ihrem gewussten Nichtwissen. Es kann sich hierbei bspw. um Dinge handeln, die unser Wissen stören, die uns nicht interessieren, Dinge, die wir nicht wirklich wissen wollen oder Angst haben zu

Abbildung 17: Typologie des Nichtwissens

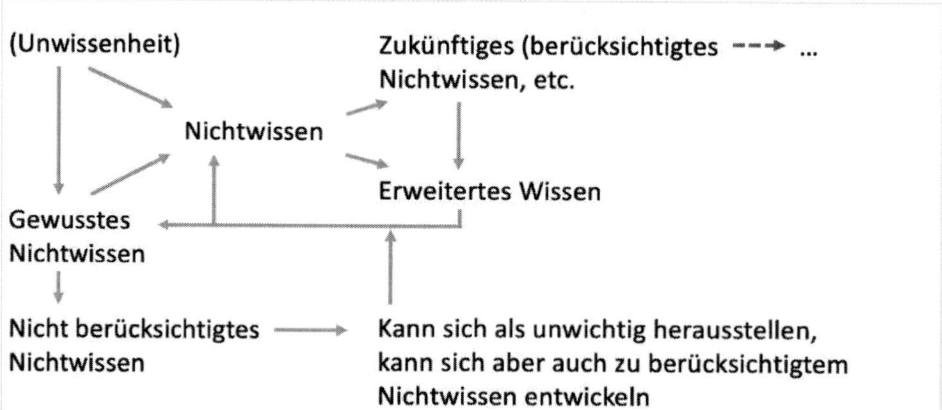

Eigene Darstellung nach Groß (2007: 754)

wissen (vgl. auch Cetina Knorr 1999). Hier besteht eine Analogie zu Becks Nicht-Wissen-Wollen. Es zeigt sich also, dass Nichtwissen auch Funktionen erfüllen kann, indem es als Schutz und Abwehr genutzt wird. Auf diesen Aspekt des Nichtwissens werde ich im folgenden Unterkapitel eingehen.

4.3.1 Funktionen des Nichtwissens: strategisches Nichtwissen und Wissensalibis

Während Nichtwissen sowohl alltagsweltlich als auch in wissenschaftlichen Debatten vielfach als Mangel verstanden wird, lässt sich zeigen, dass etwas nicht zu wissen durchaus wichtige Funktionen erfüllen kann. Sowohl Beck (1996) als auch Groß (2007) zeigen auf, dass Nichtwissen als Schutz dienen kann vor unangenehmen, irritierenden oder beängstigenden Sachverhalten. Die Organisationssoziologin McGoey (2012a) spricht von strategischem Nichtwissen („strategic ignorance"), wenn sie den Nutzen des Nichtwissens erläutert. Nichtwissen bzw. Unsicherheit kann demnach als Ressource oder Kapital verstanden werden, das von verschiedenen Akteur*innen mobilisiert und als Machtressource verwendet werden kann. Anders als vielfach angenommen liegt es demnach nicht unbedingt im Interesse von Akteur*innen ihr Nichtwissen zu minimieren und Wissen zu erweitern. Der Nutzen des Nichtwissens liegt dabei in zwei Dimensionen: Erstens kann der reibungslose Ablauf in Organisationen sichergestellt werden, indem unangenehme, irritierende Informationen nicht beachtet und berücksichtigt werden, da diese es unter Umständen erfordern würden Abläufe oder Verhaltensweisen zu überdenken und anzupassen. Douglas 1986 zitiert nach McGoey (2012a: 557) bezeichnet diese Notwendigkeit des Nichtwissens oder Vergessens, damit ein System funktionieren kann, als „strucutural amnesia". Dabei spielt insbesondere die Gruppe bzw. das System eine zentrale Rolle: Nichtwissen gewinnt vor allem dann an Überzeugungskraft, wenn es von vielen geteilt wird, wenn also die gemeinsame Bereitschaft einer Gruppe besteht, einen bestimmten Sachverhalt zu ignorieren oder einer beunruhigenden Information nicht nachzugehen. Zugleich kann auch genau dieses gemeinschaftliche Nichtwissen zentral für die soziale Solidarität innerhalb der Gruppe sein (ebd.: 569f.). Zweitens kann Nichtwissen die Funktion haben Verantwortung für mögliche Fehler oder unintendierte Nebenfolgen von sich zu weisen. Dabei können „knowledge alibis" (ebd.: 563) von zentraler Bedeutung sein: Das eigene Nichtwissen kann dann besonders effektiv mobilisiert und legitimiert werden, wenn auf Expert*innen verwiesen werden kann, die es ebenfalls nicht wussten: „If the experts didn't know it, nobody could" (ebd.: 564). Vor dem Hintergrund unüberschaubarer Situationen oder großer Mengen an Informationen kann Nichtwissen damit auch zur Komplexitätsreduktion dienen, indem es Akteur*innen ermöglicht bspw. nicht in Aktion zu treten oder bestehende Verhaltensweisen beizubehalten.

4.3.2 Nichtwissen beim (Lebensmittel-)Konsum

In der kritischen (geographischen) Forschung zur Beziehung von Konsum und Produktion wurde bereits in den 1990er und 2000er Jahren das Thema Nichtwissen als ein zentrales Motiv bzw. sogar als Voraussetzung für das Funktionieren des Konsumkapitalismus identifiziert (Billig 1999; Harvey 1990). Symbolisch dafür steht die häufig zitierte Feststellung Harveys: "[...] we can in practice consume our meal without the slightest knowledge of the intricate geography of production and the myriad social relationships embedded in the system that puts it upon our table" (Harvey 1990: 422). Er thematisiert damit, wie viele andere Autor*innen (Billig 1999; Cook 2004; Cook/Crang 1996; Cook et al. 1998; Hudson/Hudson 2003; Ibert et al. 2019; Wright 2004, 2009), die Problematik des fehlenden, ambivalenten oder diffusen Wissens über globale Warenketten. In der Folge entsteht demnach auf Seiten von Konsument*innen eine „geographische Ignoranz" (Harvey 1990: 423) oder „soziales Vergessen" (Billig 1999: 315).

Wie bereits in den Kapiteln 2.4 deutlich wurde, lässt sich diese Entfremdung zwischen den Kontexten der Produktion und des Konsums zurückführen auf die räumliche Verlagerung der Produktion ins Ausland, Strukturwandel und Verstädterung. In Folge dessen sind nur noch sehr wenige Menschen an der Produktion von frischem Obst und Gemüse beteiligt oder können diese selbst erfahren. Das immer gleiche, standardisierte und makellose Warenangebot im filialisierten Lebensmitteleinzelhandel und der fehlende Kontakt zu Produzent*innen (wie er etwa in Hofländen oder auf Wochenmärkten teilweise noch möglich ist) tragen ebenfalls dazu bei, dass kein direkter Austausch von Wissen stattfinden kann. Auch im vorangegangenen Unterkapitel wurde bereits deutlich, dass mit dem Bedeutungsgewinn von explizitem Wissen bzw. Informationen in der Lebensmittelwirtschaft und im globalen Nahrungsmittelsystem große Wissensasymmetrien zwischen den Akteur*innen des Handels und den Konsument*innen einhergehen.

Abbildung 18: Bedeutung und Erkennbarkeit verschiedener Qualitätseigenschaften

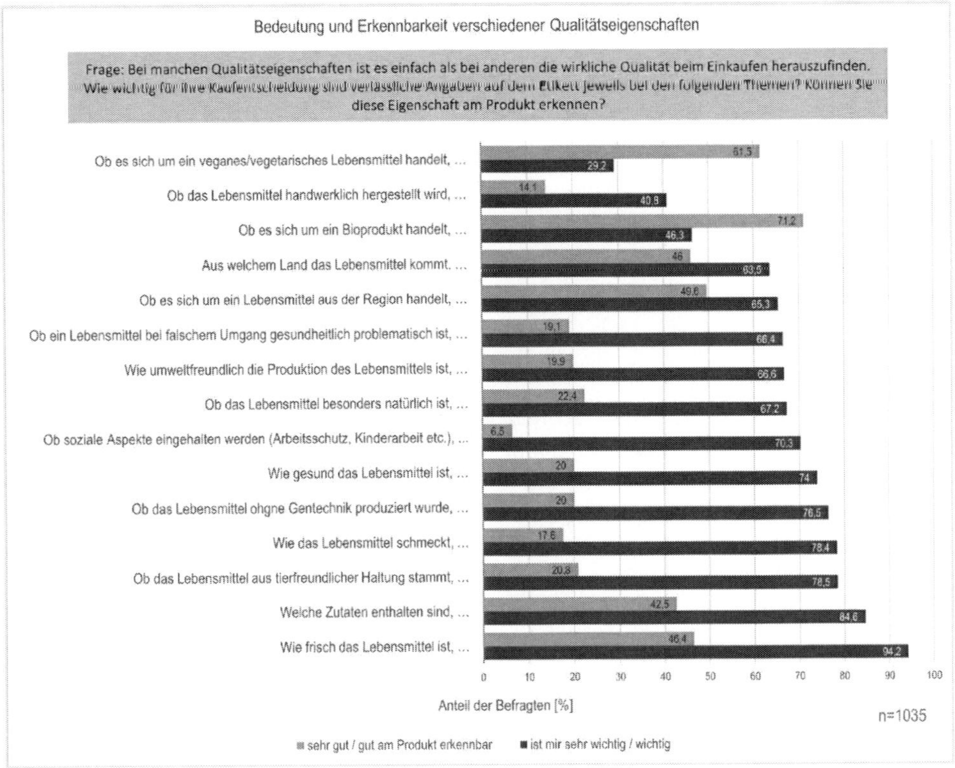

Eigene Darstellung | Daten: Zühlsdorf et al. (2018: 16)

Die Auswirkungen der Entfremdung und Wissensasymmetrien zeigen sich auch ganz konkret in verschiedenen Verbraucher*innenbefragungen zu lebensmittel- und ernährungspolitischen Fragen (Eberle et al. 2011; Zühlsdorf/Spiller 2012b, 2015). Demnach zeigen sich Konsument*innen zunehmend verunsichert beim Lebensmitteleinkauf. In einer repräsentativen Verbraucher*innenbefragung zu lebensmittel- und ernährungspolitischen Themen, die von Zühlsdorf et al. (2018) im Auftrag des Verbraucherzentrale Bundesverbandes e.V. durchgeführt wurde, gaben nur 15% der Befragten an, dass sie die Informationen auf Lebensmitteln verstehen. Es fällt dementsprechend 44% schwer bzw. knapp 41% teilweise schwer, eine Beurteilung der Warenqualität vorzunehmen. Es wurde zudem die Bedeutung verschiedener Produkteigenschaften von Lebensmitteln und die Erkennbarkeit dieser Eigenschaften abgefragt. Abbildung 18 zeigt hierbei erhebliche Diskrepanzen bei verschiedensten Produkteigenschaften. Ganz besonders intransparent ist offenbar die Einhaltung sozialer Standards, z.B. Arbeitsschutz und der Ausschluss von Kinderarbeit. Einzig bei Bioprodukten und veganen/vegetarischen Produkten ist das Verhältnis umgekehrt. Dies deutet einerseits darauf hin, dass sich nicht alle Siegel gleicher Bekanntheit erfreuen. So scheint das Bio-Siegel besonders erfolgreich eingeführt und verbreitet worden zu sein. Zum anderen zeigt sich aber auch, über wieviele Produkteigenschaften kaum oder gar nicht informiert wird, wenngleich ein großes Interesse auf Seiten der Konsument*innen daran besteht.

Verschleierung, Dissoziation und Misstrauen

Diese Trennung der Kontexte der Produktion und des Konsums sowie das Fehlen eines direkten Austauschs von Wissen ermöglicht es zudem Unternehmen in der Lebensmittelwirtschaft, genauso wie in anderen Branchen, bestimmte Schritte oder Aspekte der Wertschöpfungskette zur verschleiern, sich von ihnen abzugrenzen oder von ihnen abzulenken. Ibert et al. (2019) zeigen, dass Unternehmen sowohl proaktive als auch reaktive Strategien der Dissoziation der eigenen Marke oder des eigenen Produktes von jenen Schritten, Orten oder Nebenfolgen der Produktion, die als nachteilig für die eigene Reputation angesehen werden, anwenden können. Zu proaktiven Schritten[24] kann die Kultivierung strategischen Nichtwissen (vgl. Kapitel 4.3.1) in Unternehmen dienen, indem diese sich auf die Komplexität und Intransparenz von Produktionsprozessen zurückziehen (Ibert et al. 2019: 51-52). Unternehmen können sich zudem auf Nichtwissen auf einer höheren Ebene, z.B. innerhalb der ganzen Branche berufen („knowledge alibis", vgl. Kapitel 4.3.1). Eine weitere Möglichkeit ist die Verbreitung von strategischer Ambiguität, also von inkonsistenten Informationen, die widersprüchliche Interpretationen zulassen. Im Hinblick auf Lebensmittel kann dies zum Beispiel bedeuten, anzugeben, was ein Lebensmittel *nicht* enthält, statt mit positiven Eigenschaften zu werben. Dies erhält einerseits eine gewisse Unklarheit über die Eigenschaften des Lebensmittels, kann aber dennoch als positiv ausgelegt werden, ohne dass das Unternehmen zwingend die Produktionsweise anpassen muss (Davenport et al. 2014). Outsourcing und Offshoring können ebenfalls als Strategien genutzt werden, um sowohl organisatorische wie auch räumliche Distanz zwischen dem eigenen Unternehmen und bestimmten Arbeitsschritten zu schaffen (Ibert et al. 2019: 52). Es muss sich bei diesen Strategien zwar nicht zwingend um bewusst eingesetzte Strategien handeln, die angewandt werden, um gezielt Distanz zwischen den Kontexten der Produktion und des Konsums zu erzeugen und damit den Fluss von Informationen und Wissen zu unterbinden, um Konsument*innen gezielt zu täuschen. Die Art und Weise, wie sich das Nahrungsmittelsystem in den letzten Jahrzehnten entwickelt hat, ermöglicht es jedoch dem Handel durch die entstandene räumliche, soziale und organisatorische Distanz die genauen Bedingungen der Produktion auch ohne größeren Aufwand im Verborgenen zu lassen oder zumindest nicht in den Fokus zu rücken.

Ohne im Detail ausarbeiten zu können, in welchem Umfang solche Praktiken in der Lebensmittelwirtschaft angewandt werden, lässt sich jedoch empirisch zeigen, dass Konsument*innen ein insgesamt gering ausgeprägtes Vertrauen gegenüber der Branche haben (Zühlsdorf et al. 2018: 7). In einer repräsentativen Verbraucher*innenbefragung

[24] Bei den von Ibert et al. (2019: 52-54) identifizierten reaktiven Strategien handelt es sich vor allem um den Umgang von Unternehmen mit konkreten Anschuldigungen („name and shame") und Reputationskrisen, wie Ignorieren, Ablenken, Normalisieren. Da diese Fragen nicht im Fokus der Arbeit stehen, werde ich diese Strategien hier nicht vertiefen.

von Zühlsdorf et al. (2018) gaben rund 70% der Befragten an, verbrauchertäuschendes Verhalten wahrzunehmen. Tricksereien bei Informationen über Lebensmittel hielten etwa 67% für häufig. Entsprechend gaben nur 18% der Befragten an, dass sie Vertrauen in die Unternehmen der Lebensmittelbranche hätten (ebd.: 7). In einer weiteren repräsentativen Verbraucher*innenbefragung, in der Vertrauen in die Lebensmittelhersteller sowie die Produktqualität abgefragt wurden, fiel die positive Bewertung der Branche sogar noch verhaltener aus (vgl. Abb. 19) (Zühlsdorf/Spiller 2012a).

Abbildung 19: Besorgnis über Lebensmittelqualität und Misstrauen über Herstellung

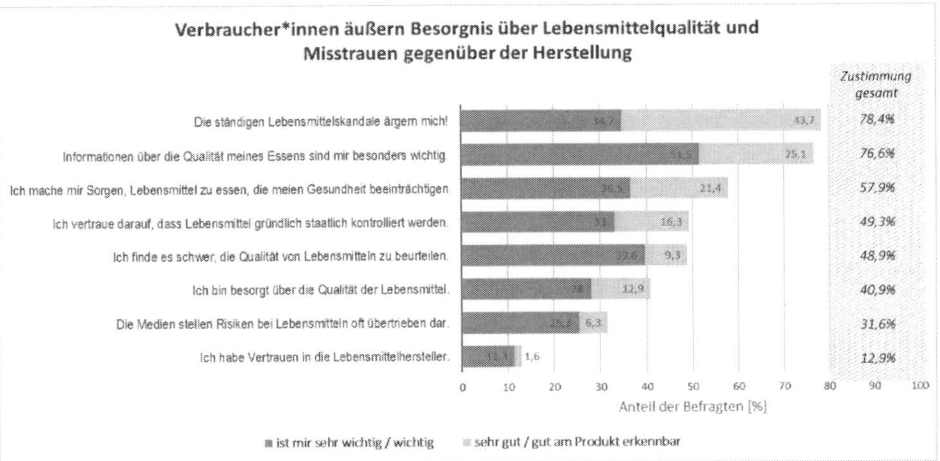

Eigene Darstellung | Daten: Zühlsdorf/Spiller (2012: 16)

Weiterhin wurden in der Befragung (Zühlsdorf et al. 2018) abgefragt, wie die Beiträge verschiedener Akteure (Verbraucherschutzorganisationen, Prüfinstitute, Landwirte, Bundes- und Länderbehörden, Lebensmittelhersteller und -handel) zur Lebensmittelsicherheit wahrgenommen werden. Hier leisten nach Wahrnehmung der Teilnehmer*innen mit 67,9% und 66,3% Verbraucherschutzorganisationen und Prüfinstitute den höchsten, Lebensmittelhersteller und der Lebensmitteleinzelhandel mit 37,4% und 24,3% den geringsten Beitrag. Gleichwohl es auch in der Privatwirtschaft im Bereich Lebensmittelsicherheit Qualitätsstandards und Zertifizierungssysteme gibt, zeigt sich hieran, wie gering das Vertrauen von Verbraucher*innen gegenüber der Branche ausgeprägt ist. Die Befragungsergebnisse von Zühlsdorf et al. (2018) beziehen sich zwar auf den Bereich der Lebensmittelsicherheit. Auch in meinen Interviewdaten zeigte sich jedoch, dass Konsument*innen mitunter ein stark ausgeprägtes Misstrauen gegenüber der Lebensmittelwirtschaft haben, sodass die Ergebnisse der Befragung auch Hinweise auf eine allgemeinere Wahrnehmung der Branche durch Verbraucher*innen zulassen. Im Kapitel 8.1, werde ich auf Basis meiner empirischen Daten noch weiter auf dieses Misstrauen eingehen.

Folgen von Informationsasymmetrien und Misstrauen

Doch welche Folgen haben Informationsasymmetrien und Misstrauen für den Handel mit Lebensmitteln? Zunächst stehen die dargestellten Ergebnisse im Hinblick auf die Verunsicherung der Verbraucher*innen im auffälligen Gegensatz zur Forderung nach informierten und kompetenten Verbraucher*innen, die auf Basis umfassender Informationen gute Kaufentscheidungen treffen soll. Bereits am Beginn des Kapitels habe ich gezeigt, dass eine Ursache dafür ist, dass sich bestimmte Formen des Wissens, die für die Auswahl von Lebensmitteln wichtig sind, nur schlecht im Form kodifizierten Wissens übermitteln lassen. Gleichzeitig wurde deutlich, dass genau dieses kodifizierte Wissen, also Wissen über Vertrauens- und Potemkin-Eigenschaften von Waren, die Bewertung von Waren besonders erschwert, da sie vollkommen auf das Vertrauen in externe Akteur*innen zurückgeworfen sind und sich immer weniger auf ihre eigene Wahrnehmung verlassen können. Diese Wissensasymmetrien hindern Konsument*innen also mitunter daran, Konsumentscheidungen zu treffen, die sie selbst als informiert und kompetent empfinden – ein Punkt auf den ich in den beiden Kapiteln 7 und 8 nochmal zurückkommen werde. Fehlendes Wissen über die Produktgeographien und -biographien, d.h. ihre Herkunft, aber auch die eingesetzte Arbeit, die beteiligten Menschen sowie die Nebenfolgen kann zudem zu einem Fehlen von Wertschätzung gegenüber den gekauften Produkten führen: Waren, die bis zum Ort des Verkaufs mit großer Sorgfalt behandelt wurden, damit das notwendige, makellose Aussehen nicht beschädigt wird, werden von Konsument*innen mitunter grob und achtlos behandelt, gar nicht oder nur zum Teil gegessen und somit schließlich zu Abfall gemacht (Cook 2004). Eine solche Asymmetrie von Macht und Informationen kann zudem zu einem Qualitätsverfall führen, wie Zühlsdorf/Spiller (2015: 26) erläutern: Wenn die Qualitätsunterschiede zwischen Produkten nicht erkennbar sind oder Qualitätsinformationen auf Produkten als nicht glaubwürdig empfunden werden, neigen (auch qualitätsbewusste) Konsument*innen dazu, das günstigere und möglicherweise minderwertige Produkt zu wählen: ein Phänomen, das in der Konsumforschung „adverse Selektion" (ebd.) genannt wird. Wenn also gerade Informationen, die die Nachhaltigkeit oder Gesundheit von Produkten betreffen, fehlen oder nicht als vertrauenswürdig wahrgenommen werden, kann sich der Effekt einstellen, in dem Konsument*innen gewissermaßen aus Fatalismus und Hilflosigkeit Produkte wählen, die den eigenen Qualitätsansprüchen nicht genügen. Zu ähnlichen Schlussfolgerungen wie Cook (2004) und Zühlsdorf/Spiller (2015) kommen auch Brombach/Bergmann (2020), die in einer Studie zur Mehrzahlbereitschaft und Wertschätzung von Konsument*innen zeigen, dass Erzeugung, Verarbeitung oder Vermarktung des Produkts nachvollziehbar gemacht werden müssen, damit Konsument*innen eine Bewertung der Ware vornehmen und eine entsprechende Wertschätzung und Zahlungsbereitschaft zu entwickeln können.

Aneignungsprozesse und Vermeidung kognitiver Dissonanz

Wie bereits im Unterkapitel 4.3.1 deutlich wurde, kann Nichtwissen jedoch auch von Nutzen sein, bzw. wichtige Funktionen für ein System oder eine Organisation erfüllen. Im Hinblick auf den Konsum von Waren argumentieren verschiedene Autor*innen, dass das Nichtwissen um die Produktbiographien, bzw. die Verschleierung des/die

Dissoziation vom Produktionszusammenhang im Konsumkapitalismus eine zentrale Voraussetzung ist für die Aneignung der Waren an Konsument*innen und ihre Aufladung mit neuen Bedeutungen, also dem Wiederanhaftungsprozess an Konsument*innen (Billig 1999: 319; Cook/Crang 1996: 132ff.; Cook et al. 1998: 164) (vgl. Kapitel 3.2):

> *„My goods, in order to be mine and to be enjoyed as such, must be separated from the bodies which have created them. I must not imagine those strange hands, which once touched my precious possessions, including those, which now lie next to my skin. My sense of possession would be diminished [...], if I took seriously those dark, busy fingers, working in conditions far removed from the life-world of my playful self. These anonymous fingers, no matter how many more hours they labour, will never be able to touch in a gesture of ownership a coat, car or table like mine." (Billig 1999: 319)*

Durch die Herauslösung der Waren aus ihrem Produktionszusammenhang, wie ich sie in den vorangegangenen Kapiteln skizziert habe, entsteht ein „Vakuum der Bedeutung" (Cook/Crang 1996: 141), das z.B. durch die Arbeit des Handels, des Marketings, aber auch durch die Konsument*innen selbst gefüllt werden kann und muss (vergleichbar mit der Entstehung von Waren als Projektionsflächen für Images und Bilder, wie Spiekermann (2006) es fasst) (vgl. Kapitel 4.1.2). Eine Möglichkeit hierfür ist die Aufladung der geographischen Herkunft der Waren mit neuer Bedeutung, was im nachfolgenden Kapitel näher beleuchtet wird. Neben der Ermöglichung der Wiederaneignung der Produkte argumentieren Ibert et al. (2019): „consumers have an unconscious or implicit willingness to ignore (or quickly forget) signals disrupting the consumption experience" (ebd.: 50). Diese Bereitschaft zum Ignorieren oder Vergessen dient dem Abbau von Gefühlen der kognitiven Dissonanz: einem Gefühl des Unbehagens, das entsteht, wenn das eigene Handeln im Widerspruch zu den eigenen Überzeugungen steht (Festinger 1957: 2f.). Das Handeln entgegen der eigenen moralischen Vorstellungen lässt sich nach Šedová et al. (2016: 416) oft zurückführen auf Bequemlichkeit oder fehlende Bereitschaft, das eigene Handeln zu verändern bzw. etwas als angenehm Empfundenes zu opfern. Ähnlich wie bei McGoey (2012b) können es also die als mühevoll oder nachteilig empfundenen Konsequenzen sein, die Konsument*innen aus bestimmtem Wissen ziehen müssten, die zum aktiven Vermeiden oder passiven Ignorieren bestimmten Wissens führen können.

Der Konsum von Lebensmitteln ist, wie wir bereits in Kapitel 3.3 gesehen haben, stark moralisch aufgeladen, sodass es nicht verwunderlich ist, dass Konsument*innen sich immer wieder in „paradox constellations" (Ibert et al. 2019: 50) wiederfinden, in denen die Freude am Konsum getrübt wird durch moralische Bedenken. Eine Strategie, um kognitive Dissonanz zu vermeiden, ist das direkte Vermeiden von bestimmten Informationen oder Situationen, die die Dissonanz erzeugen oder verstärken können (Rothgerber 2014: 33). Durch die Distanz zwischen Produktion und Konsum wird diese Strategie erleichtert, da z.B. Arbeitsbedingungen auf landwirtschaftlichen Betrieben nicht im Alltag erlebbar sind. Andere Nebenfolgen der Lebensmittelproduktion, insbesondere Auswirkungen auf die Umwelt, sind für den*die Einzelne*n ohnehin kaum wahrnehmbar, bzw. lassen sie sich selten unmittelbar mit einer konkreten (Konsum-)

Handlung in Verbindung bringen. Sie sind damit auch leicht zu ignorieren. Gleichzeitig macht die mediale und gesamtgesellschaftliche Präsenz ernährungs- und nachhaltigkeitsbezogener Themen es schwer, bestimmten Informationen komplett auszuweichen, sodass Konsument*innen andere Strategien zur Vermeidung kognitiver Dissonanz entwickeln. Te Velde et al. (2002) und Šedová et al. (2016) zeigen am Beispiel des Konsums tierischer Produkte, dass „funktionales Nichtwissen" von Konsument*innen zur Reduktion kognitiver Dissonanz dienen kann. Ähnlich wie McGoey (2012a, 2012b) ist hier ein zentraler Nutzen des Nichtwissens die Vermeidung von Verantwortung(-sgefühl). Anders als im Fall von McGoeys Analysen, in denen es zum einen um Haftbarkeit von Akteur*innen für Missstände oder problematische Prozesse innerhalb einer Organisation und zum anderen um einen kollektiven Prozess geht, beziehen sich Te Velde et al. (2002) und Šedová et al. (2016) eher auf den individuellen Prozess. Ähnlich wie bei McGoey (2012b) können es also die als mühevoll oder nachteilig empfundenen Konsequenzen sein, die Konsument*innen aus bestimmtem Wissen ziehen müssten, die zum aktiven Vermeiden oder passiven Ignorieren bestimmten Wissens führen können.

Das in diesem Unterkapitel skizzierte Nebeneinander von Wissensasymmetrie auf der einen und mehr oder weniger bewusstem Nichtwissen auf der anderen Seite, lässt sich mit Cook et al. (1998: 162-164) als „structural amibvalence" beschreiben: Einerseits wollen Konsument*innen wissen, unter welchen Bedingungen Waren hergestellt wurden – welche Biographien sie also haben – weil dies für immer mehr Konsument*innen ein relevantes Bewertungskriterium ist. Auf der anderen Seite wollen sie vergessen oder ausblenden, weil dieses Vergessen des Produktionszusammenhanges erst die Wiederaneignung der Waren durch die Konsument*innen sowie einen genussvollen Konsum ermöglicht. Diese Ambivalenz zeigte sich auch in meinem Datenmaterial sehr deutlich und soll daher im Kapitel 8 noch einmal stärker beleuchtet und empirisch belegt werden.

4.4 Wissen und Raum beim (Lebensmittel-)Konsum [25]

Nachdem in den vorangegangenen Unterkapiteln der Fokus auf der Bedeutung von Wissen und Nichtwissen für den Konsum von Lebensmitteln lag, möchte ich im Folgenden den Blick auf den Zusammenhang von Wissen und Raum beim (Lebensmittel-)Konsum und die Bedeutung der Geographien der Waren lenken. Bereits in den Kapiteln 2 und 3 wurde deutlich, dass Waren, Konsum und Raum eng miteinander zusammenhängen. Zudem zeigte sich, dass der Wandel der räumlichen Organisation der Produktion mit

[25] Dieses Kapitel basiert auszugsweise auf Ausarbeitungen, die ich bereits für meine Masterarbeit „Geographien ökologisch-fairer Mode" verfasst habe. Diese wurden ausführlich um weitere Literatur ergänzt und an den Gegenstandsbereich dieser Arbeit angepasst.

Vgl. Fülling, Julia (2017): Geographien der ökologisch-fairen Mode – Räumliche Perspektiven auf die soziale Konstruktion symbolischer Werte. Master of Science. Berlin: Freie Universität Berlin. Online unter: https://refubium.fu-berlin.de/handle/fub188/26655 (zuletzt aufgerufen: 30. August 2021).

einem Wissenswandel auf Seiten der Konsument*innen einerseits und mit wachsenden Wissens- und damit Machtasymmetrien zwischen Produktion, Handel und Konsument*innen andererseits einhergingen und gehen. Während verschiedene Autoren (Friedman 2005 zitiert nach Pike 2009: 2; Ohmae 1992 zitiert nach Phau/Prendergast 2000: 159) von einer Loslösung der Waren von Orten oder von einer globalen Homogenität von Marken, Waren und Kultur im Allgemeinen gesprochen haben, zeigt sich damit vielmehr, dass die Produktion und die Zirkulation der Waren, das Marketing, die Regulierung von Produktionsweisen und der Konsum selbst *im Raum stattfinden* (Pike 2009: 13). Wie die Bewertung von Waren bzw. Wissen über sie auf Grundlage ihrer Geographien durch die Konsument*innen abgeleitet wird, ist daher das zentrale Thema dieses Unterkapitels. Im Kapitel 4.1.2 wurde deutlich, dass Verkaufsorte eine wichtige Rolle als Wissensvermittler spielen können, indem sie als *knowledge intermediaries* oder *spatial proxies* fungieren (Eden et al. 2008: 1047-1049) und damit maßgeblich Einfluss darauf haben, wie Waren durch Konsument*innen bewertet werden. Um diese Perspektive zu erweitern, möchte ich nun im Folgenden einen weiteren räumliche Bezug, nämlich den Ort des Anbaus oder der Produktion betrachten. Im ersten Teil dieses Unterkapitels werde ich zunächst auf den allgemeinen Forschungsstand zur Verknüpfung von Produktherkunft und der Bewertung von Waren eingehen, um im zweiten Teil konkret auf Lebensmittel zu fokussieren.

4.4.1 Waren, Orte & Bedeutungen

Aus unternehmerischer Perspektive ist die geographische Herkunft von Waren eine anerkannte Quelle zur Produktion symbolischer Werte und dient damit der Ausdifferenzierung des Angebots und der Erhöhung und Aneignung von Gewinnen. Für Konsument*innen kann sie dazu dienen einen bestimmten Konsumstil zu realisieren oder Hinweise über weitere Produkteigenschaften zu liefern (Pike 2009: 10).

Im Marketing wird der Zusammenhang zwischen der Herkunft eines Produktes und der Bewertung desselben durch Konsument*innen als „country of origin (COO) effect" (Chattalas et al. 2008: 54; Lee/Lee 2009: 137) bezeichnet. Dabei kann es sich um einen durch Hersteller oder Verkäufer bewusst herbeigeführten Effekt handeln. So können z.B. im Zuge des Markenaufbaus bestimmte räumliche Marker, wie etwa der Ort der Herstellung, des Anbaus oder des Designs oder auch nationale Stereotype mit einem Produkt oder einer Dienstleistung verknüpft werden, um somit bestimmte Eigenschaften eines Produktes hervorzuheben bzw. es mit einer spezifischen Bedeutung zu versehen (Chattalas et al. 2008: 55; Phau/Prendergast 2000: 160; Pike 2009: 1). Räumliche Assoziationen werden jedoch nicht erst in der jüngeren Vergangenheit genutzt, um damit den Wert von Waren zu steigern. „Made in ..." Bezeichnungen spielen seit mehr als einem Jahrhundert eine wichtige Rolle, um die geographische Herkunft eines Produktes zu bezeichnen und darüber bestimmte Qualitätszuschreibungen oder -garantien zu vermitteln. Dabei werden auch nationale Stereotype wie etwa das „französische Lebensgefühl" oder „deutsche Wertarbeit" bemüht und reproduziert. Nationale Stereotype – wie etwa emotionale Wärme und Kompetenz – können aber auch unbewusst oder ungewollt negativ auf die Bewertung der Produkte wirken, insbesondere dann wenn Stereotype (z.B. charakterliche Wärme und Freundlichkeit, die der Bevölkerung eines Landes als Eigenschaft zugeschrieben wird) nicht zum zu verkaufenden Produkt (z.B. Auto, dessen Herstellung eher technische Fähigkeiten erfordert) passen (Chattalas et al. 2008). Zühlsdorf/Spiller (2014) zeigten in einer repräsentativen Verbraucher*innenbefragung am Beispiel von Olivenöl, dass Länder-Qualitätsimages einen starken Einfluss aus die Kaufentscheidung und Mehrzahlungsbereitschaft von Konsument*inne haben können. So wirkten sich die Herkunftsangaben Spanien und Italien positiv, Türkei und Tunesien negativ auf die Kaufwahrscheinlichkeit, Qualitätserwartung und Zahlungsbereitschaft aus. Im Laufe der Zeit können Orte und sozialräumliche Narrative, also sinnstiftende Erzählungen, bewusst oder unbewusst – sowohl von Seiten des Handels oder der Hersteller oder durch die Konsument*innen selbst – in eine Marke oder ein Produkt eingeschrieben werden und sich auf die Bewertung der Waren durch Konsument*innen und damit schlussendlich auf ihre Kaufentscheidungen auswirken.

Von Konsument*innen werden Herkunftsangaben vor allen Dingen dann berücksichtigt, wenn andere Informationen über das Produkt nicht verfügbar sind. In einer Studie, in der Studierende zu ihrem Produktwissen und der Bedeutung der Produktherkunft bei technischen Geräten wie Laptops befragt wurden, zeigten Lee/Lee (2009), dass Teilnehmer*innen mit einem umfangreichen Produktwissen weniger stark geneigt waren sich zur Bewertung an der Herkunft der Produkte zu orientieren als jene mit gering ausgeprägtem Wissen. Neben dem gering ausgeprägten Wissen kann zudem auch eine geringe Bereitschaft sich mit dem Produkt auseinanderzusetzen zu einer stärkeren Beachtung der Produktherkunft führen. Sie bestätigten damit die Ergebnisse vorangegangener Studien (Chattalas et al. 2008; Biswas/Sherrell, 1993; Chao, Wüher und Werani, 2005 zitiert nach Lee/Lee 2009). Der COO-Effekt wurde zwar in vielen Studien nachgewiesen, es zeigt sich jedoch auch, dass er nachlässt, wenn andere Informationen, wie etwa Marke, Preis oder andere Qualitäten, zur Verfügung stehen. Die Herkunftsangaben werden also von den Konsument*innen als „heuristic shortcuts" (Chattalas et al. 2008: 57) genutzt, wenn andere Informationen über die Waren nicht oder nicht hinreichend verfügbar sind. Dieses Nutzen von Abkürzungen, um mit unvollständigen Informationen dennoch zu einer Bewertung und damit im Idealfall einer Kaufentscheidung zu kommen, weist deutliche Parallelen zu den in Kapitel 4.1.2 vorgestellten Stellvertretern (*proxies*) auf (Carolan 2011; Eden et al. 2008). Das Konzept der „spatial proxies", das Eden et al. (2008) in ihrer Arbeit auf den Ort des Verkaufs beziehen, lässt sich somit auch auf die Herkunft ausweiten.

Die Herkunft eines Produktes kann dabei auf verschiedene Weisen kommuniziert werden: Einerseits durch die direkte oder indirekte Benennung oder ein „Made in…"-Label. Andererseits können raumbezogene Symbole wie Flaggen oder Nationalfarben genutzt oder kulturelle Marker wie Landschaften, traditionelle Darstellungen, historische Gebäude oder Personen abgebildet werden (Pike 2009, 7ff.; Phau/Prendergast 2000: 164) (vgl. Abb. 20). Gerade diese kulturellen Marker dienen der Erzeugung von sozialräumlichen Narrativen und können den Wert eines Produktes steigern, indem sie Aufmerksamkeit erregen, Authentizität vermitteln und die Bindung von Kund*innen an eine Marke oder ein Produkt steigern (Pike 2009: 9). Diese geographischen oder sozialräumlichen Assoziationen haben damit auch einen Einfluss auf die Kaufentscheidungen von Konsument*innen (Pike 2009: 1; Phau/Prendergast 2000: 160). In einer globalisierten Welt, die mehr und mehr durch internationale Produktionszusammenhänge charakterisiert ist, ist die Herkunft eines Produktes jedoch oftmals nicht mehr so leicht zu bestimmen, wie es in der Vergangenheit der Fall war. Es entstehen sogenannte hybride, bi- oder multinationale Produkte, die es dem Marketing von internationalen Marken immer leichter machen, bestimmte Aspekte der Herkunft eines Produktes zu verschleiern, während andere in den Vordergrund gerückt werden (Chattalas et al. 2008: 68; Phau/Prendergast 2000: 159; Pike 2009). Selbst vermeintlich simple Produkte wie frisches Obst und Gemüse erweisen sich in dieser Hinsicht als komplex, da die einfache Herkunftsangabe am Ort des Verkaufs verschleiert, dass auch eine Physalis oder Aubergine eine Vielzahl von Ortsbezügen und verzweigte Geographien aufweist: Vorprodukte wie Samen oder Setzlinge, Düngemittel, Gewächshäuser und Erntehelfer*innen – alle jeweils mit unterschiedlichen Ortsbezügen – wirken an der Entstehung des Produktes mit und bedingen somit seinen hybriden Charakter. Auf diesen hybriden Charakter von frischem Obst und Gemüse und die Uneindeutigkeit, die sich damit aus der Herkunftsangabe ergibt, werde ich in Kapitel 7.1 nochmals ausführlicher eingehen.

Ebenso können raumbezogene Assoziationen rein fiktional hergestellt werden. Dies ist besonders bei anonym produzierten Massenwaren der Fall, die durch die Verbindung mit einem*einer erdachten Produzent*in einen Anknüpfungspunkt für die Identifikation der Konsument*innen bieten (Pike 2009: 15) – ein Beispiel für so einen fiktionalen Ortsbezug stelle ich im nachfolgenden Kapitel vor.

Pike (ebd.) betont darüber hinaus, dass die Inwertsetzung des Herkunfts-, Produktions- oder Anbauortes nicht nur auf natio-

Abbildung 20: Beispiele für die Vermarktung der Herkunft: Nationalflaggen und Personen

Fotos: Eigene Aufnahmen

naler Ebene relevant ist. Räumliche Assoziationen können sowohl auf größerer Maßstabsebene, also kontinental als auch auf kleineren Maßstäben, nämlich national, regional, städtisch oder sogar auf nachbarschaftlicher Ebene entstehen. Auf die unterschiedliche Inwertsetzung „ferner“ und „naher“ Produktionsorte am konkreten Beispiel von frischem Obst und Gemüse werde ich daher im folgenden Kapitel näher eingehen.

4.4.2 Herkunftsangaben auf frischem Obst und Gemüse: Qualität, Authentizität und sozialräumliche Narrative

In Deutschland ist die Angabe des Herkunftslandes laut EU-Verordnung 1182/2007 verpflichtend und in den allermeisten Fällen entweder per Schild neben der Ware oder direkt an der Ware selbst ausgewiesen. Immer häufiger finden sich in Supermärkten jedoch nicht nur die verpflichtende Angabe des Herkunftslandes, sondern es wird – bei Waren aus Deutschland – mit der regionalen Herkunft bzw. einer bestimmten Region geworben. Auch Marker, die eine ferne, „exotische“ Herkunft besonders hervorheben, lassen sich finden, wenn auch deutlich seltener (vgl. Abb. 21).

Abbildung 21: Verschiedene Formen der Vermarktung von frischem Obst und Gemüse über räumliche Marker

Fotos: Eigene Aufnahmen

Bereits Ende der 1990er Jahre attestierten Cook et al. (1998: 163), dass auf unterschiedliche Weise geographisch markiertes oder definiertes Essen an Beleibtheit gewinnt. Cook/Crang (1996: 141) argumentieren weiter, dass dieser Bedeutungsgewinn von Zuschreibungen durch sozialräumliche Assoziationen mit der in Kapitel 2 und 3 skizzierten Entbettung der Produkte aus ihrem Produktionszusammenhang zu erklären ist: „the displacement of commodities from worlds of production into worlds of consumption produces a vacuum of meaning and knowledge to be filled." (ebd.). Dies entspricht der Diagnose von Spiekermann (2006) (vgl. Kapitel 4.1.2), der Lebensmittel auf Grund ihrer Herauslösung aus dem Produktionskontext und dem Verlust des praktischen Wissens der Konsument*innen zunehmend als Projektionsfläche für Bilder und Imaginationen sieht. Die im Rahmen der Foto-Dokumentation gesammelten Eindrücke der Warenauslagen in den Frischeabteilungen von Berliner Supermärkten bestätigen, dass sich dieser Trend etabliert hat. Um nun aufzuzeigen, wie die Verknüpfung von Ware und geographischer Herkunft genutzt wird, um diese mit Bedeutung zu versehen oder unsichtbare Produkteigenschaften hervorzuheben, möchte ich daher im Folgenden zunächst einen Einblick in die Vermarktung der Herkunft von Waren, die als „fern" markiert werden, geben um anschließend auf die Inszenierung und Bedeutung der „Nähe" einzugehen.

Inszenierung und Bedeutung der „fernen" Herkunft"

In der Literatur finden sich Hinweise darauf, dass insbesondere wohlhabendere Konsument*innen eine Vorliebe für als „exotisch" vermarktete Produkte haben. Kauf, Zubereitung und Verzehr als solcher Produkte, also in der Regel Früchte, die in bspw. tropischen Klimaten wachsen, kann es Konsument*innen ermöglichen *ferne Kulturen* und *Authentizität* zu erleben, die Waren können das Gefühl von *Weltoffenheit* und *Luxus* transportieren und den Konsum so zu einem kosmopolitischen Erlebnis machen (Cook 2004: 660). Auch von der Konsumsoziologie wurde dieses Phänomen als ein Aspekt der sogenannten kulturellen Allesfresser (*cultural omnivores*) beschrieben (Rössel/Pape 2009: 359): Darunter verstehen die Autoren dezidierte Grenzüberschritte Angehöriger gehobener mitunter auch konservativerer Milieus, die sich vom „hochkulturellen Snobismus" (ebd.: 360) abwenden und stattdessen Elemente von populärem und hochkulturellem Geschmack kombinieren. Dabei spielt eben jene Suche nach dem *Authentischen*, *Ungewöhnlichen* und *Fremden* eine zentrale Rolle, die sich z.B. in der Präferenz exotischer Speisen aus fernen Ländern ausdrücken kann, die als Gegenentwurf zur Massenware verstanden werden (Johnston/Baumann 2007; Rössel/Pape 2009).

In seiner Studie „Follow the thing: Papaya" zeigt Cook (2004) am Beispiel der Papaya, die im britischen Lebensmitteleinzelhandel als „Produce of Jamaica" vermarktet wird, wie Waren exotisiert werden. Dort wird die Frucht als exotisches Produkt inszeniert, das Assoziationen mit Abenteuern und Urlaub weckt, ähnlich der Ananas in Abbildung 21. Gerade bei Produkten aus dem Globalen Süden, die von Konsument*innen, potenziell mehr als einheimische Waren, auch mit problematischen Arbeitsbedingungen und dem Einsatz von Pestiziden assoziiert werden (dazu mehr im Kapitel 7), kann es bei der Vermarktung der Herkunft der Waren zu einer Homogenisierung und Vereinfachung des Produktionskontextes zugunsten eines verkaufsfördernden Storytellings oder gar zur Verschleierung (vgl. Kapitel 4.3.2) bestimmter Aspekte der Produktion kommen.

Hering/Fülling (2021)[26] zeigen am Beispiel der karibischen Banane im deutschen Supermarkt, wie die Produktbiographie der Banane über die Inszenierung der Herkunft vermarktet und zugleich stark vereinfacht wird. Über einen QR-Code, der mit dem Smartphone gescannt wird (vgl. Abb. 22), können Konsument*innen einen vermeintlichen Einblick in die Anbaubedingungen der Banane erhalten, die sie in den Händen halten. Auf der verlinkten Webseite (vgl. Abb. 23) erfahren die Konsument*innen Details über Größe und Lage der Plantage sowie die Zertifizierungen der Banane (in diesem Beispiel wurde die Banane auf einer Plantage in der Dominikanischen Republik angebaut und trägt das Siegel der Rainforest Alliance, den GLOBALGAP Standard und das EU-Bio-Siegel).

Abbildung 22: Beispiel für einen QR-Code

Quelle: Screenshot von rewe.de

Neben diesen Informationen zur Banane finden Konsument*innen auf der Webseite ein Video, das einen Einblick in die Arbeit auf der Plantage gewährt. Es werden weiße Sandstrände nebst einzelnen Verarbeitungsschritten der Banane gezeigt und ein Arbeiter berichtet über seinen Arbeitstag. Im Anschluss daran wird eine Bewohnerin eines Dorfes vorgestellt, deren Verbindung zum Bananenanbau unklar bleibt. Sie berichtet von den Verbesserungen durch ein Trinkwasserprojekt; außerdem kommt ein kleiner Junge zu Wort, der sich über die Förderungen des Fußballvereins in seinem Dorf freut. Beide Projekte wurden aus einem Bananenfonds der Supermarktkette finanziert. Wer aufmerksam zuhört, erfährt, dass beide Projekte in Costa Rica verortet sind und somit in keinem Zusammenhang mit der eigentlichen Herkunft jener Banane stehen, von der der gescannte QR-Code stammt. Durch die gemeinsame Darstellung auf der Webseite werden sie jedoch virtuell miteinander verbunden. Über den QR-Code wird den Kund*innen zwar ein kleiner Einblick in den Bananenanbau gewährt, eine genauere Analyse der Darstellung lässt jedoch Zweifel an der hier suggerierten Transparenz aufkommen. Die komplexe Geographie und Biographie der Banane wird durch diese Darstellungsweise zu einem Ort homogenisiert, mit bestimmten Bildern versehen und mit Identität und symbolischen Werten aufgeladen. Dabei wird die Komplexität dieses Kontextes stark reduziert und die Vielfalt der beteiligten menschlichen und nicht-menschlichen Akteur*innen nur unspezifisch repräsentiert.

---

[26] Dieser Teil des Kapitels basiert auf Auszügen eines Aufsatzes, den ich zusammen mit Linda Hering im Jahr 2020 verfasst habe. Es wurden Kürzungen und Anpassungen vorgenommen.

Vgl. Hering, Linda/ Fülling, Julia (2021): Die karibische Banane im deutschen Supermarkt: Über die (Un)Sichtbarkeit des Produktionsnetzwerks und die Materialität der Ware. In: Löw, Martina/Sayman, Volkan/Schwerer, Jona/Wolf, Hannah (Hg.): Am Ende der Globalisierung. Über die Refiguration von Räumen. Bielefeld: transcript, S. 337-362.

Diese Betonung des Homogenen ermöglicht es im Supermarkt, den Kund*innen anhand des Storytellings mithilfe von Bildern und Texten spezifische Vorstellungen und Imaginationen über den Produktionsort nahezulegen. Die am anderen Ende der Welt industriell angebaute Banane findet eine räumliche und soziale Wiedereinbettung. Der Produktionskontext, der neben dem Anbauort noch weitere Schritte beinhaltet, wird auf einen zwar spezifisch benannten, aber unspezifisch repräsentierten Herkunftsort verkürzt. Durch solche Darstellungen werden jedoch, so kritisiert auch Wright (2009: 151), die die Vermarktung von fair gehandeltem Kaffee unter ähnlichen Gesichtspunkten untersuchte, ungleiche Machtbeziehungen perpetuiert, Menschen und Orte kommodifiziert sowie durch den einseitigen Blick (von den Konsument*innen zu den Produzent*inne, aber nicht umgekehrt) „voyeuristisches Wissen" (ebd.) produziert.

Abbildung 23: Virtuelle Reise zum Ort des Anbaus der Banane

Quelle: Screenshot von rewe.de

Wie eingangs bereits beschrieben, können neben Qualität und Authentizität auch räumliche Bezüge hergestellt werden, die zwar nationale Stereotype und bestimmte Küchen, die mit einem Produkt verbunden werden, aufgreifen, die aber mit der eigentlichen geographischen Herkunft der Ware gar nichts mehr zu tun haben. So wird auf dem Etikett eines Sechserpacks Limetten mit dem Namen „la cubana", der in einer großen Supermarktkette verkauft wird, bereits mit dem Namen auf die vermeintliche Herkunft der Früchte verwiesen. Weiterhin wird damit geworben, dass die Limetten sich dafür eignen „echte kubanische Drinks" zuzubereiten (vgl. Abb. 24). Somit wird eine Verbindung zwischen der Ware selbst, einem vermeintlichen Produktionsort und der vermeintlichen landestypischen Verwendung hergestellt, wodurch die Anmutung von Authentizität und Echtheit entsteht. Der Zusatz „Qualität und Frische aus erster Hand" suggeriert zudem direkte Beziehungen zwischen dem Kontext des Handels und der Produktion. Dreht der*die Kund*in allerdings die Verpackung um, erfährt er*sie, dass die Limette „la

Abbildung 24: Herstellung fiktionaler Ortsbezüge: Die vietnamesische Limette „la cubana“

Fotos: Eigene Aufnahmen

cubana“ in Vietnam angebaut wurde. Neben der Herstellung eines verkaufsfördernden Ortsbezuges, der die eigentliche Herkunft der Limetten verschleiert, zeigt sich hier auch die „touristische Qualität“ (Cook/Crang 1996: 135) des Konsums. Dabei stehen neben der Ware selbst die Zeichen und Bilder, die Assoziationen mit fernen, als exotisch empfundenen Orten wecken, im Fokus. Sie ermöglichen es westlichen Konsument*innen in ihren lokalen Ess- und Einkaufsgewohnheiten einen globalen Konsumstil zu realisieren und dabei bspw. Erinnerungen an oder Vorstellungen von Reisen in ferne Länder zu integrieren.

Inszenierung und Bedeutung der „nahen“ Herkunft

Neben der Inszenierung und Vermarktung ferner Produktionsorte von frischem Obst und Gemüse, haben in den letzten Jahren, wie bereits in Kapitel 3 aufgezeigt, unter deutschen Konsument*innen Frischeprodukte an Beliebtheit gewonnen, die als „regional“, „deutsch“ oder „von hier“ beworben werden. Wie im Verlaufe dieses Kapitels sowie in Kapitel 7 noch deutlicher werden wird, geht der Begriff der Regionalität mit einem hohen Maß an Uneindeutigkeit einher, da es ihm an einer offiziellen Definition oder einheitlichen Deutung fehlt. In aller Regel ist damit jedoch gemeint,

> *„dass etwas eher aus der Nähe als aus der Ferne kommen soll – aus der Perspektive der Konsument_innen bzw. des Verkaufsortes. Oft bildet auch eine bestimmte Raumeinheit – etwa das Umland einer Großstadt, ein Bundesland oder eine durch kleinere administrative Einheiten oder eine Landschaftsbezeichnung definierte ‚Region‘ den entsprechenden territorialen Bezug.“* (Ermann 2015: 81)

Mit dem Konsum regionaler Lebensmittel werden auf Konsument*innenseite zudem verschiedenste, positive Assoziationen bzw. Zielvorstellungen verbunden. Dazu gehören:

- Schonung der Umwelt durch Einsparung von Transportwegen
- Frische und Saisonalität
- Umweltschonende Produktionsverfahren
- Stärkung und Unterstützung der regionalen/heimischen Wirtschaft
- Erhalt von Kulturlandschaften
- Etablierung nachhaltiger Wirtschaftsmodelle/einer nachhaltigen Landwirtschaft
- Etablierung persönlicher Beziehungen zwischen Konsument*innen und Produzent*innen und soziale Nähe
- Harmonie, Gemütlichkeit und Heimatnähe (Benner/Kliebisch 2004; Ermann 2004, 2005; Weiss 2007).

Die zitierte Definition und die damit verbundenen Zielvorstellungen zeigen bereits die dem Regionalitätsbegriff innewohnende Unschärfe. Diese wird vom Verbraucherschutz problematisiert, da insbesondere die emotionale Aufladung des Begriffs die Gefahr birgt, dass der Begriff – ähnlich wie bei der Inszenierung der Ferne – zu reinen Vermarktungszwecken genutzt wird und dadurch den Erwartungen der Verbraucher*innen im Hinblick auf die Produktidentitäten und -biographien, Qualität und Rezeptur nicht entsprochen wird und sogar Raum für Missbrauch und Täuschung der Verbraucher*innen (z.B. durch vage, irrelevante oder falsche Aussagen) entsteht (Stiftung Warentest 2013; von Reeken/Fesser 2016: 5f.).

Den vielfältigen und unterschiedlichen Motivationen und Zuschreibungen ist gemein, dass mit der Vermarktung und des Konsums regionaler Lebensmittel stets bestimmte Vorstellungen und Konzeptualisierungen im Hinblick auf die Warenketten oder Produktionsweisen der entsprechenden Lebensmittel einhergehen (Weiss 2007: 187). Aus der Information über die Herkunft der Waren soll also Wissen über die Produktbiographien abgeleitet werden. Typisch für die Vermarktung regionaler Lebensmittel ist die Verknüpfung der Waren mit einer (oft nicht näher spezifizierten) räumlichen Nähe, konkreten Persönlichkeiten und weiteren Symbolen, die auf eine handwerkliche Produktion verweisen. So zeigt das Produktensemble in Abbildung 25 verschiedene, verarbeitete und unverarbeitete Produkte „aus deiner Region".

Abbildung 25: Vermarktung regionaler Produkte in einem Rewe-Supermarkt

Foto: Rewe Markt Sarstedt (2020)

Diese werden präsentiert von einem vertrauenswürdig und kompetent wirkenden Landwirt. In Szene gesetzt werden die Produkte in geflochtenen Körben sowie auf einem Stand, der in Holzoptik verkleidet ist – beides Naturmaterialien, die Ursprünglichkeit und Naturverbundenheit vermitteln sollen. Durch diese Verknüpfung kommt es zur Authentifizierung sowie zum Aufbau von Vertrauen und Glaubwürdigkeit, indem das partnerschaftliche Verhältnis zwischen Produktion und Handel hervorgehoben und so eine Wiedereinbettung der Waren erzielt werden soll (Ermann 2005; Hering 2022: 218). Auch das Werbeplakat in Abbildung 26 verknüpft die (nicht näher spezifizierte) regionale Herkunft mit Qualitäten wie Genuss, Geschmack und Heimatverbundenheit. Die Nutzung des Ausdrucks „Bauer von nebenan" stellt, ähnlich wie das Bild des Landwirtes in Abbildung 25, zudem einen persönlichen Bezug zum Erzeuger her und repräsentiert somit einen Gegenentwurf zu anonymen Massenwaren oder *food from somewhere* (Campbell 2009; s. Kapitel 2.4).

Abbildung 26: Werbeplakat für Regionalware in einer Supermarktkette: Verknüpfung von Ort, Person und Geschmack

Foto: Eigene Aufnahme

Um ein besseres Verständnis dafür zu entwickeln, welche Assoziationen und Zuschreibungen konkret mit der regionalen Herkunft von Lebensmitteln einhergehen, lassen sich mit Ermann (2004: 330) zwei unterschiedliche Regionalitätskonzepte unterscheiden: das *kommunikative* und das *formal-räumliche Regionalitätskonzept*. Ersteres fokussiert die soziale Nähe zwischen Produzent*innen und Konsument*innen sowie die Kenntnis über den Produktionszusammenhang. Im zweiten Fall geht es um die tatsächliche räumliche Nähe, also um Orts- und Distanzbestimmungen. Wird von kommunikativer Regionalität gesprochen, so steht die Vertrautheit zwischen Verkäufer*in und Käufer*in sowie die Kenntnis der Biographien der Waren, über die Produktion und ihre Auswirkungen auf Mensch und Natur im Zentrum. Dieses Konzept deckt sich nach Ermann (2004: 330) in weiten Teilen mit dem Nachhaltigkeitsbegriff. Die Erzeugung sozialer Nähe wird insbesondere in Form personenbezogener Marketingstrategien genutzt, wie wir sie bereits gesehen haben, indem bspw. mit Bildern von Bauern oder der Produktion geworben wird. Dadurch wird der einzelne Mensch in den Vordergrund gerückt, der (vermeintlich) hinter dem Produkt steht, als Gegenkonzept zu anonymen Massenprodukten und industrieller Fertigungstechnik (Ermann 2004: 330). Die formal-räumliche Regionalität bezieht sich auf die Distanz zwischen Produktionsort einer Ware und dem Ort des Konsums. Diese ist jedoch, ähnlich wie bei hybriden oder multinationalen Produkten in globalen Wertschöpfungsketten, auch bei regionalen Produkten nicht ohne weiteres zu bestimmen. Dies zeigt sich am Beispiel landwirtschaftlicher Erzeugnisse, die nicht nur an einem bestimmten Ort geerntet werden, sondern auch den Einsatz von Saatgut und Düngemitteln erfordern, deren Herkunft ebenfalls eine Rolle bei der Frage nach der Regionalität spielen kann (ebd.) (mehr dazu in Kapitel 7.1). Gleichzeitig stellt sich, wie bereits erwähnt, die Frage, wie groß die Distanz zwischen dem Ort der

Produktion und des Konsums sein darf, damit ein Produkt als regional gelten kann oder darf. Hier können Distanzbestimmungen genauso wie politisch-administrative Grenzen oder Naturräume maßgeblich sein. Es besteht kein zwingender Zusammenhang zwischen beiden Regionalitätskonzepten. Weder die geringere Umweltbelastung noch die oftmals mit Regionalprodukten verbundene Assoziation traditioneller oder handwerklicher Fertigung oder des besseren Geschmacks lassen sich direkt aus der formal-räumlichen Regionalität ableiten (Ermann 2004: 339ff.). Auch die Erzeugung sozialer Nähe erfordert nicht zwingend räumliche Nähe, wie die Vermarktung von Südfrüchten (s.o.) zeigt. Durch Inszenierungen im Handel, wie sie die Abbildungen 25 und 26 beispielhaft zeigen, werden diese Zusammenhänge jedoch implizit hergestellt. Die Assoziationen und Zielvorstellungen, die mit regionalen Produkten verbunden sind, lassen sich nur dann erreichen, wenn tatsächlich sowohl die Rohstoffe und die Weiterverarbeitung als auch die Endfertigung mit einer entsprechenden Region verbunden sind oder wenn die Einhaltung bestimmter Standards durch externe Zertifizierung sichergestellt ist (ebd.: 431).

Über die Inszenierung der räumlichen Nähe (wobei unklar bleibt was *nah genug* ist), kann im Handel also eine Verknüpfung mit anderen positiven Produkt- oder Produktionseigenschaften hergestellt und eine Geschichte (ähnlich dem Bananen-Beispiel im vorherigen Abschnitt) über die Waren erzählt werden, die die Waren aus der Masse hervorhebt und sie nicht nur räumlich, sondern auch sozial wiedereinbettet.

Die Inszenierung räumlicher Bezüge: Singularisierung und Verschleierung

Die Ausführungen über die Besonderheiten der Vermarktung „ferner" und „naher" Produktionsorte haben gezeigt, dass frisches Obst und Gemüse über seine tatsächliche oder imaginierte geographische Herkunft auf vielfältige Art und Weise und von verschiedenen Akteur*innen mit Bedeutungen versehen werden kann. Dazu gehören unter anderem Zuschreibungen wie Geschmack, Qualität, Authentizität, Nähe zu Erzeuger*innen, Schutz von Umwelt oder Kulturlandschaft. Sowohl die Vermarktung ferner wie auch naher geographischer Herkunftsorte dient dem Zweck die Ware zu singularisieren und somit einen Gegenentwurf zur Massenproduktion darzustellen. Gleichwohl es sich in den vorgestellten Beispielen ausschließlich um Produkte aus großen Supermarktketten handelt und damit mutmaßlich um eben solche auf industriellem Maßstab hergestellten Massenprodukte, wird versucht über die Verknüpfung der Ware mit Orten, Menschen und Bildern aus dem *food from nowhere* ein *food from somewhere* zu machen und es räumlich und sozial wieder einzubetten, um ihm einen zusätzlichen Wert anzuheften. Dabei können sowohl im Hinblick auf regionale wie auch auf tropische Produkte selektive und täuschende Aussagen gemacht werden und imaginierte Herkünfte entstehen, die einen Teil der Produktion zu Gunsten eines verkaufsfördernden Gesamtbildes ausklammern (Hering/Fülling 2021; Cook 2004: 662). Die Information über die Produktionsorte wird über die damit verbundene Erzählung, die der Handel anbietet somit zu einem Wissen über die Waren, dass von Konsument*innen genutzt werden kann, um eine Kaufentscheidung zu treffen. Dieses Wissen konstituiert sich maßgeblich sowohl aus dem, was in die produzierten Bilder eingeschlossen oder eben auch ausgeschlossen, also dissoziiert oder verschleiert, wird.

4.5 Zusammenfassung

Ziel dieses Kapitels war es, vor dem Hintergrund der in den Kapiteln 2 und 3 aufgearbeiteten Beziehung zwischen den Kontexten der Produktion und des Konsums eine Differenzierung meines Wissensbegriffs in Bezug auf den Konsum von Lebensmitteln vorzunehmen. Zudem habe ich die Bedeutung von Nichtwissen als Dimension des Wissens für den Lebensmittelkonsum aufgezeigt und zuletzt die Nutzung der Herkunftsangabe durch Konsument*innen als *proxy* oder *heuristic shortcut* zur Kompensation von Informationsdefiziten oder zur Aufladung von Waren mit Bedeutungen erläutert.

Wie bereits in Kapitel 2 und 3 deutlich wurde, ist das heutige Nahrungsmittelsystem gekennzeichnet durch eine räumliche und soziale Trennung der Kontexte der Produktion und des Konsums. Persönliche Begegnungen und das eigene Erfahren der Produktion von Lebensmitteln finden nur noch in Ausnahmen statt. Implizites und praktisches Wissen – also jene Wissensbestände, die auf dem eigenen Erleben und Handeln fußen – verlieren daher an Bedeutung im Vergleich zu explizitem und objektiviertem Wissen, wie es bspw. durch Normen, Standards und Siegel transportiert wird. Dies hat zwei Konsequenzen: Zum einen folgt aus dem Bedeutungsgewinn objektivierten Wissens, dass es auf Seiten der Konsument*innen die entsprechenden Ressourcen braucht, um Informationsangebote wie Siegel oder Herkunftsangaben in Wissen zu überführen und dadurch handlungsfähig zu werden. Zum anderen ergibt sich eine deutliche Machasymmetrie zwischen dem Handel (als Bereitsteller von Informationen) und Konsument*innen (als Empfänger*innen). Letztere sind immer häufiger auf die Informationsangebote Dritter zurückgeworfen, da z.B. eine Warenprüfung oder gar die Beurteilung der Produktionsbedingungen mithilfe der eigenen Sinne je nach Waren gar nicht oder nur eingeschränkt möglich sind. Nichtwissen und Unsicherheit über die Qualität und die Produktbiographien gehören damit zum Lebensmitteleinkauf dazu. Unternehmen nutzen ihre Machtposition mitunter aus, indem durch Praktiken der Dissoziation, Verschleierung und des selektiven Storytellings von potenziell negativen Aspekten der Warenkette abgelenkt wird. In der Folge lässt sich unter Konsument*innen ein Vertrauensverlust gegenüber der Nahrungsmittelbranche erkennen. Gleichzeitig kann Nichtwissen von Konsument*innen aber auch strategisch als Ressource oder als Alibi genutzt werden, um Routinen aufrecht zu erhalten oder Handlungen, z.B. Kaufentscheidungen oder Ernährungsgewohnheiten – entgegen der eigenen moralischen Überzeugungen – nicht anzupassen.

Zur Überbrückung von Wissensdefiziten hat sich in der geographischen Forschung sowie in der Marketingforschung der *country of origin effect* als bedeutsam erwiesen. Insbesondere dann, wenn andere Informationen über Waren fehlen, greifen Konsument*innen mitunter auf Herkunftsangaben zurück, um Wissen über die Waren zu erhalten bzw. diese bewerten zu können. Dabei können nationale Stereotype, kulturelle Marker oder die Inszenierung von Menschen oder Landschaften bewusst eingesetzt oder unbewusst wirken und damit Waren mit Bedeutungen versehen, ihnen bestimmte sozialräumliche Narrative anhaften und somit eine Kaufentscheidung zu ermöglichen. Die Herkunftsanhaben dienen damit als *heuristic shortcut* bzw. als *proxy* um unter den Bedingungen von Unsicherheit Waren bewerten und einschätzen zu können.

Im nachfolgenden Kapitel werde nun ich vor dem Hintergrund der in Kapitel 2 und 3 aufgezeigten Beziehungen zwischen den Kontexten der Produktion und des Konsums und den in diesem Kapitel dargestellten theoretischen Vorüberlegungen und Schlussfolgerungen zum (Nicht)Wissen beim Lebensmittelkonsum mein methodisches Vorgehen zur Beantwortung meiner Forschungsfragen vorstellen.

5 Methodisches Vorgehen und Forschungsdesign

In den vorangegangenen Kapiteln habe ich zunächst auf Grundlage zentraler Entwicklungen im Angebot sowie im Konsum von frischem Obst und Gemüse die Veränderte Beziehung zwischen den Kontexten der Produktion und dem Konsum herausgearbeitet. Diese habe ich charakterisiert als ein Nebeneinander von Entfremdung und neuen Beziehungen. Daraus habe ich abgeleitet, dass es durch den Bedeutungsgewinn von explizitem, objektiviertem Wissen gegenüber implizitem, praktischen Wissen zu einer Wissens- und Machtasymmetrie zwischen Handel und Konsument*innen kommt. Fehlendes Wissen über die Waren kann von Konsument*innen versucht werden durch Herkunftsangaben ausgeglichen zu werden. Diese können aber auch vom Handel als Marketinginstrument genutzt werden, um Waren zu inszenieren. Vor diesem Hintergrund ergaben sich für mich die beiden folgenden Forschungsfragen:

1) Welche Bedeutung hat die Herkunftsangabe, als Hinweis auf die Geographien der Waren, als Wissensquelle für Konsument*innen beim Kauf von frischem Obst und Gemüse?

2) Welche Rolle nehmen Wissen und Nichtwissen im Hinblick auf die Biographien der Waren für Konsument*innen ein?

In diesem Kapitel werde ich meine methodische Vorgehensweise zur Beantwortung dieser Fragen darlegen. Dabei werde ich auf Sampling und Feldzugang und die Datenerhebung sowie -auswertung eingehen und zuletzt mein methodisches Vorgehen einer kritischen Würdigung unterziehen.

5.1 Überblick über die methodische Vorgehensweise

Um diese Forschungsfragen zu beantworten, habe ich mich entschieden den Fokus auf den Einkauf selbst zu legen, da dieser die Schnittstelle zwischen Konsum und Produktion darstellt (Schenk 2020). Am Ort des Einkaufs (also im Supermarkt, Discounter oder auf dem Wochenmarkt) findet durch das Zusammentreffen von Akteur*innen des Lebensmitteleinzelhandels und der Konsument*innen ein zentraler Austausch von Wissen statt: Der Handel erhält eine Vielzahl seiner Informationen über die Konsument*innen und deren Wünsche am Ort des Verkaufs. Andersherum wird am Ort des Einkaufs

Wissen über Produkte und deren Produktbiographien vermittelt (oder auch nicht vermittelt) (Fülling 2017). Da der direkte Kontakt zwischen Akteur*innen von Produktion und Konsum nicht mehr gegeben ist, stellt der Ort des Einkaufs sowie der Einkauf selbst also eine zentrale Schnittstelle zwischen beiden Kontexten dar. Gleichzeitig ist der Einkauf die Situation, in der einerseits moralische Vorstellungen und gesellschaftliche Anforderungen an den Konsum und andererseits Alltagsroutinen und Beschränkungen z.B. finanzieller Natur zum Tragen kommen und miteinander konkurrieren und letztendlich in irgendeine Form von Handlung, also die Entscheidung für oder gegen ein Produkt umgesetzt werden müssen.

Wie im vorangegangenen Kapitel deutlich geworden ist, handelt es sich beim Einkaufen um eine Tätigkeit, die stark habitualisiert ist und oftmals auf Routinen und implizitem Wissen basiert. Jene Wissensbestände, auf die Konsument*innen beim Einkaufen zurückgreifen sind demnach oftmals unbewusst und nicht direkt zugänglich. Eine Datenerhebung, die rein auf klassischen Interviews basiert, erschien somit nicht sinnvoll. Aus diesem Grund habe ich mich für eine Kombination aus verschiedenen Interviewmethoden sowie des Go-Alongs entschieden. Diese werden im Kapitel 5.3 detailliert begründet und vorgestellt. Auf Grund des explorativen Charakters der Studie habe ich diese ergänzt um eine Foto-Dokumentation, die vor allem ganz zu Beginn der Sensibilisierung für das Feld, als Beleg und Visualisierung der textbasierten Daten sowie zur Analyse der raumbezogenen Vermarktung von frischem Obst und Gemüse (s. Kapitel 4.4.2) diente.

Um die formulierten Forschungsfragen zu beantworten, lag es nahe sich für eine qualitative Herangehensweise zu entscheiden. Diese ermöglicht es Zugang zu den Bedeutungs- und Relevanzstrukturen der Teilnehmer*innen zu erhalten und ein Verständnis für die Sichtweisen und Lebenswelten dieser zu entwickeln sowie Handlungs- und Deutungsmuster abzuleiten (Rauh 2020: 266). Da es zu den vorliegenden Forschungsfragen zudem kaum Vorarbeiten gibt, auf die zur Formulierung von Hypothesen hätte zurückgegriffen werden können, handelt es sich um eine explorative Studie. Für diese Art von Forschung eignen sich insbesondere qualitative Methoden, da diesen das Prinzip der Offenheit „für das möglicherweise Neue“ (Lamnek 2010: 20) zugrunde liegt. Zudem ermöglichen sie durch die zirkuläre Organisation von Datenerhebung und Auswertung, anders als quantitative Forschungsdesigns, eine Rückkopplung, z.B. in Form einer Anpassung des Forschungsfokus oder des Interviewleitfadens (Baur/Blasius 2014: 47; Rauh 2020: 266). In Anlehnung an den Forschungsstil der Grounded Theory fanden die Arbeitsschritte der Datenerhebung und -auswertung parallel statt (Strübing 2014).

Gerade in der (geographischen) Konsumforschung haben qualitative Verfahren an Bedeutung gewonnen, da die starke Ausdifferenzierung von Konsument*innenverhaltensweisen (vgl. Kapitel 3) sich allein durch standardisierte Instrumente nicht erfassen lässt (Appel 2020: 276). Sie eignen sich zudem auch für raumbezogene Fragestellungen, die sich für die Konstruktion von Räumen durch Kommunikation und Interaktion von Individuen, Gruppen und Institutionen interessieren. Raumqualitäten und -bedeutungen werden durch interpretativ-verstehende Verfahren zugänglich und verstehbar. Im Hinblick auf die geographische Handelsforschung nennt Appel (2020) hier ganz konkret als Beispiel die „identitätsstiftenden Funktionen regionaler Produkte [...] oder [an] Fragen nach den globalen Auswirkungen von Einkaufsentscheidungen entlang von Wertketten oder -netzwerken“ (ebd.: 274). Die Erhebung von Einkaufsmotiven mit qualitativen Methoden hat sich zudem schon in anderen konsumgeographischen Arbeiten (bspw. Weiß 2006) als fruchtbar erwiesen.

Alle Interviews wurden von mir in Berlin und mit Einwohner*innen der Stadt Berlin durchgeführt. Dies lag zum einen aus forschungspragmatischen Gründen nahe, da die Forschung des Teilprojektes Waren und Wissen, an welches diese Arbeit angegliedert ist, in Berlin stattfand. Zum anderen eignet sich die Stadt Berlin für eine Grundlagenstudie zum Lebensmitteleinkauf deswegen gut, weil durch die heterogene Bevölkerungsstruktur der Stadt das Angebot extrem groß und vielfältig ist. Die Stadt Berlin versammelt, wie bspw. eine vergleichende Studie verschiedener Berliner Quartiere zum Lebensmitteleinzelhandel (Fülling/Hering 2020) zeigen konnte, sowohl eine große Vielfalt an Nachfrager*innen mit verschiedensten Wissensbeständen zum Thema Obst- und Gemüseeinkauf als auch eine große Vielfalt an Angeboten.

Prägend für die Datenerhebung war, dass diese erheblich angepasst werden musste in Folge der Maßnahmen zur Eindämmung der Corona-Pandemie ab März 2020. Daher unterscheide ich in den nachfolgenden Ausführungen jeweils zwischen der ersten Erhebungsphase (vor dem Ausbruch der Pandemie) und der zweiten Erhebungsphase (nach dem Ausbruch der Pandemie). Die geplante zweite Erhebungsphase und die Auflagen und Einschränkungen zur Eindämmung der Pandemie fielen zeitlich genau zusammen. Eine Verschiebung der zweiten Erhebungsphase war auf Grund des Zeitplans, aber vor allem wegen der völligen Unvorhersehbarkeit des weiteren Verlaufs der Corona-Pandemie nicht sinnvoll. Die in der Zeit von März bis Mai 2020 starken Kontaktbeschränkungen sowie die Veränderungen im Alltag und insbesondere auch im Lebensmitteleinzelhandel machten es unmöglich weitere Go-Alongs durchzuführen: Der Lebensmitteleinkauf nahm in genau dieser Phase die Funktion eines reinen Versorgungseinkaufs an, da die Menschen während des Lockdowns aufgefordert waren ihre Wohnungen nur noch für dringend notwendige Verrichtungen zu verlassen. Supermärkte gehörten zu den wenigen Orten, die noch aufgesucht wurden, bargen damit jedoch auch eine besonders hohe Infektionsgefahr, sodass insbesondere dort früh diverse Maßnahmen getroffen wurden, die die Einkaufspraxis veränderten. Maskenpflicht, Abstandsgebote, Pflicht zur Nutzung eines Einkaufswagens, Absperrbänder und Klebemarkierungen vor Bedienungstheken und Spuckschutzwände führten dazu, dass die gewohnten Einkaufsroutinen durchbrochen wurden (Hering 2020). Die Begleitung eines alltäglichen Einkaufs verbot sich in dieser Phase also nicht nur auf Grund des Infektionsrisikos, sondern war schlicht wegen des Ausnahmezustandes nicht möglich.

5.2 Sampling und Feldzugang

Da für diese Arbeit eine möglichst breite Vielfalt an Relevanzsystemen und Wissensbeständen abgebildet werden sollte, erfolgte die Auswahl der Interviewpartner*innen theoriegeleitet. Mein Ziel war es eine möglichst breite Streuung der Interviewpartner*innen im Hinblick auf die in Kapitel 3.4 als relevant identifizierten Determinanten des Lebensmitteleinkaufs zu erhalten (Akremi 2014: 274). Eine gezielte Auswahl der Interviewteilnehmer*innen wird auch von Jürgens (2014) für Konsument*innenbefragungen vorgeschlagen, um „die Vielfalt von Perspektiven und Meinungen (zu Nahversorgung) sicherzustellen" (ebd.: 4). Um meine Ergebnisse zusätzlich abzusichern, weist das Sample zudem eine möglichst breite Streuung innerhalb der Lebensführungstypologie nach (Otte 2004, 2019) auf. Otte (2004, 2019) hat auf Grundlage der in Kapitel 3.1.2 dargelegten Überlegungen zu Diversifizierung der Lebensstile ein empirisch begründetes Modell der Lebensstile gebildet. Dieses unterscheidet auf den beiden Achsen Ausstattungsniveau (Einkommen/Bildung/Berufsprestige (Y)) und Zeitlichkeit (Alter/Modernität (X)) neun verschiedene soziale Milieus (vgl. Abb. 27). Auch wenn diese kein zentrales Auswertungskriterium war, so sollte diese Streuung sicherstellen, dass ich möglichst viele Menschen unterschiedlicher Wertehaltung interviewe.

Abbildung 27: Lebensführungstypologie mit empirischer Verteilung, Gesamtdeutschland

Ausstattungsniveau			
gehoben	Konservativ Gehobene (4,5%)	Liberal Gehobene (10,9%)	Innovativ Gehobene (7,4%)
mittel	Konventionalisten (11,7%)	Mittelständische (16,9%)	Hedonisten (6,8%)
niedrig	Bodenständig Traditionelle (18,9%)	Heimzentrierte (17,6%)	Unterhaltungssuchend e (5,3%)
	traditional/biogr. Schließung	teilmordern/biogr. Konsolidierung	modern/biogr. Offenheit	*Zeitlichkeit*

Eigene Darstellung nach Otte (2019)

Auf die Berücksichtigung der Determinante Migration verzichtete ich, d.h. beim Sampling wurden nicht gezielt Personen mit Migrationsgeschichte ausgewählt. Die Berücksichtigung des Themenfeldes Migration hätte die Komplexität des Forschungsvorhabens ungleich erhöht. Durch die unterschiedlichen Bedeutungen, die landestypischen Gerichten, (hybriden) Esskulturen und Traditionen zukommen können, hätte sich die Diversität an anzutreffenden Wissensbeständen und Praktiken deutlich erhöht (Grauel 2013: 101) und verallgemeinernde Schlussfolgerungen wären damit kaum noch möglich gewesen. In zwei Fällen ergaben sich zwar dennoch Interviews mit Personen mit Migrationsgeschichte, diese wurden jedoch auf Grund ihrer Passgenauigkeit auf andere Determinanten ausgewählt. Da räumliches Wissen bzw. räumliche Assoziationen über Herkunft und Qualität gleichwohl eine zentrale Rolle bei den Einkaufspraktiken von

Menschen mit Migrationsgeschichte spielen dürften, wäre eine Fokussierung auf diesen Teilaspekt für weiter Studien durchaus sinnvoll und spannend.

Zur Rekrutierung der Interviewpartner*innen nutzte ich eine Mischung verschiedener Strategien. Um verschiedene Lagen in Berlin abzubilden (sowohl wegen der Angebotsstruktur als auch wegen der sozialstrukturell unterschiedlichen Wohnbevölkerung) wurden zunächst über persönliche Ansprache Teilnehmer*innen unmittelbar vor den Einkaufsorte akquiriert. Da dies nur von wenig Erfolg geprägt war[27], ergänzte ich diese Strategie durch Aushänge in Supermärkten und Inserate auf der Nachbarschaftsplattform nebenan.de.[28] Weiterhin gewann ich in verschiedenen Kiezen über Nachbarschaftszentren und Quartierbüros Teilnehmer*innen. Insbesondere in der zweiten Erhebungsphase fragte ich zudem gezielt im Freundes- und Bekanntenkreis nach, ob Bekannte, Nachbar*innen o.ä. bereit wäre teilzunehmen. Diese Vorgehensweise wählte ich zum einen, da sehr konkret bestimmte Personengruppen im Sample noch fehlten (Familien mit Kindern, Personen mit niedrigem Einkommen und/oder Bildungsabschluss, Männer) und zum anderen da durch den Ausbruch der Corona-Pandemie eine Akquise auf anderen Wegen deutlich erschwert war: die persönliche Ansprache auf der Straße verbot sich, Nachbarschaftszentren waren geschlossen, Aushänge in Supermärkten wurden (mutmaßlich) nicht frequentiert. Wie auch Kühl (2016: 40) anmerkt, ist die Bereitschaft zur Teilnahme bei Datenerhebungen, die Go-Alongs und Interviews umfassen oftmals geringer ausgeprägt, als bei anderen Interviewformen, da der zeitliche Aufwand in der Regel erheblich größer ist. Die Rekrutierung von Teilnehmer*innen in der zweiten Erhebungsphase erwies sich, trotz der erschwerten Bedingungen durch die Corona-Pandemie, als deutlich einfacher, da die Teilnehmer*innen hier auch von zu Hause teilnehmen konnten und deutlich weniger Zeit investieren mussten. Für die Teilnahme wurden den Interviewpartner*innen eine Aufwandsentschädigung von zehn Euro ausgezahlt.

Insgesamt stellte es sich als besonders herausfordernd dar eine gute Durchmischung des Samples im Hinblick auf Geschlecht sowie Bildung zu erreichen. Wie durch den vergeschlechtlichten Charakter des Themas Ernährung und Lebensmittelkonsum (Schritt 2011; Setzwein 2004) sowie die typische innerfamiliäre Arbeitsteilung (Baur et al. 2019) zu erwarten, meldeten sich auf allen genutzten Wegen zunächst fast ausschließlich Frauen als Interviewpartner*innen. Erst durch gezielte Suche nach männlichen Interviewpartnern konnte dieses Ungleichgewicht etwas ausgeglichen werden. Im Laufe des Forschungsprozesses stellte sich zudem heraus, dass offenbar vor allen Dingen Menschen, die dem Thema Einkauf und Ernährung ohnehin schon eine größere Aufmerksamkeit widmen (und oft auch eine Affinität zu als nachhaltig eingeordneten Produkten haben) eine hohe Bereitschaft mitbringen an einer solchen Studie teilzunehmen. Daher suchte ich insbesondere in der zweiten Erhebungsphase unter anderem gezielt nach Personen, die keine Bioprodukte kaufen und rekrutierte gezielt in Berliner Stadtteilen, in denen eine geringe Dichte an Bioläden eine entsprechend niedrigere

[27] Häufige Antworten der angesprochenen Personen waren bspw. „Zu dem Thema kann ich Ihnen nichts sagen, ich kaufe einfach nur ein“ oder „Ich bin kein guter Konsument“.

[28] Die Nachbarschaftsplattform nebenan.de dient der Vernetzung zwischen Menschen die in derselben Nachbarschaft leben. Da die Anzeigen lokal nur sehr begrenzt geschaltet werden können, eignete diese Strategie sich nicht, um in der breiten Fläche zu rekrutieren, sondern nur um sehr lokal Menschen anzusprechen.

Nachfrage vermuten lässt. Zudem stellte sich heraus, dass insbesondere Akademiker*innen Interesse zeigten an Interviews teilzunehmen. Dies lässt sich vermutlich damit erklären, dass Personen, die selbst einen Hochschulabschluss haben, weniger Scheu haben, sich einer Interviewsituation auszusetzen als Menschen, die bislang überhaupt keinen Einblick in den Wissenschaftsbetrieb bekommen haben.

Die Interviews fanden in der ersten Erhebungsphase – je nach Wunsch der Interviewpartner*innen – an unterschiedlichen Orten wie Cafés, Privatwohnungen oder in den Räumen eines Nachbarschaftstreffs statt. Mit Beginn der Kontaktbeschränkungen durch den Ausbruch der Corona-Pandemie fielen diese Orte Weg. Stattdessen führte ich die Interviews per Telefon bzw. im Freien. Aus verschiedenen Gründen verzichtete ich darauf Interviews per Videotelefonie durchzuführen. Zum einen zogen viele Teilnehmer*innen das Telefon der Videotelefonie vor. Zum anderen war damit zu rechnen, dass bei der Nutzung von Videotelefonie diverse technische sowie kommunikative Probleme auftreten könnten (Scheytt 2020). Im Vergleich von Video- und Telefoninterviews kommt Scheytt (2020) zu dem Schluss, dass in der Theorie die Videotelefonie den Vorteil bietet, dass hier auch Mimik und Gestik übermittelt und somit insgesamt eine vertrautere Gesprächsatmosphäre hergestellt werden kann. In der Praxis können technische Probleme, wie eingefrorene oder verpixelte Bilder oder abgehackter Ton jedoch eher dazu führen, dass die Erzählgenerierung gestört wird. Da gleichzeitig der Zeitdruck die Erhebung abzuschließen relativ groß war, entschied ich mich hier für die pragmatischere Variante der Telefoninterviews. Ausnahme zu diesem Vorgehen bildeten drei Interviews, die auf Wunsch der Teilnehmer*innen im Freien stattfanden.

Insgesamt führte ich 22 Interviews. Diese führte ich stets mit der Person, die im jeweiligen Haushalt üblicherweise für den Lebensmitteleinkauf zuständig war. In zwei Fällen ergaben sich dadurch Interviews mit zwei Personen gleichzeitig, da die Einkäufe dort nicht allein gemacht wurden. Das Interviewsample setze sich wie in Anhang I dargestellt zusammen. Die Wohnorte der Interviewteilnehmer*innen verteilten sich, wie in der Karte in Abbildung 28 abgebildet. Die Verortung der Punkte ist aus Gründen des Datenschutzes hierbei innerhalb des jeweiligen Ortsteils zufällig gewählt. Die Einkaufsorte während des Go-Alongs (sofern durchgeführt) der Teilnehmer*innen lagen bis auf eine Ausnahme (Ina und David) ebenfalls im jeweiligen Ortsteil.

Die ersten neun Interviews, die ich vor dem Ausbruch der Corona-Pandemie durchgeführte, fanden nach folgendem Muster in drei Schritten statt: Vorgespräch, Go-Along mit Fokusinterview, halbstrukturiertes, problemzentriertes Interview, Kurzdemographie mit Lebensstilskala. In der zweiten Erhebungsphase fielen Go-Along und Fokusinterview weg. Ich versuchte jedoch durch ergänzende Fragen die Themen des Fokusinterviews in die problemzentrierten Interviews zu integrieren. Die Interviews inklusive Go-Alongs in der ersten Erhebungsphase dauerten zwischen 90 und 240 Minuten, die Interviews in der zweiten Phase dauerten etwa 45-60 Minuten.

Abbildung 28: Verortung der Konsument*inneninterviews in Berlin

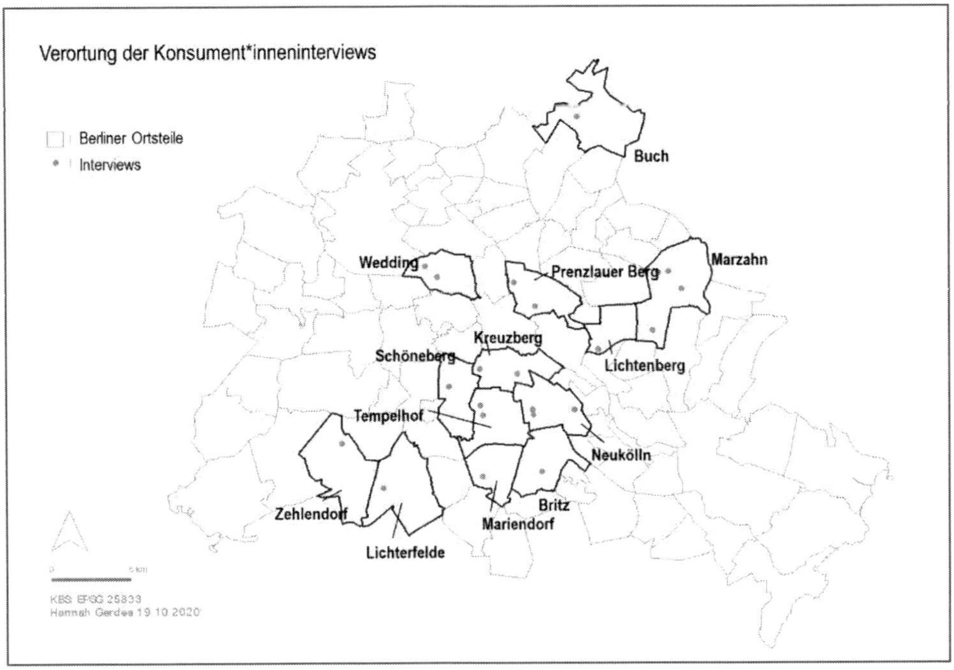

Eigene Abbildung

5.3 Datenerhebung

5.3.1 Foto-Dokumentation

Die Foto-Dokumentation als visuelle Methode der empirischen Sozialforschung (Fülling et al. 2021) bildetet den Ausgangspunkt meiner empirischen Erhebungen sowie als Einstieg in das und Sensibilisierung für das Feld. Im Rahmen mehrerer Ortsbegehung, die ich mit meiner Kollegin in verschiedenen Berliner Einkaufsstraßen vornahm, verschafften wir uns zunächst einen Überblick über die Einzelhandelslandschaft in Berlin, die Einbettung des Lebensmitteleinzelhandels in die bauliche Struktur der Quartiere sowie ihre unterschiedliche Außengestaltung und Erreichbarkeit.[29] Im zweiten Schritt nahmen wir die Obst- und Gemüseauslangen der Einzelhandelsgeschäfte stärker in den Blick. Dort dokumentierten wir sowohl die Präsentation der Waren als Gesamtbild wie auch einzelne Waren mit ihrer jeweiligen Beschilderung, Ausstattung mit Labels,

[29] Im Rahmen einer Vergleichsstudie vier verschiedener Berliner Quartiere wurden foto-dokumentarische Erhebungen sowie eine umfassende Einzelhandelskartierung in einem Lehrforschungsprojekt mit Studierenden der Soziologie und Geographie durchgeführt (Fülling/Hering 2020).

Siegeln und weiteren Informationen oder Marketingbotschaften. Im Verlauf des Forschungsprojektes rückte dabei die Vermarktung der Herkunft, die ich in Kapitel 4.4.2 an einigen Beispielen aus der Foto-Dokumentation analysiert habe, in den Fokus. Auch die Go-Alongs bzw. die Einkäufe der Konsument*innen wurden – mit deren Einverständnis – fotografisch festgehalten. Die Foto-Dokumentation erlaubt es die stark von visuellen Reizen geprägte Einkaufslandschaft festzuhalten. Durch das methodische Vorgehen konnte dabei einerseits eine gewisse Systematik aufrechterhalten und gleichzeitig die Wirkung der Ladengestaltung sowie bestimmte Muster bei der Produktpräsentation identifiziert werden. Die Bilder dienten damit als „visuelle Feldnotiz“ (Hering 2022: 26), die das textbasierte Datenmaterial um die besondere Wahrnehmungen und Eindrücke ergänzte und andersherum als Beleg und Repräsentation für die aus den textbasierten Daten gezogenen Schlussfolgerungen dienten. Die Auswertung der im Rahmen der Foto-Dokumentation gesammelten Bilder fand in verschiedenen Datensitzungen mit Fachkolleginnen statt. Zudem wurden sie bei einer Gruppendiskussion bei einem öffentlichen Workshop zum Thema „Das fotografische Bild in Kunst und Wissenschaft“ im Rahmen der SFB-Veranstaltungsreihe „Refiguring Space“ am 11.04.2019 im Haus der Kulturen der Welt in Berlin in einer gemischten Gruppe aus Wissenschaftler*innen und Lai*innen diskutiert.

5.3.2 Vorgespräch: Leitfadeninterview

Zur Vorbereitung des Go-Alongs und der ausführlichen Interviews führte ich ein Vorgespräch, in dem einerseits offene Fragen der Teilnehmer*innen geklärt werden und andererseits ein Gesprächseinstieg gefunden werden sollte. Zu Beginn des Vorgesprächs legte ich den Interviewteilnehmer*innen die Einverständniserklärung und die Bestätigung des Erhalts der Aufwandsentschädigung zur Unterschrift vor und überreichte die zehn Euro Aufwandsentschädigung. Im Anschluss erklärte ich den Teilnehmer*innen nochmals den Ablauf des Interviews und gab die Gelegenheit Fragen zu stellen.

Im Anschluss stellte ich das Aufnahmegerät ein und begann zunächst mit dem ersten Teil des Interviews. Basierend auf einem Leitfaden (s. Anhang I) stelle ich einführende Fragen zur Lebens- und Wohnsituation. Anschließend stellte ich Fragen zur Bedeutung von Essen und Ernährung im Alltag sowie zur Organisation des Einkaufs im Alltag. Durch die Nutzung von Erzählaufforderungen („Erzählen Sie mir doch bitte als erstes Mal was zu ihrer Lebenssituation“) und sehr offen formulierte Fragen („Welche Bedeutung haben Essen und Ernährung im Allgemeinen für Sie?“) wurde versucht möglichst längere Narrationen zu erzeugen. Ziel war es hier zum einen durch einfache und gut zu beantwortende Fragen eine Vertrauensbasis herzustellen. Zum anderen galt es einen ersten Eindruck von meinen Interviewpartner*innen zu erhalten, sowohl im Hinblick auf die Lebensumstände als auch auf allgemeine Präferenzen, Werthaltungen und Gewohnheiten sowie wahrgenommene Konflikte und Probleme hinsichtlich des Einkaufs von Lebensmitteln einzufangen. Dieser erste Einblick sensibilisierte mich für die nachfolgenden Interviewphasen, ermöglichte es mir ein erstes Verständnis zu entwickeln und schuf eine erste Vertrauensbasis.

5.3.3 Go-Along mit Fokusinterview

Im Anschluss daran fand der gemeinsame Einkauf (Go-Along) statt, bei dem ich meine Interviewpartner*innen auf ihrem Einkaufsweg begleitete, beobachtete und befragte. Das Go-Along, welches im Folgenden kurz erläutert werden soll, nahm dabei eine Doppelfunktion ein: Einerseits diente es als Variante der teilnehmenden Beobachtung selbst als Datenquelle. Andererseits diente es als Stimulus für das Fokusinterview.

Bei der Methode des Go-Alongs (Kusenbach 2003) handelt es sich um eine Variante sogenannter *walking interviews* oder *bewegter Interviews*, in denen „ForscherInnen die TeilnehmerInnen im gemeinsamen Gehen [begleiten], während die TeilnehmerInnen ihre Perspektive auf das unmittelbar Erfahrene darlegen“ (Kühl 2016: 35). Sie lassen sich als Variante einer teilnehmenden Beobachtung verstehen, bei der die Raumnutzung und -erfahrung der Teilnehmer*innen nicht nur durch das Darüber-Sprechen, wie in einem Interview, sondern auch durch das gemeinsame Erleben und die dadurch angeregten Gespräche besser zugänglich wird. Das Go-Along zeichnet sich hierbei dadurch aus, dass die Teilnehmer*innen Route und Ziel innerhalb eines vertrauten Umfelds selbst bestimmen (im Gegensatz zu bspw. *guided walks* oder *urban walking tours*, bei denen die Interviews entlang einer vorgegebenen Strecke stattfinden) und eignen sich daher besonders dazu „sinnhafte Deutungen des Räumlichen im Kontext alltäglicher Praktiken zu erheben“ (ebd.: 38). In der raumwissenschaftlichen Forschung ist diese Methode bislang noch nicht sehr verbreitet, wenngleich von verschiedenen Autor*innen das große Potenzial dieser Methode zur empirischen Erfassung des Zusammenspiels von Identität, Wissen und Raumproduktion (Anderson 2004) sowie zur Erfassung (räumlicher) Praktiken (Kühl 2016) hervorgehoben wird. Auch als Methode der geographischen Handelsforschung empfehlen bspw. Appel (2020) und Jürgens (2014) diese Methode, um Personen „nicht mehr retrospektiv, sondern live“ (Jürgens 2014: 4) zu befragen und zu beobachten. Anders als von vielen Autor*innen vorgeschlagen bzw. klassisch genutzt stand jedoch bei meiner Forschung weniger das gemeinsame Gehen und (Raum-)Erleben („talking whilst walking“ Anderson 2004: 259), bspw. des Quartiers (Steigemann 2019) oder der Natur (Kühl 2016) im Zentrum. Vielmehr diente der Lebensmitteleinkauf wie beim Fokusinterview als Stimulus für die damit einhergehende sowie sich anschließende Interviewsituation, über den Zugang zu implizitem Wissen erleichtert und Erzählungen angeregt werden sollten. Von Joosse/Marshall (2020) wurde der begleitete Einkauf – hier Shop-Along genannt – für ähnliche wie die hier vorliegende Fragestellung vorgeschlagen.

Für die vorliegenden Fragestellungen ist das Go-Along deshalb besonders geeignet, da es das Sprechen über Routinen und implizites Wissen erleichtern und somit die empirische Wirklichkeit besser zugänglich machen kann. Wie im vorangegangenen Kapitel gezeigt, spielt beides für Alltagshandlungen und so auch den Lebensmitteleinkauf eine wichtige Rolle. Gleichzeitig ist dieses Wissen nicht immer verbalisierbar bzw. handelt es sich um unbewusstes Wissen. In einer reinen Interviewsituation sind daher Einkaufsroutinen nur schwer erfassbar (Joosse/Marshall 2020: 617). Anderson (2004) argumentiert, dass Raum für die Entstehung von Wissen und Praktiken unabdingbar ist. Der Raum ist dabei nicht nur Kulisse, sondern „practices are tied into places“ (ebd.: 257).

Durch das Vor-Ort-Sein wird bestimmtes Wissen, das mit dem entsprechenden Ort verknüpft ist, zugänglich. Auch spontane Erinnerungen, emotionale Reaktionen oder Kommentare auf die Umwelt, die in einer klassischen Interviewsituation nicht entstanden wären, bereichern das empirische Material (Anderson 2004: 258; Kühl 2016: 43). So beschreiben Joosse/Marshall (2020: 617), dass Teilnehmer*innen während des gemeinsamen Einkaufs oft unaufgefordert ihre Handlungen erklärten oder das vorgefundene Sortiment kommentierten. Die Möglichkeit die Teilnehmer*innen nicht nur zu befragen, sondern im Feld zu beobachten, ermöglicht es weiterhin Gesagtes und Handlungen gegenüberzustellen und somit im Rahmen des Gesprächs in eine tiefere Reflexion einzusteigen. Ein weiterer Vorteil des Go-Alongs ist, dass durch das gemeinsame Erleben einer Alltagssituation eine entspanntere Atmosphäre zwischen Interviewer*in und Teilnehmer*in entstehen kann. Dadurch kann das hierarchische Gefälle zwischen beiden abgeflacht und gleichzeitig auch die Tendenz sozial erwünschte Antworten zu geben, verringert werden (Kühl 2016: 42). Auch in der vorliegenden Forschung entstanden häufig eher dialogische, natürlichere Gesprächssituation, die weniger dem klassischen Interviewcharakter ähnelten.

Für die Go-Alongs begab ich mich mit meinen Interviewpartner*innen – je nach deren alltäglichen Gewohnheiten im Auto, mit dem Fahrrad oder zu Fuß – auf den Weg zum Einkauf. Während des gemeinsamen Einkaufs ließ ich das Aufnahmegerät laufen. Die Beobachtungen während des gemeinsamen Einkaufs wurden unmittelbar im Anschluss an das Interview als Feldnotizen von mir festgehalten. Dabei wurden der Ort des Einkaufs, die Art des Einkaufs (Wocheneinkauf, besonderer Anlass etc.), gekaufte Frischeprodukte sowie die Vorgehensweisen der Teilnehmer*innen bei der Auswahl von frischem Obst und Gemüse festgehalten. So dokumentierte ich, ob und wie eine Prüfung der Waren stattfindet (Optik, Haptik, Geruch oder falls möglich Geschmack), inwiefern Preise oder verschiedene Varianten desselben Produktes verglichen, welche weiteren Eigenschaften der Produkte überprüft, bzw. welche weiteren Informationen gesucht wurden. In einigen Interviews berichteten die Teilnehmer*innen bereitwillig selbst darüber, wie und warum sie die jeweiligen Produkte auswählten und welche Eigenschaften (bspw. Größe, Geschmack, aber auch Art und Größe der Verpackung, Präsentation der Warenauslage) sie besonders mögen oder nicht mögen oder gaben auf Rückfrage Auskunft darüber. Als besonders erkenntnisreich und wichtig erwiesen sich die Go-Alongs, da die Teilnehmer*innen während der Einkäufe oftmals auf Dinge hinwiesen, die sie störten, irritierten oder verunsicherten, z.B. im Hinblick auf die Produktkennzeichnung und -auswahl. Diese Fokussetzung durch die Teilnehmer*innen war maßgeblich dafür, dass das Thema Nichtwissen und Unsicherheit einen Schwerpunkt der Arbeit einnahm.

5.3.4 Halbstrukturiertes, problemzentriertes Interview

Nach dem gemeinsamen Einkauf fand der zentrale Teil des Interviews statt, bei dem zum einen der soeben gemeinsam bestrittene Einkauf reflektiert und zum anderen weiterführende Fragen gestellt wurden. Hierbei orientierte ich mich am problemzentrierten

Interview (Lamnek 2010), welches sich durch eine Kombination von Induktion und Deduktion auszeichnet und sich daher besonders für dieses Forschungsvorhaben eignet. Es ermöglich, dass einerseits wissenschaftliches Vorwissen und Konzepte der Interviewer*in die Entwicklung des Interviewleitfadens und der Durchführung des Interviews mit einfließen können. Gleichzeitig steht die Konzeptgenerierung durch die Befragten weiterhin im Zentrum. Das problemzentrierte Interview begegnet damit dem Umstand, dass Forscher*innen nie vollkommen unvoreingenommen ins Feld gehen, sondern mindestens implizite, meist aber auch explizite durch Literaturstudium und Fachwissen generierte Vorannahmen haben (ebd.: 333). Den Leitfaden (s. Anhang I) erprobte ich in einem Pre-Test und passte ihn im Laufe des Forschungsprozesses im Hinblick auf die Reihenfolge und Formulierung von Fragen fortlaufend an. Zudem ergänzte ich im Verlauf der ersten Erhebungsphase einen Fragenblock, der darauf abzielte, mit den Teilnehmer*innen über die Themen Nichtwissen und Unsicherheit ins Gespräch zu kommen, da diese sich in den ersten Interviews als relevante Faktoren entpuppten und daher schnell stärker ins Zentrum des Forschungsinteresses rückten. Eine zweite größere Veränderung des Leitfadens ergab sich in der zweiten Erhebungsphase in der – bedingt durch die Einschränkungen in Folge der Corona-Pandemie – Teile der Erhebung komplett wegfielen. Statt während oder im Anschluss an das Go-Along über den konkreten Einkauf zu sprechen, wurden Fragen zu *typischerweise* eingekauften Obst- und Gemüseprodukten gestellt, um darüber ins Gespräch über wichtige Auswahlkriterien und das Wissen über die Waren zu kommen.

Zentrale Themen, die in dieser Interviewphase zur Sprache kamen, waren die Kriterien bei der Auswahl von frischem Obst und Gemüse. Besonderer Fokus lag dabei auf der Rolle von Herkunftsangaben sowie verschiedenen Labels, wie Bio, Fairtrade oder anderen Zertifizierungen. Um mehr über die Bedeutung der Herkunft der Produkte zu erfahren, bezog ich mich in der ersten Erhebungsphase auf die konkret eingekauften Waren und deren Herkunft. In der weiten Phase stellte ich stattdessen exemplarisch Produkte mit typischen Herkunftsländern zur Diskussion oder bezog mich in meinen Fragen auf Produkte, die meine Interviewpartner*innen angaben typischerweise einzukaufen. In Verlaufe des Interviews kamen im Zuge dessen in der Regel Konflikte zwischen verschiedenen Ansprüchen (z.B. Bio vs. regional) und Kritiken am Waren- sowie Informationsangebot der besuchten Einkaufsorte zur Sprache. Über Fragen zum Thema Informationsverhalten näherte ich mich den Themen Unsicherheit und Nichtwissen an, um so über die wahrgenommene Vertrauenswürdigkeit von Supermärkten bzw. des Ernährungssystems insgesamt sowie die (fehlende) Transparenz im Hinblick auf Produktbiographien ins Gespräch zu kommen. Von den meisten Teilnehmer*innen wurden während des Interviews recht früh Zusammenhänge zwischen dem eigenen Lebensmittelkonsum und Themen wie Klimawandel, Umweltverschmutzung und Arbeitsbedingungen hergestellt. Gleichzeitig kam auch immer wieder der Aspekt der Überforderung, bzw. des Unwillens auf, sich mit der Komplexität des Ernährungssystems auseinanderzusetzen und daraus eine Anpassung des eigenen Einkaufsverhaltens abzuleiten.

5.3.5 Kurzdemographie

Zuletzt wurden mit Hilfe eines standardisierten Fragebogens (s. Anhang III) einerseits ergänzend zur der im Vorgespräch abgefragten allgemeinen Lebenssituation systematisch soziodemographische Angaben erhoben. Zudem wurden mit dem von Otte (2004, 2019) entwickelten Kurzfragebogen zwölf Fragen zur Lebensführung gestellt, mittels derer eine Zuordnung der Teilnehmer*innen zu den sozialen Milieus nach Ottes Lebensstiltypologie möglich wurde (vgl. Abb. 27). Anders als nach Lamnek (2010: 335) beim problemzentrierten Interview vorgesehen, platzierte ich den Kurzfragebogen ans Ende der jeweiligen Interviewsituation. Die Entscheidung fiel, da die starre Frage-Antwort-Dynamik eines standardisierten Fragebogens für die Entstehung einer vertrauten Gesprächsebene hinderlich sein kann. Zudem können auch sensible Fragen wie bspw. nach dem Gehalt zu einer Störung der Gesprächsbasis führen, sodass es sinnvoll sein kann solche Fragen an Ende der Interviewsituation zu stellen. Die Kurzdemographie diente dazu die Durchmischung des Samples im Hinblick auf die in Kapitel 3.4 dargestellten Determinanten sicherzustellen.

5.4 Datenauswertung

Im ersten Schritt der Auswertung wurden alle Tonaufnahmen der Interviews und Go-Alongs transkribiert. Die Interviews wurden ohne Auslassung transkribiert. Durch die teilweise privat anmutende Interviewsituation bei den Go-Alongs entstanden hier Gesprächssequenzen, die eher einer privaten Unterhaltung glichen und thematisch keinerlei Bezug zur Forschungsfrage hatten. Zudem waren Teile der Tonaufnahmen aufgrund schlechter Aufnahmequalität und lauter Hintergrundgeräusche nicht brauchbar, sodass bei den Aufnahmen der Go-Alongs vorab jene Sequenzen ausgewählt wurden, die verständlich und brauchbar waren. Die Transkripte wurden insgesamt sprachlich leicht geglättet, indem Sprache und Interpunktion an das Schriftdeutsch angepasst wurden. Weitere Textmerkmale wie Veränderungen der Lautstärke, sprachliche Tönungen und Betonungen, Dialektfärbungen, Sprechpausen, sowie Gestik, Mimik und paraverbale Äußerungen wurden ausgelassen, da diese nicht Teil der Datenanalyse sind (Kuckartz 2010: 38ff.).

In Übereinstimmung mit dem Forschungsstil der Grounded Theory begann die Analyse der Daten bereits mit dem ersten Interview. Die Interviews sowie die Feldnotizen zu dem Go-Alongs der ersten Erhebungsphase codierte ich nacheinander (mit Hilfe der QDA-Software MAXQDA) offen, wobei ich den Codeplan durch den fortlaufenden Prozess des Vergleichens der verschiedenen Fälle jeweils mit jedem Interview erweiterte und anpasste. Hieraus bildete ich im Verlauf eines zirkulären Prozesses aus Datenerhebung und -analyse sowie Rückbezug auf die wissenschaftliche Literatur erste Konzepte und Hypothesen. Die in der zweiten Erhebungsphase entstandenen Interviews, für die ich gezielt kontrastierende Fälle suchte, zeichneten sich durch die veränderten

Rahmenbedingungen durch eine geringere Länge und Tiefe aus. Daher nutzte ich diese Interviews, um die im Rahmen der ersten Auswertungsphase gebildeten Hypothesen am neuen Material zu testen sowie gezielt nach Bestätigungen sowie Widerlegungen und Abweichungen zu suchen.

5.5 Methodenreflexion

Wie bereits einleitend erläutert, stellte die Frage wie routinisiertes und unbewusstes Wissen empirisch erhoben werden kann, eine der großen Herausforderungen für die Datenerhebung dar. Hierfür stellte sich die Kombination aus Go-Alongs und anschließendem Interview als tragfähige Möglichkeit heraus, da sie, wie in den Kapiteln 5.3.2 und 5.3.3 erläutert, zum einen durch das Vor-Ort-Sein Wissen zugänglich machten und Assoziationen hervorriefen, die in einer reinen Interviewsituation nicht verfügbar gewesen wären. Durch das Beobachten konkreter Verhaltensweisen konnte ich einerseits direkte und konkrete Rückfragen stellen und zum anderen erleichterte der Vergleich von im Interview gesagtem und Handlung es ein umfassendes Verständnis für die jeweiligen Handlungen und Überlegungen zu gewinnen. Zudem regte der von mir begleitete Einkauf auch einen Reflexionsprozess bei den Teilnehmer*innen sowie eine kritische Auseinandersetzung mit der eigenen Einkaufspraxis an. Oftmals allein durch meine Anwesenheit oder aber durch mein gezieltes Nachfragen begannen die Teilnehmer*innen im Feld zu erzählen, warum sie gerade welche Entscheidung getroffen haben, berichteten von „üblichem“ Verhalten, bestimmten Strategien, wiesen auf Aspekte wie Ladengestaltung, Angebot, Beschilderung, Verpackung usw. hin, die ihnen wichtig waren, (nicht) gefielen o.ä.:

> *„[...] Na, und schau mal. Die haben wirklich ein tolles Angebot hier. Ich meine, hier jetzt bei dem Obst.“*
>
> *(Bemerkung: Das ist ganz schön viel [Auswahl; Anm. d. Verf.].)*
>
> *„Ganz viel, ja. Mango ist nun auch nicht teuer. Esse ich Mango? Ach, ich habe jetzt genug. Schau mal, hier gibt es auch Kirschtomaten. Was haben die bei Bio Lüske? (I: 4,99?) 4,99. Ich weiß nicht, ob es das wert ist. Das muss man halt probieren. Aber hier die sind doch auch ganz nett. Hier steht auch dran, wo die her sind, oder? SanLucar hört sich-. Man sagt ja die Spanien-Sachen sind nicht so toll. Keine Ahnung.“*
>
> *(Frage: Warum?)*
>
> *„Keine Ahnung. ... Na, hier das sind Riesenpakete. [...] Aber ich muss sagen, ist ansprechend, dieses Angebot. Ja? Also, wenn ich da an unseren Edeka da denke.“*

(Frage: Und ist Ihnen das wichtig?)

„Ja. Ja, natürlich. Wie es angeboten ist, ist doch auch wichtig. [...] Was die hier alles haben, das ist doch Wahnsinn." (Angelika)

Zwar war das Gespräch während des Go-Alongs teilweise eher unstrukturiert, manchmal sogar privat und lieferte somit an und für sich teilweise nur schwer auswertbares Material. Das Interview im Anschluss an den gemeinsamen Einkauf gewann durch die Möglichkeit auf das zuvor erlebte Bezug zu nehmen deutlich an Tiefe. Auch eine Reflexion über Widersprüche zwischen eigenen Ansprüchen an den eigenen Einkauf (moralisch, ökonomisch/finanziell), die im Rahmen der Interviews formuliert wurden und den tatsächlichen Verhaltensweisen wurden durch die Kombination aus Go-Along und Interview angeregt. Die Go-Alongs erfüllten somit einerseits den Zweck einer ethnographischen Begleitung des Einkaufs und dienten zudem als Stimulus für das anschließende Interview.

Wie fruchtbar die Kombination der beiden Methoden für diese Art der Fragestellung sind, zeigte sich vor allem durch den Vergleich der Interviewdaten der ersten und zweiten Erhebungsphase. Ohne den Impuls des Einkaufs blieben die Interviews mehr an der Oberfläche. Die Teilnehmer*innen blieben mit ihren Ausführungen oftmals eher auf einer allgemeinen Ebene und hatten Schwierigkeiten bspw. einen typischen Einkauf zu beschreiben oder zu beschreiben, wie sie bei der Auswahl eines Produktes vorgehen. Gerade die Frage nach der Bedeutung der Herkunft ließ sich nur abstrakt besprechen, da den Teilnehmer*innen oftmals keine typischen Herkunftsländer bekannt waren und die spontane Reaktion auf eine Herkunftsangabe – wie z.B. die Verwunderung meiner Interviewpartner*innen Ina und David über die Herkunftsangabe „Israel" auf einem als typisch deutsch wahrgenommenen Kraut – ausblieb:

„Was ist denn Pimpinelle?" (Ina)

„Pimpinelle ist ein deutsches Kraut und ich habe keine Ahnung wie es schmeckt." (David)

„Ein deutsches Kraut aus Israel?"

„Pimpinelle, das könnte aber auch in dieser Frankfurter Soße mit den zwölf Kräutern drin sein."

(Ina und David)

So gut sich das Go-Along für Fragestellungen dieser Art auch eignet, so schwierig ist es jedoch eine gute Beziehung zwischen Teilnehmer*in und Interviewer*in herzustellen. Da der Einblick in den alltäglichen Lebensmitteleinkauf mitunter sehr persönlich und auch nicht immer problem- und konfliktfrei ist, erfordert es ein Mindestmaß an Vertrauen der Teilnehmer*innen, um sich auf ein solches Abenteuer einzulassen. Gleichzeitig können die Teilnehmer*innen den gemeinsame Einkauf auch als eine künstliche oder inszenierte Situation empfinden (Joosse/Marshall 2020: 618). Hierfür hat sich vor allem das Vorgespräch als wichtig erwiesen (ebd.), in dem das gesamte Forschungsvorhaben und die Verwertung der Daten ausführlich erklärt und alle weiteren Fragen besprochen wurden. Dennoch zeigte sich bei der Akquise der Teilnehmer*innen, dass die Bereitschaft zur Teilnahme bei Personen, die mit ihrem Einkaufsverhalten eher den normativen Ansprüchen von Gesundheit und Nachhaltigkeit genügen, deutlich größer war. Gleichzeitig sind natürlich, wie auch bei allen anderen Befragungsformen, sozial erwünschte Antworten nicht auszuschließen; es ist davon auszugehen, wie auch Joosse/Marshall (ebd.) anmerken, dass Teilnehmer*innen in der Beobachtungssituation möglicherweise auf bestimmte Produkte verzichtet oder anderweitige Anpassungen ihres Verhaltens vorgenommen haben. Da mein Forschungsinteresse jedoch nicht in der Dokumentation konkreter Verhaltensweisen lag, sondern in der Reflexion darüber bzw. über die Produkte selbst, sind diese Effekte hinzunehmen.

Die Anpassung des Forschungsdesigns durch die Corona-Pandemie erforderte nicht nur den Verzicht auf die Go-Alongs, sondern auch die Suche nach einem kontaktlosen Interviewformat. Wie bereits in Kapitel 5.2 erläutert, fiel die Wahl hierbei auf Telefoninterviews (und in Ausnahmefällen auf ein Interview im Freien). Neben dem Fehlen des Stimulus durch die Go-Alongs ergaben sich hieraus zusätzliche Schwierigkeiten. Dazu gehörten das völlige Fehlen nonverbaler Gesprächssignale sowie Probleme beim Turn-Taking, also dem Sprecher*innenwechsel. Während dieser „bei gegenseitiger Anwesenheit durch Körperspannung, Augenkontakt, Räuspern oder Knacklaute" (Reichertz 2020) in der Regel nonverbal organisiert wird, kann das Fehlen dieser Möglichkeit sowohl bei Video- oder Telefoninterviews zu falsch interpretierten Pausen bzw. sich gegenseitigem Unterbrechen und somit zu einer Störung der Interviewsituation und damit einer Verschlechterung der Datenqualität führen. Da ich jedoch in der ersten Erhebungsphase bereits viele Stunden gut verwendbaren Interviewmaterials erhoben hatte, erwies sich die in Kapitel 5.4 beschriebene Kombination aus Hypothesenbildung anhand der Daten aus der ersten Phase und Hypothesentestung an den Daten der zweiten Phase als eine gute Umgangsweise mit den unterschiedlichen Datenqualitäten.

Nachdem ich bis hierhin meine theoretischen und konzeptionellen Vorüberlegungen sowie mein Forschungsdesign und methodisches Vorgehen vorgestellt habe, möchte ich mich in den folgenden Kapiteln der Analyse meiner empirischen Daten zuwenden. Im nächsten Kapitel steht dabei zunächst die Frage im Fokus, welche Bedingungen die Auseinandersetzung von Konsument*innen mit den Georaphien und Biographien von frischem Obst und Gemüse begünstigen bzw. hemmen. Im Kapitel 7 stehen die Herkunft der Waren sowie die Frage, welches Wissen Konsument*innen aus dieser Angabe ableiten im Fokus. Zuletzt widme ich mich im Kapitel 8 dem Themenkomplex Nichtwissen und zeige auf, wie dieses als Kontextfaktor und Strategie wirkt.

6 Geld, Zeit und Flexibilität – Wer kann sich regionales Obst und Gemüse überhaupt „leisten“?

Bestimmte Produkteigenschaften und -qualitäten, wie etwa die Herkunft oder aber Zertifizierungen wie Bio- oder Fairtrade-Siegel, zu priorisieren, ist nicht allen Konsument*innen möglich. Die Realisierung einer gemeinhin als nachhaltig bewerteten Konsum- und Ernährungsweise ist oft nur Menschen mit entsprechenden Ressourcen vorbehalten (Brunner 2009). Daher möchte ich, bevor im Kapitel 7 eine ausführliche Analyse der (Be-)Deutung der Produktherkunft für/durch Konsument*innen folgt, in diesem Abschnitt zunächst darauf eingehen, dass auch meine Interviewdaten klar aufzeigen, dass Konsumpraktiken, die als nachhaltig gelten, voraussetzungsvoll sind und längst nicht jeder*m Konsument*in offenstehen. Gleichwohl der Schwerpunk dieser Arbeit weniger auf den tatsächlichen Konsumpraktiken, sondern auf der Frage nach Assoziationen, Imaginationen und Reflexionen liegt, ist es wichtig zu berücksichtigen, dass diese nicht losgelöst von der sozioökonomischen, familiären oder gesundheitlichen Realität zu betrachten sind, in welche Konsument*innen eingebettet sind. Aus meinen Interviewdaten habe ich drei zentrale ermöglichende bzw. begrenzende Faktoren abgeleitet, die eine besonders wichtige Rolle spielen bei der Priorisierung besonderer Produkteigenschaften: finanzielles Budget, Zeitbudget und Flexibilität. Konsument*innen, die entweder angaben stark auf den Preis von Lebensmitteln zu achten, die ihren Lebensmitteleinkauf unter hohem zeitlichen Druck erledigten oder aus anderen Gründen wenig variabel in der Auswahl der Produkte waren, stellten besondere Produkteigenschaften eher in den Hintergrund.

6.1 Finanzielles Budget

Wie in Kapitel 3.4 bereits dargestellt, ist das Haushaltseinkommen bzw. das für den Lebensmitteleinkauf zur Verfügung stehende Budget eine zentrale Determinante für den Einkauf. So erläutert Saskia, verheiratet und Mutter eines Kleinkindes:

> *„Ich achte darauf, ob es gut aussieht,* ***gut riecht und billig*** *ist. Nicht darauf, wo es herkommt. [...] Damit habe ich mich noch nie so auseinandergesetzt. Ob es für mich wichtig ist, dass es einheimisch produziert ist oder nicht. Für mich ist meistens der Preis das vorhergehende Kriterium.“ (Saskia)*

Da Saskia (und ihr Mann) auf Grund ihres niedrigen Haushaltseinkommens versuchen die Ausgaben für Lebensmittel möglichst gering zu halten, sind die beiden zentralen Kriterien, die von ihr angelegt werden, der Preis und der Geruch der Produkte. Diese beiden Kriterien beeinflussen auch die Auswahl des Einkaufsortes, der niedrige Preise und ein frisches und hochwertiges Angebot an frischem Obst und Gemüse im Angebot haben und gleichzeitig gut erreichbar sein soll.

Auch Klaus, der in Folge der Corona-Pandemie seine Arbeit verlor und daher seit kurzem die Tafel besucht, argumentiert ähnlich:

> *„Ja, worauf achte ich? **Preis.** Kartoffeln kaufe ich ab und zu. Da achtet man schon, da guckt man. Da kosten die-. [...] Guck mal, die Kartoffel, die kostet zwei Euro fünfzig, die andere drei Euro fünfzig. Da nehm' ich die für zwei Euro fünfzig. Ich kenn mich da auch nicht bei der Qualität von den Kartoffeln aus. Also, achte ich nicht da drauf."*
>
> *(Frage: Und gibt es sonst irgendwelche Sachen, auf die Sie schon mal achten bei frischem Obst und Gemüse, außer dem Preis?)*
>
> *„Ja, man guckt sich dann irgendwie an von der Optik her. [...] **Preis und Optik.** Ich meine, ab und zu mal ist bei denen, dass die da **aus dem Regionalen**-. Ob das jetzt aus Brandenburg kommt oder so. Muss ja nicht unbedingt da aus Südamerika kommen. Da achtet man schon so ein bisschen drauf." (Klaus)*

Die Herkunft der Waren wird von Klaus zwar zum Thema gemacht, ist aber auf Grund der finanziellen Beschränkungen nur von untergeordneter Bedeutung für die Kaufentscheidung. Auch für die Studentin Antonia steht das finanzielle Budget im Fokus bei der Kaufentscheidung. Dabei stehen besondere Produkteigenschaften wie die Herkunft, aber auch die wahrgenommene Qualität mit einem günstigen Preis in Konflikt:

> *„Also, da gucke ich vorrangig auf den Preis und wie viel drinnen ist. Also **möglichst viel für möglichst wenig Geld**. Also da, dann, wenn ich mir da eine Sorte ausgesucht habe, dann und halt merke so die Packung, die oben drauf liegt sieht halt nicht so gut aus, dann krame ich halt ein bisschen weiter runter. Und dann findet man meistens, dann doch eine gute, wo jetzt noch keine Tomate irgendwie welche Stellen hat so. [...] Ich nehme mir nicht immer die Zeit das [Informationen auf der Verpackung; Anm. d. Verf.] durchzulesen außer bei Tomaten, weil da-. Also ich habe das Gefühl, da ist es schwerer was zu finden, **was von hier kommt und günstig ist**. Dann natürlich, dass das Produkt für mich halt, also es spricht wahrscheinlich nicht für die Qualität, aber für mich muss es halt auch **günstig sein**, damit ich es kaufe. Und halt, dass es noch **gut aussieht**, also es muss jetzt nicht wie geleckt aussehen. Wie mit diesen EU-Richtlinien, dass eine Gurke halt nur so krumm sein darf. Davon rede ich gar nicht, aber dass es halt noch keine braunen Stellen hat oder irgendwie schon am verwelken ist so." (Antonia)*

Während, wie im Verlauf des folgenden Kapitels deutlich werden wird, die Qualität von frischem Obst und Gemüse durchaus stark mit dem Ort des Anbaus in Verbindung gebracht wird, orientieren sich Saskia, Klaus und Antonia neben dem Preis an materiellen Eigenschaften, also den Sucheigenschaften (Zühlsdorf/Spiller 2012b: 27; vgl. Exkurs II), die auch im Laden geprüft werden können, nämlich an Geruch, Optik und Haptik. Die Herkunft als mögliches Qualitätskriterium wird zwar mitgedacht, jedoch zu Gunsten von Preis und materieller Qualität zurückgestellt.

6.2 Zeitbudget

Wie der Faktor Zeit die Auswahl von frischem Obst und Gemüse und die Priorisierung von Herkunft beeinflussen kann, zeigt das Beispiel von Sandra. In ihrer Rolle als Studentin und Mutter von vier schulpflichtigen Kindern betont sie im gesamten Interview sehr, dass Alltag und Lebensmitteleinkauf starkem Zeitdruck unterliegen und die Auswahl der Waren dementsprechend vor allem schnell und routiniert erfolgt:

> *„Ich habe dafür gar nicht die Zeit [sich über Lebensmittel zusätzlich zu informieren; Anm. d. Verf.]. Also das sind so Sachen, die würden mich irgendwie* ***viel zu viel Zeit kosten*** *und ich bin sowieso da immer schnell, schnell, schnell, alles erledigen. Und hab da gar nicht so das Auge drauf." (Sandra)*

Auch für Patrick, der als Fachreferent in einem großen Industrieunternehmen zwar beim Lebensmitteleinkauf keine finanziellen Restriktionen erlebt, jedoch auf Grund seiner Arbeitszeiten seine Einkäufe unter Zeitdruck erledigt, sind besondere Produkteigenschaften wie Herkunft oder Siegel keine Priorität. Er empfindet sie zwar als Mehrwert, würde aber keinen Aufwand betreiben, um ein entsprechendes Produkt zu suchen, sondern beton, dass für ihn beim Einkauf das pragmatische Vorgehen ohne lange Überlegungen zentral ist:

> *„Würde ich jetzt drauf [die Herkunft; Anm. d. Verf.] achten, wenn ich einfach nur den Apfel kaufe? Wahrscheinlich nicht. Wenn da ein Schild drauf wäre „regional", würde mich das wahrscheinlich schon eher dann- wenn ich quasi einfach links oder rechts greifen müsste, würde ich machen. Aber ich würde jetzt nicht* ***irgendwie groß suchen****, wo kommt der jetzt her." (Patrick)*

Beide Beispiele zeigen – wenn auch vor unterschiedlichen sozioökonomischen Hintergründen – dass die Auseinandersetzung mit und der Einkauf von frischem Obst und Gemüse mit besonderen Eigenschaften wie Siegeln oder bestimmten Herkünften einen zeitlichen Mehraufwand bedeuten, der nicht von jedem*r Konsument*in geschultert werden kann oder will.

6.3 Flexibilität

Um eine bestimmte Eigenschaft zu priorisieren braucht es drittens die Flexibilität sich auf ein eingeschränkteres Warenangebot einzulassen: Wenngleich die Produktvielfalt am Obst- und Gemüseregal beeindruckend, mitunter – wie einige meiner Interviewpartner*innen anmerkten – auch erschlagend und überfordernd ist, gibt es längt nicht alles immer in allen Qualitäten. Die Priorisierung einer bestimmten Produkteigenschaft, wie bspw. die Herkunft oder das Bio-Siegel, erfordert daher zusätzlich zu einem bestimmten zeitlichen und finanziellen Budget auch eine gewisse Flexibilität. Diese Flexibilität kann darin bestehen Einkäufe ad hoc im Supermarkt umzuplanen, weil eine Zutat nicht in der gewünschten Qualität zu haben ist oder einen weiteren Laden aufzusuchen. Voraussetzung dafür ist neben dem Faktor Zeit eine gewisse Koch- und Ernährungskompetenz, die das Improvisieren ermöglicht, aber nicht in jedem Haushalt vorhanden ist. Weiterhin können die Präferenzen des Haushalts entscheidend sein. Die Versorgung einer sechs-köpfigen Familie mit unterschiedlichsten Geschmäckern, wie im Fall von Sandra, kann Entscheidungen erfordern, die eher pragmatisch als an bestimmten Idealen orientiert sind.

> *„Also ich nehme jetzt inzwischen immer einen 2-kg-Beutel. Weil wir einfach sechs Personen sind und jeder von uns Äpfel isst. Und dann achte ich auch darauf, dass die meistens- [...] Also ich hole immer die* ***2-kg-Beutel Äpfel aus Brandenburg****. Und ansonsten versuche ich drauf zu achten, dass sie nicht mehlig sind.* ***Denn dann werden die nicht gegessen****." (Sandra)*

Zwar macht Sandra hier die Herkunft der Waren durchaus zum Thema, ein starker Fokus liegt hier aber auch auf den Aspekten Menge („2-kg Beutel") und den materiellen Eigenschaften der Äpfel („nicht mehlig"), die klar an den Bedarfen einer großen Familie und den Geschmäckern ausgerichtet sind. Beim Kauf von Großpackungen dürfte zudem auch der niedrigere Preis eine Rolle spielen, den Sandra an anderer Stelle als wichtiges Kriterium benennt. Im Gegensatz zu Sandra hat Birgit die Möglichkeit bestimmte Produkte einfach nicht zu kaufen, wenn es diese nicht in der von ihr präferierten Qualität gibt: Sie ist Mutter von zwei erwachsenen Kindern. Diese haben einen weniger speziellen Geschmack und altersbedingt zugleich mehr Möglichkeiten selbst auf andere Speisen auszuweichen. So verzichtet Birgit bei unserem gemeinsamen Einkauf, nachdem sie in zwei Läden danach gesucht hat, auf Birnen aus Argentinien, weil ihr die Distanz zu groß ist und auf Cocktailtomaten, weil es diese nur in Plastikverpackung gibt und weicht stattdessen auf anderes Obst und Gemüse aus – eine Möglichkeit die Sandra mit wählerischen Kindern nicht offensteht.

Auch wenn dieser Aspekt in meinen Interviews nicht zur Sprache kam, ist zudem anzunehmen, dass auch gesundheitliche Motive in Opposition stehen können zu nachhaltigkeitsrelevanten Entscheidungen. So können Lebensmittelunverträglichkeiten bspw. zum einen das in Frage kommende Warenangebot stark schmälern und zudem ein eigenes Spezialwissen erfordern. Beide Ansprüche miteinander zu harmonisieren könnte dann eine erhebliche Herausforderung darstellen.

Diese Beispiele aus den Interviewdaten zeigen, dass die Priorisierung der Herkunft von frischem Obst und Gemüse abhängig ist von den drei Rahmenbedingungen des finanziellen und zeitlichen Budgets sowie einer gewissen Flexibilität. Konsument*innen, die ein eher entspanntes Verhältnis zu Zeit und Geld sowie eine größere Flexibilität und Spontaneität beim Einkauf haben, haben mehr Spielraum besondere Produkteigenschaften, wie die Herkunft der Waren, zu einem Kriterium ihres Einkaufs zu machen bzw. diese zumindest als ein Kriterium neben anderen zu reflektieren und gegenüber anderen (z.B. andere Siegel) abzuwiegen.

6.4 Zusammenfassung

Es zeigt sich also, dass eine vertiefte Auseinandersetzung mit Lebensmitteln, ihrer jeweiligen Herkunft und Qualität immer auch eine Frage bestimmter Voraussetzungen ist, da zeitliche und finanzielle Ressourcen ungleich verteilt sind. Das Haushaltseinkommen ist klar als zentraler ermöglichender oder begrenzender Faktor für den Konsum von regionalen, ökologischen oder fair gehandelten Produkten zu sehen. Die Preise von Lebensmitteln sind zwar in Deutschland im europäischen Mittelfeld, die Preise zwischen denselben Produkten innerhalb eines Ladens, vor allem aber in verschiedenen Läden, variieren jedoch zum Teil erheblich. So werden Bananen z.B. zu Preisen zwischen 99 Cent und drei Euro pro Kilo angeboten (Ladeninnenbegehung TP W&W). Auch im Bereich von frischem Obst und Gemüse findet eine immer weiter zunehmende Ausdifferenzierung der Produkte und somit auch der Preise statt. Selbst bei identischen Produkten wie Bananen gibt es inzwischen in den meisten Supermärkten und Discountern mehrere Varianten: ein preiswertes Discount-Produkt, ein Marken-Produkt und eine Bio und/oder Fairtrade-Variante (Hering/Fülling 2021) (vgl. Abb. 29). Auch die Vermarktung der Herkunft von Waren spielt für Händler*innen und Landwirt*innen eine immer

Abbildung 29: Produkt- und Preisdifferenzierung verschiedener Bananen in einem Supermarkt: Discount-Angebot, Markenprodukt, Biovariante und Eigenmarke mit eigenem Umweltsiegel

Fotos: Eigene Aufnahmen

größere Rolle und spiegelt sich in einer Ausdifferenzierung der Preise wieder (vgl. Kapitel 2).

Es erfordert zudem ein entsprechendes Zeitbudget sich vor und/oder nach dem Lebensmitteleinkauf mit der Herkunft von Waren und den Schlüssen, die daraus zu ziehen sind, auseinanderzusetzen und diese bspw. gegenüber den Eigenschaften von Bio-Produkten abzuwägen, um ein entsprechendes Wissen aufzubauen, dass schließlich auch zu als gut empfundenen Kaufentscheidungen führt. Flexibilität und Spontaneität beim Lebensmitteleinkauf können abhängig sein von der familiären, aber auch der gesundheitlichen Situation. Diese können Spielräume bei der Produktauswahl eröffnen oder verschließen. So zeigte auch Weiß (2006), dass „Familienorganisation eine Barriere für umweltfreundliche Verhaltensweisen" (ebd.: 205) beim Lebensmitteleinkauf darstellen kann. Das angesprochenen Ernährungswissen bzw. die Kochkompetenz sind zudem nicht in jedem Haushalt vorauszusetzen. Die normative Annahme, dass jede*r Konsument*in eine gewisse Expertise rund um das Thema Lebensmittel haben sollte, ist jedoch weit verbreitet. So zeigte Augustin (2020), dass gerade Expert*innen mitunter eine „Priorisierung von Ernährung gegenüber anderen Lebensbereichen" (ebd.: 233) für eine ausgewogene Ernährung insbesondere bei Menschen, die Einschränkungen beim Zugang zu Lebensmitteln erleben, voraussetzen. Diese ist jedoch in der Realität weder anzutreffen noch einzufordern. Die Frage, wieviel Zeit in den Einkauf investiert wird, ist also auch eine Frage der entstehenden Opportunitätskosten[30], die den Konsument*innen beim Suchen von Informationen, Waren oder Alternativen entstehen. Ein Aspekt, der in den Interviews nicht im Fokus lag, jedoch ebenfalls eine wichtige Rahmenbedingung für die Priorisierung bestimmter Produkteigenschaften ist, sind Gelegenheitsstrukturen, also das Angebot an Lebensmittelgeschäften. So lässt sich ein Zusammenhang zwischen dem Angebot an Lebensmitteln in der unmittelbaren Wohnumgebung und umweltfreundlichen Verhaltensweisen beim Lebensmitteleinkauf erkennen: Personen, die in Wohngebieten leben, die ein breites Angebot an Lebensmittelgeschäften aufwiesen, treffen eher umweltfreundliche Kaufentscheidungen. Denn ein größeres Sortiment im Allgemeinen geht in der Regel auch mit mehr Bio-zertifizierten, Fairtrade-zertifizierten oder regionalen Waren einher und erleichtert somit eine entsprechende Auswahl zu treffen (Weiß 2006: 198). Trotz dieser vielfältigen Rahmenbedingungen hat sich im Verlauf der Gespräche, die für diese Arbeit geführt wurden, herausgestellt, dass neben Preis und materiellen Eigenschaften auch weitere Aspekte, wie die Herkunft für die meisten Konsument*innen bedeutsam sind. Auch wenn sie gar nicht oder nicht immer als Kriterium für die Kaufentscheidung fungiert, zeigt sich, dass mit der Herkunft der Produkte eine Vielfalt verschiedener Assoziationen über die Orte des Anbaus, die Qualität der Produkte, ihre moralische Güte und Umweltverträglichkeit sowie Vorstellungen über das Funktionieren unseres Nahrungsmittelsystems verbunden sind. Diesen möchte ich in den folgenden Unterkapiteln weiter auf den Grund gehen.

[30] Unter Opportunitätskosten wird in der Ökonomie im Allgemeinen ein entgangener Nutzen bei der Entscheidung zwischen zwei Möglichkeiten verstanden. Im Hinblick auf den Güterkonsum kann das zum Beispiel die eingesetzte Zeit für eine bestimmte Aktivität (wie die Suche nach einem Produkt) sein, die folglich nicht mehr für eine andere Aktivität (zum Beispiel Versorgung von Kindern) zur Verfügung steht (Buhl et al. 2017).

7 Die räumliche Herkunft von frischem Obst und Gemüse

Die Bewertung von Waren wie frischem Obst und Gemüse durch Konsument*innen ist ein kompliziertes Unterfangen: Warenketten sind komplex und unübersichtlich, die Warenvielfalt ist groß, verschiedene Kriterien wie Preis, Aussehen, Geschmack, Verwendungsmöglichkeiten, Größe, Verpackung, Symbolwert, Sozial- und Umweltverträglichkeit können oder müssen in Betracht gezogen werden. Ein weiteres Kriterium, das zur Bewertung von Waren herangezogen werden kann, ist die Herkunftsangabe (vgl. Kapitel 4.4). Diese ist in Deutschland verpflichtend an der Ware auszuweisen. Zunächst liefert die Herkunftsangabe auf frischem Obst und Gemüse eine Auskunft über den Staat, in dem das Produkt gewachsen ist und geerntet wurde. Die Kenntnis der Herkunft verspricht dabei, wie in Kapitel 4.4 deutlich wurde, der in Kapitel 2 und 3 charakterisierten Entfremdung zwischen den Sphären der Produktion und des Konsums etwas entgegenzusetzen, indem sie Nachverfolgbarkeit, aber auch Authentizität oder soziale Nähe suggeriert. Damit wird oftmals der Anschein geweckt, dass die Herkunftsangabe auch etwas über Biographien der Ware erzählt. In Deutschland erfreuen sich insbesondere regionale Produkte in der jüngeren Vergangenheit großer Beliebtheit (vgl. Kapitel 2.3 und Kapitel 4.4.2), sie versprechen Frische und Nachhaltigkeit. Doch auch andere Anbauorte können inszeniert werden, um bspw. die besondere Qualität als *exotisch* vermarkteter Südfrüchte hervorzuheben. Ob eine bestimmte Herkunft, also z.B. ein Anbauort aber positiv oder negativ bewertet wird, hängt damit zusammen, mit welchen anderen Merkmalen er in Verbindung gebracht wird, welche sozial-räumlichen Narrative oder Imaginationen er also möglicherweise hervorruft. Welche Assoziationen und Bilder mit einer Herkunft einhergehen, kann zwar vom Handel durch entsprechende Vermarktungsstrategien beeinflusst werden, hängt aber genauso mit vielen anderen Wissens- und Informationsquellen, wie bspw. medial vermitteltem Wissen oder persönlichen Erfahrungen und Eindrücken, zusammen (vgl. Kapitel 4.4).

In diesem Kapitel möchte ich daher der Frage nachgehen, welche Bedeutung die Herkunftsangabe bei frischem Obst und Gemüse für Konsument*innen für die Bewertung der Waren hat. Dabei interessiert mich, wie die *Information* der räumlichen Herkunft genutzt wird, um daraus *Wissen* über die Ware abzuleiten (vgl. Kapitel 4.2) und wie sozial-räumliche Assoziationen über Herkunftsorte zur Bewertung der Waren beitragen. Fragen der Nachhaltigkeit und Gesundheit sowie symbolische Eigenschaften der Waren stehen dabei im Zentrum.

Zuerst möchte ich im folgenden Kapitel 7.1 jedoch den Begriff der Herkunft einer kritischen Befragung unterziehen und analysieren welche Aussagekraft die Herkunftsangabe auf frischem Obst und Gemüse überhaupt haben kann. Zudem werde ich zeigen, wie unterschiedlich dieser Begriff von Konsument*innen gedeutet wird. Im Anschluss daran folgt im zentralen Kapitel 7.2 die Darstellung der verschiedenen Themengebiete, die in meinen Interviews im Zusammenhang mit der Herkunft von frischem Obst und Gemüse zur Sprache kamen. Zudem wird deutlich werden, wie die Herkunftsangabe von Konsument*innen als *proxy* bzw. *heuristic shortcut* (vgl. Kapitel 4.4.1), also als Annäherung oder Ersatz für fehlendes oder unsicheres Wissen über die Waren, genutzt wird, um dennoch als gut empfundene Kaufentscheidungen zu treffen. Im Anschluss daran folgt im Kapitel 7.3 ein kurzer Blick auf die Waren selbst, der zeigt wie nicht nur die Differenzierung in problematische und unproblematische Herkunftsorte, sondern auch die Differenzierung der Waren in diese Kategorien, Kaufentscheidungen erleichtern kann. Zuletzt bringe ich diese Erkenntnisse in Beziehung zur Literatur und ziehe Schlussfolgerungen im Hinblick auf meine Fragestellung.

7.1 Herkunft von Obst und Gemüse: Ein uneindeutiges Konzept

Um über die Bedeutung des Herkunftsortes zu sprechen, ist vorab zu klären was damit überhaupt gemeint ist. Zwar suggeriert die obligatorische Herkunftsangabe auf frischen Obst- und Gemüseprodukten, dass es sich hierbei um eine eindeutige Information handelt. Bereits in Kapitel 4.4 wurde jedoch deutlich, dass die Information der Herkunft sehr unterschiedlich gedeutet werden kann. Sowohl eine analytische Perspektive auf die Herkunft von frischem Obst und Gemüse als auch eine empirische Perspektive unter Rückgriff auf meine Interviewdaten sollen im Folgenden die Unschärfe des Konzeptes der Herkunft aufzeigen und deutlich machen, dass sie zwar vielfach als Information, Marketinginstrument oder Selbstversicherung herangezogen wird, mitunter aber wenig Wissen über ein Produkt und seine Biographie vermittelt.

7.1.1 Frisches Obst und Gemüse als hybride und multinationale Waren

Wirft man einen näheren Blick auf die Geographien eines frischen Produktes, so wird schnell klar, dass es sich hierbei nicht selten um Migranten und Hybride mit alles andere als eindeutiger Herkunft handelt (vgl. Kapitel 4.1.1). Statt einer geographisch konkret lokalisierbaren Herkunft lassen sich oftmals multiple räumliche und damit auch soziale Bezüge entdecken. Dies leuchtet unmittelbar ein, wenn man etwa an Waren denkt, die arbeitsteilig hergestellt und aus verschiedenen Vorprodukten und Einzelteilen zusammengesetzt werden, so wie etwa Kleidung, Autos oder Elektrogeräte. Hierbei handelt es sich heute in der Regel um bi-nationale oder hybride Produkte (Pike 2009: 8). Doch auch frisches Obst und Gemüse, das auf den ersten Blick nicht wie eine aus verschiedenen Einzelteilen zusammengesetzte Ware erscheint, weist diverse räumliche Bezüge auf, die eine eindeutige Verknüpfung der Herkunft mit anderen Produkteigenschaften erschweren.

Durch die EU-Verordnung 1182/2007 haftet jeder Tomate, jedem Apfel und jeder Banane eine Herkunftsangabe an, die den Konsument*innen mutmaßlich Wissen über das Produkt vermitteln soll. Diese Herkunftsangabe bezieht sich ausschließlich auf den Ort des Anbaus. Da es sich dabei zunächst einmal um eine nationale Herkunftsangabe handelt, erhält die Ware gewissermaßen eine nationale Identität: eine spanische Tomate, eine indische Traube. Doch auch bei frischem Obst und Gemüse bietet dieses Konzept bei genauerem Hinschauen eine Vielzahl an Fallstricken und ist weit weniger eindeutig, als viele Menschen zunächst annehmen. Denn, wie Annemike Hendriks (2018) am Beispiel der Tomate zeigt, umfasst das Leben der Frucht oder eines Gemüses eine ganze Reihe von Aktivitäten, an denen verschiedene Akteur*innen aus verschiedenen Nationen beteiligt sind: Wie bereits in Kapitel 2 thematisiert lässt sich bei verschiedenen, frischen Gartenbauprodukten und so auch bei Tomaten, zwischen sogenannten alten Sorten und zeitgenössischen Sorten unterscheiden. Während es sich bei ersteren in der Regel um lokal angepasste Züchtungen handelt, die für eine bestimmte Region als typisch gelten und dort ihre primäre Verbreitung haben, handelt es sich bei letzteren um Sorten, die von großen Saatgutherstellern und Agrarunternehmen für großmaßstäbige Produktion in Hightech-Gewächshäusern gezüchtet, produziert und vertrieben werden. Zwar ähneln die daraus wachsenden Früchte oft lokalen Sorten (damit die Früchte auf den nationalen Märkten Absatz finden), doch sind sie auf deutlich höhere Erträge ausgerichtet, resistenter gegenüber Schädlingen, besser haltbar und somit besser zu vermarkten. Dass das Saatgut für eine im deutschen Supermarkt erworbene Tomate – oder auch für ein anderes Supermarktgemüse – aus den Niederlanden stammt ist dabei relativ wahrscheinlich. Laut Hendriks (2018: 93) kommt etwa ein Drittel der Weltproduktion des Gemüsesaatguts aus den Niederlanden. Etwa 70% des weltweiten, kommerziellen Saatgutmarktes sind demnach in den Händen von zehn Unternehmen, darunter multinationale Unternehmen wie Bayer-Monsanto oder Syngenta. Aus welchem Land und von welchem Unternehmen das Saatgut jedoch im Einzelfall stammt, ist für die Konsument*innen im Supermarkt nicht nachzuvollziehen. Neben der Herkunftsangabe tragen auch die Sorten selbst mitunter Namen, die eine räumliche Assoziation wecken: Sorten wie Coeur de Boeuff oder Caprese lassen vermuten, dass die Produkte aus Frankreich oder Italien stammen. Doch weder die Herkunft des Saatguts, noch der Anbauort, der schließlich auf der Verpackung angegeben ist, müssen mit diesen Assoziationen korrespondieren (die vermeintlich kubanische Limette aus Kapitel 4.4.1 ist ein anderes Beispiel hierfür).

Der Anbau von Tomaten findet heute in der Regel in Gewächshäusern oder unter Folientunneln statt. Wenn es sich nicht um zertifizierte Bioproduktion handelt, wachsen sie nicht in Erde, sondern auf Steinwolle oder Kokossubstrat als Hydrokultur und werden über Plastikkabel mit speziell zusammengesetzten Düngerkonzentraten versorgt. Die Technologie hierfür stammt oft aus den Niederlanden, die sich in den vergangenen Jahrzenten unter anderem auf die Entwicklung von hochmoderner Gartenbautechnologie spezialisiert haben. Selbst die zur Schädlingsbekämpfung eingesetzten Schlupfwespen (eine besonders in den Niederlanden verbreitete Alternative zu Pestiziden) und die zur Bestäubung dienenden Hummeln können dabei aus den Niederlanden stammen. Gleichwohl beim Anbau von frischen Gartenbauprodukten natürlich lokale Begebenheiten wie das Klima eine Rolle spielen (so z.B. in der Provinz Almeria in Spanien, die aufgrund der vielen Sonnenstunden günstige Ausgangsbedingungen bietet für den ganzjährigen Gewächshausanbau von Produkten wie Paprika, Honigmelonen, Auberginen oder Tomaten), ist es für die Qualität der Tomaten letztendlich nicht mehr zentral, wo genau das Gewächshaus stand. Tatsächlich lässt sich auf Grund der hochtechnologischen Anbauweise die Herkunft der Früchte selbst durch moderne Isotopenforschung nicht mehr eindeutig ermitteln (Hendriks 2018).

Neben dem Saatgut, der Technologie und unter Umständen Tieren sind nicht zuletzt auch noch Menschen an der Produktion beteiligt. Bei den Erntehelfer*innen handelt es sich – egal ob in den Niederlanden, Spanien oder Deutschland – oft um Migrant*innen und Saisonarbeiter*innen. Diese stammen häufig aus Osteuropa oder afrikanischen Ländern und arbeiten meist unter prekären Bedingungen. Bei den Erntehelfer*innen aus Afrika, die insbesondere in Südeuropa tätig sind, handelt es sich oft um Geflüchtete, die bereits viele Station zurückgelegt haben (z.B. aus ihrer Heimat in Westafrika, über Libyen bis nach Italien oder Spanien) und die sich aufgrund ihrer aufenthaltsrechtlichen Bedingungen auf unsichere und ausbeuterische Arbeitsverhältnisse einlassen müssen (Reckinger 2018). Allein die Arbeiter*innen haben mithin eine multilokale Identität. Im Hinblick auf die Tomate fragt Hendriks (2018) daher:

> *„Sind die Tomaten in den holländischen Gewächshäusern vielleicht teilweise polnisch und baltisch und ihre spanischen Artgenossen nordafrikanisch, weil von dort die Arbeitskräfte kommen? Zwischen Geburt und Tod einer Tomate liegt eine ganze Reihe von Handlungen, an denen mehrere Nationen einen Anteil haben können." (ebd.: 74)*

Neben diesen Fragen ist zudem zu berücksichtigen, dass die meisten der frischen Gartenbauprodukte, die heute als typisch für nationale Küchen gelten, dort nicht schon immer gegessen wurden: Die Kartoffel stammt aus Südamerika, wurde etwa im 16. Jh. nach Europa gebracht und fand erst im 18. Jh. weite Verbreitung in Deutschland und Europa, als ihre wichtige Rolle zu Bekämpfung von Hungersnöten erkannt wurde (Pollan 2002: 198-205). Die Tomate, die heute als typisch für die italienische Küche gilt und das liebste Gemüse der Deutschen ist, hat ihre wilden Vorfahren ebenfalls auf dem amerikanischen Kontinent und wuchs dort ausschließlich in der Nähe des Äquators. Zunächst als Zierpflanze mit kleinen gelben Beeren nach Europa gebracht, näherte sich die Züchtung erst gegen Anfang des 20. Jh. der heute bekannten roten Frucht an und etablierte sich erst danach in der italienischen Küche, aus der sie heute nicht mehr wegzudenken ist (Hendriks 2018: 72).

Obwohl Herkunft also ein sehr unpräzises Konzept ist und die Geographien der Waren sich als deutlich komplexer entpuppen, spielt es im Kauf und Verkauf von Lebensmitteln keine unwichtige Rolle und wird zur Beurteilung, genauso wie zur Inszenierung von Qualität herangezogen. Das zeigt sich sowohl im Handel an der zunehmenden Vermarktung der Herkunft (vgl. Kapitel 2.3 und Kapitel 4.4.2), aber auch am starken

Interesse der Kund*innen an solchen Informationen, wie im Verlauf dieses Kapitels noch deutlicher werden wird.

7.1.2 Die Mehrdeutigkeit der Herkunft aus Konsument*innenperspektive

Auch die Interviews zeigen, dass die Herkunft zwar einerseits ein sehr relevantes Kriterium zur Bewertung von frischem Obst und Gemüse sein kann, zugleich aber ein sehr unpräzises und schlecht zu greifendes Konzept ist. Dies wird vor allem in der Reflexion über den Begriff „Regional" deutlich, der insgesamt mit sehr positiven Assoziationen behaftet, bei näherer Betrachtung aber dann doch oft wenig aussagekräftig erscheint. So berichtet Mareike auf die Frage, welche Bedeutung die Herkunft von frischem Obst und Gemüse für sie hat:

> *„Ja, ist immer* ***eine Frage der Relation****. Klar, bei Orangen, die ich ja nicht aus Deutschland kriege, ist dann immer noch Spanien so* ***ein Kompromiss, gefühlte Nähe****, wenigstens Europa. [...], also ich bilde mir jetzt ein das wird nicht geflogen, [...] kann sogar sein, dass es auch geflogen wird. Das ist wahrscheinlich eine Entfernung, weiß ich gar nicht, ob das über Landweg oder Containerschiff oder ich weiß nicht-. Also, klar es ist ja auch eine gewisse Entfernung, aber* ***gefühlt eben noch einmal näher als Früchte aus Neuseeland oder Argentinien****. Von daher, ja ist so ein bisschen diese Abstufung. Wenn möglich wenigstens aus Europa und noch besser wäre aus dem eigenen Land, so* ***irgendetwas Regionales****." (Mareike)*

Auf die Frage, was sie unter „regional" versteht, fährt sie fort:

> *„Also, ich denke dann eher wirklich an* ***so richtig regional****. Also, regional ist für mich so ein Wort eher für eben, ich sage einmal,* ***Berlin-Brandenburg****. Ja. Aber klar, es ist eigentlich* ***eine Dimension, die jetzt eben so vom Vergleich auch lebt****. Spanien ist jetzt noch einmal regionaler als Argentinien, aber ich benutze das Wort, glaube ich eher, als etwas Gefühltes,* ***gefühlt Näheres****, so: Die Region. Also, eine Region ist ja irgendwie, ja, im besten Fall maximal ein* ***Bundesland****, so. Ja, ich weiß nicht, wie nennt man das denn sonst? Also regional, was würde ich denn zu Europa sagen? Das ist, ja, weiß man nicht. Nein, irgendwie, nein ist das Wort eher für mich, glaube ich, so* ***ein kleinerer Umkreis****, als jetzt so innerhalb Europas. Ja, oder? Also, ich weiß gar nicht. Vielleicht, es gibt sogar noch offizielle Definitionen, was das einschließt regional." (Mareike)*

Mareikes Ausführungen zeigen verschiedene Aspekte auf, die das Konzept der Herkunft so kompliziert und uneindeutig machen. Im ersten Zitat führt sie gleich mehrere Perspektiven ein, über die man über Herkunft nachdenken kann: Zum einen adressiert sie die „gefühlte Nähe" und macht damit deutlich, dass in diesem Fall weder ein bestimmtes Land noch die Distanz dorthin eine Rolle spielt, sondern eine abstraktere und sehr subjektive Dimension der Nähe, die oftmals auch mit kulturellen oder sozialen Faktoren sowie positiven Assoziationen und Vertrauen zusammenhängt. In Anlehnung an die verschiedenen Regionalitätskonzepte regionaler Produkte, wie (Ermann 2004: 330) sie definiert, handelt es sich hierbei um kommunikative Regionalität, also um ein Gefühl der Vertrautheit (vgl. Kapitel 4.4.2). Mareikes Ausführungen korrespondieren ebenso mit Simandan (2016) (vgl. Kapitel 3.3.1), der zeigt wie sich in der menschlichen Wahrnehmung räumliche und soziale (sowie zusätzlich zeitliche und hypothetische Nähe) überlagern. Im Folgenden adressiert Mareike jedoch auch das formal-räumliche Regionalitätskonzept, indem sie die Entfernung zwischen dem Ort des Anbaus und dem Ort des Einkaufs zum Thema macht. In diesem Fall bringt sie die Herkunft zugleich mit dem Transport in Verbindung, ein Aspekt, der, wie wir in diesem Kapitel sehen werden, von besonderer Bedeutung ist. Zudem spricht Mareike im zweiten Abschnitt des Interviewzitates noch den Raum Berlin-Brandenburg bzw. das Bundesland als mögliche Abgrenzung an. Hierbei handelt es sich ebenfalls um ein formal-räumliches Regionalitätskonzept, dass jedoch dieses Mal nicht anhand der Distanz, sondern anhand einer bestimmten (administrativen) Raumeinheit gedacht wird, der bestimmte Eigenschaften zugeschrieben werden können. Ein weiterer interessanter Aspekt, auf den ich zuletzt eingehen möchte, ist die Beschreibung von Regionalität als „eine Dimension, die [...] vom Vergleich lebt." Auch hier wird die Herkunft nicht als ein absoluter Ort gedacht, sondern in Relation stehend, sowohl zum eigenen Standort als auch zu möglichen anderen Herkunftsorten, sowie zum Produkt selbst. So ist eine Orange aus Spanien ggf. noch „regional", während für einen Apfel ein anderer Maßstab gelten könnte. Rauch (1996: 23) zitiert nach Ermann (2005: 66) nennt dies ein „regionales Subsidiaritätsprinzip", d.h. die „‚Nähe' einer Produktherkunft [wird] in Relation zu der geringstmöglichen Herkunftsdistanz beurteilt" (ebd.).

Anhand der Ausführungen einer einzelnen Konsumentin lässt sich erkennen, wie viele unterschiedliche Dimensionen die Herkunft eines Produktes hat. Sie kann als Ort, Distanzbestimmung, Gefühl oder als relationale Beziehung ganz unterschiedliche Bedeutungen bekommen. Hinzu kommt, dass die Herkunft eines Frischeproduktes bei genauerer Betrachtung seiner Geographien und der eingesetzten Vorprodukte, Technik sowie der menschlichen und tierischen Arbeit keineswegs so eindeutig zu bestimmen ist, wie die Herkunftsangabe auf den Waren in der Supermarktauslage es vermuten lässt. Daraus ergibt sich die Frage, welches Wissen Konsument*innen aus dieser Information generieren sollen und welche Schlüsse sie daraus für ihr Konsumhandeln ziehen können. Umso interessanter ist es daher sich im Folgenden mit der Frage auseinanderzusetzen, wie Konsument*innen diese allgegenwärtige Information – eine der wenigen, die sie am Ort des Verkaufs überhaupt über die Waren erhalten – dennoch relevant machen und daraus Rückschlüsse über die Waren ziehen, die ihnen helfen sich innerhalb der komplexen Warenwelt zu orientieren. Diese Frage steht im Zentrum des folgenden Unterkapitels.

7.2 Herkunftsangaben als Proxies und Symbolträger

In diesem Unterkapitel werden die verschiedenen Themengebiete im Zentrum stehen, die im Verlauf meiner Interviews im Zusammenhang mit der Herkunft der Waren zur Sprache kamen und ich werde der Frage nachgehen, welche Bewertungen und Deutungen von meinen Gesprächspartner*innen auf Grundlage dieser Herkunftsangabe vorgenommen wurden. Oft leiteten meine Interviewpartner*innen Wissen über die Vertrauens- oder Potemkin-Eigenschaften ab (vgl. Exkurs II), also solche Produkteigenschaften, die die Konsument*innen nicht direkt im Laden oder nicht selbst überprüfen können oder versuchten sich auf Grundlage der Herkunftsangabe ein Bild über die Biographien der Waren zu machen. Hier nimmt die Orientierung an der Herkunft also oft die Rolle eines *proxies* bzw. *heuristic shortcuts* (vgl. Kapitel 4.1.2 und 4.4.1) ein. Gleichzeitig spielten symbolische Eigenschaften, wie etwa Heimatverbundenheit, (Un-)Natürlichkeit oder die Differenzierung zwischen Massenwaren und dem Besonderen anhand der Herkunft, eine wichtige Rolle.

Nicht alle meine Interviewpartner*innen orientieren sich beim Kauf von frischem Obst und Gemüse gleichermaßen an der Herkunft der Waren. Während zwar die meisten angaben, sich durchaus für die Herkunft der Frischeprodukte, die sie kaufen, zu interessieren, äußerten andere, dass sie sich weniger an der Herkunftsangabe orientieren. Beide Gruppen hatten jedoch, unabhängig davon, ob sie dieses Wissen bei der Einkaufsentscheidung relevant machen, bei näherer Nachfrage ausgeprägte Assoziationen zu den jeweiligen Herkunftsorten und zogen anhand dessen Schlussfolgerungen über die Waren. Hier waren es dann oft andere Präferenzen oder Restriktionen (vgl. Kapitel 6), die für die Konsument*innen wichtig waren, ohne dass dies bedeutet, dass nicht auch Zusammenhänge zwischen Herkunft und anderen Produkteigenschaften hergestellt wurden.

Die Interviews zeigten zugleich, dass Konsument*innen in der Regel nur eine sehr vage Vorstellung darüber haben, wo, wie und von wem das frische Obst und Gemüse, das sie konsumieren, hergestellt wird. Das Wissen der Konsument*innen bewegt sich oftmals im Rahmen des spekulativen oder anekdotischen. In den allermeisten Fällen ist dieses Wissen medial vermittelt, oftmals über Fernsehdokumentationen oder Nachrichten, die das Bild der Konsument*innen darüber prägen, wie die Produktion von frischem Obst und Gemüse von statten geht. Dabei sind es nach Aussagen der meisten meiner Interviewpartner*innen in der Regel eher Zufallsfunde im laufenden Fernsehprogramm bzw. Mediatheken oder Streaming-Diensten als gezielt gesuchte Programme. Dieses Wissen wird in einigen Fällen ergänzt durch persönliche Eindrücke oder Erfahrungen. Diese sind in einigen Fällen auf Urlaubsreisen entstanden und umfassen sowohl romantisierte Bauernhofbilder als auch desillusionierende Großplantagen und Folientunnel. Hinzukommen vereinzelt eigene Erfahrungen z.B. im eigenen oder elterlichen Garten oder beim gemeinschaftliche Erdbeerenpflücken auf Erdbeerfeldern in Brandenburg. Nur wenige Konsument*innen berichten darüber, gezielt nach Informationen über den Anbau von Produkten zu suchen und diese recherchieren dann im Internet. Der Supermarkt spielt als Informationsquelle eine untergeordnete Rolle. So gaben die meisten

Konsument*innen an, dass sie Informationsangebote im Supermarkt, z.B. Prospekte, Flyer oder auch QR-Codes an Produkten gar nicht wahrnähmen bzw. nicht nutzten. Für mich ergab sich damit ein etwas anderes Bild als Verbraucher*innenbefragungen des HDE und des BMEL: So gaben im „Handelsreport Lebensmittel" des HDE 69% der Befragten an sich am Einkaufsort zu informieren. Weitere wichtige Informationsquellen waren dort Etiketten und Siegel (54%), Internetrecherche (42%), Werbung (39%) und Informationsbroschüren (30%) (HDE 2018: 37). Die Zahlen des „Ernährungsreport 2017" des BMEL sind nahezu identisch (BMEL 2017: 14). Im „Ernährungsreport 2019" hingegen dominierten das persönliche Gespräch mit Freunden und Familie (78%), Werbung (76%) und Herstellerangaben (70%).[31] Digitale Angebote wie die Internetrecherche, soziale Medien, Foren und Blogs scheinen insbesondere bei jüngeren Befragten (68%) an Beliebtheit gewonnen zu haben (BMEL 2019a: 18). Interessant ist, dass Hersteller und der Einzelhandel als Informationsquelle in diesen Befragungen eine wichtige Rolle zu spielen scheinen, während meine Interviewpartner*innen desinteressiert, mitunter sogar ablehnend gegenüber diesen Angeboten waren (s. dazu auch Kapitel 8.1.4). Aus allen Informationen und Erfahrungen, die Konsument*innen nutzen bzw. die eher zufällig an sie herangetragen werden, formt sich eine eher vage Vorstellung darüber wo, unter welchen Bedingungen und mit welchen Nebenfolgen frisches Obst und Gemüse hergestellt wird. Dennoch sind diese Vorstellungen maßgeblich für die Beurteilung der Waren im Hinblick auf verschiedenste Aspekte, auf die ich in den folgenden Unterkapiteln im Detail eingehen möchte.

Eine zentrale Erkenntnis dieser Analyse ist, dass sich der beschriebene Regionaltrend auch in meinen Interviews niederschlägt. Viel mehr noch zeichnet sich mitunter geradezu eine Ablehnung von Waren aus dem Ausland ab. Die Argumentation meiner Interviewpartner*innen werde ich in den kommenden Unterkapiteln aufzeigen und im abschließenden Unterkapitel reflektieren. Die Ablehnung importierter Waren bzw. die Präferenz regionaler Waren ist jedoch auch nicht widerspruchsfrei. So plädieren viele meiner Interviewpartner*innen zwar für die Rückkehr zu einer eher regionalen Ernährung, zugleich zeigt sich in meinen Interviews sowie bei den Einkäufen, die ich begleiten durfte, dass die Vielfalt, die das globalisierte Nahrungsmittelsystem ermöglicht, von allen gern genutzt wird. Um eine gesunde, abwechslungsreiche und genussvolle Ernährung zu realisieren, wird das Angebot als notwendig, praktisch und kulinarisch anregend wahrgenommen (vgl. Exkurs IV).

Es lassen sich daraus auch Schlussfolgerungen darüber ableiten, wie die Einbettung des eigenen Konsums in ein globales Netzwerk und insbesondere die damit einhergehenden räumlichen und sozialen Verstrickungen von Konsument*innen (vgl. Kapitel 2.4) wahrgenommen werden. Dabei wird deutlich werden, dass diese die Welt umspannenden Handelsbeziehungen häufig mit Argwohn betrachtet werden. In der Wahrnehmung vieler Konsument*innen sind sie weniger ermöglichende Strukturen über die ein gesunder und genussvoller Lebensstil realisiert werden kann – gleichwohl dieser, wie der Exkurs IV zeigt, für viele wichtig ist – sondern stark problembehaftet und werden

[31] Unterschiede in den Befragungsergebnissen in den beiden Ernährungsreporten lassen sich vermutlich auch durch unterschiedliche Frageformulierungen und Antwortoptionen erklären.

mitunter abgelehnt. Infolgedessen lässt sich eine starke Zuwendung zu Produkten oder Produkteigenschaften beobachten, die versprechen diese Probleme zu lösen. Auf der einen Seite spielen hier bspw. Bio-zertifizierte Produkte eine wichtige Rolle. Der Fokus in diesem Kapitel wird jedoch auf dem Aspekt der Herkunft der Waren liegen.

Exkurs IV: Wertschätzung der Angebotsvielfalt im Alltag: Genuss und Gesundheit

Wie in Kapitel 2 dargestellt, lässt sich die Entwicklung des Angebots an frischem Obst und Gemüse im deutschen Lebensmitteleinzelhandel durch eine starke Zunahme der Warenvielfalt sowie eine große Kontinuität und Stabilität des Angebotes über das Jahr charakterisieren. Das heißt durch Importe wird sichergestellt, dass nahezu jedes Produkt zu jeder Zeit im Jahr verfügbar ist und sich so ein stets gleichbleibendes, diverses Angebot präsentiert. Dass dieses vielfältige Angebot von Konsument*innen in aller Regel durchaus geschätzt wird, zeigt sich in verschiedenen Bereichen. Sowohl in der Alltagsorganisation als auch im Hinblick auf Genuss und Gesundheit ist die Vielfalt ein zentrales Motiv.

Abbildung 30: Ananas, Koriander und Shiso-Blätter: Einkauf von Ina und David bei unserem gemeinsamen Einkauf in einem Feinkostsupermarkt

Foto: Eigene Aufnahme

In Kapitel 6 wurde deutlich, dass die Möglichkeit die Lebensmitteleinkäufe schnell und effizient erledigen zu können für viele Konsument*innen im Alltag wichtig ist. Vor allem dann, wenn durch Familie oder Erwerbsarbeit das Zeitbudget knapp ist. Dementsprechend schätzen viele meiner Interviewpartner*innen es, wenn alle Waren in einem Laden zu finden sind und nicht mehrere Geschäfte aufgesucht werden müssen. Da die Bedürfnisse von Konsument*innen naturgemäß sehr verschieden sind, lässt sich dies vom Lebensmitteleinzelhandel nur durch große Mengen und eine große Vielfalt vorgehaltener Produkte realisieren, damit möglichst auch samstagsabends noch ein zufriedenstellender Wocheneinkauf inklusive frischem Obst und Gemüse erledigt werden kann. Ein vielfältiges Angebot wird zudem als inspirierend (Erika, Carolin, Angelika, Bernhard, Ina und David) und genussvoll wahrgenommen (vgl. Abb. 30): Sofern zeitliche und finanzielle Kapazitäten vorhanden sind, beschreiben viele meiner Interviewpartner*innen den Streifzug durch den Supermarkt auch als anregend. Neue Produkte oder optisch ansprechende

Angebote, von denen sich die Konsument*innen „irgendwie angelacht und angemacht" (Bernhard) fühlen, werden gerne wahrgenommen.
So illustrieren die Ausführungen von Bernhard über seinen Einkauf, dass ihm das vielfältige Angebot in seiner Wohnumgebung zum einen ermöglicht seinen Einkauf im Voraus zu planen und sich gleichzeitig spontan im Laden inspirieren zu lassen und so einen genussvollen Ernährungsstil zu realisieren:

> *„Und ich mache manchmal auch spontan, will ich dann irgendwie was haben. Also es kann jetzt zum Beispiel passieren, ich [...] gehe* ***über den Markt und dann entdecke ich plötzlich frische Erbsen und dann will ich halt frische Erbsen mir holen****. Also es ist auch nicht so, dass ich jetzt schon tagelang vorher plane. Gut, jetzt das mit den Kartoffeln, das war jetzt ich habe jetzt irgendwie die letzten zwei Wochen keine gehabt und dann habe ich gedacht ‚Ah ja, die Woche könnte ich mal wieder Bratkartoffeln machen'. Und irgendwie an Karfreitag* ***einen schönen Kartoffelsalat und Fisch dazu****. Und das kann man ja schon, Kartoffeln kann man ja schon ein bisschen im Voraus holen. Gut und heute Abend dann werde* ***ich Spargel machen und nachher noch zum Neuland-Metzger fahren und einen Schinken holen****." (Bernhard)*

Die große Vielfalt im Lebensmitteleinzelhandel ermöglicht es Konsument*innen also sowohl pragmatische Erwägungen der Alltagsorganisation zu priorisieren (vgl. Kapitel 6) als auch das genussvolle Einkaufen und Essen. Diesen Eindruck bestätigt z.B. auch eine Studie von Zühlsdorf et al. (2018). Dort geben gut 60% der Befragten an, dass die Lebensmittelauswahl keine Wünsche offenlasse und mehr als 80% geben an, dass sie die Lebensmittel, die sie suchen, meistens auch finden.
Beim Thema Lebensmitteleinkauf und Ernährung von zentraler Bedeutung ist zudem zweifellos der Aspekt der Gesundheit. Normen darüber was eine gute und gesunde Ernährung ist und wie Menschen mit ihrem Körper umzugehen und ihn zu ernähren haben, spielen heute eine immer zentralere Rolle (Reitmeier 2013: 263f.). Dieses stark verwissenschaftlichte Ernährungswissen wird über Schlagworte wie „5 am Tag", durch Ernährungspyramiden, Ernährungstipps in Zeitschriften usw. regelmäßig neu vermittelt und reproduziert. Dementsprechend tief verwurzelt scheinen diese Wissensbestände bei den Konsument*innen auch zu sein. So wird eine gesunde Ernährung beschrieben als „ausgewogen, abwechslungsreich" (David) und „vitaminreich" (Klaus). Die besondere Bedeutung von frischem Obst und Gemüse wird dabei von vielen als zentraler Bestandteil einer gesunden Ernährung hervorgehoben. Insbesondere die Eltern, mit denen ich sprach, (z.B. Thomas, Saskia und Sandra) kannten zentrale Eckpunkte der klassisch als gesund erachteten Ernährung wie aus dem Effeff und versuchten diese auch ihrer eigenen Ernährungspraxis zugrunde zu legen, wie das nachfolgende Zitat von Saskia exemplarisch zeigt:

> *„Also gute Ernährung ist für mich, wenn man* ***sehr abwechslungsreich*** *kochen kann, mit vielen Sachen, die man* ***selber gemacht*** *hat und was halt auch einen* ***großen Anteil von Obst und Gemüse*** *mit beinhaltet. Und wenn es weniger Sachen sind, wie Süßigkeiten, Kuchen, oder so etwas in der Art." (Saskia)*

Die beiden Aspekte Genuss und Gesundheit gehen dabei oftmals Hand in Hand. Sich und dem eigenen Körper mit einer gesunden, frischen Mahlzeit etwas Gutes zu tun kann schon an sich ein Genuss sein, wie das nachfolgende Zitat von Birgit zeigt, die gemeinsam mit ihrer Tochter von ihrer alltäglichen Ernährung berichtet:

„[...] wir haben vor zweieinhalb Jahren uns den Smoothie-Maker gekauft und probieren da, aber da dann auch mit Abstrichen. Also da dann so ein Kombi aus frischem Obst und Gemüse und auch, weiß ich nicht, TK-Grünkohl und TK-Spinat so als Grundlage und dann immer das, was gerade an Obst weg muss sozusagen. Oder wir holen uns dann irgendwie eine riesen Papaya oder holen uns dann Mangos und dann frieren wir das selber ein in Tupper, dass man da dann immer, also weil es einfach morgens dann schneller geht, ganz pragmatisch und dann mit Zitrone und Ingwer und Kurkuma und – also einfach dieses – ***weil es uns guttut und schmeckt****." (Birgit)*

Birgit beschreibt im obenstehenden Zitat nicht nur wie Gesundheit und Genuss für sie in der Zubereitung und dem Verzehr eines bunten Smoothies zusammengehören. Die Aufzählung der zahlreichen verschiedenen Zutaten, die die Familie hierfür vorhält, zeigt zudem wie beides – Gesundheit und Genuss – mit eben jener Angebotsvielfalt zusammenhängen. Der ganzjährige Konsum von frischem Obst und Gemüse ist also inhärenter Bestandteil dessen, was als gesunde Ernährung gilt. Einen solchen Ernährungsstil zu verwirklichen ist, neben einer Orientierung an Fragen der Nachhaltigkeit, eine zentrale Anforderung, die an Konsument*innen herangetragen wird.

7.2.1 Die „Umweltangelegenheit"

Umweltverträglichkeit und Herkunft von frischem Obst und Gemüse waren für alle Konsument*innen, mit denen ich gesprochen, habe eng miteinander verknüpft. Das heißt, dass aus der Herkunftsangabe auch eine Annahme über die Umweltverträglichkeit des jeweiligen Produktes abgeleitet wurde. Die Themen, die dabei genannt wurden, waren sehr divers und wurden unter Schlagworten wie Schadstoff- oder Treibhausgasausstöße, Ressourcenverbrauch, Abholzung des Regenwaldes, Schädigung von Böden, Absenkung des Grundwasserspiegels oder auch sehr allgemein als „Umweltsache" (Bernhard) oder „Umweltangelegenheit" (Sabine) behandelt. Dass Landwirtschaft und Lebensmittelproduktion zum Teil mit erheblichen negativen Umweltfolgen einhergehen (vgl. Kapitel 2.3), war für alle Konsument*innen ein bekanntes Thema.

Im Hinblick auf die Umweltverträglichkeit von frischem Obst und Gemüse wurden von Konsument*innen oft Annahmen über gesetzliche Regeln zum Umweltschutz in den jeweiligen Ländern getroffen. So herrscht die Vorstellung, dass frisches Obst und Gemüse, das in Deutschland angebaut wurde, deshalb besser für die Umwelt sei, weil „wir **strengere Regulationen** haben, was den Einsatz von Pestiziden, Insektiziden eingeht. Dass es vielleicht dann potentiell irgendwie noch kontrollierter ist, als aus einem anderen Land, wo es einfach nur rausgeht, **möglichst viel, möglichst billig** herzustellen" (Saskia). Maßgeblich für die Bewertung des Produktes sind an dieser Stelle zum einen Saskias Annahmen über die strengere Gesetzeslage innerhalb Deutschlands. Zum anderen wird hier ein weniger auf Profitmaximierung fokussierter Anbaustil impliziert. Im Gegensatz dazu herrscht die Annahme, dass in Südeuropa nicht nur nicht sorgsam mit den Waren umgegangen wird, sondern diese auch stärker mit Pestiziden belastet und damit weniger gesund sind.

„Das weiß ich ja, wie es da [in Südeuropa; Anm. d. Verf.] aussieht. Das ist nicht so besonders gut. ***Massenproduktion****. Naja, das sind riesige Gemüse- und, wie heißen diese Dinger, Gewächshäuser. Eigentlich nur Plastik. Und ich bin mir ziemlich sicher, dass die da auch* ***viele Pestizide*** *verwenden. Da hat man ja auch* ***viele Haufen, die da weggeschmissen irgendwo rumliegen****. Das stelle ich mir nicht besonders gesund vor." (Erika)*

Im Hinblick auf Länder des Globalen Südens äußert sich Benjamin besorgt, dass Naturräume wie der Regenwald für den Anbau von Lebensmitteln zerstört werden:

„Ich sage mal, gerade wenn es um südamerikanische oder afrikanische Länder gehen würde, würde ich schon mal ab und zu mal ein bisschen googlen, ob das im ***Regenwaldgebiet*** *[angebaut wird; Anm. d. Verf.] und ob dafür, für mein Produkt, Rodungen stattfinden mussten." (Benjamin)*

Hier stehen also auf der einen Seite Produkte aus Deutschland, die auf Grundlage der angenommenen Gesetzeslage und einer sorgsameren Landwirtschaft eher als umweltfreundlich angesehen werden. Auf der anderen Seite stehen Produkte aus Südeuropa bzw. Ländern des Globalen Südens, die als weniger umweltfreundlich angesehen werden, auf Grund eines angenommenen Mangels an Regulation und Umweltschutz vor Ort. Zudem zeigt sich in den Aussagen, dass die Konsument*innen unterschiedliche Konzeptionen über die Art der Landwirtschaft haben, die einerseits in Deutschland und andererseits in Südeuropa betrieben wird: Letztere wird mit Massenproduktion in Verbindung gebracht, während die Produktion in Deutschland auch mit sorgsameren Landwirt*innen und einer nicht rein nach Gewinnmaximierung strebenden Art des Wirtschaftens assoziiert wird – ein Aspekt auf den ich im Verlauf dieses Kapitels noch zurückkommen werde. In allen Beispielen sind es Vorstellungen und Annahmen, z.B. über Gesetzeslange oder Umweltbewusstsein über die Produktionsländer selbst, die auf die Waren übertragen werden. Diese korrespondieren allerdings nur teilweise mit nachprüfbaren Zahlen, so etwa mit den Verkaufszahlen von Pestiziden oder den Rückständen von Pestiziden auf frischem Obst und Gemüse im Ländervergleich (vgl. Exkurs V und VII). Dabei nimmt die räumliche Detailschärfe der Assoziationen der Konsument*innen mit wachsender Distanz ab: Während Deutschland als Staat und Südeuropa als Region noch relativ eingegrenzte Räume sind, denen eine bestimmte Eigenschaft zugeschrieben werden, werden mit Südamerika und Afrika ganze Kontinente als homogener, problembehafteter Raum angesehen.

Exkurs V: Einsatz von Pestiziden und Insektiziden in der EU-Landwirtschaft

Da es keine flächendeckenden Erhebungen zur Ausbringung von Pestiziden gibt, lässt sich am besten anhand der Verkaufszahlen von Pestiziden ein Vergleich zwischen verschiedenen EU-Ländern ziehen. Tabelle 4 zeigt die Menge der verkauften Pestizide in Relation zur landwirtschaftlich genutzten Fläche. Daraus lässt sich ableiten, dass die Ausbringungsmengen in Deutschland im Vergleich zu Spanien und Italien niedriger sind. Sie sind vergleichbar hoch wie in anderen wichtigen Importländern von frischem Obst und Gemüse, etwa den Niederlanden, Polen oder Belgien. Gleichzeitig ist einschränkend anzumerken, dass die eingesetzte Menge von Pestiziden nicht nur abhängig von räumlichen und klimatischen Bedingungen, sondern auch von den Anbauprodukten selbst ist. Hinzu kommt weiterhin, dass neben der ausgebrachten Menge auch die substanzspezifische Toxizität der Pestizide relevant ist, um ihre Auswirkungen auf die Umwelt und die Produkte zu beurteilen. So zeigte eine Studie von Schulz et al. (2021) z.B., dass zwar die ausgebrachten Mengen von Pestiziden in der Landwirtschaft insgesamt sinken, die Toxizität insbesondere von Insektiziden in den letzten 25 Jahren stark zugenommen hat und für wirbellose Wassertiere und Bestäuber eine deutliche Bedrohung darstellt.
Ein weiterer Indikator für den Einsatz von Pestiziden beim Anbau sind die Rückstände derselben auf den Waren. Im Gegensatz zur Ausbringung werden diese regelmäßig erhoben. Ein Vergleich der Rückstände (vgl. Exkurs VII) zeigt hier, dass ausländische Produkte beim Gemüse geringfügig, beim Obst häufiger eine Überschreitung der Grenzwerte aufweisen (Hacker et al. 2019; Scherbaum et al. 2019). Die vorgestellten Verkaufszahlen und Rückstandsmengen weisen darauf hin, dass die Menge der ausgebrachten Pestizide in Deutschland tatsächlich geringfügig niedriger ist. Gleichzeitig wird deutlich, dass Verkaufszahlen und Rückstandsmengen allein nicht ausreichen, um die Umwelt- und Gesundheitswirkungen von Pestiziden und Insektiziden zu beurteilen. Die EuGH-Klage gegen Deutschland wegen Überschreitung der Nitrat-Belastung im Grundwasser in vielen Regionen Deutschlands, die zu einer Novellierung des Düngemittelrechts Anfang 2020 führte (EUWID 2021) und die Klage wegen unzureichender Umsetzung der Flora-Fauna-Habitat-Richtlinie (Michel 2021) weisen zudem darauf hin, dass die deutsche Landwirtschaft keinen Vorsprung im Hinblick auf Umweltfreundlichkeit gegenüber anderen EU-Länder hat. Es ist also fraglich, inwiefern das Zurückgreifen auf deutsche Produkte aus dieser Perspektive ein Beitrag zum Umweltschutz leisten kann. Da eine umfassende Auseinandersetzung mit dieser Frage den Rahmen dieser Arbeit sprengen würde, soll dieser Einblick vor allem dazu dienen die Komplexität der Frage zu verdeutlichen. Die Recherche zeigte zudem, dass aussagekräftige und verständliche Informationen zu diesen Fragen nur schwer verfügbar und damit auch für Konsument*innen nur schwer heranzuziehen sind.

Tabelle 4: Menge der Pestizidverkäufe im Verhältnis zur landwirtschaftlich genutzten Fläche in ausgewählten EU-Mitgliedsländern

Land	Landwirtschaftlich genutzte Fläche* [km²]	Pestizidverkäufe** [t]	Pestizide [kg/km²]
Belgien	13.508	6.826	505,33
Deutschland	166.570	32.380	194,39
Frankreich	287.180	72.036	250,84
Italien	127.170	60.219	473,53
Niederlanden	17.960	9.999	556,74
Österreich	26.702	4.361	163,32
Polen	143.740	24.487	170,36
Spanien	262.657	76.941	292,93
Tschechien	34.890	5.943	170,34

* Bewirtschaftete Fläche zur Gewinnung landwirtschaftlicher Erträge sowie für Viehzucht

**Verkäufe der Gesamtheit aller zur Schädlingsbekämpfung eingesetzten Wirkstoffe (hier wird auch Kohlendioxid, der zum Schutz von Vorräten benötigt wird, mitaufgeführt)

Eigene Darstellung | Daten: Heinrich-Böll-Stiftung (2020) und The World Bank Group (2021)

Neben Vorstellungen über die Herkunftsorte, aus denen eine Bewertung der Umweltverträglichkeit abgeleitet wurde, spielte das Motiv der zu überwindenden räumlichen *Distanz* zwischen den Orten der Produktion und des Konsums eine noch deutlich größere Rolle. Diese wirkt sich, so vermuteten alle meine Interviewpartner*innen, negativ auf die Umweltverträglichkeit der Produkte aus. Die zu überwindende räumliche Distanz wurde dabei mit höheren CO_2-Emissionen und anderen Formen der Umweltverschmutzung, z.B. durch den Schiffstransport in Verbindung gebracht. Je kürzer die zurückgelegte Distanz zwischen dem Ort des Anbaus und dem Ort des Konsums, so die Annahme, desto umweltverträglicher seien die Waren:

> *„Also, ich, also irgendwie habe ich mir das angewöhnt, dass mein Blick schon immer einmal so auf dem Schild hängenbleibt, Ursprungsland so. [...] Also das hat mich so ein bisschen ja dann auch beim Bioladen überzeugt, dass ich da die Äpfel einfach aus Deutschland kriege. Wenn ich im REWE nur noch Äpfel aus Neuseeland sehe, dann habe ich tatsächlich mich irgendwann schwer getan die zu kaufen. Wo ich dann dachte wieso,* ***wieso muss das eingeflogen werden*** *eigentlich?"*
>
> *(Frage: Was stört Dich daran?)*

*„Also, einfach die **Ressourcen, die für so einen Transportweg** verschwendet werden. Vor allem das eigentlich." (Mareike)*

Mareike stellt hier, so wie viele meiner Interviewpartner*innen, die Gleichung auf: Kurze Transportdistanz gleich hohe Umweltverträglichkeit. Es wird dabei deutlich, dass Mareike keine Informationen darüber hat, mit welchen Verkehrsmitteln welche Waren eigentlich üblicherweise transportiert werden. Eine Differenzierung z.B. zwischen den CO_2-Emissionen, die durch einen Transport per LKW, per Schiff oder per Flugzeug entstehen, ist ihr damit nicht möglich, wäre aber gerade für eine umweltorientierte Konsument*in wie Mareike eine wichtige Information, da der Transport per Schiff deutlich effizienter ist als per Flugzeug und auch Skaleneffekte eine wichtige Rolle spielen können (vgl. Exkurs VI).

Einen weiteren umweltrelevanten Aspekt, der mit der Überwindung räumlicher Distanzen in Verbindung steht, wird von Birgit benannt:

(Frage: Ihr habt jetzt schon ein paar Mal gesagt, dass euch so dieses Thema Herkunft wichtig ist. Warum ist euch das wichtig?)

*„Na einfach damit es nicht so lange Transportwege hat und, weil es hat dann auch mit dem **ökologischen Fußabdruck** zu tun. Es ist ja immer das Produkt die Summe dessen, was zusammenkommt und **je weiter her irgendwelchen Sachen dann angekarrt werden, desto mehr müssen sie dann auch wieder verpackt werden** und gesichert werden für den Transport und, und, und. Also das eine zieht das andere nach sich, von daher." (Birgit)*

Die zu überwindende räumliche Distanz wird von Birgit gleich in zweierlei Hinsicht zum Problem gemacht: Zum einen wird Waren, die weit transportiert werden müssen, ein schlechterer ökologischer Fußabdruck zugeschrieben. Zum anderen verbindet Birgit mit einem weiteren Transport auch mehr Verpackungsmüll.

Die Annahme, dass die ausgestoßenen CO_2-Emissionen höher oder der ökologische Fußabdruck bei frischem Obst und Gemüse mit wachsender Distanz zwischen dem Ort der Produktion und dem Ort des Einkaufs größer wird, wird in allen Interviews geäußert. Bei jenen Konsument*innen, die ihre Kaufentscheidungen an solchen nachhaltigkeitsbezogenen Aspekten orientieren, führt diese Annahme zu einer generellen Präferenz von frischem Obst und Gemüse, das als regional gelabelt wird bzw. aus Deutschland oder einem eben vergleichsweise anderen nahen Land kommt (vgl. Kapitel 7.1.2 zum regionalen Subsidiaritätsprinzip).

Exkurs VI: Zum Zusammenhang von Regionalität und Umweltfreundlichkeit

Konsument*innen nutzen die Herkunft als Information, um auf die Klimafreundlichkeit von frischem Obst und Gemüse zu schließen. Doch inwiefern kann dieser Zusammenhang tatsächlich sinnvoll hergestellt werden? Die Berechnung von Parametern wie Energieeinsatz, CO2-Fußabdruck oder Ökobilanz von Lebensmitteln ist ein kompliziertes Unterfangen, da verschiedenste Vorannahmen getroffen und Systemgrenzen definiert werden müssen. Diese machen den Vergleich zwischen verschiedenen Studien mitunter nur schwer möglich. Liegt der Fokus, wie in dieser Arbeit, auf Obst und Gemüse ist zudem darauf hinzuweisen, dass die entstehenden CO2-Emissionen durch die Produktion von Obst und Gemüse bei weitem geringer sind, als die von tierischen Produkten, selbst jene mit vergleichsweise niedrigen Emissionen wie Geflügel. In der Folge hat der Verzicht auf tierische Produkte einen ungleich höheren Effekt auf die Vermeidung von CO2-Emissionen als der Verzicht auf bestimmte Frischeprodukte (Poore/Nemecek 2018; Ritchie 2020). Vergleicht man jedoch Parameter wie den Energieaufwand, CO2-Fußabdruck oder Ökobilanzen von verschiedenen Obst- und Gemüseprodukten anhand von Herkunft, Distributions- oder Anbausystemen können sich Unterschiede ergeben, wenn auch auf einem deutlich kleineren Maßstab.

Daher soll hier ein Einblick in verschiedene Studien gegeben werden, die regionale und nach Deutschland importierte Produkte im Hinblick auf ihre CO2-Fußabdruck, ihren Energiebedarf oder ihre Ökobilanz miteinander vergleichen. Bei den vier vorgestellten Studien handelt es sich jeweils um einen Vergleich verschiedener Anbau- bzw. Distributionssysteme desgleichen Produktes. Auf Grund der verschiedenen Herangehensweisen der Studien lassen diese sich nur bedingt vergleichen. Sie eignen sich jedoch um einen Einblick in die Komplexität der Beurteilung dieser Fragen zu bekommen. Zum anderen zeigen sie, dass der Vergleich regionaler und importierter Waren überraschend uneindeutige Ergebnisse liefert.

Ein Vergleich des Primärenergieaufwandes durch Anbau, Transport und Lagerung von Äpfeln aus Nordrhein-Westfahlen und Neuseeland zeigt, dass hier die deutschen Äpfel besser abschneiden als die importierten Äpfel. Betrachtet man die Einflussfaktoren im Einzelnen (vgl. Tab. 5) wird jedoch auch deutlich, dass neben der Logistik (per Schiffsfracht und lokaler Distribution) auch die Effizienz des Anbausystems vor Ort sowie die Lagerung einen deutlichen Einfluss auf den Energieaufwand haben. Die Differenz zwischen beiden Äpfeln fällt somit geringer aus, als die unterschiedlichen Distanzen zwischen dem Ort des Konsums und des Anbaus es vermuten lassen. Gleichzeitig zeigt die vergleichsweise hohe Einflussgröße der Lagerung deutscher Äpfel, dass auch Saisonalität eine Rolle spielt, da die Differenz zwischen deutschen und importierten Äpfeln mit der Dauer der Lagerung schrumpft. Zudem weisen die Autoren auf den großen Einfluss der Verkehrsmittelwahl der Konsument*innen auf die Gesamtbilanz hin, für die in der Studie für beide Fälle gleichsam der PKW angenommen wurde (Blanke/Burdick 2005).

Tabelle 5: Apfel-Herkunft und Primärenergie-Aufwand [MJoule/kg Äpfel]

Verarbeitungsschritt	Deutschland	Neuseeland
Anbau im Feld	1,0	0,86
Transport vor Ort	0,15	0,22
6 Monate CA*-Lager	0,96	-
Schiffsfracht gekühlt	-	2,8
Lokale Distribution	0,98	1,19
Einkauf Konsument*in (PKW)	1,15	1,15
Primärenergie, gesamt	4,4	6,3

*Controlled Atmosphere

Eigene Darstellung nach Blanke (2004)

Schlich/Fleissner (2003) verglichen den Energieumsatz von in Deutschland sowie in Brasilien bzw. Neuseeland produziertem Fruchtsaft und Lammfleisch. In beiden Fällen identifizierten sie einen sinkenden Energiebedarf pro Einheit bei steigender Unternehmensgröße. Sie leiten daraus ab – ähnlich wie auch die Studie von Blanke/Burdick (2005) nahelegte –, dass bei der Beurteilung des Energiebedarfs von Produkten nicht nur die Nähe zwischen Produktions- und Konsumort berücksichtigt werden sollte, sondern die Bedeutung von Skaleneffekten bedacht werden muss.
In einer schweizerischen Studie werden von Zhiyenbek et al. (2016) die Ökobilanzen verschiedener Obst- und Gemüsesorten unter Berücksichtigung von Klimaeffekten und Biodiversitätsverlusten verglichen. Zur Untersuchung der Klimaeffekte stellten sie unter anderem für Tomaten verschiedene Anbausysteme (unbeheizt/leicht beheizt/beheizt) und Orte (u.a. Schweiz/Niederlande/Almeria/Sizilien) gegenüber. Am klimafreundlichsten sind in dieser Studie Tomaten, die in der Saison, d.h. von Juli bis September, in der Schweiz kultiviert wurden. Außerhalb der Saison sollten sie im Idealfall aus Italien oder Spanien kommen, da sie dort unbeheizt wachsen können und die Emissionen durch den Transport niedriger ausfallen als durch das Beheizen der Gewächshäuser in der Schweiz.

Abbildung 31: Tomatenanbau in einem beheizten Gewächshaus

Foto: Jonas Ingold

Müller-Lindenlauf et al. (2013) untersuchten in einer Studie den CO_2-Fußabdruck und weitere Umweltwirkungen von verschiedenen Gemüsesorten aus Baden-Württemberg und Spanien. Sie kamen hierbei zu ähnlichen Ergebnissen wie Zhiyenbek et al. (2016) und zeigten, dass regionale Tomaten nur innerhalb des Zeitraums zwischen Juni und Mitte Oktober eine bessere CO_2-Bilanz haben als jene aus Spanien. Auch hier überstieg die Energieversorgung der zu beheizenden Gewächshäuser (vgl. Abb. 31) in Deutschland die CO_2-Emissionen durch den Transport. Beide Studien wiesen zudem auf die Bedeutung der Art der Energieversorgung des Gewächshauses hin. So kann sich eine Energieversorgung statt durch fossile Energieträger z.B. mit Industrieabwärme oder regenerativer Energie deutlich positiv auf den CO_2-Fußabdruck des regionalen Produktes auswirken.

Der Vergleich der Studien zeigt einerseits, dass der Zusammenhang zwischen Herkunft und Klima- oder Umweltfreundlichkeit von frischem Obst und Gemüse nur bedingt gezogen werden kann. Weitere Einflussgrößen wie Skaleneffekte, Saisonalität, Energiequellen sowie Verkehrsmittelwahl der Konsument*innen haben hier ebenfalls einen deutlichen Effekt. Diese Faktoren für verschiedene Produkte zu kennen und im Einzelfall gegeneinander abzuwiegen, ist eine Aufgabe die für Konsument*innen jedoch kaum zu leisten ist.

Wie die in Exkurs VI vorgestellten Studien zeigen, kann zwar ein Zusammenhang bestehen zwischen der Herkunft und der Umweltfreundlichkeit von frischem Obst und Gemüse (z.B. in Form eines niedrigeren Energieaufwandes oder CO_2-Fußabdrucks), einen Automatismus gibt es jedoch nicht, da zusätzliche Einflussfaktoren wie Anbau, Lagerung und Verkehrsmittelwahl der Konsument*innen ebenfalls eine erhebliche Wirkung zeigen. Auch der Zusammenhang zwischen Herkunft und Einsatz von Pestiziden ist nicht zwingend herzustellen (vgl. Exkurs V und VII). Die Konsument*innen nutzen hier die Herkunftsangabe, um einen komplexes Gefüge von Einflussfaktoren, das schwerlich für die Vielzahl der zu konsumierenden Waren zu überblicken ist, zu vereinfachen – wie von Chattalas et al. (2008) beschrieben, wird die Herkunftsangabe also als *heuristic shortcut* genutzt. Der Rückgriff auf die Information der Herkunft eignet sich in diesem Moment als Instrument zur Komplexitätsreduktion auf deren Grundlage eine

Handlung möglich wird. Die eigentlichen Ziele der Konsument*innen – nämlich der Einkauf möglichst umweltfreundlicher Produkte – werden jedoch nicht zwingend erreicht.

7.2.2 „Ausbeutermethoden“ – Arbeitsbedingungen

Weniger prominent, aber auf Nachfrage in allen Interviews, bis auf einem, relevant war für die Konsument*innen die Frage nach den Arbeitsbedingungen der an der Produktion der Lebensmittel beteiligten Menschen. Grundsätzlich herrscht die, in der Regel medial vermittelte Annahme vor, dass Bezahlung und Arbeitsbedingungen in der Landwirtschaft eher unterdurchschnittlich sind und werden z.B. als „Ausbeutermethoden“ (Klaus) oder „miese[n] Arbeitsbedingungen“ (Silke) beschrieben. Niedrige Löhne, Illegalität und Kinderarbeit werden als Schlagworte genannt.

Gute Arbeitsbedingungen in Deutschland oder Europa?

Ähnlich wie beim Thema Umweltverträglichkeit ist für viele Konsument*innen die Herkunftsangabe „Deutschland“ auch bei den Arbeitsbedingungen ein Hinweis für bessere Arbeitsbedingungen.

> *„Ich glaube, das ist dann auch immer so wieder dieses, wenn man an die Regionalität denkt, hofft man, dass in Deutschland zumindest in den großen Betrieben wenigstens der* ***Mindestlohn*** *gezahlt wird (lacht) und gewisse* ***Hygiene- und Arbeitsschutzbestimmungen*** *eingehalten werden und wenn es eben aus dem Ausland kommt, dann finde ich, ist es so schwierig das nachzuverfolgen, [...].“ (Alina)*

Alinas Überlegungen zum Zusammenhang zwischen Herkunft und Arbeitsbedingungen zeigen zweierlei interessante Aspekte: Zum einen zeigt ihr verlegenes Lachen und der Ausdruck „man hofft“, dass sie hier – anders als beim Thema Umweltverträglichkeit – weniger überzeugt ist von dem Zusammenhang, den sie selbst herstellt. Als zweites liefert sie aber auch einen Anhaltspunkt dafür, wieso sie dennoch auch bei der Suche nach Produkten, die unter guten Arbeitsbedingungen hergestellt wurden auf deutsche Produkte zurückgreift: die Nachverfolgbarkeit. Es ist zwar sicherlich eher die Ausnahme, dass Konsument*innen sich die Mühe machen selbst nahegelegene Landwirtschaftsbetriebe zu besuchen (Kofahl/Jahnke 2020: 431) bzw. fraglich, inwiefern diese Möglichkeit von Seiten der Betriebe überhaupt besteht. Dennoch erzeugt die räumliche Nähe eine Illusion der Transparenz, da sie wie Simandan (2016) argumentiert, auch den Anschein sozialer Nähe erweckt. Wie Alina beziehen sich auch Jakob und einige andere Konsument*innen auf die verschiedenen Gesetzeslagen in Produktionsländern und kontrastieren dabei Deutschland und Spanien:

> *„Weil die deutschen Bauern mit* ***anderen Regularien arbeiten*** *als zum Beispiel die spanischen oder so. Da werden die Arbeiter noch mal ein bisschen, also auch*

schlecht behandelt, aber ***noch mal ein bisschen besser als zum Beispiel in Spanien.*** *" (Jakob)*

Während Produkte aus dem Globalen Süden von allen Konsument*innen mit schlechten Arbeitsbedingungen in Verbindung gebracht wurden (nicht zuletzt auch, weil frisches Obst mit Fairtrade-Label oder anderen Sozialstandards bei den Interviewpartner*innen oft nicht bekannt war) besteht bei der Frage nach der Bewertung von Waren, die innerhalb Europas produziert wurden, Uneinigkeit, wie der Dialog zwischen dem Paar Ina und David, die ich zusammen interviewt habe, zeigt:

*„Ich denke nur, es gibt so viel, denen es noch schlechter geht [als Erntehelfer*innen in Südeuropa; Anm. d. Verf.], dass-* ***innerhalb Europas müssten wir das doch geregelt bekommen.*** *" (Ina)*

„Ich habe da schon so ein paar Sachen gehört, dass da zum Teil irgendwie ***sklavenartige Zustände*** *herrschen." (David)*

„In Italien?"

„Das weiß man halt nicht, das sind irgendwelche riesen Unternehmen, die vielleicht auch irgendwie ***Flüchtlinge anstellen*** *und [...]"*

„Sollte ich wohl mal schauen. (lacht)"

(Ina und David)

Ina nimmt hier eine andere Abgrenzung dessen vor, was sie als einen guten Produktionsort wahrnimmt. Hier ist es Europa und nicht nur Deutschland, das als unproblematisch und geordnet gilt und damit gewissermaßen auch als Qualitätsgarant für die dort produzierten Waren herangezogen werden kann. Aber auch sie nimmt eine Grenzziehung vor, anhand derer sie unterscheiden kann welche Herkunft für sie unbedenklich ist und welche nicht.

Störungen durch neue Informationen/neues Wissen

Die von vielen Konsument*innen geteilte Vorstellung eines arbeitsrechtlich unbedenklicheren Herkunftslandes Deutschland ist jedoch nicht in der gleichen Weise gefestigt, wie die Annahme, dass frisches Obst und Gemüse aus Deutschland per se umweltfreundlicher ist. So thematisieren einige Interviewteilnehmer*innen auch die Situation von ausländischen Erntehelfer*innen in Deutschland:

„Aber im Prinzip weiß ich dann unter Umständen auch, dass wenn ich den Beelitzer Spargel kaufe, dass dann da womöglich auch irgendwelche Spargelstecher

von wo auch immer angereist kamen, weil die dann preiswerter sind oder wie auch immer. Und das ist immer so eine Krux finde ich dann." (Alina)

Auffällig war, dass vor allem in den Interviews, die nach dem Ausbruch der Corona-Pandemie geführt wurden, die Lage von zumeist osteuropäischen Erntehelfer*innen in Deutschland thematisiert wurde. Die Arbeitsbedingungen von migrantischen Erntehelfer*innen z.B. während der Spargelernte und Arbeiter*innen in Schlachtbetrieben in Deutschland bekamen im Sommer 2020 verschiedentlich größere mediale Aufmerksamkeit: Einerseits offenbarten zwischenzeitlich verhängte Einreisebeschränkungen die Abhängigkeit der deutschen Landwirtschaft von diesen Menschen. Andererseits lenkten Corona-Ausbrüche in den beengten Unterkünften der Arbeiter*innen die Aufmerksamkeit auf die Arbeits- und Lebensbedingungen in den landwirtschaftlichen Betrieben (Jacobs 2020; Reimer 2020; Zingher 2020). In den zuvor geführten Interviews lag der Fokus hingegen fast ausschließlich auf den Arbeitsbedingungen in anderen Ländern, z.B. in Südeuropa oder im Globalen Süden. Die bis dahin bestehenden (Raum-)Vorstellungen bekamen durch die neuen Informationen offenbar Brüche und mussten angepasst werden (vgl. Kapitel 4.3). So berichtet Patrick von seiner Überraschung über die Lage der Erntehelfer*innen in der Landwirtschaft in Deutschland:

> *„Also ja, ich bin jetzt nicht davon ausgegangen, dass die besonders gute Arbeitsbedingungen haben. Ich* ***war aber schon überrascht, wie schlecht sie sind****. Und von daher ist das jetzt schon ein Thema was gerade auch in der Öffentlichkeit ist, was ich irgendwie spannend finde. Und ich glaube jetzt auch durch Corona schon auch mal, wo man es merkt." (Patrick)*

Anders als im Kontext der Umweltverträglichkeit, wo die Frage der räumlichen Distanz zwischen Produktions- und Konsumkontext zentral ist, spielen bei Fragen nach den Arbeitsbedingungen, also der Sozialverträglichkeit der Waren, Assoziationen mit und Zuschreibungen an die Orte des Anbaus und nationale Stereotype die zentrale Rolle bei der Bewertung der Waren. Diesen Zuschreibungen liegen teils stark vereinfachende Grundannahmen zu Grunde. Deutschland oder Europa (hier vermutlich als Europäische Union gedacht) als Produktionsorte werden als homogene Einheiten mit gleichförmigen Bedingungen gedacht. Ähnlich wie in der in Kapitel 4.4.2 vorgestellten Studie (Hering/Fülling 2021), die zeigt wie die Homogenisierung von Orten zur Vermarktung der Waren dienen kann, zeigt sich hier, dass diese Homogenisierung auch von Konsument*innen genutzt werden kann, um Komplexität zu reduzieren und damit handlungsfähig zu werden. Dass diese Annahmen der Konsument*innen so jedoch nicht verallgemeinerbar sind, zeigen einerseits die von den Konsument*innen selbst teilweise reflektierten und medial im Sommer 2020 thematisierten Arbeitsbedingungen von Erntehelfer*innen in Deutschland (Jacobs 2020; Reimer 2020; Zingher 2020). Auch die Herkunftsangabe Europa oder EU eignet sich nicht als Garant dafür, dass Waren unter unproblematischen Arbeitsbedingungen hergestellt wurden. So bestätigen bspw. Corrado et al. (2017) sowie Reckinger (2018) die teils dramatischen und menschenunwürdigen Arbeits- und Lebensbedingungen oftmals geflüchteter Erntehelfer*innen, die auf für den Export produzierenden Obst- und vor allem Gemüseplantagen in Südeuropa ausgebeutet werden. Die zu überwindende Distanz der Waren wird hier hingegen nicht zum Thema gemacht. Dabei könnte auch die Logistik von frischem Obst und Gemüse Anlass geben, um über Arbeitsbedingungen nachzudenken, da gerade auf Containerschiffen ebenfalls prekäre Arbeitsbedingungen herrschen (Alderton et al. 2004), die jedoch – anders als im Anbau der Lebensmittel – sowohl branchenintern als auch medial nur am Rande behandelt werden (Psaraftis 2016).

7.2.3 „Lokalpatriotismus" – Identifikation und Solidarität

Wo, bei oder von wem Lebensmittel wie frisches Obst und Gemüse gekauft werden, kann auch von der Frage abhängen, mit welchen Orten sich Konsument*innen identifizieren oder welchen Menschen sie sich solidarisch verpflichtet fühlen. Das Motiv durch den eigenen Konsum bestimmten Menschen oder bestimmte Orte eher unterstützen zu wollen als andere spielte für etwa die Hälfte der Konsument*innen, mit denen ich sprach, eine Rolle. Dabei ist es die Identifikation und Solidarität mit dem Nahen, die im Zentrum steht. So begründen einige Konsument*innen ihre Präferenz für regionale Produkte mit dem Wunsch die „deutsche Wirtschaft" (Benjamin), „lokale Produzenten" (Bernhard) oder „Menschen aus der Region" (Alina) zu unterstützen. Wie hier Herkunft und Produkt miteinander verschmelzen können, verdeutlicht dabei Benjamins Formulierung eine Präferenz für „Deutschlandprodukte" zu haben, wobei er damit vor allem typische „Herbst-, Wintergemüse" wie „Kohl und Grünkohl und alles das" sowie Äpfel meint. Hintergrund für die Bevorzugung aus Deutschland oder der Region stammender Produkte ist die Annahme, dass sich insbesondere deutsche Landwirt*innen in herausfordernden wirtschaftlichen Lagen befinden. Dabei spielen verschiedene Aspekte eine Rolle: So führt beispielsweise Rolf im untenstehenden Zitat einerseits den Aspekt des Bewahrens althergebrachter wirtschaftlicher Strukturen an, indem er darauf hinweist, dass es ohnehin nicht mehr viel Landwirtschaft in Brandenburg gebe. Anders als bspw. von Ermann (2005: 27) als ein erwünschter Effekt regionalen Konsums angebracht, wird jedoch z.B. der Erhalt von Kulturlandschaft von meinen Interviewpartner*innen nicht erwähnt. Auch hier hat die Corona-Pandemie die Perspektive der Konsument*innen auf die landwirtschaftlichen Betriebe verändert:

> *(Frage: Und jetzt haben Sie gerade gesagt, man sollte grundsätzlich schon regional kaufen. Warum glauben Sie, dass das gut wäre?)*
>
> *„Naja, erstmal für die regionalen Betriebe. Bauern sind ja auch nicht, **gibt es ja gar nicht mehr so viel Bauern hier in Brandenburg**. Die haben es ja alle auch **durch Corona teilweise ganz schön schwer die Betriebe.** Ich kenne zwar nicht so die einzelnen Probleme, die sie haben. Aber die sind ja alle ganz schön am wirtschaften. Keine Erntehelfer da und was sie alles für Probleme haben." (Rolf)*

Dieses Motiv der Bevorzugung von Produkten aus der eigenen Region, kann auch mit der Abwertung oder Abgrenzung des „Anderen" einhergehen (Ermann 2015: 85).

So impliziert Klaus, mit seinem Vergleich mecklenburgischer und südamerikanischer Landwirte, dass erstere – mutmaßlich auf Grund ihrer größeren räumlichen, sozialen und kulturellen Nähe – eher in ihrer schweren Lage zu unterstützen seien, gleichwohl Klaus die Problemlagen beider anerkennt:

> *„Ja, ich sag mal, warum muss das da irgendwie, das Zeug dann aus Südamerika kommen? Jetzt hier der* ***Landwirt, der hier aus Mecklenburg, der kraxelt doch auch da rum****. Warum soll das Zeug dann aus Südamerika? Irgendwie macht man sich schon Gedanken, obwohl wenn man da auch nicht die große Ahnung hat." (Klaus)*

Einige Konsument*innen, wie Angelika, Rolf oder Benjamin sehen in dieser Art des „Lokalpatriotismus" (Rolf) eine tatsächliche Strategie „die armen Brandenburger" (Angelika), „die Kommune oder die Betriebe hier mit zu unterstützen" (Rolf) oder „die Wirtschaft im Winter zu stärken" (Benjamin) und damit eher bestehende Strukturen zu erhalten. Birgit und ihre Tochter Alina hingegen verbinden mit dem Kauf regionaler Produkte eher den Traum lokaler, kleinbäuerlicher Landwirtschaft, die auch bei der Vermarktung regionaler Produkte mitunter suggeriert wird:

> *„Und auch das man vielleicht einfach Menschen in der Region unterstützt Bauern oder eben Leute, die es hier anbauen. Weil, ich denke mir letztendlich, wenn es eigentlich mehr so ein Konzept geben würde, dass eben-. Wir leben jetzt hier in Deutschland, dass wir dann* ***nur noch Obst Gemüse dann saisonal auch, was dann von Bauern in unserer Umgebung angebaut*** *würde und die Leute in Spanien machen das mit ihren Bauern. Die Leute in, keine Ahnung in Italien machen das auch so, ich glaube, das wäre dann eigentlich schon-." (Alina)*
>
> *„-ein großer Gewinn." (Birgit)*

Anders als in der Literatur zu politischem Konsum, spielte die Solidarität und Identifikation mit fernen Menschen oder Orten in den von mir geführten Interviews eine weniger zentrale Rolle. Zwar denken die befragten Konsument*innen, wie im vorangegangenen Kapitel deutlich wurde, über die Arbeitsbedingungen der Menschen, die ihre Lebensmittel anbauen nach. Der Versuch über Kaufentscheidungen auf diese Einfluss zu nehmen, wurde jedoch kaum thematisiert. Entgegen der relativ hohen Bekanntheit des Fairtrade-Siegels in Verbraucher*innenbefragungen (vgl. Kapitel 8.1.2, Abb. 35), wies das Fairtrade als relevantes Siegel beim Einkauf von Obst und Gemüse unter meinen Interviewpartner*innen eine geringe Bekanntheit auf. So waren Fairtrade-zertifizierte Frischeprodukte wie Bananen oder Ananas überhaupt nur zwei der befragten Personen bekannt, während der Rest dieses Modell nur von Kaffee und Schokolade kannte. Stattdessen wird versucht über die Bevorzugung heimischer und damit vermeintlich fairerer Produkte die Problematik zu vermeiden. Während also eine Identifikation mit dem Nahen und Bekannten ein Faktor ist, der die Auswahl von frischem Obst und Gemüse beeinflusst, signalisierten meine Interviewpartner*innen wenig Solidarität oder Identifikation mit fernen Orten und den dort lebenden Menschen. Trotz zumindest rudimentärer Kenntnis über Arbeitsbedingungen (also jenes Wissen, das die verantwortungsvollen Handlungen ermöglichen soll) wird das Ferne deutlich weniger in die Überlegungen von Sorge oder Solidarität („caring at a distance“ vgl. Kapitel 3.3.1) inkludiert. Stattdessen wird durch die Hinwendung zum Lokalen und Bekannten versucht die problematischen Aspekte der Produktbiographien zu umgehen und zugleich durch das eigene Konsumhandeln dort Einfluss zu nehmen, wo es vermeintlich effektiver und sichtbarer ist.

7.2.4 „Es schmeckt, wie es schmecken soll“ – Qualität und Geschmack

Gerade bei Lebensmitteln liegt es nah anzunehmen, dass die Herkunft des Produktes, also der Herstellungs- oder Anbauort sich auf Qualität und Geschmack der Waren auswirken. Dabei gibt es bestimmte Produkte, bei denen dieser Bezug besonders explizit gemacht wird. So steht etwa bei Wein das sog. Terroir für ganz bestimmte Geschmacksnuancen (Pütz et al. 2020). Bei Käse verschmelzen mitunter Sorte und der ursprüngliche Produktionsort im Namen miteinander, heute oftmals auch ohne dass es sich hierbei noch um eine Herkunftsbezeichnung handelt, wie etwa bei Gouda. In anderen Fällen wird die Verbindung zwischen einer bestimmten Qualität und dem Produktionsort durch eine „geschützte Ursprungsbezeichnung“ per Zertifizierung sichergestellt, so etwa beim Beelitzer Spargel oder Spreewälder Gurken (pro agro e.V. o.J.).

Im Hinblick auf die Frage, welche Herkunft bei frischem Obst und Gemüse ein Garant für hohe Produktqualität und guten Geschmack ist, herrscht unter fast allen befragten Konsument*innen klar die Vorstellung, dass in Deutschland angebaute Produkte solchen aus dem Ausland in der Regel überlegen sind. Hierbei spielen, wie bis hierhin bereits deutlich wurde, Vorstellungen über Anbaubedingungen in Deutschland und im Ausland eine zentrale Rolle. Auf der anderen Seite wird der Transport frischer Produkte über weite Strecken als wichtiger Einflussfaktor auf ihren Geschmack wahrgenommen. Insbesondere Südeuropa, meist Italien und Spanien, aber auch die Niederlande sind mitnegativen Vorstellungen behaftet. Anders als bei den Annahmen über Umweltverträglichkeit und Arbeitsbedingungen, die vor allem auf Basis von Medienberichten zu den jeweiligen Themen getroffen wurden, sind bei den negativen Vorstellungen über südeuropäische Landwirtschaft bei einigen Konsument*innen zudem auch eigene Erfahrungen aus Urlaubsreisen prägend – etwa beim Vorbeifahren an oder Überfliegen von riesigen, mit Folientunneln überzogenen Flächen (vgl. Abb. 32) (Jakob, Mareike und Erika).

Abbildung 32: Gewächshäuser bei El Ejido in Andalusien

Foto: Kallerna (2021)

Viele Konsument*innen teilen die Vorstellung, dass Waren, die in Deutschland hergestellt sind, eher von kleineren Betrieben kommen, während typische Anbauländer wie Spanien oder Niederlande mit dem oben beschriebenen Anbau in Gewächshäusern und Folientunneln assoziiert werden. Diese Produktion in industriellem Maßstab entspricht nicht den Vorstellungen vieler Konsument*innen, wie ein wohlschmeckendes, hochwertiges Produkt hergestellt werden sollte. Dabei ist es insbesondere die Vorstellung, dass ein Produkt in großen Mengen produziert wird, die bei einigen Konsument*innen zu einer Abwertung führt:

*„Wenn ich das weiß, dass das aus so einer **Massentomatenhaltung** aus Südspanien kommt mit miesen Arbeitsbedingungen, kaufe ich es nicht." (Silke)*

Der Anbau von frischem Obst und Gemüse in großen Massen wird dabei in Verbindung gebracht mit dem Motiv der Anbauenden „auf maximal schnelles Wachstum" (Ina) zu setzen und „möglichst günstig" (David) herzustellen:

*„Und komischerweise, wenn halt Spanien draufsteht, lege ich meistens die Sachen wieder hin. Oder bei Tomaten, wenn die Sachen aus den Niederlanden kommen, weiß man, dass es **einfach nur wässrig** ist, weil es halt **ganz schnell im Gewächshaus gezüchtet** ist. Deswegen zum Beispiel bei Tomaten oder Äpfeln gucke ich schon, dass es regional ist." (Carolin)*

Neben diesem negativ behafteten Bild einer stark auf Effizienz und Gewinn ausgerichteten, gewissermaßen industriellen Produktion im Ausland, das sich in dieser Aussage wiederspiegelt, impliziert Carolin zusätzlich auch eine Vorstellung über die Produktion in Deutschland: Im Kontrast dazu scheint sie hier eher eine kleinteiligere, naturnähere Landwirtschaft zu erwarten, die zudem auch weniger stark einem reinen Gewinnstreben unterliegt, da sie weniger auf Schnelligkeit ausgelegt und weniger technisiert ist. Auch Birgit und ihre Tochter Alina stellen diese Verbindung von regionaler Herkunft, kleinen Betrieben und persönlichem Einsatz der Landwirte her:

„Also ich glaube, wenn man im Supermarkt die Sachen kauft und da dann dransteht aus Deutschland, dann ist es schon eher konventioneller Anbau. Aber zum Beispiel bei dem Bauernhof, wo wir auf dem Markt ganz oft kaufen, da hat er dann auch immer draufstehen: ‚Familienbetrieb seit so und so', da geht man dann schon eher davon aus, dass es ein kleinerer Betrieb ist." (Alina)

„Und er das nicht nur vorgaukelt, er das nicht morgens auf dem Großmarkt gekauft hat." (Birgit)

(Frage: Und findet ihr das wichtig?)

„Ja, das wäre mir schon wichtig oder ist mir wichtig, also ja. Da sind wir auch wieder an dem Punkt, deswegen kaufe ich lieber im Urlaub ein, wenn ich weiß, da sind es tatsächlich die ***kleineren Bauern*** *oder-."*

„Da haben die dann vorne kleinen Stände auf der Straße und dann siehst du das auch."

„Na da siehst du die Felder und dann weißt du, okay das kommt jetzt auch von da, da hat ***er gerade heute früh die Möhrchen da rausgezuppelt*** *und dann ist* ***da noch Erde dran*** *und überhaupt. Und der hat* ***keine Maschinen****, wo er dann die erstmal spült und macht und tut.* ***Also so ist dann schon netter, macht mehr Spaß****."*

(Birgit und Alina)

Diese Vorstellung einer ursprünglichen Landwirtschaft in Deutschland im Kontrast zu einer industriellen Produktion im Ausland schlägt sich auch in der Wortwahl einiger Befragter nieder. So fallen im Zusammenhang mit dem Anbau in Deutschland Begriffe wie „Bauer" (Rolf, Jakob, Bernhard, Carolin) oder auch „Bauernhof" (Sandra, Alina), wohingegen beim Sprechen über die Landwirtschaft in Südeuropa oder den Niederlanden die Figur einer*eines Landwirt*in mit einem eigenen Betrieb überhaupt nicht auftaucht. Die Herstellung ist also deutlich stärker abgekoppelt von der Fürsorge eines Menschen bzw. stattdessen gekoppelt an die Vorstellung von prekär beschäftigten Geflüchteten (vgl. Kapitel 7.2.2). Die Qualität des Produktes steigt oder sinkt, wie diese Beispiele zeigen, also mit der angenommenen Betriebsstruktur, Orientierung des

Betriebes sowie der Vorstellung über beteiligte menschliche Akteur*innen. Ein Massenprodukt, das in großen Stückzahlen, unter dem Einsatz von viel Technologie und ohne die fürsorgliche Hand eines „Bauern" aufgezogen wurde, hat hingegen stets das schlechtere Image.

Bis hierhin habe ich gezeigt, dass die Investition von Arbeit und Fürsorge in ein Produkt dieses qualitativ aufwerten und von einem beliebigen Massenprodukt zu einem hochwertigen Produkt machen kann. Dabei werden diese fürsorglichen Landwirt*innen eher in Deutschland als anderswo vermutet. Wie das nachfolgende Zitat von Eleonora zeigt, kann diese (vermeintliche) Fürsorge aber auch den wahrgenommenen Geschmack eines Produktes verbessern:

> *(Frage: Und warum finden sie das besser, wenn die Sachen aus Deutschland kommen?)*

> *„Na erst mal* ***schmeckt es irgendwie, wie das schmecken soll,*** *weil da sind auch die* ***Leute die hier so ganz viel Arbeit investieren****. Sind viele verschiedenen Sachen, dass* ***die Transportwege nicht so lang*** *sind und so weiter. Dann ist die Frische erhalten und* ***nicht irgendwie tagelang und manchmal wochenlang mit dem Transport*** *unterwegs. Und wie gesagt, die Äpfel und manche Sachen kann man wirklich pflücken, dann weiß man was man da hat." (Eleonora)*

Auch Sara verbindet die unter ihrem eigenen Einsatz von Arbeit gewachsenen Produkte mit einem besonderen Geschmack. Zudem adressiert sie einen weiteren Aspekt: Den Verlust des Geschmacks über die Zeit:[32]

> *„Also die Tomaten schmecken nicht wirklich mehr nach Tomate. Also ich habe damals* ***angefangen Gärtner zu lernen und dann mussten wir ja auch auf die Felder****. Und haben Tomaten geerntet. Und da haben wir sie frisch gegessen, also vom Strauch. Und das waren Tomaten also,* ***da hat man richtig die Tomate geschmeckt****. Das hat man jetzt nicht mehr. Das ist alles so verwässert und die Rispentomaten, die kleinen, die kommen noch ungefähr so ein bisschen daran. Alle anderen sind so nichtssagend." (Sara)*

Neben der Fürsorge des*der Landwirt*in spielt bei der Verknüpfung von Anbauort und Geschmack jedoch auch die zu überwindende, räumliche und zeitliche Distanz, also der Transport sowie der Einsatz gewisser Technologien, eine zentrale Rolle. Angelika bringt hierbei die Vorbehalte vieler Konsument*innen auf den Punkt:

[32] Auch bei anderen Konsument*innen wurde der Eindruck geäußert, dass frisches Obst und Gemüse heute weniger geschmacksintensiv ist (Ina). Tatsächlich ging z.B. bei modernen Tomatenzüchtungen die Entwicklung von Widerstandsfähigkeit und einer makellosen Optik (vgl. Kapitel 2.2.1) teilweise zu Lasten des Geschmacks (Hendriks 2018). Dieser Aspekt soll jedoch an dieser Stelle nicht weiter vertieft werden.

„[...] Jetzt, wenn ich da sowas mitnehme hier von EDEKA oder so, ich denke immer, schmeckt alles nicht. Das hat keinen Geschmack. Ob das dann Pfirsiche sind oder sonst was, die schmecken einfach nicht. Und das ist, finde ich- also, das ärgert mich sehr, dass man ganz einfach kein Obst mehr kriegt, was schmeckt. Das ist alles dann ***aus diesen Kühldingern da, das schmeckt nicht****."*

(Frage: Was glauben Sie, wo das herkommt, dass das nicht schmeckt?)

„Es liegt daran, dass es nahezu ***roh wahrscheinlich gepflückt*** *[unreif gepflückt; Anm. d. Verf.] wird. Dann auch* ***Kühlung, Kühlung, Kühlung.*** *Dann kommt es weiß ich nicht, Spanien und so weiter, Italien. Und dann liegt es schon wieder da und dann irgendwann werden sie es-, legen sie es dann hin [im Supermarkt; Anm. d. Verf.] und ist auch noch nicht gar [reif; Anm. d. Verf.]. Und so ein Obst schmeckt-. Ich meine, machen uns mal nichts vor, eine Brombeere oder eine Himbeere vom Strauch ist auch ganz was anderes, sagen wir mal so. Es ist einfach,* ***die Wege sind zu lang und natürlich spielt da der Preis auch eine Rolle****." (Angelika)*

Angelika verbindet mit weit entfernten Anbauorten, dass die Produkte oft noch unreif geerntet und über weite Transportstrecken gekühlt werden, sodass sie nicht ihren vollen Geschmack entfalten können. Auch David und Ina haben die Erfahrung gemacht, dass insbesondere Südfrüchte, die naturgemäß lange Transportwege zurücklegen, oftmals hart und noch unreif im Supermarktregal landen:

„Zum Beispiel, wenn du eine Mango kaufst, dann willst du die ja auch irgendwie in der Hand halten und gucken, ist die jetzt irgendwie komplett hart und ich kann damit eine Scheibe einwerfen oder ist die wirklich essbar und in den Supermärkten wird halt auch ***viel einfach so als direkt essbar gelabelt, was es halt gar nicht ist.*** *" (David)*

„Die Kochbananen." (Ina)

„Ja oder gerade bei so Sachen, die lange Transportwege auch haben, da merkst du, dass das schon ***krass spekuliert wird mit den Reifezeiten*** *von den Dingen."*

(Ina und David)

Tatsächlich ist es für den Lebensmitteleinzelhandel eine große Herausforderung verderbliche Waren wie Obst und Gemüse frisch im Supermarkt präsentieren zu können und zudem noch eine gewisse Haltbarkeit im Haushalt des*der Konsument*in zu garantieren. Um der Verderblichkeit der Ware entgegenzuwirken werden verschiedene Strategien angewandt. Dazu gehört die Züchtung besonders langlebiger Sorten, aber auch das Ernten bestimmter Früchte vor ihrer vollständigen Reife.[33] Der Prozess des Nachreifens findet dann auf dem Transportweg und je nach Produkt auch in eigens dafür vorgesehenen Reifezentren statt. Dort werden die Waren mit Hilfe ausgefeilter Technologien wie Begasung und Temperaturregulierung on-demand, dann wenn der Einzelhandel sie anfordert, in den richtigen Reifezustand gebracht (Buss 2020; Hering/Fülling 2021) (vgl. Kapitel 2.2.1). Der suboptimale Reifezustand oder weniger intensive Geschmack ist an dieser Stelle also gewissermaßen der Preis dafür, dass die Waren überhaupt verfügbar sind. Würden die Pfirsiche und Mangos nicht „roh" (Angelika) geerntet, weit transportiert und nachgereift, gäbe es dieses Angebot im deutschen Lebensmitteleinzelhandel, so wie wir es kennen, nicht. Die notwendige Logistik und Technologie, um das Angebot überhaupt bereitzustellen, wird gleichzeitig abgelehnt und als qualitätsmindernd empfunden.

Der Zusammenhang zwischen Geschmack und Herkunft wird zusammenfassend von den Konsument*innen auf zweierlei Ebenen hergestellt: Einerseits wirken sich positive Imaginationen über Herstellungsbedingungen und -ort – welche oft eher mit regionaler Produktion verbunden sind – positiv auf den wahrgenommenen Geschmack der Waren aus. Die angenommene menschliche Fürsorge, die ein Produkt genossen hat, hebt es von anderen Massenwaren ab und kann somit auch das Geschmackserleben verbessern. Andererseits werden durch die langen Transportwege Einbußen für Geschmack und Qualität der Waren wahrgenommen.

7.2.5 „Giftbomben" – Gesundheit

Gesundheit und Ernährung sind zwei eng miteinander verwobene Themen. Da Fragen gesunder Ernährung nicht im Zentrum dieser Arbeit standen, waren diese auch nicht Teil der der von mir in den Interviews angesprochenen Inhalte. Dennoch brachten einige, vor allem ältere Konsument*innen, dieses Thema auf. Neben besonderer Ernährungs- und Einkaufsweisen, bspw. um eine bestimmte Diät einzuhalten, wurde die Frage nach der gesundheitlichen Unbedenklichkeit von frischem Obst und Gemüse in einzelnen Fällen auch mit der Herkunft in Verbindung gebracht. Dabei standen Sorgen um den Einsatz gesundheitsschädlicher Pestizide im Fokus. Die Bedenken der Konsument*innen sind dabei analog zu den umweltbezogenen Bedenken im Hinblick auf den Einsatz von Pestiziden. So löst die Annahme, dass gerade in Südeuropa besonders viele Pestizide verwendet werden nicht nur Sorge um die Umwelt, sondern auch um die eigene Gesundheit aus:

> *„Ja, die haben da [in Spanien und Italien; Anm. d Verf.] so riesen, weiß ich nicht, riesen Flächen von Tomaten, keine Ahnung was. Naja, ich habe so was schon*

[33] Dies ist nur möglich bei sogenannten klimakterischen oder nachreifenden Obst- und Gemüsesorten, wie Äpfeln, Bananen, Tomaten oder Avocados. Diese können vor der vollständigen Reife geerntet und anschließend zur Nachreife gelagert werden. Bei nicht-klimakterischen Obst- und Gemüsesorten wie Erdbeeren, Orangen, Auberginen oder Gemüsepaprika ist dies nicht möglich (Hering 2022: 16).

mal gesehen im Fernsehen. Aber ja, jetzt nicht weiter mich befasst mit. ***Weiß ja, dass es eben alles mit Pestiziden ist, gespritzt wird.*** *"*

(Frage: Also ist das ein eher negativ besetztes Bild?)

„Naja, ich finde es eigentlich nicht gut. Aber ich meine, wenn sie die Sachen erhalten wollen. Ich meine, wird ja einen Grund haben, warum sie die spritzen. Ich finde es natürlich auch nicht gut, ***dass man sich das Gift in den Körper hinein isst****. Aber ich meine, ich mache es nun schon leider Jahrzehnte lang. Und bin ja nun 61. Und ja. Jetzt fängt man natürlich ein bisschen an zu überlegen, ne?" (Sabine)*

Neben negativen Bildern über die Landwirtschaft in Ländern wie Italien oder Spanien können auch schlechte Erfahrungen mit anderen Produkten einer bestimmten Herkunft einen Einfluss auf Bewertung der Waren haben. So meidet Sandra sowohl Lebensmittel als auch andere Produkte, die in China angebaut oder hergestellt wurden, da sie bei einer ihrer Töchter allergische Reaktionen beobachtet hat, nachdem diese ein in China gefertigtes Spielzeug geschenkt bekam.

Ohne sich auf konkrete Herkunftsländer zu beziehen hat Erika gesundheitliche Bedenken bei Südfrüchten und bezeichnet bspw. Bananen und Avocados als „Giftbomben", die sie zwar gerne isst, aber nicht ohne sich gründlich die Hände zu waschen, nachdem sie die Früchte angefasst hat. Um diese Problematik zu umgehen, greift sie bei solchen Produkten, auf Bioprodukte zurück, gleichwohl sie auch der Bio-Zertifizierung nicht traut:

„Das [Obst und Gemüse, das man in Deutschland im Supermarkt kaufen kann; Anm. d. Verf.] ***ist ganz bestimmt nicht sicher und gesund.*** *Also, ich weiß es zum Beispiel auf dem Land. Wir kennen auch Leute, die solche Obstplantagen haben. Und da wird auf jeden Fall, auch wenn ich jetzt sage, ich nehme gerne Produkte hier aus dem Umland oder aus dem Alten Land oder aus Werder.* ***Die werden auch gespritzt****. Also, da muss man schon ganz genau hingucken. Und ich bin mir nicht sicher, ob da, wenn da Bio draufsteht, man auch wirklich ungespritzte Sachen bekommt.* ***Dafür sehen die manchmal zu rund und zu glücklich und zu glatt und gesund aus****. Ich hoffe das. Sagen wir mal so. Aber ich bin nicht davon überzeugt, dass das tatsächlich so ist" (Erika)*

Neben ihren Vorbehalten gegenüber Südfrüchten, zeigen sich hier zudem jedoch auch ortsunabhängige Zweifel an der Unbedenklichkeit von frischen Lebensmitteln. Selbst bei Bio-zertifizierten Äpfeln aus dem Alten Land bezweifelt sie, dass diese frei von gesundheitsschädlichen Rückständen von Pestiziden sind. Grund für diese Zweifel ist das makellose Aussehen der Früchte („rund, glücklich, glatt, gesund"), welches für sie ein Hinweis für den Einsatz von Pestiziden zu sein scheint.

Diese grundsätzlichen Bedenken teilen auch einige andere Konsument*innen. So fragt sich Sara, „welchen Mist wir zu uns nehmen" und vermutet, dass Lebensmittel

„verseucht“ sind. Birgit spricht von „Gruselaspekte[n]“, mit denen sie sich konfrontiert sieht, wenn sie über die gesundheitliche Unbedenklichkeit von Lebensmitteln nachdenkt. Im Gegensatz dazu nahmen aber etwa die andere Hälfte meiner Interviewpartner*innen, die ich direkt auf Zweifel dieser Art ansprach, eine konträre Perspektive ein und äußerten ein großes Vertrauen in die gesundheitliche Unbedenklichkeit von frischem Obst und Gemüse.

Ähnlich wie Weiß (2006: 205, 221) bereits zeigte, wird hier deutlich, dass der Kauf von Bioprodukten nicht zwingend auf eine ausgeprägte Umweltorientierung deutet, sondern ebenso auf ein stark ausgeprägtes Gesundheitsbewusstsein zurückzuführen sein kann. Eine solche Präferenz für Bioprodukte aus gesundheitlichen Motiven ist nach Weiß (ebd.: 201-206) besonders ausgeprägt bei Müttern im mittleren Alter, sowohl mit kleineren als auch bereits ausgezogenen Kindern. Dieser Zusammenhang zwischen Gesundheitsorientierung, Geschlecht und Elternschaft spiegelt sich auch in meinen Interviewdaten wieder: Alle Konsumentinnen die Bedenken dieser Art äußerten entsprechen dieser Gruppe.

Stichprobenhafte Untersuchungen von Pestizidrückständen auf frischem Obst und Gemüse (vgl. Exkurs VII) zeigen, dass Waren aus Deutschland tatsächlich geringfügig besser abschneiden, als Produkte aus dem EU- und Nicht-EU-Ausland. Doch auch unter deutschen Produkten gibt es deutliche Ausreißer, sodass die Orientierung an der Herkunft der Waren im Hinblick auf gesundheitliche Aspekte weniger Sicherheit bieten kann als bspw. die Orientierung an der Bio-Zertifizierung.

Wie auch in den vorangegangenen Unterkapiteln spiegelt sich in dem größeren Vertrauen in die Unbedenklichkeit deutscher Produkte einmal mehr die starke Präferenz für das Nahe und Heimische. Zugleich zeigt sich in den Interviews, dass das generelle Misstrauen gegenüber der landwirtschaftlichen Nahrungsmittelproduktion sich sowohl auf die möglichen Nebenfolgen entlang der Wertschöpfungskette wie auch auf die Folgen für die eigene Gesundheit beziehen. Auch hier wird deutlich, dass neben dem Rückgriff auf Bio-Produkte, Produkte aus Deutschland ein gewisses Sicherheitsbedürfnis erfüllen, ohne dass hier jedoch ein tatsächlicher Unterschied zwischen regionalen und importierten Waren bestehen muss.

Exkurs VII: Pestizidrückstände auf frischem Obst und Gemüse

Das Chemische und Veterinäruntersuchungsamt Stuttgart (CVUAS) führt jährlich stichprobenartige Untersuchungen zur Pestizidbelastung von frischem Obst und Gemüse aus konventionellem Anbau durch. Die Untersuchung aus dem Jahr 2019 ergab, dass 95% aller Obstproben und 93% aller Gemüseproben Rückstände von Pestiziden aufwiesen. In 6% bzw. 18% der Fälle lag dabei eine Überschreitung der Rückstandshöchstgehalte vor. Diese Produkte dürften eigentlich nicht gehandelt werden. Sie sind jedoch nicht zwingend gesundheitsgefährdend, da bei der Festsetzung der Höchstmenge ein Sicherheitsfaktor (in der Regel 100) berücksichtigt wird (Hacker et al. 2019; Scherbaum et al. 2019). Zugleich ist zu beachten, dass die Rückstandshöchstgehalte jeweils nur pro Pestizidwirkstoff festgesetzt werden. Auf einem Produkt können also eine Vielzahl verschiedener Wirkstoffe nachgewiesen werden, die jeweils einzeln unter dem Grenzwert liegen. Die Summe dieser Wirkstoffe und ihre Wechselwirkungen werden dabei nicht berücksichtig (Verbraucherzentrale NRW e.V. 2018).

Tabelle 6: Rückstände an Pestiziden in Obst- und Gemüseproben aus konventionellem Anbau differenziert nach Herkunft

Frischobst Frischgemüse	**Inland**	**andere EU Länder**	**Drittländer**	**Unbekannte Herkunft**	**Gesamt**
Anzahl Proben	191 438	255 290	286 154	22 34	753 916
Davon mit Rückständen	182 (96%) 385 (88%)	243 (95%) 278 (96%)	273 (95%) 152 (99%)	20 (91%) 33 (97%)	718 (95%) 848 (93%)
Überschreitung der Höchstmenge	5 (3%) 48 (11%)	13 (5%) 68 (23%)	23 (8%) 43 (28 %)	2 (9 %) 7 (21 %)	43 (6 %) 166 (18 %)

Eigene Darstellung | Daten: Hacker et al. (2019) und Scherbaum et al.(2019)

Tabelle 6 zeigt die Ergebnisse der Untersuchung aus dem Jahr 2019 differenziert nach Herkunft der Proben. Demnach waren sowohl beim Obst als auch beim Gemüse der Anteil an Proben, bei denen eine Überschreitung der Rückstandshöchstmenge vorlag unter den inländischen niedriger. Beim Frischobst war die Anzahl der Proben, bei denen eine Überschreitung der Höchstmengen festzustellen war, aus dem EU-Ausland sowie aus Drittländern geringfügig höher als bei jenen aus Deutschland. Beim Frischgemüse waren die Unterschiede zwischen dem Anteil mit Rückständen sowie dem Anteil mit Überschreitungen zwischen Proben aus Deutschland und dem EU-Ausland deutlicher. Der Anteil der Proben mit Rückständen sowie mit Überschreitungen ähnelte sich wiederum im EU-Ausland sowie in anderen Drittländern. Unter der Gesamtheit der Obstproben befanden sich drei, die auf Grund der Pestizidbelastung als nicht sicher bewertet wurden. Dabei handelte es sich um Mango aus Peru sowie Mango und Tafeltrauben unbekannter Herkunft. Unter den Gemüseproben gab es vier, die als nicht sicher eingestuft wurden. Dabei handelte es sich jeweils um Paprika aus Belgien, Ungarn und der Türkei sowie Grünkohl aus Deutschland (Hacker et al. 2019; Scherbaum et al. 2019). Auf Bio-Produkten hingegen sind regelmäßig signifikant geringere Rückstände als auf konventionellen Produkten nachzuweisen (CVUAS 2016).

7.2.6 „Es gibt ja überall alles und von allem viel zu viel" – Dekadenz und Überfluss

Bis hierhin wurde deutlich, dass Konsument*innen sowohl auf Grund negativer Assoziationen mit verschiedenen Anbauorten als auch auf Grund der Ablehnung weiter Transportstrecken dem Import von frischem Obst und Gemüse kritisch gegenüberstehen. Ein weiterer Aspekt, der sich über den Großteil der Interviews hinweg herauskristallisiert hat, ist die Empfindung, dass die Organisation des globalen Nahrungsmittelsystems, die damit einhergehenden Aufwendungen vor allem im Bereich der Logistik aber auch der Einsatz von Düngemittel und Pestiziden *unnatürlich* und die Vielfalt der deutsche Konsument*innen im Supermarkt frönen „dekadent" (Antonia) und *unangemessen* seien. Einige Konsument*innen grenzen sich und ihre eigenen Bedürfnisse dabei deutlich von diesem Angebot ab und betonen, dass sie selbst mit einem bescheideneren Angebot auch zufrieden wären.

„Warum muss man immer alle Früchte der Welt zur Verfügung haben? – Vielfalt als unnötiger Luxus"

Häufig wird der Transport insbesondere von frischem Obst und Gemüse aus Übersee, z.B. Südamerika, oder Neuseeland als unnötiger und übertriebener Aufwand beschrieben. Es sei „sinnlos" (Antonia), „schwachsinnig" (Erika), „unnötig" (Carla), „nicht angemessen" (ebd.), zumindest aber „verwunderlich" (Rolf), „wenn Obst und Gemüse quasi einmal um die halbe Welt muss, nur damit es quasi auf meinem Teller landen kann" (Benjamin). Dabei beziehen sich die Konsument*innen sowohl auf Südfrüchte als auch auf Produkte, die auch in Deutschland angebaut werden (können). Im ersten Fall grenzt sich z.B. Mareike davon ab regelmäßig Südfrüchte zu konsumieren, wenn man auch heimische Äpfel essen kann:

> *„Und dann eben wirklich auch so der Gedanke, wieso muss man, um sich zu ernähren, aus anderen Kontinenten, also gerade bei Produkten, die auch hier wachsen würden. Also klar jetzt, bei Avocado, gibt es nicht aus Deutschland,*

aber da muss man, finde ich, abwägen. ***Warum muss man immer alle Früchte der Welt zur Verfügung haben?*** *Ist das für den Preis, was es hat, weil der Preis ist einfach, dass da krasse Transport- und Lagerungskosten und ich weiß nicht was so für draufgehen. Und die Abstriche, die ich da mache, sind bei mir einfach, empfinde ich nicht als so groß. Ich esse gerne Äpfel und muss* ***nicht immer noch fünf exotische Früchte****, so-. Also zum Beispiel Orange ist so ein Ding. Ja, mag ich einfach auch gerne, kaufe ich, erlaube ich mir, auch wenn es nicht aus Deutschland kommt. Aber eben nicht so in dieser* ***Extremheit****. Also da, wo es irgendwie noch in meinem Spielraum ist, dass ich keine großen Abstriche machen muss kulinarisch, da versuche ich es halt." (Mareike)*

Mit dem Ausdruck „extrem" scheint sie dabei sowohl die Menge und Vielfalt der angebotenen Waren als auch die Konsumgewohnheiten der *anderen* Konsument*innen zu charakterisieren, von denen sie sich abgrenzt. Gleichzeitig stellt sie, so wie viele andere Konsument*innen auch, in Frage weshalb Produkte, die auch in Deutschland gedeihen können, dennoch importiert werden. So wird der Import von Äpfeln gerne als Beispiel für unnötige Transportwege herangezogen. Carla hingegen zeigt sich verwundert über den Import von Möhren aus afrikanischen Ländern:

„Na, weil es einfach eine ***Ökosauerei ist und unnötig****. Also warum muss man aus Afrika, Möhren gab es glaube ich, haben aus Afrika. Sage ich: Bitte was? So ein* ***ureuropäisches Gemüse*** *muss ich doch nicht aus Afrika-, [...] Also das ist einfach so* ***ein Aufwand, der ist nicht angemessen****, finde ich." (Carla)*

In Carlas Aussage zeigt sich die bereits in Kapitel 7.1.1 thematisierte Verknüpfung von Herkunft und Lebensmitteln, nämlich die Konstruktion von bestimmten Speisen oder Zutaten als typisch für ein Land, eine Region oder auch eine Bevölkerungsgruppe. Ähnlich wie als typisch deutsch oder europäisch empfundene Produkte wie Kartoffeln oder Tomaten (s.o.) ist auch die Möhre weniger „ureuropäisch" als sie scheint: So stammten die Urformen der Möhre vermutlich aus Südeuropa, aber auch aus Zentralasien und Nordafrika (Meyer-Rebentisch 2012).

Insbesondere unter den jüngeren Konsument*innen argumentierte einige zudem, dass man sich auch mit frischem Obst und Gemüse aus Deutschland abwechslungsreich und vollwertig ernähren könne.

„Ja, also grundsätzlich bin ich eigentlich der Meinung, dass man mit ***strikt regionalen Produkten und saisonalen Produkten könnte man sich eigentlich vernünftig ernähren****. Aber da muss ich noch ein bisschen an meinem Kochrepertoire feilen." (Jakob)*

„Ich finde, unser Land und auch das Klima gibt eigentlich genug her, um gerade saisonal gute Produkte zu erzeugen. Und ich bin kein großer Fan davon, wenn ***Obst und Gemüse quasi einmal um die halbe Welt muss, nur damit es quasi auf meinem Teller landen kann****." (Benjamin)*

Diese Beispiele zeigen, dass Konsument*innen in aller Regel wenig Wissen darüber haben, wie die Versorgung mit frischen Lebensmitteln organisiert ist. So zeigen der Selbstversorgungsgrad mit frischem Obst und Gemüse sowie die heute zur landwirtschaftlichen Produktion von Lebensmitteln bereitgestellten Flächen in Deutschland (vgl. Kapitel 2.1.1), dass sich die Vorstellung einer Versorgung ausschließlich mit einheimischen Produkten nicht realisieren ließe. Zum anderen überschätzen Konsument*innen wie Frederike, Jakob, Benjamin oder Birgit und Alina (vgl. Kapitel 7.2.3) möglicherweise auch die Lebensmittelvielfalt, die sich mit einem rein regionalen Angebot realisieren ließe. Einen Eindruck davon vermittelt der Saisonkalender (vgl. Kapitel 2.1.3), der anzeigt welche Obst- und Gemüseprodukte wann und in welchen Mengen aus Deutschland bzw. dem Ausland verfügbar sind. Diese Annahme stützen auch die Ergebnisse einer repräsentativen Verbraucher*innenbefragung, von Busch/Bayer /Gunarathne/ et al. (2020), in der unter anderem die Wahrnehmung des Selbstversorgungsgrades abgefragt wurde. Während dieser bei Waren wie Kartoffeln, Milch und Fleisch stark unterschätzt wird, überschätzen die Studienteilnehmer*innen ihn bei Obst und Gemüse um den Faktor 2,1 bzw. 1,5 (ebd.: 47). Eine etwas nüchternere Einschätzung hierzu zeigten in meinem Interviewsample nur Rolf und Angelika. So gibt Rolf zu bedenken, dass „wir [...] auf die Leute [Beschäftigte in der Landwirtschaft; Anm. d. Verf.] irgendwie angewiesen“ sind und verweist damit auf den geringen Anteil der deutschen Bevölkerung, die überhaupt in der Landwirtschaft beschäftigt sind (vgl. Kapitel 2.1.1).

„Was Anderes gibt es ja hier jetzt nicht in Brandenburg.“ – Pragmatismus und Überdruss

Als Ausnahmen in meinem Interviewsample sind Angelika und Antonia die einzigen beiden, die die vielfältigen Möglichkeiten, die Konsument*innen heute zur Verfügung stehen, loben. So hebt Angelika sowohl den geschmacklichen als auch den gesundheitlichen Mehrwert hervor und setzt sich damit von jenen Konsument*innen ab, die deutsche oder regionale Produkte als gesünder und schmackhafter ansehen:

> *„Aber, dass ich jetzt die schönen Weintrauben bekomme, **das kann ich schätzen**, ja. Nur Äpfel-. Banane ist auch mal schön. So zwischendurch, wenn man nichts zu essen hat und so. **Mit Magnesium und so**.“ (Angelika)*

> *„Was natürlich **der Hammer** ist, was man eigentlich nicht kaufen kann, ist Fluganans. Aber ist **die Einzige, die schmeckt**. Na ja. Also wie gesagt, ja. Ja, auch zum Gemüse; wichtig ist, ich finde, das muss schmecken.“ (Angelika)*

Antonia betont zudem den optischen Aspekt einer vielfältigen Auswahl im Supermarkt und erklärt, dass „es [...] halt irgendwie schön [ist], wenn man auch mal so was Anderes haben kann“. Gleichzeitig empfindet sie die Gewöhnung an diese große Auswahl auch als „verwöhnt“ und „dekadent“. Zwar nimmt auch Angelika die moralischen Bedenken im Hinblick auf Südfrüchte zur Kenntnis (man darf sie eigentlich nicht kaufen), priorisiert jedoch ganz deutlich den guten Geschmack. Zugleich argumentiert sie an verschiedenen Stellen im Interview komplett konträr zur Einschätzung von Benjamin und Jakob, dass eine rein regionale Ernährung schwerlich ohne Abstriche zu realisieren sei:

„Wir müssten jetzt [im Januar; Anm. d. Verf.] Trockenobst und Äpfel essen." (Angelika).

Die Auswahl aus Brandenburg nimmt sie als weder lecker noch vielfältig genug wahr und beschreibt das winterliche Angebot als eher mager:

„Also jetzt, wenn du jetzt rote Beete magst, die kannst du gut kaufen aus Brandenburg und was weiß ich nicht, Kohl. Aber Kohl mache ich auch, ehrlich gesagt nicht so gern. Und na ja und wie gesagt, ansonsten natürlich Äpfel sind ja aus dem Umland." (Angelika)

Während einige Konsument*innen eine regionale Lebensmittelversorgung als moralisch unbedenkliche und erstrebenswerte Verbesserung ansehen, macht Angelika sich regelrecht über diese lustig:

*„Hast Du mal den Artikel gelesen im Tagesspiegel? Wie sich da mal einer versucht, regional zu ernähren? **Der ist zum Brüllen**. Eine Woche lang versucht er sich nur aus der Region zu ernähren. Und **scheitert da kläglich** und hat immer so einen Hunger, weil, es gibt ja auch-. Beim Obst meinte er, war die Auswahl einfach, **Äpfel, und zwar vom vorigen Jahr**. Was anderes kann er ja gar nicht essen. **Was anderes gibt es ja hier jetzt nicht in Brandenburg**. Und so. Ja, jedenfalls hat er sich zum Schluss schöne Nudeln und Speck gekauft und hat sich Spaghetti all'amitriciana gemacht. Der ist süß, der Artikel." (Angelika)*

Angelika (und in Teilen auch Antonia) bilden eine klare Ausnahme unter den Personen, die ich interviewt habe. Ihre Ausführungen sind deswegen interessant, weil sie drei Besonderheiten zeigen: Im Gegensatz zu anderen vorgestellten Meinungen, geht Angelika erstens nicht davon aus, dass eine vielfältige regionale Ernährung (gerade im Winter, wo auch das Interview mit ihr stattfand) möglich ist und hat damit eine deutlich pragmatischere, möglicherweise auch realistischere Einschätzung als die Idealist*innen. Zweitens sind Angelika und Antonia die Einzigen meiner Interviewpartner*innen, die ganz explizit den Zusammenhang zwischen dem Import von frischem Obst (z.B. Fluganans, Weintrauben) und ihrem eigenen Genuss und ihrer Gesundheit herstellt. Während die meisten Konsument*innen Südfrüchte nur unter Rechtfertigung (s.u.) und mit schlechtem Gewissen konsumieren, betonen beide ihre Freude daran. Drittens transportiert sich u.a. in Angelikas spöttischem Bericht über den Artikel im Berliner Tagesspiegel[34] auch eine Überdrüssigkeit und Ablehnung gegenüber den stark moralisierten und normativen Ansprüchen, die sie an sich gestellt sieht und grenzt sich – auch im Unterschied zu Antonia – von diesen ab.

[34] Es handelt sich um diesen Artikel: https://www.tagesspiegel.de/berlin/angst-scham-und-creme-frache-eine-woche-lang-nur-saisonal-regional-ernaehren-ein-selbstversuch/25470630.html

7.3 „Keine Erdbeeren an Weihnachten“ – Stellvertreterprodukte

Nachdem in den letzten sechs Unterkapiteln die verschiedenen Bezüge zwischen Produkteigenschaften und -bewertungen und ihrer Herkunft, welche von Konsument*innen hergestellt werden, im Fokus waren, möchte ich in diesem Kapitel kurz einen weiteren Aspekt aufgreifen, der im Zuge der Auswertung der Interviews auffällig war. Dieser hängt zwar nicht unmittelbar mit der Herkunft zusammen, ist jedoch wichtig für das Gesamtverständnis des Zusammenhangs zwischen (Nicht-)Wissen, Herkunft und Beurteilung der Produkte: die vermutlich unbewusste Differenzierung von Produkten in solche, die kritisch hinterfragt und auf Grund der bis hierhin aufgezeigten Bedenken gemieden werden und solchen, die dieser Prüfung nicht unterzogen werden.

Ein auffälliger Aspekt, der sich in einigen Interviews zeigte, ist, dass die Frage nach (Un-)Angemessenheit nicht für alle Produkte gleichermaßen gestellt wird. Vielmehr scheint einigen Produkten bzw. ihrer Herkunft ein größeres Maß an Exotik und Fremdheit anzuhaften als anderen. Bereits im obenstehenden Zitat von Mareike (vgl. Kapitel 7.2.6) wird deutlich, wie sich Konsument*innen bei ihrer Ablehnung importierter Produkte selbst relativieren („Also zum Beispiel Orange ist so ein Ding. Ja, mag ich einfach auch gerne, kaufe ich, erlaube ich mir, auch wenn es nicht aus Deutschland kommt.“). Auch Carolins Ausführungen zeigen, wie sie implizit unterscheidet zwischen Produkten deren Import und/oder Verkauf sie im Winter „unverhältnismäßig“ findet (Avocados, Erdbeeren) und solchen, die sie von dieser Überlegung offenbar ausnimmt (Nektarinen, Pfirsiche):

> *„Ansonsten klar, bei manchen Sachen halt auch so im Winter, da lege ich auch Sachen wieder zurück, weil ich das einfach* ***unverhältnismäßig*** *finde, wenn dann irgendwie da* ***Erdbeeren aus Indien*** *eingeschifft werden und* ***Avocados aus Peru****, das ist irgendwie so-. Das sind dann auch so Sachen, das isst man dann wirklich ganz selten mal, wenn man sich mal irgendwie so eine Mango oder sowas holt, das ist mir schon, glaube ich-. Also so* ***Weintrauben finde ich immer schon schwierig****, weil es ist meistens irgendwie dann aus* ***Indien****, wo man sich auch immer so ein bisschen schlecht fühlt dabei. Und* ***Bananen*** *sind halt auch immer irgendwie* ***um die halbe Welt****. Klar, ich versuche halt schon zu gucken, was gerade aktuell im Angebot ist, was jetzt zum Beispiel so* ***Nektarinen, Pfirsiche*** *sind. Und das halt nicht dann im Winter zu konsumieren, dann irgendwie so* ***Erdbeeren im Winter****, finde ich dann halt Schwachsinn. Oder* ***Spargel im Winter*** *ist einfach nicht frisch und nicht so lecker.“* (Carolin)

Gerade die im Zitat angesprochenen Erdbeeren und Avocados sind ein beliebtes Beispiel für das von den Konsument*innen empfundene Übermaß. So ist es insbesondere die Erdbeere im Winter, an der sich besonders viele Konsument*innen aufreiben (Bernhard, Ina und David, Angelika, Erika, Carolin, Thomas und Sandra). Der Umstand, dass diese angeboten und offenbar auch noch (von *Anderen*) konsumiert wird, ist für viele ein Ausdruck besonderer Absurdität. Ein Blick auf die beliebtesten Obst- und Gemüsesorte in Deutschland und unseren Saisonkalender zeigt (vgl. Kapitel 2.1.3), dass jedoch viele Produkte, die besonders gern konsumiert werden, mindestens im Frühjahr, Herbst und Winter importiert werden. Tomaten, Gurken, Pfirsiche oder Trauben werden jedoch nicht in gleicher Weise kritisch betrachtet.

Auch vom Kauf von Avocados grenzen sich viele Konsument*innen ab (Carolin, Jakob und Bernhard) oder rechtfertigen sich dafür (Erika, Patrick, Antonia, Sandra, Carla, Mareike und Silke). Nachdem seit etwa dem Ende der 2000er-Jahre der Import von Avocados stark zugenommen hat (vgl. Kapitel 2.1.2, Abb. 2) und die Frucht zu ihrer heutigen Beliebtheit gekommen ist, nahm in den letzten Jahren auch die Kritik am Anbau der Avocado zu. Zu wasserintensiv, eine schlechte Ökobilanz und schlechte Anbaubedingungen werden der Furcht attestiert. Auch viele der Konsument*innen, mit denen ich sprach, brachten diese Punkte an.

Exkurs VIII: Ein kurzer Vergleich der Umweltverträglichkeit verschiedener Produkte

Laut des Verbraucherinformationsportals Warenvergleich.de ist die Avocado unter den betrachteten Obst- und Gemüsesorten tatsächlich eine der wasserintensivsten. Gleichzeitig zeigt sich, dass sie im Vergleich zu tierischen Produkten sowie Tee und Kaffee recht gut abschneidet (vgl. dazu auch Exkurs VI). Um effektiv den eigenen Wasserfußabdruck zu reduzieren ist sie also eher eine Stellschraube unter vielen (vgl. Abb. 33, Warenvergleich o.J.).
Vergleicht man mit Hilfe des CO_2-Rechners des Instituts für Energie- und Umweltforschung Heidelberg die CO_2-Emissionen pro Kilogramm Avocado mit denen der sechs Obstsorten mit dem höchsten Pro-Kopf-Verbrauch in Deutschland (vgl. Tab. 7) wird deutlich, dass die Avocado als Südfrucht zwar durchaus höhere Emissionen verursacht als heimische Obstsorten wie Äpfel oder Erdbeeren, jedoch sogar besser abschneidet als die allseits beliebte Banane, die in diesem Zusammenhang von meinen Interviewpartner*innen jedoch nicht als problematisch erwähnt wurde.

Abbildung 33: Vergleich des Wasserverbrauchs (l/kg) verschiedener Lebensmittel

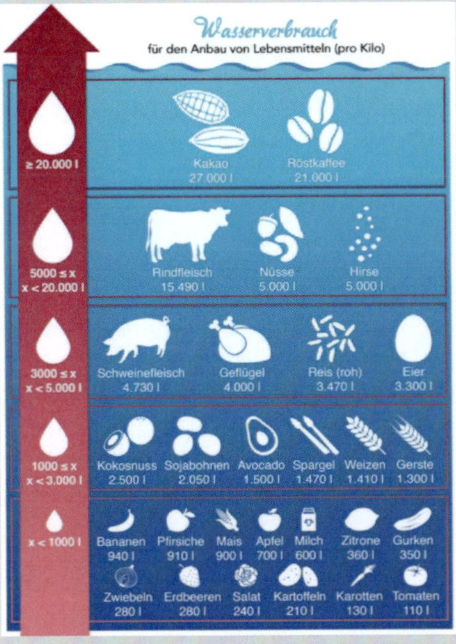

Warenvergleich (o.J.)

Tabelle 7: Vergleich der CO2-Emissionen der sechs Früchte mit dem höchsten Pro-Kopf-Verbrauch in 2019

Sorte	Durchschnittliche CO2-Emissionen/kg
Äpfel	0,03
Bananen	0,06
Tafeltrauben	0,04
Erdbeeren	0,03
Pfirsiche	0,03
Beerenobst	0,08*
Avocado	0,05
* Durchschnittswert aus Heidel-, Brom- und Himbeeren	

Eigene Darstellung | Daten: BMELL (2020d) und IFEU (2021)

Diese Beispiele könnten auf der einen Seite ein Beleg sein, für die Bedeutung von Routinen und eigenen Erfahrungen für den täglichen Einkauf. Der Griff zu stets verfügbaren Produkten wie Bananen wird nicht hinterfragt oder zur Diskussion gestellt. Die Waren sind allgegenwärtig, immer verfügbar, Teil des Bildes einer vollständigen Obst- und Gemüseabteilung und damit Gewohnheit. Einzelne, z.B. im Vergleich noch als neuer empfundene Produkte wie Avocados, können jedoch andererseits Störungen verursachen, wenn sie mit bestimmten weiteren, z.B. medial vermittelten oder persönlich erfahrenen Assoziationen behaftet sind. Der Import von Äpfeln könnte wiederum für Irritationen sorgen, da diese als typisch deutsches Obst einen starken Ortsbezug aufweisen; sowohl Bilder vom Apfelanbau wie auch konkrete räumliche Verankerung von Äpfeln, z.B. Äpfel aus dem Alten Land oder aus Werder, die als *nah* oder *regional* empfunden werden. Die Verbindung des „typisch deutschen" Produktes mit fernen oder gar als fremd empfunden Herkunftsangaben kann somit bei vielen Konsument*innen Unverständnis oder Unwillen auslösen. Auch Erdbeeren haben als Frucht eine starke Komponente von Nähe und weisen gleichzeitig eine starke saisonale Auflandung auf, die eng mit der eigenen Erfahrung dieses Produktes zusammenhängt: Das Ernten von Erdbeeren im Sommer, im eignen Garten, auf Erdbeerfeldern oder am Wegrand, aber auch die Omnipräsenz von Erdbeerverkaufsständen im sommerlichen Bild der Stadt verankern die Erdbeere sowohl zeitlich als auch räumlich. Das Angebot dieses typischen Sommerobstes im Winter und das damit verbundene Herauslösen der Frucht aus den eigenen Erfahrungen könnte hier eine Ursache für die Irritation und damit für das häufige Anbringen gerade dieses Beispiels sein. Die Avocado wiederum zeigt wie stark medial vermitteltes Wissen zu Irritationen führen kann. So wie auch das plötzlich große Bewusstsein für die Herausforderungen der deutschen Landwirtschaft in den Interviews, die nach dem Ausbruch der Corona-Pandemie geführt wurden (vgl. Kapitel 7.3.2).

Andererseits wird deutlich, wie auch das Problembewusstsein simplifizierend auf einzelne Waren fokussiert wird (vgl. Exkurs VIII). Diese Bewertung von zwei Südfrüchten wie der Banane und der Avocado mit zweierlei Maß lässt sich wohl, wie eingangs beschrieben, damit erklären, dass die Banane durch ihre jahrelange Omnipräsenz und ihre feste Rolle im Ernährungsalltag vieler Menschen jegliche exotische Anmutung verloren hat und damit auch nicht mehr derselben kritischen Prüfung durch Konsument*innen unterzogen wird wie andere Produkte. Gleichzeitig scheinen bestimmte Produkte, z.B. Erdbeeren oder Avocados, als Stellvertreter für das wahrgenommene Gesamtproblem zu fungieren. Das Herauspicken einzelner „problematischer“ Produkte und der Verzicht auf diese ermöglicht es den Konsument*innen massiv Komplexität beim Einkauf zu reduzieren: Indem Konsument*innen auf diese verzichten, machen sie eine kaum händelbare Herausforderung, nämlich ein Obst- und Gemüseeinkauf ohne negative Nebenfolgen, handhabbar. Auf diesen Mechanismus der Simplifizierung und Komplexitätsreduktion möchte ich am Ende dieses Kapitels im Hinblick auf die Herkunftsangabe unter dem Stichwort *local trap* nochmals vertieft eingehen.

7.4 Zusammenführung und Interpretation der Ergebnisse

Ziel dieses Kapitels war es aufzuzeigen, welche Bedeutung die Information der räumlichen Herkunft bei frischem Obst und Gemüse für Konsument*innen hat, um daraus Wissen über die Ware abzuleiten. Ein besonderer Fokus lag dabei auf der Frage, wie die Bewertung der sozialen und ökologischen Nachhaltigkeit und der Gesundheitsverträglichkeit mit der Herkunft der Ware zusammenhängt und welche symbolischen Eigenschaften mit der Herkunft verbunden werden.

Im ersten Teil des Kapitels habe ich zunächst einen kritischen Blick auf die Aussagekraft der Herkunftsangabe geworfen und gezeigt, dass selbst vermeintlich simple Waren wie frisches Obst und Gemüse hybride Waren sind und deutlich komplexere Geographien haben, als es die Herkunftsangabe vermuten lässt. Durch die notwendigen Vorprodukte, Technologien, Tiere und Menschen, die zur Produktion der Ware nötig sind, weisen sie neben einem Anbauort zahlreiche weitere räumliche Bezüge auf. Dazu gehören Samen und Sorten, Düngemittel, Substrat, Gewächshaustechnologien, Insekten zur Bestäubung und zur Schädlingsbekämpfung, Landwirt*innen und Erntehelfer*innen, die ihrerseits alle Einfluss auf verschiedene Eigenschaften der Ware haben können, wie etwa Geschmack oder ökologische und soziale Nachhaltigkeit. Daher stellt sich die Frage, inwiefern eine Herkunftsangabe – sofern sie nicht nachweislich mit konkreten Qualitätskriterien verknüpft ist, wie dies bei „geschützten Herkunftsangaben" der Fall ist – überhaupt geeignet ist, die Qualität eines Produktes zu bewerten. Auf diese Frage möchte ich am Ende des Fazits nochmal zurückkommen. Im Anschluss daran zeigte die Reflexion einer einzigen Interviewpartner*in wie vielfältig das Konzept Herkunft interpretiert werden kann. Mareikes Monolog über ihr Verständnis von Herkunft und Regionalität macht deutlich, dass sich hier objektive Deutungen des Herkunftsbegriffes wie etwa Distanz oder Bundesland und subjektive wie „gefühlte Nähe" überlagern und die Bewertung der räumlichen Herkunft zugleich von der Ware selbst abhängig ist. Betrachtet man beides zusammen, die Hybridität der Waren und die Schwammigkeit des Herkunftsbegriffes, wird bereits deutlich, dass die Herkunftsangabe nur begrenzt aussagekräftig sein kann. Im Hinblick auf die Vermarktung der Herkunft birgt dies die Gefahr der Verbraucher*innentäuschung, z.B. indem der Eindruck erweckt wird ein Produkt stamme aus „der Nähe", ohne dies näher zu definieren (Stiftung Warentest 2013) oder indem Waren mit einer exotischen Anmutung versehen werden, die jedoch Teile der Produktion verschleiert (Cook 2004; Hering/Fülling 2021). In beiden Fällen besteht das Risiko, dass die Erwartung der Konsument*innen, die durch die Vermarktung der Herkunftsangabe geweckt werden, von der Realität stark abweichen. Zertifizierungssysteme wie die „geschützte Ursprungsbezeichnung" oder das „Regionalfenster" versuchen dem etwas entgegenzusetzten, indem Kriterien für bestimmte Qualitätseigenschaften bzw. die räumliche Herkunft festgelegt werden und sind daher sicherlich – trotz Kritik im Detail (s. dazu z.B. von Reeken/Fesser 2016) – als ein positiver Schritt in Richtung Transparenz und Schutz der Verbraucher*innen zu bewerten. Zugleich handelt es sich hierbei um zusätzliche Labels neben anderen, die, wie wir im nachfolgenden Kapitel sehen werden, nicht zwingend mehr Klarheit für Konsument*innen schaffen.

Im zweiten Teil des Kapitels habe ich aufgezeigt, welche Themenkomplexe in meinen Interviews im Zusammenhang mit der Herkunft aufkamen und analysiert, über welche Kriterien sich Konsument*innen anhand der Herkunftsangabe auf den Waren versuchen Klarheit zu verschaffen. Zunächst lässt sich festhalten, dass sich die Art und Weise wie Herkunft und Produkteigenschaften von Konsument*innen miteinander verknüpft werden, entlang zwei verschiedener, räumlicher Logiken unterscheiden lassen: dem Ort und der zu überwindenden räumlichen (und zeitlichen) Distanz zwischen Produktionsort und Ort des Verkaufs. Wie die in Kapitel 4.4 vorgestellten Forschungsarbeiten (Chattalas et al. 2008; Ermann 2004; Jaffe/Lampert 1998; Liefeld 2004; Pike 2009) bereits zeigten, kann der Produktionsort von Waren zu ihrer Bewertung durch die Konsument*innen beitragen, etwa indem sozialräumliche Narrative, folkloristische Elemente, eine bestimmte Reputation oder nationale Stereotype auf die Waren projiziert werden. Dies kann sowohl durch gezieltes Vermarkten der Herkunft geschehen, die im Erfolgsfall positive Assoziationen weckt oder zur Identifikation mit dem Produkt beiträgt. Es kann aber auch – wie wir in diesem Kapitel gesehen haben – zu einer Negativbewertung von Waren im Hinblick auf ganz diverse Produkteigenschaften führen. Die zweite Raumlogik, über die eine Bewertung der Ware anhand der Herkunft stattfindet, ist die der Distanz. Über die Bewertung der Distanz zwischen dem Ort des Anbaus und dem Ort des Verkaufs werden vor allem Umweltverträglichkeit, Geschmack und Frische der Waren bewertet. Grundsätzlich wird die Überwindung zeitlicher und räumlicher Distanz als problematisch angesehen. In der Gegenüberstellung der Annahmen der Konsument*innen und verschiedener Studien zeigte sich, dass die Schlussfolgerungen, die Konsument*innen über die Waren anhand der Herkunft zogen oftmals vereinfachend waren. Denn die Bewertung bspw. der Umwelt- oder Gesundheitsverträglichkeit der Waren stellt sich häufig als deutlich komplexer dar, als dass sie sich allein über den Ort des Anbaus vornehmen lässt. Da die Herkunftsangabe jedoch häufig die einzige Information ist, die Konsument*innen am Ort des Verkaufs über die Ware erhalten wird diese und die damit verbundenen Assoziationen als Brücke genutzt um Wissenslücken zu schließen oder Informationsdefizite auszugleichen und fungiert damit als *proxy* bzw. *heuristic shortcut* (vgl. Kapitel 4.4.1).

7.4.1 Orte: Narrative, Stereotypen und Solidarität

Über alle Interviews hinweg lässt sich eine mehr oder (in einigen Ausnahmen) weniger starke Präferenz für Lebensmittel aus der „Nähe“, meist unter dem Begriff „regional“ gefasst, erkennen. Unter „Regionalität“ verstanden meine Interviewpartner*innen dabei durchaus unterschiedliches (vgl. Kapitel 7.1.2), wobei Deutschland sich als gemeinsamer Nenner festhalten lässt. Dieses Ergebnis korrespondiert mit dem in der Literatur von verschiedenen Autor*innen identifizierten Regionaltrend, auf den ich bereits in Kapitel 2.3 sowie Kapitel 4.4 eingegangen bin (Ermann 2004, 2005, 2015; Kofahl/Jahnke 2020; Weiss 2007; Zühlsdorf/Spiller 2014). Entlang aller von mir identifizierten Themen werden Waren aus Deutschland als höherwertig identifiziert. Hier spielten Zuschreibungen an Deutschland als Produktionsort eine zentrale Rolle. Es transportierte sich bei den meisten meiner Interviewpartner*innen ein großes Vertrauen in deutsche Regularien, Institutionen und Gesetze, das sich in der von vielen geteilten Annahme wiederspielgelte, dass frisches Obst und Gemüse, das in Deutschland angebaut wurde, höheren Umweltstandards und strengerem Arbeitsschutz unterliegt. Dem gegenüber steht die Vorstellungen, dass Waren sowohl aus Südeuropa als auch aus dem Globalen Süden deutschen Produkten in diesen Punkten unterlegen sind: einige Interviewpartner*innen vermuteten laxere Umwelt- und Sozialstandards, die sich in negativen Nebenfolgen vor Ort, aber auch gesundheitlich bedenklichen Waren niederschlagen. Es ist naheliegend anzunehmen, dass hier nationale Stereotypen von Ordnung und Unordnung, geregelten und ungeregelten Zuständen in Politik und Wirtschaft reproduziert werden (Chattalas et al. 2008). Auch Vorstellungen über die landwirtschaftliche Praxis in Deutschland und anderen Ländern schlagen sich in der Bewertung der Waren nieder. So assoziieren viele meiner Interviewpartner*innen mit Waren aus Südeuropa oder dem Globalen Süden vor allem anonyme Massenprodukte, die in großem Maßstab und mit starker Gewinnorientierung und unter wenig menschlicher Fürsorge angebaut werden. Dem gegenüber steht eine mitunter geradezu romantisierende, zumindest aber beschönigende Vorstellung von deutschen Landwirtschaftsbetrieben: im Hinblick auf die Größe der Betriebe, die Art der Beschäftigung sowie die (vermeintlich) weniger starke Marktorientierung. Dies schlägt sich nieder in der entsprechenden Wortwahl („Bauern", „Bauernhöfe" vs. „Massentomatenhaltung") sowie in dem von einigen Konsumenten*innen geäußerten Wunsch eben diese heimische und nahe Landwirtschaft und nicht jene in der Ferne zu unterstützen. Ermann (2015: 85) warnt in diesem Zusammenhang auch vor der Entstehung eines „regionalen Chauvinismus", d.h. einer ideologisch getriebenen, „höheren Wertschätzung des ‚Eigenen' gegenüber dem ‚Fremden'" (ebd.) sowie dem Wunsch „‚heimische' ErzeugerInnen [zu] bevorzugen, um sie zu unterstützen und vor der Konkurrenz von ‚außen' zu schützen" (Ermann/Strüver 2020: 6). Ähnlich wie auch die Ökobewegung mitunter von völkisch-nationalistischen, rechtsradikalen und globalisierungsfeindlichen Gruppierungen unter dem Deckmantel von Natur- und Heimatschutz unterwandert wird (DNR o.J.; Heinrich-Böll-Stiftung 2012), kann hier auch der Regionaltrend ein Einfallstor für rechte Ideologien bieten. Die „normative Gleichsetzung von räumlicher Verortung und Nähe mit Qualität und Nachhaltigkeit" (Ermann/Strüver 2020: 6) wird auch unter dem Begriff des „defensive localism" (Winter 2003) diskutiert. Entsprechende Haltungen werden zurückgeführt auf eine als bedrohlich empfundene Globalisierung und die damit einhergehenden Unsicherheiten und Identitätskrisen sowie die Gleichsetzung von Globalisierung mit Massenproduktion, Anonymität und den negativen Nebenfolgen der industrialisierten Lebensmittelproduktion, wie sie auch von meinen Interviewpartner*innen teils geäußert wurden. Eine Regionalisierung des Konsums wird entsprechend von Konsument*innen mitunter als Problemlösung angesehen (Ermann/Strüver 2020). In einer Studie über Wochenmärkte („farmers markets") und regionalen Konsum in Großbritannien kommen Holloway/Kneafsey (2000) zu dem Schluss, dass es sich bei diesen Märkten geleichermaßen um alternative, wie auch reaktionäre Orte handelt, da dort einerseits ein Versuch einer sozial und ökologisch nachhaltigen Lebensmittelversorgung praktiziert wird. Andererseits zeigten sich dort Tendenzen von Nationalismus und Ausschluss. Möglicherweise lässt sich diese Dualität auch auf den Trend zum regionalen Lebensmittelkonsum in Deutschland übertragen. Meine Interviews lassen weitergehende Schlussfolgerungen zu diesem Thema nicht zu, da ich die weitere politische Überzeugungen meiner Interviewpartner*innen nicht abgefragt habe. Hier ist jedoch auch die Zusammensetzung des Interviewsamples sowie der städtische Kontext der Forschung als Hintergrund zu beachten. Zum einen sind konservativ eingestellte Personen, bei denen eher auch rechtspopulistische Ansichten anzutreffen sind, in meinem Sample leicht unterrepräsentiert. Zum anderen zeigen räumliche Analysen von Wahlergebnissen, dass konservative und rechtspopulistische Einstellungen in ländlichen Räumen eher verbreitet sind (Förtner et al. 2019). Da meine Interviewpartner*innen ausschließlich aus Berlin stammen, weist das Sample vermutlich einen Bias in Richtung liberalerer politischer Orientierungen auf. Im Hinblick auf diese Verknüpfungen bedarf es gerade im deutschsprachigen Raum, weiterer, gezielter Forschung. Insbesondere Verbände, die eine stärkere Regionalisierung der Nahrungsmittelversorgung fordern sowie der Handel, der regionale Lebensmittel mit bestimmten Bildern vermarktet, sollten sich jedoch der Vereinnahmung regionaler und ökologischer Produktion und Vermarktung durch rechte Ideologien bewusst sein und sich hiervon gezielt abgrenzen.

Im Gegensatz zum beschriebenen „Lokalpatriotismus" finden sich in meinen empirischen Daten wenig Hinweise auf Solidarität mit Produzent*innen oder Erntehelfer*innen in anderen Ländern. Zwar werden die offenkundig problematischen Anbaubedingungen wahrgenommen und von nahezu allen Interviewpartner*innen sehr deutlich abgelehnt. Doch diese Ablehnung zeigt sich vor allem in dem Versuch entsprechende Produkte komplett zu vermeiden. Während verschiedenste Autor*innen (Barnett et al. 2005; Foster 2008; Popke 2006; Wright 2004) argumentieren, dass das Wissen um prekäre Arbeitsbedingungen zur Entstehung von Solidarität und Verantwortungsgefühl, auch über die Ferne – als „caring at a distance" – und damit zum Kauf fair gehandelter Produkte führen, könnte sich hier auch eine Abwendung von einem Problem, dass als zu groß und komplex empfundenen wird, abzeichnen. Statt zu versuchen Südfrüchte und andere importierte Waren aus fairer Produktion zu kaufen, wird eher versucht auf entsprechende Waren komplett zu verzichten (wenngleich dies, wie wir in Kapitel 7.3 gesehen haben, nur für einzelne, als besonders problematisch angesehene Waren geschieht). Zwar steigen die Absatzzahlen von Fairtrade-zertifizierten Produkten (vgl. Kapitel 2.3), doch die vergleichsweise kleine Auswahl an Produkten und die geringe Kenntnis derselben zeigen, dass es sich hier noch immer um eine Nische handelt.

7.4.2 Die Überwindung räumlicher und zeitlicher Distanz

Neben den Zuschreibungen an die Orte des Anbaus, spielte zudem die Überwindung der räumlichen und zeitlichen Distanz eine zentrale Rolle für meine Interviewpartner*innen. Der am häufigsten genannte Grund auf regionale Produkte zurückzugreifen war die Annahme, dass diese klimafreundlicher seien. Lange Transportstrecken, unabhängig davon, ob die mit dem LKW, mit dem Schiff oder dem Flugzeug zurückgelegt werden, werden mit hohen CO_2-Emissionen in Verbindung gebracht. In der Hoffnung auf diese Art und Weise auf Waren zurückzugreifen, die vergleichsweise niedrige CO_2-Emissionen verursachen, werden Waren bevorzugt, die möglichst kurze Distanzen zurückgelegt haben. Hierbei zeigen verschiedenen Studien, dass diese Annahme per se nicht falsch ist, eine Vielzahl anderer Faktoren wie Saisonalität, Skaleneffekte oder Distributionssystem hier jedoch ebenfalls eine Rolle spielen, sodass dieser Zusammenhang keinesfalls ein Automatismus ist. Zudem zeigt sich, dass viele Konsument*innen annehmen, dass der lange Transport der Waren dem Geschmack der Waren schadet. So beklagen sie, dass Frischeprodukte unreif geerntet werden und dementsprechend weniger aromatisch oder bspw. noch hart verkauft werden. Gleichsam wird jedoch auch der Einsatz von Technologie zum Nachreifen von frischem Obst und Gemüse eher mit Argwohn betrachtet, da es sich hierbei um einen tendenziell eher unästhetischen Einsatz von Technik handelt. Zudem lassen sich die Bilder von Containerlogistik und Reifezentren schlecht mit der Vorstellung eines Naturproduktes, das Konsument*innen sich wünschen, in Einklang bringen (vgl. Kapitel 7.4.3). Zuletzt stellt die Überwindung großer räumlicher Distanzen, gerade bei Produkten, die auch in hiesigen Breitengraden gedeihen, für einige meiner Interviewpartner*innen einen Ausdruck von Dekadenz dar. So äußerten sie ihr Unverständnis darüber, dass bspw. Äpfel aus Neuseeland importiert würden, wenn sie doch auch regional verfügbar sind oder distanzierten sich von dem Anspruch *anderer* Konsument*innen ganzjährig Produkte wie Erdbeeren zu konsumieren.

Der scheinbare Verlust der natürlichen Eigenschaften der Waren sowie der Einsatz von Technik und Logistik bei der Produktion sind ein Beispiel für die Entbettung der Waren aus ihrem Produktionszusammenhang (vgl. Kapitel 2.4), aber auch für den Bedeutungsverlust des praktischen Wissens (vgl. Kapitel 4.1.2) über die Waren, welches durch Technisierung und Standardisierung nicht mehr hilfreich bei der Bewertung der Waren ist. Hier bekommt die Herkunftsangabe eine besondere Rolle: Sie ermöglicht es zum einen eine Einschätzung im Hinblick auf die Umweltverträglichkeit der Waren vorzunehmen, da die Herkunftsangabe (bei konventionellen Produkten) die einzige Information ist, aus der sich ein solches Wissen annäherungsweise ableiten lässt: Die Information der Herkunft wird also als *proxy* genutzt, um daraus mithilfe der eigenen Vorerfahrungen und Vorstellungen Wissen über die Ware abzuleiten. Und sie ermöglicht zum anderen eine Wiedereinbettung der Waren, indem sie eine Geschichte und Bedeutung erhalten, die sie als anonyme Massenwaren verloren haben. Indem die Herkunft mit einer spezifischen Bedeutung verknüpft wird, wird das *food from nowhere* zu *food from somewhere* (Campbell 2009).

7.4.3 Herkunft und Natürlichkeit

Der Import von Produkten und der Verzehr von Südfrüchten wurde in meinen Interviews von einigen Konsument*innen mit dem Motiv der Unnatürlichkeit in Verbindung gebracht. Eine regionale Ernährung hingegen wird als naturnäher empfunden. Die Vorstellung einer Ernährung im Einklang mit der Natur ist sehr explizit deutschen Produkten vorbehalten. Denn wenn man sich regional (und saisonal) ernährt, so die Annahme, ist man im räumlichen und zeitlichen Rhythmus mit der Natur. Zudem ist dies sicherlich zu begründen mit den bereits diskutierten Vorstellungen einer umweltfreundlicheren Landwirtschaft in Deutschland. Ein weiterer Aspekt ist jedoch die Ablehnung des wachsenden Einsatzes von Technik entlang der Warenketten von frischem Obst und Gemüse (vgl. Kapitel 2.1.1 und 2.2.1). Dazu zählen Unbehagen im Hinblick auf Züchtungen, Unzufriedenheit mit dem Geschmack moderner Sorten, insbesondere aber eine ablehnende Haltung gegenüber modernen Reifetechnologien und der Güterlogistik. Sowohl die Vorstellung, dass Reifezeiten beeinflusst werden als auch, dass Waren in Containern verpackt über weite Strecken (und dementsprechend eine mehr oder weniger lange Zeit) transportiert werden, wertet die Waren in den Augen der Konsument*innen ab und entfremdet sie zugleich von der Vorstellung eines Naturproduktes: Konsument*innen erwarten weniger Frische und schlechteren Geschmack von importierten Waren. Zudem wird die mitunter aufwändige Güterlogistik von einigen Konsument*innen mit Massenwaren in Verbindung gebracht, wohingegen regionale Produkte eher mit dem Besonderen assoziiert werden (dazu weiter unten in diesem Kapitel mehr). Der Einsatz von Technologien wie Reifezentren und Güterlogistik sind jedoch notwendig, um das Angebot an frischem Obst und Gemüse, wie wir es heute sehen – und wie es von Konsument*innen im Regelfall ja auch gerne genutzt wird (vgl. Exkurs IV) – sicherzustellen. Auch Züchtungen, die stark auf optische Aspekte fokussieren und dabei den Geschmack vernachlässigen, orientieren sich durchaus an den Präferenzen der Konsument*innen, die gerne unbeschädigte Ware kaufen möchten, die lange frisch und makellos bleibt. Frisches Obst und Gemüse hat dementsprechend heute sowohl einen natürlichen Anteil, ist jedoch zugleich maßgeblich durch den Menschen technisch verändert (Hering 2022). Diese technische Gemachtheit ist kein ganz neues Phänomen, sondern zieht sich in Form von Züchtungen und Kreuzungen schon seit langer Zeit durch die Beziehung zwischen Menschen und Pflanzen. Zudem erfüllt sie eine wichtige Rolle für das Funktionieren des Nahrungsmittelsystems (Gill et al. 2018). Von einigen Konsument*innen, mit denen ich sprach, wird sie jedoch abgelehnt, da sie mit den negativen Nebenfolgen wie Umweltverschmutzung und gesundheitlichen Risiken assoziiert wird. Und auch Gill et al. (2018: 16) erkennen eine „Verkennung dieser Technisierungsprozesse“ im Bereich der Vermarktung und des Konsums. Dabei bieten technische Innovationen durchaus das Potenzial einen Beitrag zu mehr Nachhaltigkeit, z.B. durch längere Haltbarkeit und damit verbundene Reduzierung von Abfällen in der Lebensmittelproduktion zu leisten. Im Hinblick auf Güterlogistik lässt sich der Einsatz von Technik durch den Kauf regionaler Produkte sicher reduzieren. Die Überwinterung von heimischen Produkten wie Äpfeln oder Karotten in Controlled-Atmosphere-Lagern hingegen hat eine ähnliche Anmutung und funktioniert mit ähnlicher Technologie wie die Reifezentren, in denen importierte Bananen lagern und reifen.[35] Und auch bei heimischen Produkten handelt es sich nicht zwingend um alte Sorten, sondern ebenso um industriekonforme Züchtungen. Ähnlich wie jedoch Konsument*innen im Hinblick auf Betriebsgröße, Marktorientierung und die eingesetzte menschliche Arbeit bei heimischen Produkten eher positive bis hin zu romantisierenden Imaginationen haben, zeigt sich dies auch bei ihren Vorstellungen im Hinblick auf die Natürlichkeit der Waren.

7.4.4 Keine Wertschätzung des Fremden: Bescheidenheit statt Exotik

Im Gegensatz zu der beschriebenen Präferenz für regionale Produkte, finden sich in meinen Interviewdaten nur wenige Bespiele (vgl. Kapitel 7.2.6) für Konsument*innen, die aktiv die Verfügbarkeit von Südfrüchten und der großen Produktauswahl im Allgemeinen wertschätzen. Zwar konnte ich zeigen, dass die meisten Konsument*innen Gebrauch machen von der großen Warenvielfalt (vgl. Exkurs IV), gleichzeitig wird sie

[35] Ein Eindruck hiervon lässt sich auf den Webseiten verschiedener Anbieter solcher Kühltechnologie gewinnen.

jedoch als dekadent und übertrieben abgelehnt (vgl. Kapitel 7.2.6). Das Motiv der „kulturellen Omnivoren“ (vgl. Kapitel 3.4) lässt sich in meinen Interviews nur bei einer Konsumentin wiedererkennen (Angelika). Ganz im Gegensatz dazu zeigt sich in meinen Interviews nicht das Ferne und Exotische, sondern das Nahe und Bekannte als Garant nicht nur für Qualität und Sicherheit, sondern auch als Ausdruck für Authentizität. Das Besondere liegt in diesem Fall nicht in der Kenntnis tropischer Früchte oder exotischer Gerichte, sondern in der Zurückhaltung und Bescheidenheit sowie der Rückbesinnung auf das Heimische, Naturbelassene und Natürliche. Diese Suche nach Strategien zur Singularisierung der Waren ist ein zentrales Element des Konsumkapitalismus, indem Waren, gleich welcher Art, regelmäßig dem Raum der Kommodifizierung und Austauschbarkeit (Massenware) entzogen werden, indem sie geliebt, sinnhaft verwendet oder sich einverleibt werden (Foster 2008: 14-16). Der Unterschied zwischen meinem Befund und der Fachliteratur im Hinblick auf die Bedeutung der räumlichen Herkunft kann sich zum einen aus der Zusammensetzung des Samples ergeben, in dem konservativere Konsument*innen leicht unterrepräsentiert sind, sodass die Perspektive der kulturellen Omnivoren weniger stark vertreten ist. Zugleich lässt sich die stärkere Zuwendung zum Nahen und Vertrauten, wie oben bereits diskutiert, auch als eine insgesamt stärkere Orientierung der Konsument*innen an Fragen der Nachhaltigkeit bzw. als Ausdruck des Misstrauens gegenüber dem globalisierten Nahrungsmittelsystems deuten. Wie in Kapitel 3.3 deutlich wurde, sind gerade im letzten Jahrzehnt Themen wie Umweltschutz und die Reflexion des eigenen Konsumverhaltens stärker in den öffentlichen Fokus gerückt. Entsprechend ist zu erwarten, dass sich diese Orientierung, wenn auch in unterschiedlicher Intensität, in allen gesellschaftlichen Gruppen zeigt.

7.4.5 Der Effekt der Corona-Pandemie

Auch der Ausbruch der Corona-Pandemie im Frühjahr 2020, der zeitlich mit der Durchführung etwa der Hälfte der Interviews zusammenfiel, kann eine Erklärung für die besondere Präferenz gegenüber heimischen Produkten bieten: Zum einen herrschte zu diesem Zeitpunkt große Unsicherheit, ob globale Zuliefersystem sich als stabil erweisen würden. Hamsterkäufe bei Trockenwaren, aber durchaus aus in der Frischeabteilung, zeugten von einer plötzlichen Angst vor dem Zusammenbrechen der Lieferketten (vgl. Abb. 34). Zudem gerieten die globalen Abhängigkeitsbeziehungen sowie auch fragwürdige Arbeitsbedingungen, die die landwirtschaftliche Produktion prägen, in den Fokus der Öffentlichkeit, als die Einreise von Erntehelfer*innen zur Spargelernte sowie später im Jahr die Corona-Ausbrüche in Schlachtbetrieben diskutiert wurden (Hering 2020). Wie in Krisenzeiten nicht unüblich führte dies zu Forderungen Warenketten, insbesondere von Lebensmitteln, wieder regionaler zu gestalten, also den Selbstversorgungsgrad zu erhöhen und somit die Abhängigkeit von Importen zu verringern (Busch/Bayer/Gunarathne/ et al. 2020: 48). Busch/Bayer/Gunarathne/ et al. (2020) und Busch/Bayer/

Abbildung 34: Leergefegte Obst- und Gemüseabteilungen zu Beginn der Corona-Pandemie 2020

Foto: Cornelia Thierbach

Iweala/ et al. (2020) konnten in zwei im April und Juni 2020 durchgeführten Verbraucher*innenbefragung zu den Effekten der Corona-Pandemie auf das Einkaufs- und Ernährungsverhalten zeigen, dass Nachhaltigkeitsaspekte insgesamt und im Besonderen Regionalität für Konsument*innen an Bedeutung gewonnen haben. Ursächlich dafür können, neben dem bereits genannten Wunsch nach mehr Autarkie in der Lebensmittelversorgung, auch das Verständnis der Corona-Pandemie als Krise der Gesundheit des Planeten verstanden werden, so die Autor*innen: Durch die Zusammenhänge zwischen Globalisierung, Umweltzerstörung, Zerstörung von Lebensräumen und Zoonosen, die, wie auch Corona möglicherweise, von Tieren auf Menschen übertragen werden, wurden auch sehr grundsätzliche Fragen von Umwelt- und Tierschutz sowie der Überschreitung der planetaren Grenzen aufgeworfen, die sich gerade in Krisenzeiten auch auf das Einkaufsverhalten auswirken können. Da sich das Lebensmittelsystem während der Corona-Pandemie insgesamt jedoch als recht resilient erwiesen hat und die leeren Supermarktregale aus dem Frühjahr 2020 sich nicht wiederholten, wäre es möglich, dass die Neigung zu regionalen Produkten in Interviews, die zu einem späteren Zeitpunkt geführt worden wären, weniger deutlich ausgefallen wäre. Inwiefern der bereits im Vorfeld der Corona-Pandemie bestehende Regionaltrend durch die Krise nachhaltig beflügelt wurde, lässt sich zum jetzigen Zeitpunkt nicht sagen, bietet aber sicherlich Ansatzpunkte für weitere Forschung.

7.4.6 Die *local trap* beim Lebensmitteleinkauf: Überfrachtung der Herkunftsangabe

Es hat sich gezeigt, dass Konsument*innen ganz unterschiedliche Arten von Wissen und Schlussfolgerungen aus der Information über die räumliche Herkunft der Waren ziehen. Sowohl ganz individuelle Zuschreibungen an den jeweiligen Produktionsort als auch Annahmen über die Folgen des Transportes beeinflussen wie Konsument*innen eine Ware und ihre Herkunft bewerten. Es zeigte sich, dass die Herkunftsangabe vor allen Dingen genutzt wird, um daraus Wissen über die soziale und ökologische Nachhaltigkeit der Waren, aber auch über Geschmack und Gesundheitsverträglichkeit abzuleiten. In der Gegenüberstellung der Annahmen der Konsument*innen und verschiedener Studien zeigte sich, dass die Schlussfolgerungen, die meine Interviewpartner*innen aus der Herkunft zogen, oft vereinfachend sind. Da Produktion und Distribution von frischem Obst und Gemüse auf globalem Maßstab hochkomplexe Angelegenheiten sind, verwundert es nicht, dass die soziale und ökologische Nachhaltigkeit oder Gesundheitsverträglichkeit sich nicht anhand eines einzigen Parameters wie der Herkunft erkennen lässt. Dies zu bewerten erfordert spezifisches Detail- und Expert*innenwissen, das Konsument*innen am Ort des Verkaufs nicht zugänglich ist bzw. die Kapazitäten im Alltag eines „Normalsterblichen" (Mareike) übersteigt. Dies gilt erst recht, wenn man den hybriden Charakter der Waren mit in Betracht zieht. Auch Ermann/Strüver (2020: 7) argumentieren, dass eine reine „Adressangabe" nicht geeignet ist, Aussagen über die soziale oder ökologische Nachhaltigkeit eines Produktes zu treffen. So dient „räumliche Nähe [...] als Metapher für soziale Nähe (Vertrautheit), ökonomische Nähe (geringe Kosten) und ökologische Nähe (geringe Umweltbelastung), sie wird dabei oftmals selbst für einen Garant für diese ‚Nähen' missinterpretiert" (ebd.). Dennoch müssen und wollen Konsument*innen die Waren bewerten. Hier bietet die Orientierung an der Herkunft eine Hilfskonstruktion, einen *proxy* oder *heuristic shortcut*, über den aus den wenigen Informationen, die Konsument*innen am Ort des Verkaufs zur Verfügung stehen, Wissen über die Ware generiert werden kann und zugleich die komplexe Bewertung der Ware vereinfacht und somit eine Kaufentscheidung ermöglicht wird. Kofahl/Jahnke (2020) fassen dies am Beispiel des Regionaltrends wie folgt zusammen:

> *„Obwohl viele Konsumenten wissen, dass ihnen keine Komplettinformation zur Verfügung steht und sie immer nur teil-informiert sind, suchen sie nach Routinen, um mit der Wissenslücke umzugehen – gerade damit eben keine Verunsicherung aufkommt. Das Problem mit dem Wunsch nach Transparenz, der Analyse von Informationen sowie dem Ideal des Prosumers (Hellmann, 2010) – also desjenigen, der als Konsument entscheidend am Produktionsprozess eines Lebensmittels auch gestalterisch mitwirkt – ist die Begrenztheit der dafür nötigen Ressourcen: also Zeit und Aufmerksamkeit. Es ist zwar partikular möglich, zu recherchieren, zu vergleichen, zu kreieren, doch nicht permanent alles. Es müssen deshalb auf dem Markt auch weiterhin Produzenten und Händler vorhanden sein, die Vorselektionen und Komplexitätsreduktionen anbieten. Regionalität ist dann zwar exotisch und unbekannt, es erscheint aber die Möglichkeit, sie sich*

schneller erschließen zu können, als bei Lebensmitteln, die räumlich weit entfernt produziert und verarbeitet werden. Im Regionalen scheint zumindest das (zumeist dann nicht genutzte) Potenzial zu liegen, direkt in Angesicht zu Angesicht mit den Personen in Kontakt treten zu können, die verantwortlich sind, für das, was zum Einkauf und dann eben auch zum Verzehr angeboten wird." (Kofahl/Jahnke 2020: 431)

Neben den verschiedenen empirischen Arbeiten, die aufzeigen, dass regionale Produkte oftmals hinter den an sie gestellten Ansprüchen zurückbleiben (Blanke/Burdick 2005; Müller-Lindenlauf et al. 2013; Schlich/Fleissner 2003; Zhiyenbek et al. 2016), argumentieren Born/Purcell (2009), dass Regionalität an sich keine Funktion oder Qualität haben kann. Sie verstehen die Region zunächst als eine Maßstabsebene, die sozial konstruiert ist und die in Folge dessen keine eigenen inhärenten Eigenschaften haben kann. Die Lebensmittelproduktion auf regionaler Maßstabsebene kann demnach ein Mittel sein, um bestimmte Zwecke, z.B. eine nachhaltigere Landwirtschaft, zu erreichen, sie kann aber nicht selbst das Ziel sein. Denn ob das Ziel mit dem Mittel erreicht wird, hängt von verschiedensten Faktoren ab, wie etwa den beteiligten Akteur*innen und den genutzten Strategien. Die Globalisierung der Landwirtschaft, so argumentieren Born/Purcell (2009) weiter, wird eng assoziiert mit der "capitalistization of food production" (ebd.: 124), also die Kommodifizierung und Mechanisierung landwirtschaftlicher Arbeit, dem flächendeckenden Einsatz von Pestiziden, ungleichen Machtverteilungen und den damit verbundenen negativen Folgen für Mensch und Umwelt. Die Globalisierung der Märkte verstehen die Autoren als eine Strategie, um diesen Prozess voranzutreiben. In der Folge werden Prozess und Strategie miteinander in Verbindung gebracht und führen zu der Schlussfolgerung, dass „global agriculture is somehow the same thing as capitalist agriculture" (ebd.) – eine Gleichsetzung, die auch meine Interviewpartner*innen vornahmen. Die Ablehnung des einen, geht folglich mit der Ablehnung des anderen einher. Zugleich werden der regionalen Produktion allerlei positive Eigenschaften zugeschrieben, wie auch meine Interviews zeigten. Diese stehen jedoch in keinem notwendigen Zusammenhang, da die Ziele, die mit einer regionalen Landwirtschaft verbunden werden, ganz unabhängig vom Ort des Anbaus bzw. der Maßstabsebene erreicht werden können. Sie kann eine Strategie neben anderen sein. Zugleich kann aber auch die regionale Landwirtschaft ungerecht, umweltschädlich oder kapitalgetrieben sein. Harvey 1996 zitiert nach Winter (2003: 8) argumentiert in ähnlicher Weise: Die Kenntnis des Maßstabs sei „insufficient to understand broader socio-ecological processes at scales that cannot be directly experienced" (ebd.). Der Fokus müsse, so Born/Purcell (2009) statt auf der Maßstabsebene auf den mächtigen Akteur*innen liegen. Die Autor*innen nennen dieses Vertauschen von Regionalität als Mittel und Regionalität als Ziel „local trap" und argumentieren, dass dieses Missverständnis sowohl unter Aktivist*innen wie auch Wissenschaftler*innen, die eine regionale Landwirtschaft voranreiben wollen, verbreitet sei. Meine Daten zeigen, dass auch Konsument*innen in diese *Falle* tappen und Mittel (regional konsumieren) mit dem Ziel (nachhaltig konsumieren) gleichsetzen. Dies wird sicherlich vorangetrieben durch die entsprechende Vermarktung von regionalen Produkten als besonders hochwertig und nachhaltig, ohne jegliche Zertifizierung.

Neben der von Born/Purcell (2009) identifizierten *local trap* möchte ich die Rolle der Herkunftsangabe als Mittel zur Komplexitätsreduktion hervorheben, ähnlich wie sie bei der Herkunftsangabe als *heuristic shortcut* zum Tragen kommt: Es zeigte sich über alle Interviews hinweg, dass Konsument*innen bei der Bewertung des frischen Obstes und Gemüses, vor allem im Hinblick auf die ökologische und soziale Nachhaltigkeit stark verunsichert und daher auf der Suche nach Strategien sind mit dem umzugehen, was sie über die Waren nicht wissen oder nur ahnen können. Die Rolle, die dieses eher diffuse Wissen, bzw. auch das Nichtwissen der Konsument*innen spielt, werde ich im nachfolgenden Kapitel nochmals näher beleuchten.

8 „Muss ich das alles wissen oder reicht es mir einfach, dass es gut schmeckt?“ – Nichtwissen beim Lebensmittelkonsum[36]

Das letzte Kapitel hat gezeigt, dass Konsument*innen mit Herkunftsangaben viele verschiedene Produkteigenschaften verbinden und diese Information nutzen, um Wissen über die Waren abzuleiten. Es wurde aber auch deutlich, dass die Verknüpfung von Herkunft und Produkteigenschaften oft weniger auf gesichertem Wissen als auf Vermutungen, Assoziationen, Verallgemeinerungen oder gefühltem Wissen beruht. Zudem zeigte sich, dass Konsument*innen unter anderem die Herkunft als *proxy* oder *heuristic shortcut* nutzen, um eine Annäherung an jenes Wissen über die Waren zu erhalten, das ihnen eigentlich fehlt. Das zeigt, dass dem Lebensmitteleinkauf oftmals auch ein hohes Maß an Nichtwissen und Unsicherheit zu Grunde liegt. Die in Kapitel 2 beschriebene Ausgestaltung des Nahrungsmittelsystems, das charakterisiert ist durch eine starke Arbeitsteilung und räumliche Ausdifferenzierung hat dazu geführt, dass die Kontexte des Konsums und der Produktion stark getrennt sind. Diese Trennung hat zur Folge, dass Produzent*innen, der Handel und Konsument*innen nicht mehr viel voneinander wissen bzw. veränderte Wissensbestände relevant sind, sodass es zu Wissensasymmetrien kommt (vgl. Kapitel 4.1). In Kapitel 4.3 habe ich zudem gezeigt, dass Nichtwissen im Hinblick auf die Herkunft und Entstehungsgeschichte von Waren dadurch entsteht, dass einerseits Unternehmen Produktbiographien verschleiern (Harvey 1990), selektiv darstellen (Hering/Fülling 2021) oder durch Dissoziationsprozesse potenziell nachteilige Eigenschaften und Waren voneinander lösen (Ibert et al. 2019). Andererseits wurde am Beispiel des Kaufs und Verzehrs von Tierprodukten deutlich, dass auch Konsument*innen eine aktive Rolle bei der Erzeugung und Aufrechterhaltung von Nichtwissen spielen können (Šedová et al. 2016). Neue gesellschaftliche Anforderungen an den Konsum, wie die besondere Berücksichtigung der Nebenfolgen des Konsums (vgl. Kapitel 3.3), erhöhen zudem die Komplexität und damit auch die Unsicherheit auf Seiten der Konsument*innen. Ziel des folgenden Kapitels ist es in diesem Kontext, auf Basis meiner empirischen Daten, neue Einsichten über die Rolle von Nichtwissen beim Konsum von

[36] Bei diesem Unterkapitel handelt es sich um eine erweiterte Ausarbeitung aus dem Empirieteil des Aufsatzes „Lebensmittelkonsum im Spannungsfeld von Nichtwissen und Verantwortung“, den ich im Jahr 2020 verfasst habe und der in der Zeitschrift „Berichte. Geographie und Landeskunde“ erschienen ist.

Vgl. Fülling, Julia (2020): Lebensmittelkonsum im Spannungsfeld von Nichtwissen und Verantwortung. In: Berichte. Geographie und Landeskunde, Jg. 93, Nr. 1-2, S. 79-95.

Lebensmitteln[37] zu generieren. Ergänzende Einsichten ergeben sich aus der Reflexion meiner eigenen Analyseergebnisse vor dem Hintergrund von Verbraucher*innenbefragungen zum Thema Vertrauen, Transparenz und Lebensmittelkennzeichnung.

In Anlehnung an Beck (1996) und Groß (2007) (vgl. Kapitel 4.3) habe ich zwei Dimensionen des Nichtwissens herausgearbeitet anhand derer das folgende Kapitel gegliedert ist: Das Nicht-Wissen-Können und das Nicht-Wissen-Wollen. Während ich bei ersterem das Nichtwissen als *Kontextfaktor* verstehe mit dem Konsument*innen umgehen müssen, handelt es sich im zweiten Fall um eine *Strategie* zum Umgang mit der Komplexität des Lebensmittelkonsums.

8.1 Nicht-Wissen-Können: Nichtwissen als Kontextfaktor

Während der Interviews sowie der begleiteten Einkäufe zeigte sich in verschiedener Weise, dass Nichtwissen für Konsument*innen einen grundsätzlichen Rahmen darstellt, in welchem sich alltägliche Konsumentscheidungen abspielen. Ich habe drei Kategorien von Nichtwissen als Kontextfaktor herausgearbeitet, die ich im Folgenden vertieft betrachten werde.

8.1.1 „Wo die herkommen, das weiß nur Edeka" – Fehlende oder nicht auffindbare Informationen am Ort des Verkaufs

Zunächst wurde von einigen Interviewpartner*innen die Auffindbarkeit bzw. das Fehlen verschiedener Produktinformationen am Verkaufsort selbst thematisiert. Dies betraf sowohl die Lesbarkeit der Informationen, z.B. wegen der Schriftgröße, ihre Auffindbarkeit auf der Ware oder den zugehörigen Schildern, eine unübersichtliche Gestaltung der Auslage oder schlicht das Fehlen bestimmter Informationen, die als relevant empfunden werden. Die Informationen, die die Konsument*innen konkret vermissten, betrafen die Herkunft, den Themenkomplex Nachhaltigkeit sowie Nährwertangaben. So suchte Angelika bei unserem gemeinsamen Einkauf recht lange nach der Herkunftsangabe auf verschiedenen, abgepackten Tomaten und gab schließlich entnervt auf:

> *„So, das ist Edeka Selection. Steht da auch nicht, wo die herkommen. Das weiß nur Edeka. [...] Aber ich bin jetzt-, an sich, wäre mir das schon lieb, ob Spanien*

[37] Zwar lag der Interviewfokus auf frischem Obst und Gemüse, anders als im vorangegangenen Kapitel lassen sich die Ergebnisse aber in vielen Punkten auch auf andere Lebensmittel übertragen. Zudem rekurrierten meine Interviewpartner*innen vor allen Dingen beim Themenfeld „Nichtwissen" oft auf das Nahrungsmittelsystem oder den Lebensmittelhandel als solchen. Aus diesem Grund beziehen sich die Aussagen in diesem Kapitel mitunter auf Lebensmittel im Allgemeinen, der Schwerpunkt liegt jedoch weiter auf frischem Obst und Gemüse.

oder Holland ein bisschen oben dran steht. Weil ich bin zu faul dann noch zu suchen. Das mache ich nicht. Hab' ich die Brille nicht auf." (Angelika)

Auch Mareike berichtet von der schwierigen Suche nach den Herkunftsangaben auf frischem Obst und Gemüse und artikuliert dabei zugleich auch sehr deutlich ihren Unmut darüber, dass die für sie wichtigen Informationen im Supermarkt nicht aufzufinden sind. Zugleich adressiert sie, dass sie den Lebensmitteleinzelhandel hier klar in der Rolle sieht Informationen über die Produkte bereitzustellen (insbesondere solche, die ohnehin durch die Vermarktungsordnung vorgeschrieben sind), also für Transparenz zu sorgen:

> *„Ich glaube in einem Supermarkt hatte ich das jetzt zuletzt auch manchmal, dass ich dann verzweifelt suche nach dem Land und wo steht es denn und auf dem Etikett steht eben nur ‚siehe Produkt'. Und dann sucht man auf dem Produkt,* ***und dann gibt man irgendwann entnervt auf, kauft es halt oder kauft es nicht.*** *Und ich glaube ich bin dann einmal so schlaubischlau-mäßig zum Mitarbeiter: ‚Wo ist denn hier das Herkunftsland? Das steht hier gar nicht drauf.' Irgendwie, weißt du, dachte ich: Mann, das muss doch einmal irgendwie wenigstens ankommen bei den Mitarbeitern, dass es eigentlich* ***eine Transparenz braucht für den Kunden*** *und so." (Mareike)*

Einige der Konsument*innen, mit denen ich sprach, wünschten sich auch, dass Herkunftsangaben kleinteiliger, z.B. aufs Bundesland oder die Region genau angegeben werden, um genauere Schlüsse über die Waren daraus ziehen zu können (Alina und Benjamin). Tatsächlich sind die Herkunftsangaben auf frischem Obst und Gemüse zwar gesetzlich vorgeschrieben und in den allermeisten Geschäften auch vorhanden. Jedoch ist die Frage, wo genau diese Angabe zu finden ist, nicht immer leicht zu beantworten. Dies kann variieren zwischen einem handbeschriebenen oder bedruckten Schild neben, ober- oder unterhalb der Ware. Bei verpackten Waren kann die Information zudem irgendwo auf der Verpackung, mitunter in sehr kleiner Schrift aufgedruckt sein. Gerade für ältere Kund*innen wie Angelika, die Kleingedrucktes schlechter lesen können, aber auch solche, die mit weniger Zeit, Interesse oder Enthusiasmus (als bspw. Mareike) einkaufen gehen, ist diese Information damit nur eingeschränkt oder effektiv gar nicht verfügbar.

Als zweites wurde von einigen Konsument*innen kritisiert, dass Informationen, die sie sich für ihre Kaufentscheidung wünschen, im Laden schlicht fehlen, bzw. Waren nicht hinreichend gekennzeichnet sind. Dies betraf in den allermeisten Fällen Fragen der Produktionsbedingungen:

> *„Ja. Vielleicht auch, weil es im Supermarkt nicht fünf Sorten Avocados gibt, wo* ***klar gekennzeichnet*** *ist, diese Avocados wurden nachhaltig angebaut mit guten Bedingungen für die Arbeiter und diese Avocados sind nur billig und hatten all die und die negativen Folgen. Wissen Sie, manchmal sieht man zwei Sorten, im Billigdiscounter einmal im großen Netz, einmal noch groß angegeben,* ***aber es ist nicht so klar gekennzeichnet aus meiner Sicht; da steckt nun diese Anbauweise und diese Finanzierung von Arbeitskräften dahinter*** *und bei den anderen halt nicht." (Saskia)*

Saskia wünscht sich also genauere Informationen über die Produktionsbedingungen von frischem Obst und Gemüse und rekurriert damit ebenso wie Mareike auf fehlende Transparenz. Zudem wirft sie die Frage auf, ob davon auszugehen ist, dass Waren in Großverpackungen vom Discounter möglicherweise unter schlechteren Bedingungen produziert wurden als die teurere Variante. Letztendlich kann sie weder anhand des Preises noch anhand der wenigen anderen Informationen, die sie im Laden vorfindet (Sorte, Herkunftsland, ggf. Gewicht), das Wissen ableiten, das sie gerne hätte, um einen vollständigen Eindruck von der Ware und ihrer Biographie zu erhalten. Auch Jakob nimmt Bezug auf Fragen der Nachhaltigkeit, indem er sich Informationen zum CO_2-Fußabdruck der Produkte wünscht. So antwortet er auf die Frage, welche Informationen er sich im Supermarkt in der Obst- und Gemüseabteilung wünschen würde:

> *„Ja, was ich halt auch interessant finde wäre, wenn immer so ein **CO_2-Fußabdruck** bei allen Lebensmitteln ausgewiesen wird. Für die Produktion dieser Tomate wurde so und so viel CO_2 ungefähr produziert." (Jakob)*

Forderungen nach der CO_2-Kennzeichnung für Lebensmittel werden auch in der Branche selbst diskutiert. So initiierte der schwedische Pflanzenmilchhersteller Oatly unter dem Slogan „Hey food show us your numbers" in 2020 eine Petition zur Einführung einer gesetzlichen Verankerung der CO_2-Kennzeichnung von Lebensmitteln (Oatly Germany GmbH o.J.) – ein Anliegen, dass auch von anderen Akteuren, etwa der Supermarktkette SirPlus[38], unterstützt wird (SIRPLUS GmbH 2019). Dass eine entsprechende Kennzeichnung zumindest unter Laborbedingungen Einfluss auf die Kaufentscheidungen von Konsument*innen nehmen kann, zeigte eine Studie von Camilleri et al. (2019). Sie zeigten, dass Konsument*innen die CO_2-Emissionen von verschiedenen Waren in aller Regel schlecht einschätzen können. Ist jedoch ein Label auf dem Produkt zu finden, dass eine Einordnung ermöglicht, können diese die Kaufentscheidung beeinflussen. Das Thema Produktsiegel kam in vielen Interviews auf und wurde vor allem im Hinblick auf ihre Verständlichkeit, mitunter aber auch ihre Vertrauenswürdigkeit diskutiert. Beides wird in den beiden nachfolgenden Unterkapiteln noch näher betrachtet werden.

Jakob thematisierte zudem das Fehlen von Nährwertangaben an frischem Obst und Gemüse. Im Gegensatz zu verpackten Lebensmitteln sind diese Angaben bei Frischeprodukten nicht verpflichtend und entsprechend nicht aufzufinden.

> *„Ich glaube so ein bisschen mehr **Nährstofftabellen** und so das finde ich ganz interessant eigentlich. Dass man besser sehen kann, was weiß ich-. Wieviel Proteine habe ich in den Nüssen? Oder wie viele Vitamine kriege ich aus meinem Apfel raus? Oder so etwas. Also zumindest so ungefähr eine Angabe, dass ich mein-. Dass ich anhand dieser Angaben quasi meinen Nahrungsmittelkonsum ein bisschen runder gestalten kann. Ein bisschen ausgewogener." (Jakob)*

---

[38] Die Supermarktkette SirPlus verkauft in Kooperation mit Großhhändlern überschüssige Lebensmittel, die andernfalls zu Abfall würden in sogenannten „Rettermärkten" und versucht sich damit gegen Lebensmittelverschwendung einzusetzen (SIRPLUS GmbH 2021).

Im Gegensatz zu Angaben zur Herkunft, Produktionsweise oder Nachhaltigkeit lassen sich Informationen zu Nährwertangaben zumindest unabhängig vom individuellen Produkt nachvollziehen. Hering (2022: 170) argumentiert, dass das, bei genauerer Überlegung dennoch verwunderliche Fehlen dieser Angaben mit der gesamtgesellschaftlich so fest verankerten Überzeugung zusammenhängt, dass Obst und Gemüse generell gesund seien. Diese Überzeugung wurde Anfang des 21. Jahrhunderts durch ein Zusammenspiel von wissenschaftlichen, politischen und wirtschaftlichen Prozessen aufgebaut.

Der Einkaufort als Informationsquelle nimmt insgesamt in meinen Daten eine widersprüchliche Rolle ein. Einerseits beklagen Konsument*innen deutlich das Fehlen oder die schlechte Auffindbarkeit von Informationen zu den Waren. Andererseits gaben meine Interviewpartner*innen, wie bereits in Kapitel 7.2 dargelegt, ausnahmslos an, dass der Ort des Einkaufs für sie als Informationsquelle keine oder nur eine untergeordnete Rolle einnimmt und Informationsangebote wie QR-Codes, Flyer u.ä. in der Regel nicht genutzt würden. Zudem legt der stark routinierte und im Alltag mitunter stressige Charakter des Lebensmitteleinkaufs nahe, dass Konsument*innen vielfach die Muße oder Zeit fehlt die Waren eingehend zu studieren (vgl. Kapitel 3.4 und Kapitel 6). Daraus ergibt sich die Frage, wie Wissen aufbereitet sein muss, damit es für Konsument*innen nutzbar gemacht werden kann. Dies betrifft sowohl den Ort des Einkaufs selbst als auch Informationen, die bspw. in den Medien vorzufinden sind. Mit dieser Schwierigkeit Informationen in handlungsrelevantes Wissen zu überführen befasse ich mich im folgenden Abschnitt.

8.1.2 „Ich weiß jetzt nicht, ob es gut oder schlecht ist!" – Informationen können nicht in Wissen überführt werden

Neben dem Fehlen von Informationen am Ort des Verkaufs war ein zweites Problem, das von vielen Konsument*innen thematisiert wurde, dass die im Laden oder auch in den Medien verfügbaren Informationen nicht hinreichend eingeordnet werden können. Bereits in Kapitel 7 habe ich gezeigt, dass eine Information wie eine Herkunftsangabe sich unter Umständen nur bedingt dazu eignet zufriedenstellende Schlussfolgerungen für den Einkauf zu ziehen. Auch im Hinblick auf Informationen wie Produktsiegel oder auch medial aufbereitete Hintergründe (z.B. Dokumentationen) sprachen viele Konsument*innen darüber, dass sie daraus auf Grund der großen Komplexität oder wegen widersprüchlicher Informationen oftmals kein verwertbares Wissen ableiten können z.B., weil sie den Inhalt der jeweiligen Siegel nicht kennen oder verstehen oder schlicht nicht wissen, wie sie sich folglich verhalten sollen.

Herkunftsangaben

Im Kapitel 7, in dessen Zentrum Herkunftsangaben standen, wurde deutlich, dass Konsument*innen auf verschiedenste Arten und Weisen versuchen anhand der Angabe der Herkunft Wissen über Produkte zu generieren und daraus schließlich eine Bewertung abzuleiten. Mitunter können aus der Verknüpfung von Waren und ihrem Herkunftsort auch trügerische Schlüsse gezogen werden, wie etwa die Annahme Waren aus

Deutschland seien per se umweltfreundlicher oder gesünder (vgl. Kapitel 7.2.1 und Kapitel 7.2.5). Es hat sich jedoch zudem gezeigt, dass gerade die Herkunftsangabe Konsument*innen auch ratlos zurücklassen kann, wenn sie versuchen aus dieser Schlussfolgerungen über das Produkt zu ziehen:

> *„Woher weiß ich, ich will das Produkt Spargel. Wenn ich jetzt wüsste, da in Beelitz, wo krieg ich das raus?* ***Ich weiß ja nicht, ob das in Beelitz passiert mit dem Ausnützen*** *[der Arbeiter*innen; Anm. d. Verf.]. Mit Sicherheit gibt es das. [...] Aber ich muss es wissen. Ich muss es wissen hier, Produkt XY ist von dem Bauern XY, der hier die Erntehelfer ausbeutet. Das weiß ich nicht. Wo krieg ich das raus?" (Klaus)*

Klaus bezieht sich in diesem Zitat auf die implizite Annahme, dass die Herkunftsangabe ihm etwas über das Produkt sagen müsste, dies bei näherem Hinsehen jedoch gar nicht der Fall ist. Zwar suggeriert im Fall des Beelitzer Spargels der gute Name eine hohe Qualität und aus der Perspektive von Berliner Konsument*innen zudem eine räumliche und damit womöglich auch soziale Nähe. Gleichzeitig ist der Einblick den Konsument*innen in die Anbau- und Erntebedingungen des Beelitzer Spargels haben, solange sie nicht selbst hinfahren und versuchen sich ein eigenes Bild zu machen, nicht besser als bei spanischen oder niederländischen Waren. Die Herkunftsangabe, die Konsument*innen vermeintlich informieren soll, verbleibt somit auf dem Status eines reinen Marketinginstrumentes.

Siegel

Um sich unter der Vielzahl verschiedener Waren zu orientieren, können Konsument*innen auf zusätzliche Informationen wie Produktsiegel und Zertifikate zurückgreifen. Hierfür ist es notwendig, dass Konsument*innen die entsprechenden Siegel kennen, ihnen vertrauen und im besten Fall ihren Inhalt verstehen (von Meyer-Höfer/Spiller 2013: 2). Von Meyer-Höfer/Spiller (2013) zeigten in einer repräsentativen Online-Befragung von 300 Verbraucher*innen, dass die Kenntnis verschiedener Lebensmittel-Siegel sehr unterschiedlich ausgeprägt ist: während das Deutsche Bio-Siegel sowie das Fairtrade-Siegel sich (sehr) großer Bekanntheit erfreuen, werden andere Siegel wie das EU-Bio-Siegel genauso häufig erkannt, wie ein den Befragten vorgestelltes Fake-Label (vgl. Abb. 35).

Abbildung 35: Bekanntheit verschiedener Label

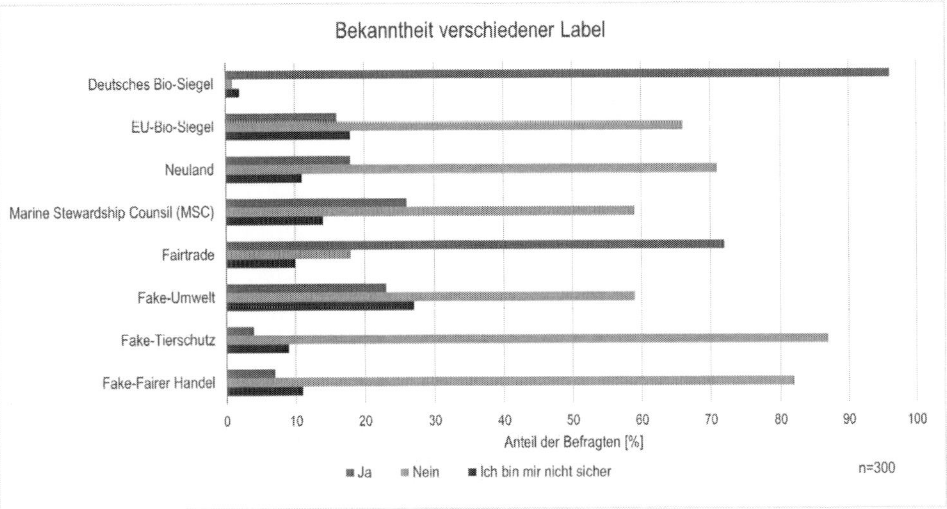

Eigene Darstellung nach von Meyer-Höfer/Spiller (2013)

Auch das Hintergrundwissen („Kennen Sie die Bedeutung?", Antwortmöglichkeiten: ja/nein/unsicher) und das Vertrauen („Inwiefern vertrauen Sie den Labeln?" Antwortmöglichkeiten: voll und ganz/teils-teils/überhaupt nicht/weiß ich nicht) wurden abgefragt. Dabei ergaben sich bei Hintergrundwissen und Vertrauen für das Deutsche Bio-Siegel sowie das Fairtrade-Siegel jeweils die höchsten Werte, für die weiteren betrachteten Label eher niedrige Werte (vgl. Tab. 8).

Tabelle 8: Hintergrundwissen und Vertrauen bezogen auf die Gesamtstichprobe (in % aller Befragten); n=300

Label	Wissensquotient [%]	Vertrauensquotient [%]
Deutsches Bio-Siegel	72	54
EU-Bio-Siegel	5	6
Fairtrade	61	50
Marine Stewardship Council (MSC)	18	14
Neuland	7	8
Zum Vergleich: Fake-Umwelt	11	11

Eigene Darstellung nach von Meyer-Höfer/Spiller (2013)

Aus meinen Interviewdaten ergab sich, dass zwar allen Konsument*innen die Bio-Siegel bekannt waren (ohne, dass diese ausdifferenziert wurden), jedoch die wenigsten Fairtrade-zertifizierte Obst und Gemüseprodukte kannten. Dies hängt vermutlich mit der geringen Auswahl an Fairtrade-zertifizierten Frischeprodukten (in der Regel nur Bananen und Ananas) zusammen. Gerade das geringe Hintergrundwissen über die Inhalte der Siegel und die Unübersichtlichkeit der Siegellandschaft wurden auch von meinen Interviewpartner*innen thematisiert:

> *„[...], wenn ich dann da drei verschiedene Siegel sehe, da müsste ich jetzt eigentlich erst einmal recherchieren gehen, was stehen da für Kriterien hinter. Macht man ja nicht irgendwie als Normalsterblicher. [...] diese* ***Siegelvielfalt ist halt irgendwie [...] ein bisschen kompliziert*** *" (Mareike)*

Mareike macht vor allem deutlich, dass es, um Siegel sinnvoll zu nutzen und zu verstehen was sich hinter der jeweiligen Logo verbirgt, einen erheblichen Aufwand bedarf. Diesen Aufwand empfindet sie – obwohl sie bereits als eine Konsument*in mit größerem Engagement bezeichnet werden kann – als für „Normalsterbliche" nicht mehr handhabbar. Das hat auch mit der Menge der verschiedenen Labels zu tun. So beklagt Ina, dass es „ja Millionen" verschiedene Siegel gäbe und es nicht möglich sei sich damit auszukennen.

Auch Eberle et al. (2011) weisen in einer gemeinsamen Stellungnahme der wissenschaftlichen Beiräte für Verbraucher- und Ernährungspolitik sowie Agrarpolitik des BMEL auf die Schwierigkeiten von Konsument*innen hin, vorhandene Siegel und Labels zu nutzen, um Kaufentscheidungen zu treffen. Ursachen dafür sind demnach:

- zu viele Label,
- irreführende Label,
- unklare Bedeutung bzw. Aussage von Labeln,
- unbekannte Label,
- Label auf Grundlage von Kriterien, die für das Produkt irrelevant sind,
- zu komplizierte Labelgestaltung,
- unzureichende graphische Abgrenzung (z. B. verwirrend ähnliche EU-Label),
- unzureichende Abgrenzung von vorbehaltenen zu nicht vorbehaltenen Angaben[39], da den Adressaten der Status vieler Bezeichnungen unklar ist (Eberle et al. 2011: 1).

Aus dieser Unübersichtlichkeit leiten sie die Forderung nach einem staatlichen oder staatlich gestützten Dachlabeling unter Berücksichtigung verschiedener Kennzeichnungsfelder (Gesundheit, Umwelt, Soziales und Tierschutz) ab. Der Wunsch nach konsistenten und damit auch nachvollziehbaren Produktsiegeln wurde auch in einigen Interviews geäußert, vor dem Hintergrund eben jener Überforderung mit der bestehenden Siegelvielfalt. So wünscht sich Patrick eine nachvollziehbare und widerspruchsfreie

[39] Unter vorbehaltenen Angaben werden jene Angaben verstanden, die, sofern sie genutzt werden, bestimmten rechtlichen Vorhaben entsprechen müssen (z.B. das Bio-Siegel). Nicht vorbehaltene Angaben hingegen sind Zeichen und Standards, die vom Anbieter selbst geschaffen wurden und rechtlich nicht definiert sind (z.B. „bäuerlich" oder „regional").

Kennzeichnung von Lebensmitteln, die es ihm ermöglicht, Vergleiche zwischen Waren anzustellen und schnelle Entscheidungen auf Grundlage nachvollziehbarer Informationen zu treffen.

> *„Ein* ***konsistentes Siegel,*** *was produktübergreifend halt irgendwie anzeigt, wie gut in Anführungsstrichen es ist. Was gut dann ist.- Aber ich glaube dann kann man halt wesentlich* ***besser diese Entscheidung*** *treffen. Wenn man das dann nebeneinander liegen hat. [...] Aber im Zweifel macht man halt ein neues Siegel auf, was wieder andere Kriterien hat. Also müsste man sich dann schon mit beschäftigen und dafür gehe ich dann zu* ***pragmatisch einkaufen****." (Patrick)*

Patrick zieht dabei auch eine Verbindung zwischen Verständlichkeit der Siegel und der Kompatibilität des Informationsangebotes mit den alltäglichen Rahmenbedingungen wie Routine und Eile: Informationsangebote müssen für ihn so gestaltet sein, dass sie ihm auch bei einem pragmatischen und schnellen Einkauf Orientierung bieten, ohne viel Zeit in Anspruch zu nehmen: Sie sollten „vorverdaut" (Patrick), d.h. transferfähig und anwendungsbereit sein (vgl. Kapitel 4.2) sein.

Medien

Medien spielen für das Informationsverhalten von Konsument*innen, wie verschiedene Verbraucher*innenbefragungen zeigten (vgl. Kapitel 7.2), eine wichtige Rolle. Auch fast alle meiner Interviewpartner*innen gaben an, dass insbesondere Fernsehdokumentationen, aber auch Artikel in Online- oder Printmagazinen eine wichtige Informationsquelle sind. Gleichzeitig lassen auch diese meine Interviewpartner*innen mitunter ratlos zurück. Dies kann zum einen an widersprüchlichen Informationen oder auch der reißerischen Aufmachung mancher Medienerzeugnisse liegen, wie Carolin beschreibt:

> *„Es gab ja irgendwie so auch vor ein paar Jahren dieses Megathema: ‚Sind Avocados die neuen* ***Blutdiamanten*** *der Healthy Lifestyle Bewegung der Influencer?' Wo da so Avocado-Toasts irgendwie der Megatrend waren. Und da gab es dann so viele Artikel: ‚Ja, das ist total schlimm und furchtbar.' Und dann gab es aber auch so Gegenartikel, wo ich dann so mit* ***so fifty-fifty*** *rausgekommen bin und das war so,* ***ich weiß jetzt nicht, ob es gut oder schlecht ist****." (Carolin)*

Zum anderen stellt sich aber die Frage – ähnlich wie bei Klaus im Hinblick auf die Herkunftsangabe – wie Informationen, seien sie im Laden oder in den Medien gewonnen, in Wissen überführt werden können, das eine Kaufentscheidung anleiten kann:

> *„Also für mich wäre auch immer die Frage,* ***was kann ich daraus*** *[einer Dokumentation oder Reportage; Anm. d. Verf.]* ***ableiten und verwenden für mein Einkaufsverhalten?*** *Also ich kann sehr schlecht tatsächlich im Laden nachvollziehen, welche Geschichte diese Tomate, die ich gerade kaufe, hat und wer dafür wie lange unter welchen schlechten Bedingungen arbeiten musste und insofern, wenn eine Reportage das auch noch leisten kann oder ein Artikel, dann wäre sie sehr gewinnbringend für mich." (Thomas)*

In diesem Kapitel haben wir gesehen, dass ein Mangel an „vorverdauten" Informationen, die die Komplexität der Biographien der Waren verständlich abbilden, die Kaufentscheidungen mitunter erschweren können. Dabei sind es mitunter sogar gerade Produktsiegel, die eigentlich der Information der Verbraucher*innen dienen sollten, die eher zu mehr Verunsicherung führen. Die in Adams/Raisborough (2008) zitierte Formel für reflexive Konsument*innenentscheidungen, „understand what's going on, open yourself to the notion of conscience, and then make a choice" (Nicholls/Opal 2005 zitiert nach Adams/Raisborough 2008: 1171) wird so ad absurdum geführt, da Informationen nicht zu einem besseren Verständnis, also Wissen führen und somit auch keine Entscheidungshilfen darstellen. Neben der Komplexität insbesondere der Siegellandschaft kam dabei auch Misstrauen gegenüber den Informationen, die vom Handel zur Verfügung gestellt werden, zur Sprache. Um diese Sorge meiner Interviewpartner*innen gezielt getäuscht zu werden, soll es im folgenden Unterkapitel gehen.

8.1.3 „Da wird gemogelt, dass sich die Balken biegen" – Gezielte Desinformation

Das Gefühl gezielt desinformiert zu werden bzw. bestimmtes Wissen vorenthalten zu bekommen, spielte für eine große Gruppe der Konsument*innen, mit denen ich gesprochen habe, eine wichtige Rolle beim Einkauf. Dabei scheint die Gewinnorientierung oder „Raffgier" (Rolf) von Lebensmittelhandel und -herstellern (bzw. Unternehmen im Allgemeinen) allein schon Grund genug zu sein ihnen zu misstrauen: So geht Mareike davon aus, dass der Lebensmittelhandel nicht „ganz ehrlich ist, weil sie [das Unternehmen; Anm. d. Verf.] eben Geld verdienen will". Es wird vermutet, dass sich mit Vertuschung und Betrug „Geld verdienen lässt" (David), da „ein Hersteller [...] natürlich immer im guten Licht erscheinen" (Rolf) will. Dementsprechend werden auch Informationen über die Waren, die der Handel unter Umständen bereithält, mitunter eher mit Argwohn betrachtet oder sogar schlicht nicht beachtet. So erklärt Jakob auf die Frage, inwiefern er auf Informationen aus dem Lebensmitteleinzelhandel zurückgreift:

> *„**Der Supermarkt möchte mich ja nicht informieren. Der Supermarkt möchte ja mir etwas verkaufen.** Also, ich sehe natürlich die Werbung. Und-. Aber ja, ich schenke dem wenig bis gar kein Vertrauen. [...] Ich sehe halt die Motivation des Supermarktes ganz klar darin, an mir Geld zu verdienen und an seinen Produkten. Das heißt, wenn möglich zu einem hohen Preis möglichst günstige Produkte zu verkaufen. **Und deswegen glaube ich nicht, dass ein Supermarkt sich jetzt Mühe geben würde, mich vernünftig zu informieren.** Sondern er will natürlich ein Verkaufsgespräch führen. Deswegen würde ich dem da wenig Vertrauen entgegensetzen."*
>
> *(Frage: Und heißt das, hast du die Vermutung, dass die Information, die du da bekommst, falsch sind?)*

„Vielleicht nicht unbedingt gelogen. Aber auch eher geschönt. […] Ja, ich finde das absolut nicht vertrauenswürdig. Also ich glaube nicht-. Ich weiß nicht, ob die richtig dreist lügen dürfen. Das glaube ich nicht. ***Aber ich denke, sie werden auch versuchen, das so gut wie möglich zu schönen.*** *" (Jakob)*

Die Informationen, die der Handel bereitstellt, werden von der Kundschaft also vielmehr als Marketingwerkzeuge denn als ernsthafte Versuche Konsument*innen Wissen über die Waren zu vermitteln, verstanden. Rolf, dessen Frustration über die Lebensmittelwirtschaft besonders ausgeprägt ist, erläutert sein Misstrauen anhand einer Anekdote aus seiner beruflichen Vergangenheit:

„Naja, ein Hersteller will natürlich immer im guten Licht erscheinen. ***Da wird ja gemogelt, dass sich die Balken biegen.*** *Mit den Inhaltsangaben und Geschmacksverstärkern. Und da gibt es ja tausend Möglichkeiten, wo sie schummeln können, mit ihren Produkten. Da werden Mogelpackungen, die viel mehr Inhalt suggerieren, verwendet. Das ist ja, die Vielfalt ist ja da unendlich, wo da überall geschummelt wird. Da werden Psychologen miteinbezogen für das Kaufverhalten. Und da werden dann irgendwelche Kühe abgebildet oder Enten* ***und Natur vorgegaukelt. Was dann überhaupt nicht der Fall ist.*** *Also ich habe mal in einer Pizzafabrik gearbeitet. Wenn man sich die Werbung anguckt, dann ist da so eine dicke Italienerin, die so einen großen Topf umrührt. Und wenn sie dann in die Pizzafabrik kommen, da sind überall Hallen, Industriehallen und Edelstahlrohre. Und das sieht da aus, da hätten auch Autos gebaut werden können. Das ist alles bloß Industriebau.* ***Also da wird den Leuten was suggeriert, was überhaupt nicht der Fall ist.*** *" (Rolf)*

Zunächst nimmt Rolf Bezug auf die Gestaltung von Lebensmittelpackungen und die vielfältigen Möglichkeiten die Konsument*innen durch seiner Vermutung nach falsche Angaben zum Kauf zu bewegen. Bei solchen fragwürdigen Inhaltsangaben handelt es sich um die in Exkurs II vorgestellten Vertrauens- oder im besten Fall Erfahrungseigenschaften. Rolfs Ärger zeigt dabei sehr deutlich, dass das Angewiesensein auf Angaben und Informationen von Dritten, da eine Warenprüfung mit den eigenen Sinnen nicht mehr möglich ist, eine große Frustration und Hilflosigkeit auslösen kann. Dies ist insbesondere dann der Fall, wenn ein großes Misstrauen gegenüber der Informationsquelle besteht. In Rolfs Fall ist dieses Misstrauen unter anderem auf eigene Erfahrungen aus dem Beruf zurückzuführen, die ihm deutlich die Diskrepanz zwischen der Realität der Produktion und dem, was im Handel oder der Werbung gezeigt wird, vor Augen geführt hat. Rolf bezieht sich hier zwar auf verpackte und verarbeitete Waren, die für solche Täuschungen deutlich mehr Potenzial bieten als frisches und unverarbeitetes Obst und Gemüse. Jedoch kann auch dieses, wie in Kapitel 4.1 erläutert, nicht mehr rein mit den eigenen Sinnen auf alle relevanten Eigenschaften geprüft werden. Analysen der Vermarktung verschiedener landwirtschaftlicher Produkte, wie die in Kapitel 4.4 vorgestellte Studie über Bananen (Hering/Fülling 2021) zeigt, dass durch die Kommunikation über Produkte vielfältige Bilder erzeugt werden, die den Verkauf fördern sollen. Dabei handelt es sich mitunter um Darstellungen, die zwar nicht explizit falsch, aber dennoch im Sinne der Verkaufsförderung unvollständig oder verallgemeinernd sind und damit potenziell dem Informationsbedürfnis der Konsument*innen nicht gerecht werden und zudem das Vertrauen der Konsument*innen in den Handel schädigen können.

Als Ursache für die als unzureichend empfundene Informationspolitik des Handels werden von einigen meiner Interviewpartner*innen entweder Mängel an den Waren selbst oder schlechte Produktionsbedingungen genannt, die dazu führen könnten, dass Kund*innen sich abwenden. So nimmt Erika an, dass das Zurückhalten von Informationen eine Strategie sein kann „schlechte Ware besser los“ zu werden. Und Benjamin erklärt:

> *„Und ich denke, dass ja so ein bisschen kein Einbruch, aber schon ein* ***Rückgang der Verkaufszahlen zu verzeichnen wäre, wenn mehr Informationen gegeben wären****. Vor allem darüber wie das Produkt überhaupt in unseren Laden kommt und unter welchen Bedingungen es hergestellt wurde.“*
>
> *(Frage: Warum glaubst du das?)*
>
> *„Ich denke einfach, viele Leute würden das nicht verurteilen, aber* ***nicht gutheißen*** *und dementsprechend ihr Kaufverhalten ändern.“ (Benjamin)*

Das erhebliche Misstrauen gegenüber der Lebensmittelwirtschaft, das ich aus meinen empirischen Daten ableite, entspricht den Ergebnissen der in Kapitel 4.3.2 ausführlich beleuchteten quantitativen Verbraucher*innenbefragungen. Täuschendes Verhalten oder Tricksereien hielten dort jeweils rund zwei Drittel der Befragten für häufig (Zühlsdorf et al. 2018). Während in dieser Studie zudem das Vertrauen in Beiträge zur Lebensmittelsicherheit durch Hersteller und Einzelhandel abgefragt und als gering eingestuft wurde, zeigt sich in meiner Analyse, dass Konsument*innen zudem auch Zweifel an den Beiträgen zur sozialen und ökologischen Nachhaltigkeit haben und daraus einen Mangel an Transparenz schlussfolgern.

In den bis hierhin dargestellten Dimensionen des *Nicht-Wissen-Könnens* steht im Hintergrund die bereits in den Kapiteln 2 und 3 und auch von den Konsument*innen thematisierte Wissens- und Machtasymmetrie zwischen Handel und Konsument*innen, durch die der Handel in der Lage ist Informationen nur selektiv bereitzustellen, ohne dabei allzu starke Einbußen in Kauf nehmen zu müssen. Zugleich ist jedoch zu konstatieren, dass sich die Möglichkeiten für Konsument*innen sich über Lebensmittel und ihre Entstehungszusammenhänge selbstständig zu informieren in den letzten Jahrzehnten deutlich verbessert haben. Gleichwohl die Qualität der Informationsangebote über alle Medienerzeugnisse sowohl analog wie digital sicher sehr verschieden ist, können Konsument*innen heute besser denn je Einblicke in verschiedenste Bereiche der Biographien der Waren erhalten, die sie konsumieren. Gerade Nichtregierungsorganisa-tionen, Verbraucherschutzportale und staatliche Informationsangebote bieten zunehmend mehr Informationsmaterialien an. Daher muss, wenn über die Bedeutung des Nichtwissens beim Einkauf von frischem Obst und Gemüse gesprochen wird, der Vollständigkeit halber neben der Dimension des *Nicht-Wissen-Könnens* auch die des *Nicht-Wissen-Wollens* beleuchtet werden. Dies soll im folgenden Unterkapitel geschehen.

8.2 Nicht-Wissen-Wollen: Nichtwissen als individuelle Strategie

Bereits in Kapitel 4.3.1 wurde deutlich, dass Nichtwissen nicht nur eine negative Komponente hat, sondern auch als Ressource genutzt werden kann. Um Verantwortung von sich zu schieben, vertraute Abläufe nicht zu stören oder Komplexität zu reduzieren, kann Nichtwissen eine wichtige Funktion im Alltag von Organisation und Individuen haben (McGoey 2012a, 2012b). In der Konsumforschung fand die Perspektive des *Nicht-Wissen-Wollens* bisher vor allem im Bereich des Konsums von tierischen Produkten und den damit verbundenen Haltungsbedingungen Beachtung, die von vielen Konsument*innen sehr aktiv ausgeblendet werden, um einen unbeschwerten Genuss tierischer Produkte zu ermöglichen (Šedová et al. 2016). Bereits Harvey (1990) und Billig (1999) zeigten darüber hinaus, dass es die globale Organisation von Warenketten ist, die es Konsument*innen heute besonders erleichtert, die Bedingungen unter denen Waren hergestellt werden und die Folgen der Herstellung zu übersehen. Neben den im vorangegangenen Unterkapitel thematisierten Praktiken von Unternehmen, die dieses Übersehen begünstigen, verweisen Ibert et al. (2019) zudem auf eine Komplizenschaft von Konsument*innen, die ein Fehlen gewisser Informationen mitunter auch unkritisch hinnehmen. Inwiefern dieser Aspekt der Komplizenschaft sich auch in meinem Interviewmaterial finden lässt und wie die Dimension des *Nicht-Wissen-Wollens* sich weiter ausdifferenzieren, beschreiben und erklären lässt, möchte ich im Folgenden ausführen. Die dabei entstandenen die drei analytischen Kategorien „Ablehnung von Verantwortung", „Genuss" und „Handlungsfähigkeit" weisen empirisch Überschneidungen untereinander wie auch zu bestimmten Aspekten, die ich der Dimension des Nicht-Wissen-Könnens zugeordnet habe, auf. Eine Unterscheidung entlang zentraler Motive ist zum besseren Verständnis dennoch sinnvoll.

8.2.1 „Sorry, da habe ich kein Mitleid" – Ablehnung von Verantwortung

In allen oben beschriebenen Fällen sind die Ausführungen der Konsument*innen von einer Unzufriedenheit mit dem Fehlen von Informationen oder dem Wunsch begleitet, dem Gefühl des Nichtwissens entgegenzuwirken. Dies ist einerseits darauf zurück-zuführen, dass sie Schwierigkeiten haben, die Ware im Hinblick auf jene Eigenschaften zu überprüfen, die sie unmittelbar selbst betreffen, also z.B. die gesundheitliche Unbedenklichkeit. Es weist aber auch darauf hin, dass sie sich die, gesellschaftlich an sie herangetragene, Anforderung informierte und verantwortungsvolle Konsumentscheidungen zu treffen, grundsätzlich zu Eigen machen. Auf der anderen Seite können Konsument*innen auch eine grundsätzliche Ablehnung von den an sie herangetragenen Ansprüchen – z.B. sich für Arbeitsbedingungen in der Landwirtschaft zu interessieren – artikulieren:

> *„Das ist deren eigene Entscheidung [der Erntehelfer*innen unter prekären Bedingungen zu arbeiten; Anm. d. Verf.], ob sie das machen wollen oder nicht. Und sie verdienen durch diese Entscheidung ihr Geld. [...] Ich kann von hier aus nichts ändern. Und ich* ***bin froh, wenn ich mein Leben in den Griff kriege****. Also, [...] sorry, da habe ich* ***kein Mitleid****. Weil, das ist deren Entscheidung, ob sie es machen [...].“ (Sara)*

Sara macht in ihrer Ablehnung die geographische und soziale Distanz zwischen den Kontexten des Konsums und der Produktion sehr explizit. Sie kann als Ausdruck des von Billig (1999) beschriebenen „sozialen Vergessens“ verstanden werden, das das Ausblenden der, jeder Ware innewohnenden Arbeitskraft und sozialen Beziehungen, bezeichnet (vgl. Kapitel 4.3.2). Die Gegenüberstellung der eigenen Sorgen mit dem Leid anderer, fremder und weit entfernter Menschen zeigt deutlich die von Simandan (2016) beschriebenen Zusammenhänge zwischen räumlicher, sozialer und auch hypothetischer Distanz (das weit entfernte Leid mag auch weniger wahrscheinlich und drängend sein) (vgl. Kapitel 3.3.1). Sie macht zudem deutlich, wie die Selbst- und die Fremdfürsorge zu zwei (scheinbar) konkurrierenden Konzepten werden, die von Konsument*innen in ihren täglichen Konsumentscheidungen ausgehandelt werden müssen. Dieser Aspekt deutete sich bereits im Kapitel 6 an, in dem deutlich wurde, dass bestimmte *nachhaltige* oder *verantwortungsvolle* Konsumentscheidungen nur zu Lasten anderer Lebensbereiche getroffen werden müssen, wenn dafür knappe finanzielle oder zeitliche Ressourcen investiert werden müssen. Bei Angelika zeichnet sich zudem eine Genervtheit von den negativen Berichten über die Folgen des Lebens und Konsumierens der Menschen im Globalen Norden im Allgemeinen sowie den damit verbundenen Mahnungen ab:

> *„[...] und es ist alles ganz furchtbar. Da sind also-, passieren schlimme Dinge. Genauso mit den Fischen und so weiter. Die sind natürlich auch im Hause [gemeint ist „mir“; Anm. d. Verf.] bekannt, aber gut. Kann ich auch schlecht was dran machen. Ja gut, man-.* ***Du liest es und dann denkst du naja, ob du das jetzt liest oder in Castrop-Rauxel ein Sack Reis umfällt ist doch im Grunde Wurst, oder?*** *Kann ja auch nicht ändern, dass die den Urwald da abholzen und die Brände-. Ich sowieso nicht. Und die Grünen auch nicht.“ (Angelika)*

Angelika transportiert in ihrer Aussage einen gewissen Fatalismus. Sie nimmt die Probleme zwar zur Kenntnis, da sie sie selbst jedoch nicht betreffen und sie auch meint keinen Einfluss darauf nehmen zu können oder zu müssen – „Ist auch nicht meine Aufgabe.“ fügt sie etwas später im Interview hinzu – nimmt sie die Situation hin, wie sie ist und möchte damit auch nicht weiter behelligt werden. Zühlsdorf et al. (2018) wollten in der bereits zitierten Verbraucher*innenbefragung ebenfalls herausfinden, wie groß der

Anteil der Konsument*innen ist, die einen „medialen Überdruss“ (ebd.: 9) im Hinblick auf Lebensmitteldiskussionen empfinden, bezogen sich dabei jedoch auf allgemeine Risiken bei Lebensmitteln sowie den Tierschutz. 26% der Befragten gaben an von medialer Berichterstattung über die Risiken genervt zu sein, nur 15% empfinden die Berichterstattung über Tierschutz übertrieben. Daraus leiten die Autor*innen ab, dass „die Themen Lebensmittelqualität und Nachhaltigkeit der Lebensmittelproduktion für die weit überwiegende Zahl der Konsumenten relevant sind“ (ebd.). Auch die in Kapitel 2.3 und 3.3 dargestellten Angebots- und Nachfrageentwicklungen sowie die Ausführungen zum reflexivem Konsum legen nahe, dass es sich bei den Haltungen von Sara und Angelika nicht um Mehrheitsmeinungen handelt. Dennoch verweisen ihre Argumente auf die zentralen Herausforderungen von Konsument*innen: die individuellen Interessen, z.B. genussvoll, günstig oder zügig einzukaufen bzw. sich zu ernähren müssen gegenüber globalen Problemlagen abgewogen werden. Diese Anforderung abzulehnen kann entsprechend zur Komplexitätsreduzierung beitragen. Der Erhalt einer genussvollen Ernährung spielt dabei eine wichtige Rolle, auf die ich im nächsten Unterkapitel eingehen möchte.

8.2.2 „Ich mag es, wie es ist, aber nur, wenn man ausblendet, weshalb es so ist.“ – Genuss

Da bestimmtes Wissen, wie in Kapitel 4.3.2 erläutert wurde, zu kognitiver Dissonanz[40] führen kann, kann das Ausblenden oder Vermeiden dieses Wissens insbesondere im Kontext von Ernährung und Essen wichtig sein, um den Genuss zu erhalten. Auch in vielen meiner Interviews tauchte dieses Motiv auf. So legt bspw. Bernhard betont großen Wert auf regionale und biologische Produkte, weil er davon ausgeht, dass diese unter besseren Bedingungen für Mensch und Natur angebaut werden. Beim Kauf importierter Frühkartoffeln aus Sizilien auf dem Wochenmarkt, für die er sich entgegen seiner Prinzipien aus Appetit und mit großer Vorfreude entscheidet, verzichtet er jedoch auf weitere Nachfragen an den Händler zur Anbauweise. Stattdessen geht er „mal davon aus oder ich unterstelle denen, dass die sich ihre Lieferanten auch mal anschauen. Könnte ich natürlich auch mal hinterfragen“ (Bernhard). Bernhard vermeidet in diesem Beispiel weitere Nachforschungen beim Händler, da diese das Risiko bergen, dass die Information nicht im Einklang mit den eigenen Ansprüchen stehen, also Dissonanz hervorrufen. Ein Handeln im Einklang mit den eigenen moralischen Ansprüchen (hier: die, wenn schon nicht regionale, dann doch zumindest sozial und ökologisch einwandfreie Herkunft der Kartoffel), hätte dann ggf. eine Anpassung des eigenen Handelns erfordert, nämlich auf den Kauf der besonders ansprechenden Frühkartoffeln zu verzichten. Damit einhergegangen wäre auch der Verzicht auf die Zubereitung und genussvolle Mahlzeit, deren Wert sich unter anderem aus der Idee speist, ein besonders hochwertiges, weil unter guten ökologischen und sozialen Bedingungen produziertes Produkt zu

[40] Gefühl des Unbehagens, das entsteht, wenn das eigene Handeln im Widerspruch zu den eigenen Überzeugungen steht.

verspeisen. Wie in Kapitel 4.3.2 aufgezeigt, kann es gerade das Ausblenden des Entstehungszusammenhanges sein, der die Aneignung und den Genuss von Waren erst möglich machen (Billig 1999). Die zentrale Funktion des Nichtwissens ist in diesem Beispiel der Erhalt des eigenen Genusses durch die Vermeidung kognitiver Dissonanz, wie sie zum Beispiel entstehen kann, wenn Vorstellungen an ein gutes Produkt im Sinne ökologischer und sozialer Nachhaltigkeit im Widerspruch zu dem eigenen Appetit und dem Wunsch stehen, sich genussvoll zu ernähren.

Auch andere Konsument*innen, mit denen ich sprach nutzten diesen Mechanismus, mitunter auch recht bewusst. So berichtet Patrick, dass er lieber keine Doku über den Anbau von Avocados ansehen würde, „weil ich zu gern Avocados esse und dann ein schlechtes Gewissen bekomme. Aber ich weiß, dass die Folgen nicht gut sind. Aber ich finde Avocado lecker“ (Patrick). Die Antizipation eines schlechten Gewissens steht hier also dem Wissensdrang entgegen bzw. führt zum Verdrängen des bereits Gewussten. Ganz ähnlich argumentiert Antonia anhand desselben Beispiels und zieht dabei zudem eine Verbindung zwischen dem eigenen Ausblenden bestimmter Informationen und der Rolle, die der Lebensmitteleinzelhandel spielt durch die Art und Weise, wie Waren präsentiert werden:

> *„Ich würde sie [die Dokumentation; Anm. d. Verf.] mir angucken, aber mit einer ganz dollen Hemmung dahinter,* ***weil ich es eigentlich nicht wissen möchte****. Aber ich glaube das ist ein verbreitetes Verhalten bei sowas. Ich weiß nicht, also ich kann mir vorstellen, dass meine Mama zum Beispiel auch so reagieren würde. Also man weiß es ist richtig das zu gucken. Deswegen tut man es sich an,* ***aber eigentlich am liebsten will man sich einreden, dass es schon alles nicht so schlimm ist.****“*
>
> *(Frage: Warum glaubst du, dass du da was erfährst, was du eigentlich nicht wissen willst?)*
>
> *„Einfach, weil-.* ***Wenn ich in den Supermarkt gehe und da Produkte sehe und die sehen gut aus, dann ist für mich leicht die Illusion aufrecht zu erhalten****, dass die auch unter guten Umständen aufgewachsen, erblüht sind. Und wenn man dann so eine Doku guckt mit halt Menschen, die da irgendwelches Zeug drauf sprühen oder so, dann schmälert das ja nicht nur den Appetit, sondern wirft ja dann nochmal einen anderen Blick darauf von wegen, warum sehen diese Tomaten einfach gerade so toll rot aus und so. Also nicht, weil natürlich Schädlinge davon abgehalten worden sind und so. Genau, also ich wünschte halt das würde auch ohne funktionieren.“ (Antonia)*

Genau wie bereits Ibert et al. (2019: 50) die Prozesse der Dissoziation von negativen Eigenschaften und Waren als ein Zusammenspiel der Wirtschaftsakteure und der Komplizenschaft der Konsument*innen beschreiben, reflektiert auch Antonia dieses geradezu symbiotische Verhältnis zwischen Konsument*innen, die mitunter nur allzu gerne bereit sind nicht so genau hinzuschauen, und dem Handel, der durch die Präsentation einer makellosen Warenlandschaft und selektive Einblicke in die Produktbiographien, die Illusion einer heilen Welt erzeugen. Zugleich ist es gerade die Perfektion, die Antonia (ähnlich wie Erika in Kapitel 7.2.5) stutzig werden und die (gesundheitliche) Unbedenklichkeit in Frage stellt.

8.2.3 „Prioritäten setzen" – Handlungsfähigkeit

Bereits in den Kapiteln 8.1.2 und 8.1.3 zeigt sich, dass die Aneignung von Wissen von den Konsument*innen als belastend empfunden wird, indem sie nämlich das übersteigt, was man als „Normalsterblicher" (Mareike) leisten kann oder zu leisten bereit ist. Damit einher geht, dass eine andauernde Auseinandersetzung mit den Biographien der Waren und den Nebenfolgen des Konsums für einige meiner Interviewpartner*innen nicht mit dem eigenen Alltag bzw. der eigenen Lebenswelt vereinbar ist. So argumentierte Sara, dass sie ihr eigenes „Leben in den Griff" zukriegen habe und Sandra schildert, dass sie „gar nicht die Zeit" habe, sich mit solchen Themen auseinanderzusetzen. In Kapitel 6 wurde zudem deutlich, dass der Alltag als solcher durch ein knappes Geld- oder Zeitbudget, Sorgeverpflichtungen, verschiedene Geschmäcker im Haushalt oder gesundheitliche Einschränkungen bereits eine solche Komplexität aufweisen kann, dass zum Erhalt der eigenen Handlungsfähigkeit das Ausblenden bestimmter Aspekte notwendig erscheint. Der Lebensmitteleinkauf als eine Aufgabe unter anderen erfordert es folglich, dass Konsument*innen im Alltag „Prioritäten setzen" (Rolf) und führt dazu, dass sie nicht in der Lage sind „jedes Problem (zu) berücksichtigen" (ebd.). Da die Auseinandersetzung mit negativen Nebenfolgen des Konsums, wie im ersten Teil des Kapitels deutlich wurde, durchaus als belastend empfunden wird, kann es für Konsument*innen zudem für den Erhalt einer positiven Lebenshaltung wichtig sein, bestimmte Themen nicht zu vertiefen. So begründet Eleonora ihr Desinteresse gegenüber der Frage, welche Folgen der Einsatz von Pestiziden beim Anbau von Obst und Gemüse haben kann, wie folgt:

> *„Wenn man nur schlecht und negativ denkt, dann hilft das auch keinem. Dann darf man auch nicht leben. Dann ist man irgendwann tot. Klar man macht sich Gedanken, und überlegt.* ***Ich versuche das [...] vielleicht ein bisschen zu ignorieren****" (Eleonora)*

Die Frustration und Überforderung, die die schiere Menge an Themen mit denen sich Konsument*innen im Zuge des Lebensmitteleinkaufs konfrontiert sehen, auslösen kann, zeigt hingegen Angelika deutlich:

> *„Da es mich nicht so interessiert, interessiert es mich nicht so [Informationen über Lebensmittel im Allgemeinen; Anm. d. Verf.]. Und wenn, kann ich Ihnen genau sagen was passiert [wenn sie sich über Lebensmittel informiert; Anm. d. Verf.]. Da kommt nur spanische Tomaten mit Pestiziden behaftet. Weintrauben aus Südafrika müssen mit dem Flugzeug gebracht werden.* ***Das wird ja ohnehin nur alles schlechtgemacht****, warum soll ich das lesen? Dann sollen Sie sie nicht*

anbieten. Sollen Sie eben keine Avocados verkaufen. ***Müssen wir eben Schnitzel essen. Dürfen wir auch nicht. Ist schwer. Ist so.*** *" (Angelika)*

Neben der Vielzahl der Themen, die weit über den Anbau von frischem Obst und Gemüse hinausweisen, deutet sich in Angelikas Aussage zudem ein empfundener Mangel an Alternativen an, also das Gefühl, man dürfe gar nichts mehr ohne schlechtes Gewissen essen. Dieses zurückgeworfen sein auf das Angebot, was Konsument*innen nun einmal im Lebensmitteleinzelhandel zur Verfügung steht und mit dem man sich arrangieren muss, thematisieren auch Birgit und Mareike:

> *„Im Prinzip, wenn man nicht ein* ***gewisses Grundvertrauen*** *sich noch irgendwie aufrecht hält, dann dürfte man irgendwie eigentlich wahrscheinlich so gut wie nichts mehr konsumieren." (Birgit)*

> *„Aber ich kaufe jetzt nicht deswegen gar nicht mehr ein unbedingt, weil es nicht genug draufsteht. Geht ja auch nicht anders,* ***man hat ja nur das zur Auswahl.*** *" (Mareike)*

Hier überschneidet sich das Motiv handlungsfähig bleiben zu müssen mit dem des Genusses. In beiden Fällen hindert eine übermäßige Auseinandersetzung mit negativen Nebenfolgen des Konsums oder dem „Label-Dschungel", der eigentlich als Hilfestellung dienen sollte, Konsument*innen daran ihr Ziel zu verfolgen; sei das der Genuss einer Mahlzeit ohne schlechtes Gewissen oder aber die Integration des Lebensmitteleinkaufs als eine Alltagsaufgabe neben anderen.

8.3 Zusammenfassung und Schlussfolgerung: Nichtwissen beim Lebensmitteleinkauf als externer Kontextfaktor und individuelle Strategie

In diesem Kapitel konnte ich zeigen, dass Nichtwissen den Konsum von Lebensmitteln, am Beispiel von frischem Obst und Gemüse, in verschiedener Weise prägt. Nichtwissen lässt sich hierbei zum einen als Kontextfaktor verstehen, welcher in der Regel von einem Gefühl des Nicht-Wissen-Könnens begleitet wird – also die Handlungsfähigkeit einschränkt. Zum anderen dient es als Strategie – in Form des Nicht-Wissen-Wollens – die es Konsument*innen ermöglicht, ihren Konsum leichter zu strukturieren.

Nicht-Wissen-Können: Der institutionelle, strukturelle und räumliche Kontext

Nicht-Wissen-Können, als erste Dimension des Nichtwissens, wird dabei durch verschiedene Faktoren beeinflusst. Zum einen zeigt sich, dass Konsument*innen insgesamt das Verständnis dafür fehlt, warum Lebensmittelwarenketten so organisiert sind, wie sie sind. Der Import eigentlich als heimisch wahrgenommener Waren und die großmaßstäbige, industrielle Produktion von frischem Obst und Gemüse erscheinen unplausibel, wo doch – so die bereits in Kapitel 7 deutlich gewordene Haltung einiger – eine maßvollere, umweltfreundlichere Produktion in Deutschland ebenso möglich wäre. Diese Diskrepanz ist nicht verwunderlich, da, wie in Kapitel 2 und Kapitel 3 deutlich wurde, sich die Kontexte der Produktion und des Konsums in den letzten Jahrzehnten durch Strukturwandel, Globalisierung und eine Lebensmittelproduktion auf industriellem Maßstab immer weiter voneinander trennten und entsprechendes Wissen und Verständnis für die Funktionsweise der Lebensmittelwirtschaft bei Konsument*innen immer weniger ausgeprägt ist. Zugleich hat sich die Komplexität globaler Warenketten und des Nahrungsmittelsystems derart erhöht, dass eine umfassende Bewertung von Waren im Hinblick auf Qualität, gesundheitliche Unbedenklichkeit sowie ökologische und soziale Nachhaltigkeit für Konsument*innen kaum möglich ist.

Versuchen Konsument*innen trotz der grundsätzlich unübersichtlichen Situation informierte und für sie als sinnvoll empfundenen Kaufentscheidungen zu treffen, so stehen sie im Supermarkt zunächst vor der Herausforderung, dass die von ihnen gewünschten Informationen fehlen oder nicht auffindbar sind. Neben einer unübersichtlichen Gestaltung von Schildern und Verpackungen fehlten dabei vielen Konsument*innen vor allem klare und vergleichbare Informationen über für sie relevante Produkteigenschaften wie Umweltaspekte (z.B. CO_2-Fußabdruck) oder soziale Nachhaltigkeit. In Anknüpfung daran, welche Angaben von Konsument*innen für sie sinnvoll nutzbar gemacht werden können, zeigte sich im weiteren Verlauf, dass Herkunftsangaben und Siegel als Informationsquelle oft hinter den eigentlichen Erwartungen der Konsument*innen zurückbleiben, was letztendlich zu einem Vertrauensverlust gegenüber dem Handel und schließlich dazu führt, dass Konsument*innen die Waren und ihre Qualität nicht mehr einordnen und wertschätzen können (vgl. Kapitel 4.3.2). Trotz der, im vorangegangenen Kapitel thematisierten, großen Bedeutung von Herkunftsangaben für die Bewertung von frischem Obst und Gemüse gibt es gleichzeitig Zweifel daran, inwiefern die Herkunft tatsächlich Wissen über weitere Produkteigenschaften vermitteln kann. Gleiches gilt für Siegel deren Vielfalt und Unübersichtlichkeit meine Interviewpartner*innen – analog zu Ergebnissen anderer Studien – eher verwirrt und überfordert. Forderungen nach transparenten und vergleichbaren Produktsiegeln, wie sie etwa von Zühlsdorf/Spiller (2015) oder Eberle et al. (2011) in Form eines Dach-Labels, unter dem verschiedene Nachhaltigkeitseigenschaften vergleichbar gemacht werden, scheinen vor diesem Hintergrund bedenkenswert.

Dies ist insbesondere deswegen der Fall, da – wie die in Kapitel 4.3.2 vorgestellten Ergebnisse verschiedener Verbraucher*innenbefragungen (Zühlsdorf et al. 2018; Zühlsdorf/Spiller 2012a, 2012b, 2015) zeigten – auch von vielen meiner Gesprächspartner*innen ein deutliches Misstrauen in die von der Lebensmittelwirtschaft, d.h. dem Handel und den Herstellern bereitgestellten Informationen bestehen. Die Gewinnorientierung großer Handelsunternehmen steht nach Wahrnehmung mehrerer meiner Interviewpartner*innen in direkter Opposition zur Bereitstellung wahrheitsgemäßer Informationen. Grund dafür ist, dass sie davon ausgehen, dass Produktionsbedingungen, sowohl sozial als auch ökologisch derart problematisch sind, dass eine transparente Kommunikation darüber nicht verkaufsfördernd sein kann. Will ein Unternehmen also Waren verkaufen und dementsprechend positiv über diese berichten, ist dies nach Vorstellung einiger Konsument*innen nicht möglich ohne mindestens zu beschönigen, wenn nicht gar zu täuschen. Nichtwissen als Kontextfaktor des Lebensmittelkonsums hat damit eine institutionelle, strukturelle und räumliche Begründung, die sich aus der globalen Ausdifferenzierung und Diversifizierung von Lebensmittelwertschöpfungsketten sowie der Veränderung relevanter Wissensbestände und deren Verteilung ergeben.

Nicht-Wissen-Wollen: Der individuelle Kontext

Die zweite Dimension des Nichtwissens, das Nicht-Wissen-Wollen, weist deutliche Überschneidungen zum Nicht-Wissen-Können auf, weil sie die Frage aufwirft, wieviel Zeit und Energie Konsument*innen in den Wissenserwerb über frisches Obst und Gemüse investieren wollen, können oder sollen bzw., wie hoch die Opportunitätskosten für die Aneignung bestimmten Wissens sein können (vgl. Kapitel 6). Die bereits in den Kapiteln 8.1.2 und 8.1.3 aufgezeigte Überforderung, nicht nur mit dem Informationsangebot als solchem, sondern mit der Anforderung dieses stets zu berücksichtigen und dabei die richtigen Prioritäten zu setzten, wird deutlich. Dabei finden sich Konsument*innen mitunter in Situationen wieder in denen Selbst- und Fremdfürsorge miteinander konkurrieren, wenn das ohnehin knappe Budget entweder für schmackhafte oder nachhaltige Lebensmittel oder die ohnehin knappe Zeit entweder mit der Familie oder mit dem Durchdringen unübersichtlicher Produktinformationen genutzt werden kann. Die Strategie bestimmtes Wissen auszublenden, Informationen zu ignorieren oder Kaufentscheidung wider besseres Wissen zu treffen, trägt damit zum einen zum Genuss bei (vgl. Kapitel 8.2.2) und kann dazu dienen bestimmte Entscheidungen zu legitimieren. Zum anderen kann sie den Zweck erfüllen die Komplexität des Lebensmitteleinkaufs auf ein handhabbares Maß zu reduzieren. Wie wichtig es ist Komplexität im Alltag zu reduzieren, zeigte bereits Schulze (1992), der argumentierte, dass Menschen in der Moderne durch den Wegfall gesellschaftlicher Zwänge ein derart erweitertes Spektrum an Handlungsmöglichkeiten bei der Gestaltung ihres Lebens und Alltags im Allgemeinen haben, dass Unsicherheit und Orientierungsprobleme entstehen. Schulze (1992) leitete daraus die Entstehung sozialer Milieus ab, in denen Individuen sich zu Gruppen ähnlicher Präferenzen und Vorstellungen zusammenfinden, in denen sich die Gestaltung des Lebens sowie Alltags- und Konsumentscheidungen aneinander orientieren. Auf diese Weise kann die Masse an Handlungsoptionen, z.B. auch im Feld von Ernährung und Konsum, für den Einzelnen reduziert und damit handhabbar gemacht werden (vgl. Kapitel 3.1.2). McGoey (2012a, 2012b) untersuchte, wie auch in Organisationen Komplexität reduziert und alltägliche Handlungsabläufe gesichert werden (vgl. Kapitel 4.3.1). Sie stellt dabei die Bedeutung des Nichtwissens sowie des Ignorierens bestimmter Informationen heraus, die es z.B. erfordern würden, Abläufe anzupassen. Das Bedürfnis Komplexität zu reduzieren, um im Einkaufsalltag handlungsfähig zu bleiben und die Bedeutung des Nichtwissens kommen in den Beispielen aus meinen Interviews zusammen: Ich habe zeigen können, dass für Konsument*innen beim Einkauf von frischem Obst und Gemüse das Ignorieren oder Ausblenden bestimmter Wissensbestände eine wichtige Strategie ist, um den Lebensmitteleinkauf im Alltag zu realisieren. Neben dem gegenseitigen Orientieren aneinander innerhalb sozialer Milieus kann also auch Nichtwissen eine Strategie sein, um Komplexität zu reduzieren. Sicherlich ist dabei auch die Frage, welches Nichtwissen bzw. welche Aspekte beim Konsum ignoriert werden können, milieuspezifisch verschieden. In weiterführenden Untersuchungen sollte entsprechend noch geklärt werden, ob und wie Nichtwissen als Strategie milieuspezifisch unterschiedlich genutzt wird.

Die Beziehung zwischen beiden Dimensionen

Nicht-Wissen-Können und Nicht-Wissen-Wollen lassen sich zwar analytisch voneinander trennen, empirisch ergeben sich jedoch Überschneidungen zwischen beiden Dimensionen (vgl. Abb. 36), etwa bei der Frage, welche finanziellen und zeitlichen Aufwendungen, um sich zu informieren oder entsprechende Kaufentscheidungen zu treffen, für die Konsument*innen zumutbar sind. Gleichzeitig zeigt sich anhand der Unterscheidung der beiden Dimensionen auch deutlich die von Cook et al. (1998: 165) beschriebene strukturelle Ambivalenz zwischen beiden Dimensionen: Konsument*innen zeigen einerseits den deutlichen Wunsch mehr über die Biographien der Waren wissen zu wollen, erkennen aber zugleich, dass dieses Wissen mit Einbußen beim Genuss oder Anpassungen der Verhaltensweisen und damit einer erhöhten Komplexität beim Lebensmitteleinkauf einhergeht.

Abbildung 36: Beziehung zwischen Nicht-Wissen-Wollen und Nicht-Wissen-Können beim Lebensmittelkonsum

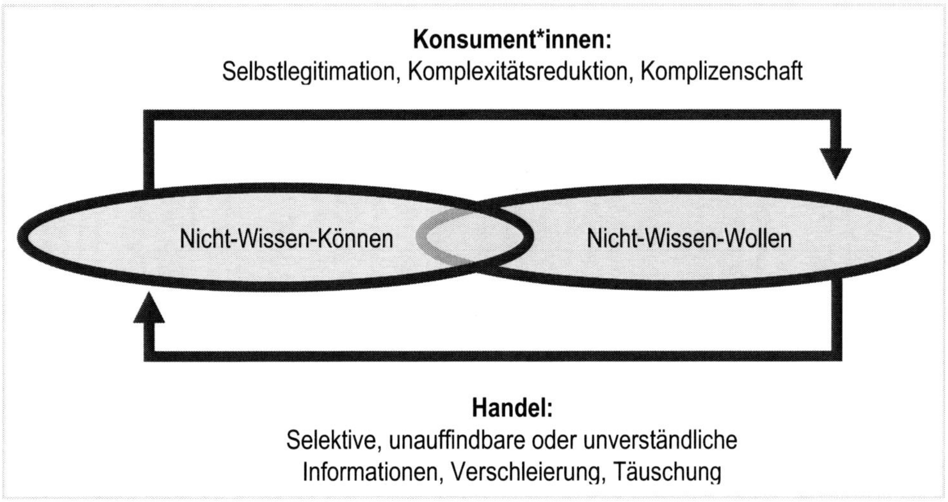

Eigene Darstellung

Es lässt sich zudem zeigen, dass beide Dimensionen sich mitunter gegenseitig bedingen oder sogar stützen: Nur dadurch, dass im Handel nicht alle Informationen verfügbar sind, haben Konsument*innen überhaupt die Möglichkeit die individuelle Strategie des Nichtwissens anzuwenden, sich mithin auf das Fehlen von Informationen zurückzuziehen. Die Unübersichtlichkeit, das Fehlen von Informationen oder die Annahme, dass die vorhandenen Informationen ohnehin nicht vertrauenswürdig sind, erleichtern es über eventuelle Hinweise hinwegzugehen. Andersherum ermöglicht es die Bereitschaft oder der Wunsch von Konsument*innen nicht immer alles ganz genau zu wissen (oder sich sogar täuschen zu lassen) dem Handel weiter sparsam mit Informationen umzugehen, gewisse Anteile von Produktbiographien in den Hintergrund zu rücken oder gar zu verschleiern.

Die lauter werdenden Forderungen nach Transparenz (bspw. in Form von Siegeln) auf Seiten der Verbraucher*innen und Verbraucherschützer*innen und die zaghaft wachsenden Informationsangebote im Handel könnten einen Ansatzpunkt bieten, dieses sich selbst erhaltende System aufzubrechen. Gleichwohl ist anzumerken, dass das Ideal eines*einer vollkommen informierten Konsument*in, der*die auf Basis differenzierter Informationen und umfassenden Wissens Kaufentscheidungen trifft, nicht umzusetzen ist. Vielmehr zeigt diese Beziehung einmal mehr wie wichtig das Vertrauen von Konsument*innen in den Lebensmitteleinzelhandel und die Nahrungsmittelindustrie ist. Eine vertrauenswürdige Lebensmittelkennzeichnung, die „die wesentlichen Nachhaltigkeitseigenschaften von Lebensmitteln (Gesundheit, Umwelt, Soziales, Tierschutz) auf Basis eines mehrstufigen, staatlichen Bewertungssystems“ (von Meyer-Höfer/Spiller 2013: 9) miteinander vereint und damit sowohl Handel als auch Konsument*innen entlastet, könnte hier Abhilfe schaffen. Gleichsam bricht diese Perspektive mit dem Dualismus zwischen Konzepten, die Konsument*innen entweder als wehrlose Opfer der Nahrungsmittelindustrie oder als alleinig verantwortliche Akteur*innen sehen, die durch ihr Einkaufsverhalten eine Verbesserung des Nahrungsmittelsystems herbeiführen sollen, der in der Konsumgeographie bspw. von Cook et al. (1998: 163) oder Ermann/Strüver (2020: 4) kritisiert wurde.

9 (Nicht) wissen wo's herkommt – Zusammenfassung und Fazit

Produkte wie frisches Obst und Gemüse haben vielschichtige und komplexe Geographien und Biographien: Ihr Anbau findet heute im Rahmen eines global verteilten, hocheffizienten Nahrungsmittelsystems statt, über das Akteur*innen in den verschiedensten Ländern miteinander verbunden werden. Die Konsument*innen selbst sind räumlich wie sozial von der Produktion getrennt; gerade für die städtische Bevölkerung ist sie im Alltag nicht mehr direkt erfahrbar. Zugleich haben sich die Konsummuster in den letzten Jahrzehnten deutlich verändert: Lebensmittel sind keine Mangelware mehr, sondern stehen dem überwiegenden Teil der deutschen Bevölkerung im Übermaß zu Verfügung. Die symbolische Funktion des Lebensmittelkonsum hat damit als Gegenstand der Forschung gegenüber der Versorgungsfunktion an Bedeutung gewonnen. Über Waren können Zugehörigkeit und Abgrenzung aber auch Wertehaltungen kommuniziert werden. Dazu gehört auch, dass in der jüngeren Vergangenheit die Sensibilität von Konsument*innen für die Nebenfolgen des eigenen Konsumhandelns gestiegen ist. Entsprechend lässt sich auch ein wachsendes Informationsbedürfnis auf Seiten der Konsument*innen feststellen, das jedoch am Ort des Einkaufs allein oft nicht gestillt werden kann. Gleichzeitig konkurrieren mit diesem neuen Anspruch, den Konsum nicht nur an eigenen Bedürfnissen zu orientieren, die ganz alltäglichen Rahmenbedingungen, wie Geld- und Zeitbudget, familiäre und berufliche Verpflichtungen. Beim Einkauf von Lebensmitteln müssen daher verschiedene Ansprüche und damit auch Wissensbestände gegeneinander abgewogen werden und in Einklang gebracht werden. Der Einkauf wird damit zunehmend komplex. Vor dem Hintergrund dieser Überlegungen, die ich in Kapitel 2 und 3 dargelegt habe, habe ich in Kapitel 4 aufgezeigt, wie sich die für Konsument*innen heute relevanten Wissensbestände beim Lebensmittelkonsum gewandelt haben. Statt der eigenen Sinne und Erfahrungen, also praktischem und implizitem Wissen, sind Konsument*innen auf die Informationsangebote Dritter angewiesen. Dieses finden sie vorrangig im Lebensmitteleinzelhandel, der heute in der Regel als Selbstbedienungskonzept und ohne direkten Kontakt mit Händler*innen gestaltet ist, in Form von Siegeln und Zertifikaten – also explizitem und objektiviertem Wissen statt. Häufig sind außer der Herkunftsangabe (die einen Hinweis auf die Geographien der Ware gibt), Sorte und Preis gar keine Informationen über die Waren und ihre Biographien verfügbar. Der Konsum von Lebensmitteln ist damit auch von einem erheblichen Maß von Nichtwissen über die gekauften Waren geprägt. Gleichzeitig ist es aber auch dieses Nichtwissen, dass es Konsument*innen im Globalen Norden ermöglicht unbeschwert zu konsumieren, wie meine empirischen Ergebnisse zeigen.

Ziel der Arbeit war es, vor diesem Hintergrund herauszufinden, wie Konsument*innen die Geographien und Biographien von frischem Obst und Gemüse verstehen und welche Rolle verschiedene Dimensionen des (Nicht-)Wissens dabei spielen. Um diese Fragen zu beantworten, habe ich mit Berliner Konsument*innen gesprochen, die sich hinsichtlich ihrer sozial-strukturellen Hintergründe unterscheiden und zudem aufgrund verschiedener Wohnorte innerhalb der Stadt auf z.T. ganz diverse Einkaufsmöglichkeiten zurückgreifen können. In der Kombination mehrerer Interviewtechniken, durch die ethnographische Begleitung des Lebensmitteleinkaufs sowie einer ergänzenden Foto-Dokumentation konnte ich ein tiefes Verständnis für die Reflexions- und Abwägungsprozesse meiner Interviewpartner*innen gewinnen. Neben der Beantwortung meiner Forschungsfragen ergeben sich hieraus viele Ansätze für weitere Forschungsvorhaben sowie ganz praktische Implikationen, insbesondere für die Verbraucher*innenpolitik, aber auch den Lebensmitteleinzelhandel. Diese Ergebnisse werde ich auf den folgenden Seiten resümieren.

9.1 Zusammenfassung der zentralen Ergebnisse

Auf Grundlage der dargestellten Überlegungen zu den Rahmenbedingungen des Lebensmittelkonsums und der Beziehung zwischen den Kontexten der Produktion und des Konsums habe ich zwei forschungsleitende Fragen abgeleitet, die ich im Folgenden beantworten werde.

1) Welche Bedeutung hat die Herkunftsangabe, als Hinweis auf die Geographien der Waren, als Wissensquelle für Konsument*innen beim Kauf von frischem Obst und Gemüse?

Zunächst lässt sich festhalten, dass die Herkunft von frischem Obst und Gemüse für alle Konsument*innen, mit denen ich sprach, eine zentrale Information zur Bewertung der Waren ist. Zwar wollten oder konnten nicht alle meine Interviewpartner*innen diese auch zum Kriterium für ihre Kaufentscheidungen machen, doch die Information über das „Wo?“ der Produktion ist, wie u.a. Ermann (2015) bereits argumentiert, eng verbunden mit Vorstellungen über das „Wie?“. Oder anders formuliert, leiten Konsument*innen aus den Geographien der Produkte auch Annahmen über die Biographien derselben ab. Gleichzeitig ist festzuhalten, dass über die Herkunftsangabe nur ein kleiner Ausschnitt aus den räumlichen Verstrickungen der Waren sichtbar wird, da diese viel mehr als nur den Ort des Anbaus, sondern auch Vorprodukte, menschliche und nicht-menschliche Arbeit und Technik mit ganz eigenen Geographien umfassen. Da die Herkunftsangabe jedoch eine der wenigen Informationen über die Waren ist und Konsument*innen zugleich viele Fragen an die Waren haben, z.B. im Hinblick auf Umwelt-, Sozial- und Gesundheitsverträglichkeit, wird diese von Konsument*innen herangezogen, um Wissen über die Ware abzuleiten. Gerade durch den Mangel an gefragten Informationen über die Produkte greifen Konsument*innen auf die Herkunft zurück, um die Waren zu bewerten. Die Herkunft der Waren, in Kombination mit medial vermitteltem oder selbst erfahrenem Wissen über die Produktionsorte sowie nationalen Stereotypen und sozialräumlichen Narrativen werden als *heuristic shortcut* Chattalas et al. (2008) bzw. *proxy* (Carolan 2001; Eden et al. 2008) genutzt, um vor dem Hintergrund unvollständiger Informationen dennoch zu einer Bewertung zu kommen.

Gleichzeitig kann die geographische Herkunft der Waren und damit verbundene Assoziationen oder sozialräumliche Narrative den symbolischen Wert der Waren steigern: So steht die Wahl insbesondere von regionalen Produkten für den Großteil meiner Interviewpartner*innen für einen sozial und ökologisch nachhaltigen Lebensstil. Die regionale Herkunft verbinden einige meiner Interviewpartner*innen zudem mit Natürlichkeit und Authentizität, da das Nahe auch den Anschein persönlicher Beziehungen und sozialer Nähe sowie eine größere Naturverbundenheit suggeriert und somit vermeintlich die Abgrenzung von industriell produzierten Massenwaren verspricht. Die Wahl von Produkten einer bestimmten Herkunft kann zudem Ausdruck von Solidarität mit den jeweiligen Produzent*innen sein. Dabei ist auffällig, dass – anders als in der geographischen Literatur zu nachhaltigem Konsum – unter meinem Interviewpartner*innen Fragen der Solidarität mit Arbeiter*innen im Globalen Süden eine untergeordnete Rolle spielten, während die Unterstützung heimischer Landwirte für eine Reihe meiner Gesprächspartner*innen ein Motiv war, deutsche oder regionale Produkte zu befürworten.

Ich konnte zeigen, dass sich die Bewertung der Waren anhand der Herkunft sehr klar anhand der Kategorien *nah* und *fern* vollzieht. Bis auf eine Ausnahme zogen alle meine Interviewpartner*innen Produkte aus Deutschland oder besser noch der „Region" Waren aus dem Ausland vor. Zum einen spielten hier positive Assoziationen mit Deutschland als Anbauland, deutschen Regularien sowie eine mitunter romantisierende Vorstellung der landwirtschaftlichen Betriebe in Deutschland eine Rolle. Konträr dazu waren Anbauländer, insbesondere in Südeuropa, mit sehr negativen Bildern und Assoziationen behaftet. Zum anderen wurde das *Nahe* vorgezogen, weil die Überwindung einer räumlichen und zeitlichen Distanz zwischen den Orten der Produktion und des Konsums sich nach Vorstellungen der Konsument*innen auf die Umweltverträglichkeit sowie die Frische und Qualität der Waren auswirkt. Im Vergleich von Studien zu Umweltwirkungen verschiedener Produkte und zu Einsatz und Rückständen von Pestiziden zeigte sich, dass die Zuschreibungen, die Konsument*innen auf Grundlage der Herkunft der Waren vornehmen, zwar oft auf naheliegenden Annahmen beruhen. Es zeigte sich jedoch auch, dass die Kausal- und Wirkungszusammenhänge zwischen Waren und den Nebenfolgen ihrer Produktion und auch ihrer gesundheitlichen Unbedenklichkeit oft deutlich komplexer sind. Die Herkunftsangabe eignet sich somit nur sehr bedingt als Orientierung. Dies ist insbesondere bei als regional vermarkteten Produkten der Fall, da der Begriff nicht geschützt ist und die positiven Effekte, die eine regionale Lebensmittelversorgung zweifellos haben *kann*, wenn weitere Bedingungen erfüllt und geprüft sind, nicht sichergestellt sind. Es kommt damit zu einer Überfrachtung der Herkunftsangabe und zu einer einseitigen und unüberprüfbaren Präferenz für lokale oder regionale Produkte. Die Herkunftsangabe wird also erstens herangezogen, um Wissen über frisches Obst und Gemüse abzuleiten, das sich daraus nicht zweifelsfrei ableiten lässt. Die pauschale Präferenz regional vermarkteter Lebensmittel kann zweitens, wie von (Born/Purcell 2009) formuliert, als *local trap* gefasst werden. Die Gleichsetzung der Lebensmittelproduktion auf einer bestimmten Maßstabsebene mit der Bekämpfung sozialer und ökologischer Probleme, den die Autoren auf institutioneller Ebene identifiziert haben, lässt sich anhand meiner Ergebnisse auch für Konsument*innen erkennen.

Die diversen Geographien der Waren, die ihrerseits Teil der Ursache für die Komplexität des Lebensmittelkonsums sind, werden also in einer auf die Herkunftsangabe reduzierten Form von Konsument*innen genutzt, um diese Komplexität zu umgehen oder zu reduzieren. Den als Folgen der Globalisierung wahrgenommenen negativen Nebenfolgen der Produktion und des Konsums von Lebensmitteln wird dabei versucht durch einen Rückzug ins Lokale beizukommen.

2) Welche Rolle nehmen Wissen und Nichtwissen im Hinblick auf die Biographien der Waren für Konsument*innen ein?

Wissen über die Biographien von Lebensmitteln wie frischem Obst und Gemüse, d.h. ihr Lebensweg vom Anbau über den Transport und den Konsum (bestehend aus Einkauf, Verzehr und Versorgung) und die daran beteiligten Menschen und Institutionen, waren, wie ich herausgearbeitet habe, für die meisten meiner Interviewpartner*innen ein relevantes Kriterium zur Bewertung der Waren. In meiner Arbeit konnte ich jedoch zeigen, dass es für Konsument*innen anhand der Informationen, die sie im Lebensmitteleinzelhandel erhalten, nicht immer möglich ist, für sie relevantes Wissen über die Waren abzuleiten. Such- und Erfahrungseigenschaften, die von Konsument*innen mit den eigenen Sinnen bewertet werden können, haben an Bedeutung verloren. Das liegt zum einen daran, dass selbst unverpackte und frische Waren wie Obst und Gemüse auf Grund moderner Züchtungen und dem Einsatz von Kühlungstechnologien heute oft nicht mehr viel über ihre Qualität verraten. Zum anderen treten zunehmend Eigenschaften in den Vordergrund, die den Produktionsprozess betreffen. Dabei handelt es sich um Vertrauens- oder Potemkin-Eigenschaften, also jene Eigenschaften, die für Konsument*innen nicht mehr überprüfbar sind. Expliziertes und objektiviertes Wissen in Form von Siegeln und Labels gewinnt damit an Bedeutung gegenüber dem impliziten und praktischen Wissen. Dieses z.B. in Form von Siegeln oder Herkunftsangaben objektivierte Wissen muss allerdings zuallererst auffindbar und lesbar sein und sollte darüber hinaus vertrauenswürdig sein. Aus Perspektive der Konsument*innen ist dies jedoch längst nicht immer der Fall. Zuletzt müssen die Informationen, die über Siegel oder die Herkunftsangabe transportiert werden sollen, auch von Konsument*innen in handlungsrelevantes Wissen überführt werden. Ich habe gezeigt, dass dies bei Siegeln und Produktkennzeichnungen, die dazu dienen sollen, Konsument*innen zu informieren, oft nicht gegeben ist, da diese von der Siegelvielfalt überfordert sind oder der Informationsquelle nicht trauen. Herkunftsangaben werden hingegen durchaus genutzt, um Wissen über die Waren zu generieren, führen jedoch oft zu vereinfachenden Schlussfolgerungen.

Nichtwissen im Hinblick auf den Lebensmittelkonsum hat sich in dieser Arbeit als ein zweidimensionales Phänomen gezeigt, dass in Form von *Nicht-Wissen-Können* und *Nicht-Wissen-Wollen* relevant wird. Nichtwissen ist ein zentraler Faktor, der den Einkauf von frischem Obst und Gemüse rahmt: Viele Konsument*innen reflektieren zunehmend über die Nebenfolgen ihres Konsums und haben ein wachsendes Bedürfnis über die Geographien und Biographien der Waren informiert zu werden. Gleichzeitig machen es die Komplexität von Warenketten und die Informationspolitik des Handels schwer, dieses Bedürfnis zu stillen. Konsument*innen nutzen daher *proxies* und *heuristic shortcuts* wie Herkunftsangaben, um eine Bewertung der Waren auf Grundlage unvollständigen Wissens vornehmen zu können. Nichtwissen wird von Konsument*innen gleichzeitig aber auch als Ressource genutzt. Es kann die Funktion erfüllen Komplexität zu reduzieren, insbesondere vor dem Hintergrund der Unübersichtlichkeit der Konsumlandschaft sowie konkurrierender Wissensbestände und Ansprüche, die an Konsument*innen herangetragen werden. Nichtwissen zu kultivieren bzw. bestimmte Aspekte auszublenden kann zudem dazu dienen einen genussvollen Konsum zu realisieren. Es zeigt sich damit bei den Konsument*innen, mit denen ich sprach, eine strukturelle Ambivalenz, wie Cook et al. (1998: 165) es fassen, die charakterisiert ist durch „the combination of an impulse to forget and a need to know“ (ebd.).

Beide Dimensionen, das Nicht-Wissen-Können und Nicht-Wissen-Wollen überschneiden sich dabei, da Bereitschaft und Kapazitäten sich mit den Biographien und Geographien auseinanderzusetzen bei den Konsument*innen unterschiedlich gelagert sind und sich somit kaum definieren lässt, welcher Aufwand sich Wissen anzueignen noch als angemessen gelten kann. Die Dimensionen des Nichtwissens stabilisieren sich damit jedoch gegenseitig, da Konsument*innen sich auf das teils spärliche Informationsangebot im Handel zurückziehen können und der Handel durch unkritische Konsument*innen gleichzeitig in seiner Informationspolitik legitimiert wird. Nichtwissen als Forschungsperspektive eröffnet damit zudem eine Perspektive, die sich jenseits der widerstreitenden Perspektiven positioniert, die Konsument*innen entweder als Opfer der Lebensmittelindustrie oder als allwissenden, ökonomisch rationalen ‚homo oeconomicus‘ sehen und wird damit der Komplexität des Nahrungsmittelsystems und der Beziehungen zwischen seinen Akteur*innen gerecht.

9.2 Fazit und Ausblick

Für die geographische Forschung ergeben sich aus meiner Arbeit verschiedene theoretische wie auch empirische Erträge, die ich im Folgenden kurz darstellen möchte. Zudem lassen sich einige verbraucherpolitische Implikationen ableiten, die jenseits der Forschung auch eine praktische Relevanz haben. Zuletzt möchte ich einen kurzen Überblick für Anknüpfungspunkte für weitere Forschungsvorhaben geben, die sich aus den Ergebnissen dieser Arbeit ergeben.

Theoretischer und empirischer Beitrag

Konsum als Gegenstand der (deutschsprachigen) Geographie ist ein bislang vergleichsweise wenig beforschtes Gebiet. Daher ergänzt meine Arbeit insbesondere wirtschaftsgeographische Debatten, die sich bislang eher mit der Produktion und dem Handel befasst haben, um eine Perspektive, die die Konsument*innen fokussiert. Da in meiner Arbeit vor allem die Reflexion und Umgangsweise von Konsument*innen mit jenen, in der Wirtschaftsgeographie bereits gut erforschten Produktionsnetzwerken und Einzelhandelslandschaften, betrachtet wurden, bietet sie eine Ergänzung dieser einseitigen Fokussierung und hebt die Konsument*innen als wichtige Wirtschaftsakteure hervor, die ihrerseits Einfluss nehmen auf die Produktion und den Handel. Wissen ist als Konzept der Wirtschaftsgeographie bereits etabliert, fokussiert aber ebenfalls vor allem die unternehmerische Seite. Die von mir vorgeschlagene Ausdifferenzierung des Wissensbegriffes bereichert damit einerseits die Wirtschaftsgeographie sowie die geographische Konsumforschung um eine Perspektive, die konkret den Zusammenhang zwischen der (räumlichen) Organisation der Warenketten, dem Handel und den Wissensprozessen von Konsument*innen erfassen kann. Zudem ergänzt sie die, in der Konsumforschung im Allgemeinen verbreitete, praxistheoretische Perspektive um eine stärkere Fokussierung von Reflexions- und Abwägungsprozessen. Meine Daten haben zudem deutlich gezeigt, dass Nichtwissen zentral ist, um zu verstehen, wie Konsument*innen ihren Lebensmittelkonsum gestalten und begründen. Zugleich knüpft die Perspektive des Nichtwissens an bestehende (wirtschafts-)geographische Arbeiten an (Cook et al. 1998; Harvey 1990; Hering/Fülling 2021; Ibert et al. 2019) und belegt die enge Wechselwirkung zwischen der Ausgestaltung der Produktion, des Handels und den Konsument*innen.

Zudem habe ich gezeigt, dass der aus geographischer Perspektive in vielfacher Hinsicht interessante Regionaltrend für Konsument*innen eine zentrale Rolle spielt, und anhand empirischer Daten herausgearbeitet, welche Ursachen und Begründungen sich für die wachsende Präferenz regionaler Lebensmittel finden lassen. Dabei liefern meine Daten eine empirische Fundierung der Debatten über den Zusammenhang der Bewertung von Waren anhand von Herkunftsangaben (Chattalas et al. 2008; Ermann 2005; Pike 2009) sowie dem Themenkomplex des nachhaltigen Konsums (Ermann/Strüver 2020; Krüger/Strüver 2017). Die innovative Kombination von Interviews, Go-Alongs und Foto-Dokumentation, die sich als sehr fruchtbare Herangehensweise zur Beantwortung meiner Fragestellung erwiesen hat, ergänzt darüber hinaus das Methodenspektrum der qualitativen Geographie.

Das SFB-Teilprojekt „Waren und Wissen“, in dessen Rahmen diese Arbeit entstanden ist, verfolgt das Ziel das Raumwissen von Konsument*innen und Händler*innen zu verstehen. Neben der bereits genannten Ausdifferenzierung des Wissensbegriffs und dem Herausarbeiten der zentralen Bedeutung regionaler Produkte steuert meine Arbeit zudem Erkenntnisse zur Interaktion zwischen den Kontexten der Produktion, des Handels und der Konsument*innen über die Ware bei, indem meine Daten zeigen, wie Wissen über weit entfernte Orte lokal mit privaten Ansprüchen von Konsument*innen gesucht, genutzt oder auch ignoriert wird und wie der Handel hierbei als ermöglichender oder als hemmender Faktor agieren kann.

Beitrag für die Praxis

Aus meinen Forschungsergebnissen lassen sich darüber hinaus einige verbraucherpolitische Implikationen ableiten. Aus den hier vorliegenden Ergebnissen lässt sich eine

Perspektive auf Konsument*innen jenseits des Dualismus zwischen Konsument*innen als Opfer der Nahrungsmittelindustrie oder als alleinig verantwortliche Treiber eines Wandels hin zu einem nachhaltigeren Nahrungsmittelsystems ableiten. Sie positioniert sich auch jenseits der Forderung nach einer De-Politisierung der Alltagspraxis, wie etwa Geden (2009) sie formuliert, da meine Daten deutlich die grundsätzliche Bereitschaft von Konsument*innen zeigen sich mit ihrem Konsumhandeln an Zielen jenseits der Befriedigung der eigenen Bedürfnisse zu orientieren. Unabhängig von der Frage, welchen Effekt ein „politischer Konsum“ hat, zeigt sich darin die identitätsstiftende Funktion von Konsum, die auch das Bedürfnis umfasst den eigenen Überzeugungen durch Konsumhandlungen (z.B. der Wahl als *nachhaltig* erkennbarer Produkte) Ausdruck zu verleihen. Die deutlichen Belege für das große Misstrauen vieler Konsument*innen in die Lebensmittelwirtschaft, die die Ergebnisse vorangegangener Studien bestätigen, stellen jedoch ein Problem für die Bereitschaft von Konsument*innen dar, auf qualitativ hochwertigere Waren zurückzugreifen. Hier wären Schritte notwendig, die zu einer Stärkung dieses Vertrauens beitragen, wie auch Brombach/Bergmann (2020) sie fordern. Dazu können Maßnahmen zur Schaffung von mehr Transparenz über die Biographien der Waren gehören. Den Mehrwert, den bspw. ein einheitliches, staatlich gestütztes Dachlabel, das verschiedene Nachhaltigkeitsaspekte vereint, wie etwa Eberle et al. (2011: 1) es fordern, wird durch die Ergebnisse meiner Arbeit belegt. Dieses würde Transparenz schaffen und Konsument*innen damit zum einen eine validere Bewertungsgrundlage der Waren zur Verfügung stellen als es die Herkunftsangabe der Waren darstellt und ihnen zum anderen ermöglichen ihren Überzeugungen durch ihr Konsumhandeln Ausdruck zu verleihen. Darüber hinaus würde ein solches staatlich gestütztes Label durch eine brancheneinheitliche Regelung auch den Handel entlasten.

Weitere Forschung

Aus den hier vorgestellten Forschungsergebnissen ergeben sich eine Vielzahl verschiedener Anknüpfungspunkte für weitere Forschung, die ich als Abschluss dieser Arbeit kurz vorstellen möchte.

Zunächst wäre eine quantitative Vertiefung dieser explorativen Studie spannend. Auf diese Weise könnten milieuspezifische Unterschiede in der Nutzung und Deutung von Herkunftsangaben, im Umgang mit Nichtwissen als Kontextfaktor aber auch der Bedeutung von Nichtwissen als Strategie herausgearbeitet werden. Eines meiner Kernargumente, auf dem diese Arbeit basiert, ist die Entfremdung zwischen den Kontexten der Produktion und des Konsums auf Grund der räumlichen und sozialen Distanz zwischen beiden. Da meine Forschung in Berlin stattfand, wo mit Ausnahme von Kleingärten und Urban Gardening sowie einigen innovativen Projekten wie etwa Aquaponik keine Lebensmittelproduktion zu finden ist, erwies sich diese Annahme als tragfähig. Interessant wäre jedoch ein Stadt-Land-Vergleich vor dem Hintergrund der Frage, inwiefern sich relevante Wissensbestände von Konsument*innen im ländlichen Raum von jenen im städtischen Raum unterscheiden. So wäre zu untersuchen, ob bspw. der Aspekt der Solidarität mit Landwirt*innen auf Grund der räumlichen Nähe eine größere Rolle spielt, oder ob gar eine ideologisch Ablehnung von als *fremd* empfundenen Waren, ähnlich dem von Winter (2003) beschriebenen „defensive localism“, dort eher vorzufinden ist, als im städtischen Raum. Zudem wäre es interessant zu untersuchen, inwiefern Konsument*innen stärker auf praktisches Wissen zurückgreifen können, weil sie häufiger in direktem Kontakt mit Produzent*innen stehen oder ob auch im ländlichen Raum eine ähnliche Entfremdung wie bei den städtischen Konsument*innen zu konstatieren ist, da auch dort die Orte der Lebensmittelproduktion zunehmend räumlich getrennt und oft für Konsument*innen gar nicht einsehbar und erreichbar sind, wie Ajjan Alhadid et al. (2021) jüngst zeigten. Auch ein Vergleich der Wissensbestände über Ländergrenzen hinweg würde sicherlich neue, spannende Einblicke gewähren, so z.B. Untersuchungen im Globalen Süden, wo die Beziehungen zwischen den Kontexten der Produktion und des Konsums sich von den hiesigen grundlegend unterscheiden.

Da ich aus forschungspragmatischen Gründen die Gruppe der Menschen mit Migrationsgeschichte aus meinem Sample ausgeklammert habe, wäre auch hier eine anschließende Studie über die Verknüpfung von (Nicht-)Wissen, Herkunft und Bedeutung von frischem Obst und Gemüse wünschenswert, die sicherlich spannende Erkenntnisse liefern würde. Während des Forschungsprozesses zeichnete sich zudem ab, dass der Ausbruch der Corona-Pandemie sich einerseits auf die Bewertung der Herkunft von Waren auswirkte, insofern als dass Konsument*innen stärker als zuvor für globale Verflechtungen und Arbeitsbedingungen in der Landwirtschaft sensibilisiert wurden und, wie Busch/Bayer/Gunarathne/ et al. 2020 und Busch/Bayer/Iweala/ et al. 2020 zeigten, auch ein deutlich ausgeprägteres Interesse an Fragen der Nachhaltigkeit entwickelten. Interessant wäre vor diesem Hintergrund zu untersuchen, inwiefern sich diese Effekte verstetigen.

Literatur

Aamodt, Agnar/Nygård, Mads (1995): Different roles and mutual dependencies of data, information, and knowledge — An AI perspective on their integration. In: *Data & Knowledge Engineering,* Jg. 16, Nr. 3, S. 191-222. doi: 10.1016/0169-023X(95)00017-M

Adams, Matthew/Raisborough, Jayne (2008): What Can Sociology Say About FairTrade?: Class, Reflexivity and Ethical Consumption. In: *Sociology,* Jg. 42, Nr. 6., S. 1165-1182. doi: 10.1177/0038038508096939

Ahrens, Sandra (2021): *Anteil der Ausgaben der privaten Haushalte in Deutschland für Nahrungsmittel, Getränke und Tabakwaren an den Konsumausgaben in den Jahren 1850 bis 2020.* Online unter: https://de.statista.com/statistik/daten/studie/75719/umfrage/ausgaben-fuer-nahrungsmittel-in-deutschland-seit-1900/#professional (zuletzt aufgerufen: 30. Juni 2021).

Ajjan Alhadid, Sarah/Assef, Jana/Cardué, Daniel/Caspar, Charlene Jessica/Chen, Mingyun/Fritsche, Julia/He, Wenjie/Heiden, Vivienne/Heinzmann, Tim/Sefi na Henkel, Juliane/Henklein, Laurin Roman/Jeschke, Birgit/Kastrup, Jannik/Kliesch, Noelle/Lambrecht, Paul/Lampen, Nils/Marquardt, Nina Sophie/Marthaler, Theres/Matthias, Lars/Müller, Jonas/Mund, Gianna Francesca Andrea/Nohle, Valeria/Theite Piro, Julia/Benevenuti, Clara S. G./Schadock, Jasmin/Schubert, Natalie/Senja, Fath Ainia/Teschner, Lukas/Tombroff, Anna/Tran, Hai/von Thienen, Lara/Wagner, Oliver/Zappe, Leonard/Zeißig, Hanna (2021): *Feeding the city: Lebensmittelkreisläufe und die Produktion städtischer Räume. Ergebnisse des gleichnamigen Masterseminars.* Wintersemester 2020. Cottbus-Senftenberg: Brandenburgische Technische Universität. Online unter: https://opus4.kobv.de/opus4-btu/files/5505/Feeding-the-City.pdf (zuletzt aufgerufen: 18.04.2022)

Akremi, Leila (2014): Stichprobenziehung in der qualitativen Sozialforschung. In: Baur, Nina/Blasius, Jörg (Hg.): *Handbuch Methoden der empirischen Sozialforschung.* Wiesbaden: Springer VS, S. 265-282.

Alderton, Tony/Bloor, Michael/Kahveci, Erol/Lane, Tony/Sampson, Helen/Thomas, Michelle/Winchester, Nik/Wu, Bin/Zhao, Minghuau (2004): The Global Seafarer: Living and Working Conditions in a Globalized Industry. Genf: International Labour Office.

Amin, Ash/Cohendet, Patrick (2004): *Architectures of knowledge: Firms, capabilities, and communities.* Oxford/New York: Oxford University Press.

Anderson, Jon (2004): Talking whilst walking: a geographical archaeology of knowledge. In: *Area,* Jg. 36, Nr. 3, S. 254-261. doi: 10.1111/j.0004-0894.2004.00222.x

Appel, Alexandra (2020): Qualitative Methoden. In: Neiberger, Cordula/Hahn, Barbara (Hg.): *Geographische Handelsforschung*. Berlin: Springer Spektrum, S. 274-282.

Augustin, Hanna (2014): Stadt, Ernährung und soziale Ungleichheit. Zur Übertragbarkeit des food desert Konzeptes auf den deutschen Kontext. In: *artec-paper,* Nr. 197. Bremen: artec Forschungszentrum Nachhaltigkeit.

Augustin, Hanna (2020): *Ernährung, Stadt und soziale Ungleichheit. Barrieren und Chancen für den Zugang zu Lebensmitteln in deutschen Städten*. Bielefeld: transcript.

Barlösius, Eva (2016): *Soziologie des Essens. Eine sozial- und kulturwissenschaftlich Einführung in die Ernährungsforschung* (3. durchgesehene Aufl.). Weinheim/Basel: Beltz Juventa.

Barnett, Clive/Cloke, Paul/Clarke, Nick/Malpass, Alice (2005): Consuming Ethics: Articulating the Subjects and Spaces of Ethical Consumption. In: *Antipode,* Jg. 37, Nr. 1, S. 23-45. doi: 10.1111/j.0066-4812.2005.00472.x

Barrientos, Stephanie/Gereffi, Gary/Pickles, John (2016): New dynamics of upgrading in global value chains: Shifting terrain for suppliers and workers in the global south. In: *Environment and Planning A: Economy and Space,* Jg. 48, Nr. 7, S. 1214-1219. doi: 10.1177/0308518x16634160

Baur, Nina/Akremi, Leila (2012): Lebensstile und Geschlecht. In: Rössel, Jörg/Otte, Gunnar (Hg.): *Lebensstilforschung. Sonderheft 51 der Kölner Zeitschrift für Soziologie und Sozialpsychologie (KZfSS).* Wiesbaden: VS Verlag für Sozialwissenschaften, S. 269-294.

Baur, Nina/Blasius, Jörg (2014): Methoden der empirischen Sozialforschung. Ein Überblick. In: Baur, Nina/Blasius, Jörg (Hg.): *Handbuch Methoden der empirischen Sozialforschung*. Wiesbaden: Springer VS, S. 41-62.

Baur, Nina/Fülling, Julia/Hering, Linda/Vogl, Susanne (2019): Die Verzahnung von Arbeit und Konsum. Wechselwirkungen zwischen der Transformation der Erwerbsarbeit und den Transformationen der milieuspezifischen innerfamiliären Arbeitsteilung am Beispiel der Ernährung. In: Ernst, Stefanie/Becke, Guido (Hg.): *Transformationen der Arbeitsgesellschaft. Prozess- und figurationstheoretische Beiträge.* Wiesbaden: Springer VS, S. 105-132.

Endres, Eva-Maria/Molling, Luise (2019): Nutri-Score: Ist die Einführung einer Lebensmittelampel sinnvoll? In: *Bayerische Staatszeitung,* 10. Oktober. Online unter: https://www.bayerische-staatszeitung.de/staatszeitung/politik/detailansicht-politik/artikel/nutri-score-ist-die-einfuehrung-einer-lebensmittelampel-sinnvoll.html#topPosition (zuletzt aufgerufen: 15. Oktober 2019).

Beagan, Brenda L./Chapman, Gwen E./Power, Elaine M. (2016): Cultural and Symbolic Capital With and Without Economic Constraint. In: *Food, Culture & Society,* Jg. 19, Nr. 1, S. 45-70. doi: 10.1080/15528014.2016.1145002

Beck, Ulrich (1986): *Risikogesellschaft. Auf dem Weg in eine andere Moderne* (22. Aufl.). Frankfurt am Main: Suhrkamp.

Beck, Ulrich (1996): Wissen oder Nicht-Wissen? Zwei Perspektiven „reflexiver Modernisierung". In: Beck, Ulrich/Giddens, Anthony/Lash, Scott (Hg.): *Reflexive*

Modernisierung: Eine Kontroverse. Frankfurt am Main: Suhrkamp, S. 289-315.

Bell, David/Valentine, Gill (1997): *Consuming Geographies: We are where We Eat.* New York: Routledge.

Benner, Eckhard/Kliebisch, Christoph (2004): Regio-Marketing-Strategien des Lebensmitteleinzelhandels. In: *Hohenheimer Agrarökonomische Arbeitsberichte*, Nr. 10. Stuttgart: Institut für Agrarpolitik und Landwirtschaftliche Marktlehre, Universität Hohenheim.

Bibliographisches Institut GmbH (2021): Wörterbuch: potemkinsche Dörfer. Online unter: https://www.duden.de/rechtschreibung/Potemkinschen_Doerfer (zuletzt aufgerufen: 18.04.2022).

Billig, Michael (1999): Commodity Fetishism and Repression: Reflections on Marx, Freud and the Psychology of Consumer Capitalism. In: *Theory & Psychology,* Jg. 9, Nr. 3, S. 313-329. doi: 10.1177/0959354399093003

Blanke, Michael M. (2004): Energiebilanz und CO2-Fußadruck in der Nahurngskette. Der klimafreundliche Apfel von nebenan. In: *innofrutta (Bayer Crop Science),* Jg. 7, S. 4-7. Online unter: https://www.dlr-rheinpfalz.rlp.de/Internet/global/themen.nsf/f3b02579753cf01fc12574ea003ea950/57448A10F058B164C12579EA0023B28C/$FILE/PAS%20Innofrutta%2004_07_IF_Titelstoy.pdf (zuletzt aufgerufen: 25. August 2021)

Blanke, Michael M./Burdick, Bernhard (2005): Food (miles) for Thought. Energy Balance for Locally-grown versus Imported Apple Fruit. In: *Environmental Science and Pollution Research,* Jg. 12, Nr. 3, S. 125-127. doi: 10.1065/ESPR2005.05.252

Blendin, Manuel/Frank, Katrin/Lorenz, Jonas/Volland, Maja (2019): *Aktuelle Entwicklungen im Fairen Handel.* Berlin: Forum Fairer Handel e.V. Online unter: https://www.forum-fairer-handel.de/fileadmin/user_upload/dateien/publikationen/materialien_des_ffh/FFH_Entwicklungen_2019_web.pdf (zuletzt aufgerufen: 25. August 2020).

Böge, Stefanie (1996): *Alles zu jeder Zeit – der Verlust an Bezug zur Natur.* Tagungsreader: Ernährungskultur im Wandel der Zeiten. Tagungsband der Tagungsreihe Neubewertung von Lebensmittelqualität, S. 5-10. Online unter: https://www.katalyse.de/wp-content/uploads/2013/08/ern__hrungskultur_im_wandel_der_zeiten.pdf (zuletzt aufgerufen: 12. März 2020).

Böge, Stefanie (2001): *Äpfel. Vom Paradies bis zur Verführung im Supermarkt. Kurzfassung der Gesamtuntersuchung "Der Weg zum Standardapfel und Möglichkeiten der Wiedergewinnung von Vielfalt", Universität Gesamthochschule Kassel.* Online unter: http://www.stefanie-boege.de/texte/apfel_de.pdf (zuletzt aufgerufen: 18. März 2020).

Bogun, Roland (2020): Was wissen wir über die ökologischen Wirkungen des privaten Konsums? Anmerkungen zum Stand der Forschung und den Problemen des Fußabdruck-Denkens. In: Baur, Nina/Fülling, Julia/Hering, Linda/Kulke, Elmar (Hg.): *Waren – Wissen – Raum. Interdependenzen von Produktion, Markt*

und Konsum in Lebensmittelwarenketten. Wiesbaden: Springer VS, S. 517-560.
Born, Branden/Purcell, Mark (2009): Food Systems and the Local Trap. In: Inglis, David/Gimlin, Debra (Hg.): *The Globalization of Food*. Oxford/New York: Berg, S. 117-138.
Bourdieu, Pierre (1984): *Die feinen Unterschiede. Kritik der gesellschaftlichen Urteilskraft* (3. Aufl.). Frankfurt a.M.: Suhrkamp.
Bourdieu, Pierre (1987): *Die feinen Unterschiede*. Frankfurt am Main: Suhrkamp.
Brombach, Christine/Bergmann, Karin (2020): *Wertschätzung und Mehrzahlungsbereitschaft für Lebensmittel. Eine qualitative Verbraucherbefragung im Auftrag des Bundesverbandes des Deutschen Lebensmittelhandels*. Berlin: Bundesverband des Deutschen Lebensmittelhandels e.V. (BVLH). Online unter: https://www.bvlh.net/fileadmin/redaktion/downloads/pdf/2020/BVLH-ZHAW_Wertsch%C3%A4tzung-MZB_LDR_2020.pdf (zuletzt aufgerufen: 27. März 2021).
Brulotte, Ronda L./Di Giovine, Michael A. (Hg.) (2016): *Edible Identities: Food as Cultural Heritage*. London/New York: Taylor & Francis.
Brunner, Karl-Michael (2009): Nachhaltiger Konsum - am Beispiel des Essens. In: *SWS-Rundschau,* Jg. 49, Nr. 1, S. 29-49.
Buhl, Johannes/Schipperges, Michael/Liedtk, Christa (2017): Die Ressourcenintensität der Zeit und ihre Bedeutung für nachhaltige Lebensstile. In: Kenning, Peter/Oehler, Andreas/Reisch, Lucia A./Grugel, Christian (Hg.): *Verbraucherwissenschaften. Rahmenbedingungen, Forschungsfelder und Institutionen.* Wiesbaden: Springer Gabler, S. 295-311.
Bundesanstalt für Landwirtschaft und Ernährung (BLE) (o.J.): *Der Saisonkalender*. Online unter: https://www.bzfe.de/_data/files/3488_2017_saisonkalender_posterseite_online.pdf (zuletzt aufgerufen: 19. Mai 2020).
Bund Ökologische Lebensmittelwirtschaft e.V. (BÖLW) (2020): *Bio-Markt nimmt weiter Fahrt auf: Umsatzentwicklung von Bio-Lebensmitteln*. Online unter: https://www.boelw.de/themen/zahlen-fakten/handel/artikel/umsatz-bio-2019/ (zuletzt aufgerufen: 24. August 2020).
Bundesministerium für Ernährung und Landwirtschaft (BMEL) (2016): *Deutschland, wie es isst: Der BMEL-Ernährungsreport 2016*. Berlin: BMEL. Online unter: https://www.bmel.de/SharedDocs/Downloads/DE/Broschueren/Ernaehrungsreport2016.html (zuletzt aufgerufen: 09. Oktober 2019).
Bundesministerium für Ernährung und Landwirtschaft (BMEL) (2017): *Deutschland, wie es isst: Der BMEL-Ernährungsreport 2017*. Berlin: BMEL. Online unter: https://www.bmel.de/SharedDocs/Downloads/DE/Broschueren/Ernaehrungsreport2017.html (zuletzt aufgerufen: 04. August 2021).
Bundesministerium für Ernährung und Landwirtschaft (BMEL) (2018a): *Welternährung verstehen: Fakten und Hintergründe*. Berlin: BMEL. Online unter: https://www.bmel.de/SharedDocs/Downloads/DE/Broschueren/Welternaehrung-verstehen.pdf?__blob=publicationFile&v=6 (zuletzt aufgerufen: 01. Juli 2021).

Bundesministerium für Ernährung und Landwirtschaft (BMEL) (2018b): *Zeitreise durch die Ernährung: Essen im Wandel.* Berlin: BMEL. Online unter: https://www.bmel.de/SharedDocs/Bilder/DE/Cover/ZeitreiseErnaehrung.html (zuletzt aufgerufen: 18.04.2022).

Bundesministerium für Ernährung und Landwirtschaft (BMEL) (2019a): *Deutschland, wie es isst: Der BMEL-Ernährungsreport 2019.* Berlin: BMEL. Online unter: https://www.bmel.de/DE/themen/ernaehrung/ernaehrungsreport2019.html (zuletzt aufgerufen: 09. Oktober 2019).

Bundesministerium für Ernährung und Landwirtschaft (BMEL) (2019b): *Erweiterte Nährwertkennzeichnung: Verbraucherinnen und Verbraucher wollen Nutri-Score.* Online unter: https://www.bmel.de/DE/themen/ernaehrung/lebensmittel-kennzeichnung/freiwillige-angaben-und-label/nutri-score/naehrwertkennzeichnungs-modelle-nutriscore.html (zuletzt aufgerufen: 18.04.2022).

Bundesministerium für Ernährung und Landwirtschaft (BMEL) (2020a): *Entwicklung des Selbstversorgungsgrades bei Gemüse und Obst in Deutschland.* Online unter: https://www.bmel-statistik.de/fileadmin/daten/GBT-0070010-0000.pdf (zuletzt aufgerufen: 27. Juli 2021).

Bundesministerium für Ernährung und Landwirtschaft (BMEL) (2020b): *Deutschland, wie es isst: Der BMEL-Ernährungsreport 2020.* Online unter: https://www.bmel.de/DE/themen/ernaehrung/ernaehrungsreport2020.html (24. August 2020).

Bundesministerium für Ernährung und Landwirtschaft (BMEL) (2020c): *Pro-Kopf-Verbrauch von Gemüse nach Arten.* Online unter: https://www.bmel-statistik.de/fileadmin/daten/SJT-4040500-0000.xlsx (zuletzt aufgerufen: 28. Juni 2021).

Bundesministerium für Ernährung und Landwirtschaft (BMEL) (2020d): *Pro-Kopf-Verbrauch von Obst nach Arten.* Online unter: https://www.bmel-statistik.de/fileadmin/daten/GBT-0070002-2019.pdf (zuletzt aufgerufen: 28. Juni 2021).

Bundesministerium für Ernährung und Landwirtschaft (BMEL) (2020e): *Versorgung mit Gemüse nach Arten.* Online unter: https://www.bmel-statistik.de/fileadmin/daten/SJT-4040300-2019.xlsx (zuletzt aufgerufen: 12. Mai 2020).

Bundesministerium für Ernährung und Landwirtschaft (BMEL) (2020f): *Versorgung mit Obst nach Arten.* Online unter: https://www.bmel-statistik.de/fileadmin/daten/SJT-4040700-2019.xlsx (zuletzt aufgerufen: 12. Mai 2020).

Bundesministerium für Ernährung und Landwirtschaft (BMEL) (2021a): *Außenhandelsstatistik: Obst und Gemüse.* Online unter: https://www.bmel-statistik.de/landwirtschaft/gartenbau/aussenhandel-gartenbauerzeugnisse/obst-und-gemuese/ (zuletzt aufgerufen: 28. Juni 2021).

Bundesministerium für Ernährung und Landwirtschaft (BMEL) (2021b): *Nationales Programm für nachhaltigen Konsum – Gesellschaftlicher Wandel durch einen nachhaltigen Lebensstil.* Online unter: https://www.bmel.de/DE/Landwirtschaft/Nachhaltige-Landnutzung/Nachhaltiger-Konsum-

Wirtschaften/_Texte/Nationales_Porgramm_Nachhaltiger_Konsum.html (zuletzt aufgerufen: 08. April 2020).
Bundesministerium für Verkehr, Bau und Stadtentwicklung (BMVBS) (2011): *Ohne Auto einkaufen. Nahversorgung und Nahmobilität in der Praxis*. Berlin: BMVBS. Online unter: https://www.bbsr.bund.de/BBSR/DE/veroeffentlichungen/ministerien/bmvbs/wp/2011/heft76_DL.pdf?__blob=publicationFile&v=2 (zuletzt aufgerufen: 20. Juli 2021).
Bundesvereinigung der Deutschen Ernährungsindustrie e.V. (BVE) (2020): *Jahresbericht 2019/20*. Berlin: BVE. Online unter: https://www.bve-online.de/presse/infothek/publikationen-jahresbericht/bve-jahresbericht-ernaehrungsindustrie-2020 (zuletzt aufgerufen: 29. Juni 2021).
Busch, Gesa/Bayer, Elisa/Gunarathne, Anoma/Hölker, Sarah/Iweala, Sarah/Jürkenbeck, Kristin/Lemken, Dominic/Mehlhose, Clara/Ohlau, Marlene/Risius, Antje/Rubach, Constanze/Schütz, Aurelia/Ullmann, Konstanze/Spiller, Achim (2020): *Einkaufs- und Ernährungsverhalten sowie Resilienz des Ernährungssystems aus Sicht der Bevölkerung: Ergebnisse einer Studie während der Corona-Pandemie im April 2020*. Diskussionsbeitrag Nr. 2003. Georg-August-Universität Göttingen, Department für Agrarökonomie und Rurale Entwicklung (DARE). Online unter: https://www.econstor.eu/bitstream/10419/218818/1/1698739109.pdf (zuletzt aufgerufen: 08. April 2021).
Busch, Gesa/Bayer, Elisa/Iweala, Sarah/Mehlhose, Clara/Rubach, Constanze/Schütz, Aurelia/Ullmann, Konstanze/Spiller, Achim (2020): *Einkaufs- und Ernährungsverhalten sowie Resilienz des Enährungssystems aus Sicht der Bevölkerung: Eine Studie während der Corona-Pandemie im Juni 2020. Ergebnisse der zweiten Befragungswelle*. Diskussionsbeitrag Nr. 2004. Georg-August-Universität Göttingen, Department für Agrarökonomie und Rurale Entwicklung (DARE). Online unter: https://www.uni-goettingen.de/de/document/download/3e2d411fca642431051d12a61196d980.pdf/Diskussionsbeitrag_Corona%20II_FINAL.pdf (zuletzt aufgerufen: 08. April 2021).
Buss, Klaus-Peter (2020): Zur Komplementarität von Warenkette und Lieferkette oder: wie die Banane in den Container kommt. In: Baur, Nina/Fülling, Julia/Hering, Linda/Kulke, Elmar (Hg.): *Waren – Wissen – Raum. Interdependenz von Produktion, Markt und Konsum in Lebensmittelwarenketten*. Wiesbaden: Springer VS, S. 259-287.
Camilleri, Adrian R./Larrick, Richard P./Hossain, Shajuti/Patino-Echeverri, Dalia (2019): Consumers underestimate the emissions associated with food but are aided by labels. In: *Nature Climate Change,* Jg. 9, Nr. 1, S. 53-58. doi: 10.1038/s41558-018-0354-z
Campbell, Hugh (2009): Breaking new ground in food regime theory: Corporate environmentalism, ecological feedbacks and the 'food from somewhere' regime? In: *Agriculture and Human Values,* Jg. 26, Nr. 4, S. 309-319. doi: 10.1007/s10460-009-9215-8
Carolan, Michael S. (2011): *Embodied Food Politics*. Farnham: Ashgate Publishing Ltd.

Cetina Knorr, Karin (1999): *Epistemic Cultures: How the Sciences Make Knowledge.* Cambridge: Harvard University Press.
Chattalas, Michael/Kramer, Thomas/Takada, Hirokazu (2008): The impact of national stereotypes on the country of origin effect. In: *International Marketing Review,* Jg. 25, Nr. 1, S. 54-74. doi: 10.1108/02651330810851881
Chemisches und Veterinäruntersuchungsamt Stuttgart (CVUAS) (2016): *Pestizideinsatz bei der Produktion von Bio-Lebensmitteln?* Online unter: https://www.ua-bw.de/pub/beitrag.asp?subid=1&Thema_ID=5&ID=2202&Pdf=No&lang =DE (zuletzt aufgerufen: 05. Februar 2021).
Chen, Wei-Ting (2016): From "Junk Food" to "Treats": How Poverty Shapes Family Food Practices. In: *Food, Culture & Society,* Jg. 19, Nr. 1, S. 151-170. doi: 10.1080/15528014.2016.1145008
Clapp, Jennifer (2016): *Food* (2. Aufl.). Cambridge: Polity Press.
Cook, Ian (2004): Follow the Thing: Papaya. In: *Antipode,* Jg. 36, Nr. 4, S. 642-664. doi: 10.1111/j.1467-8330.2004.00441.x
Cook, Ian/Crang, Philip (1996): The World On a Plate: Culinary Culture, Displacement and Geographical Knowledges. In: *Journal of Material Culture,* Jg. 1, Nr. 2, S. 131-153. doi: 10.1177/135918359600100201
Cook, Ian/Crang, Philip/Thorpe, Mark (1998): Biographies and geographies: consumer understandings of the origins of foods. In: *British Food Journal,* Jg. 100, Nr. 3, S. 162-167. doi: 10.1108/00070709810207522
Corrado, Alessandra/de Castro, Carlos/Perrotta, Domenico (2017): Cheap food, cheap labour, high profits: agriculture and mobility in the Mediterranean: introduction. In: Corrado, Alessandra/de Castro, Carlos/Perrotta, Domenico (Hg.): *Migration and Agriculture. Mobility and change in the Mediterranean area.* Oxon/New York: Routledge, S. 1-24.
Crewe, Louise (2003): Geographies of retailing and consumption: markets in motion. In: *Progress in Human Geography,* Jg. 27, Nr. 3, S. 352-362. doi: 10.1191/0309132503ph431pr
Daniel, Caitlin (2016): Economic constraints on taste formation and the true cost of healthy eating. In: *Social Science & Medicine,* Jg. 148, S. 34-41. doi: 10.1016/j.socscimed.2015.11.025
Dannenberg, Peter/Franz, Martin (2014): Essen aus dem Internet. Online-Supermärkte auf dem Weg aus der Experimentierphase. In: *Standort,* Jg. 38, Nr. 4, S. 237-243.
Dannenberg, Peter/Fuchs, Martina/Riedler, Tim/Wiedemann, Cathrin (2020): Digital Transition by COVID-19 Pandemic? The German Food Online Retail. In: *Tijdschrift voor economische en sociale geografie,* Jg. 111, Nr. 3, S. 543-560. doi: 10.1111/tesg.12453
Dannenberg, Peter/Nduru, Gilbert M. (2013): Practices in International Value Chains: The Case of the Kenyan Fruit and Vegetable Chain Beyond the Exclusion Debate. In: *Tijdschrift voor economische en sociale geografie,* Jg. 104, Nr. 1, S. 41-56. doi: 10.1111/j.1467-9663.2012.00719.x

Dannenberg, Peter/Willkomm, Max/Zehner, Klaus (Hg.) (2017): Einzelhandel in Deutschland – Aktuelle Dynamiken im Kontext neuer Rahmenbedingungen. In: *Geographische Handelsforschung,* Nr. 25. Mannheim: MetaGIS Fachbuch.

Davenport, S./Daellenbach, U./Leitch, S./Elmes, M. (2014): *Processing Food Claims: The Stabilising Roles of Measurement and Strategic Ambiguity.* Sixth International Symposium on Process Organization Studies (2013), Rhodos, Griechenland.

DeSoucey, Michaela (2010): Gastronationalism: Food Traditions and Authenticity Politics in the European Union. In: *American Sociological Review,* Jg. 75, Nr. 3, S. 432-455. doi: 10.1177/0003122410372226

Deutscher Bauernverband (DBV) (2018): *Landwirtschaft und Gesamtwirtschaft: Jahrhundertvergleich.* Online unter: https://www.bauernverband.de/situationsbericht/1-landwirtschaft-und-gesamtwirtschaft/12-jahrhundertvergleich (zuletzt aufgerufen: 31. August 2020).

Deutscher Naturschutz Ring (DNR) (o.J.): *Handreichung: Rechtspopulismus/Rechtsextremismus und Ökologie. Zum Hintergrund: Weltweite Umweltproteste und antidemokratische Positionen.* Berlin: DNR. Online unter: https://www.dnr.de/fileadmin/Positionen/2020-06_Rechtspopulismus_Rechtsextremismus_und_Oekologie.pdf (zuletzt aufgerufen: 27. März 2021).

Dulsrud, Arne (2017): Citizen-consumers: Consumer protection and empowerment. In: Keller, Margit/Halkier, Bente/Wilska, Terhi-Anna/Truninger, Monica (Hg.): *Routledge Handbook on Consumption.* New York: Routledge, S. 215-225.

Eberle, Ulrike/Spiller, Achim/Becker, Tilman/Heißenhuber, Alois/Leonhäuser, Ingrid/Sundrum, Albert (2011): *Politikstrategie Food Labelling. Gemeinsame Stellungnahme der wissenschaftlichen Beiräte für Verbraucher- und Ernährungspolitik sowie Agrarpolitik des Bundesministeriums für Ernährung, Landwirtschaft und Verbraucherschutz.* Online unter: https://www.bmel.de/SharedDocs/Downloads/DE/_Ministerium/Beiraete/agrarpolitik/2011_10_PolitikstrategieFoodLabelling.pdf?__blob=publicationFile&v=2 (zuletzt aufgerufen: 27. März 2021).

Eckert, Manfred (2013): *Über den Zusammenhang von Wissen, Handeln und Kompetenz – theoretische Reflexionen in kritischer und konstruktiver Absicht.* Universität Erfurt, Fachgebiet Berufspädagogik und berufliche Weiterbildung. Online unter: https://www.bibb.de/dokumente/pdf/stabpr_veranstaltung_2013_10_17_welches_wissen_ist_was_wert_eckert.pdf (zuletzt aufgerufen: 29. August 2021).

Eden, Sally/Bear, Chrisopher/Walker, Gordon (2008): Mucky carrots and other proxies: Problematising the knowledge-fix for sustainable and ethical consumption. In: *Geoforum,* Jg. 39, Nr. 2, S. 1044-1057.

Ermann, Ulrich (2004): Regionalprodukte und Produktregionen: Kommodifizierung und Authentifizierung der Herkunft von Nahrungsmitteln. In: Serbser, Wolfgang/Inhetveen, Heide/Reusswig, Fritz (Hg.): *Land – Natur – Konsum. Bilder und Konzeptionen im humanökologischen Diskurs.* Edition Humanökologie: Band 3. München: oekom, S. 330-359.

Ermann, Ulrich (2005): *Regionalprodukte. Vernetzungen und Grenzziehungen bei der Regionalisierung von Nahrungsmitteln.* Stuttgart: Franz Steiner Verlag.

Ermann, Ulrich (2007): Magische Marken – Eine Fusion von Ökonomie und Kultur im globalen Kon-sumkapitalismus? In: Berndt, Christian/Pütz, Robert (Hg.): *Kulturelle Geographien. Zur Beschäftigung mit Raum und Ort nach dem Cultural Turn*. Bielefeld: transcript, S. 317–347.

Ermann, Ulrich (2015): Wissen, wo's herkommt – Geographien des guten Essens, der Transparenz und der Moral der Herkunft von Lebensmitteln. In: Strüver, Anke (Hg.): *Geographien der Ernährung: Zwischen Nachhaltigkeit, Unsicherheit und Verantwortung.* Hamburger Symposium Geographie: Band 7. Hamburg: Institut für Geographie der Universität Hamburg, S. 77-94.

Ermann, Ulrich/Langthaler, Ernst/Penker, Marianne/Schermer, Markus (2017): *Agro-Food Studies: Eine Einführung.* Wien: UTB.

Ermann, Ulrich/Pütz, Robert (2020): Geographien des Konsums: ein Überblick. In: Neiberger, Cordula/Hahn, Barbara (Hg.): *Geographische Handelsforschung*. Berlin: Springer Spektrum, S. 63-74.

Ermann, Ulrich/Strüver, Anke (2020): How to Do Good Food? Nachhaltige Ernährung zwischen Kommunikation und Konsum aus Perspektive der geographischen Ernährungsforschung. In: Godemann, Jasmin/Bartelmeß, Tina (Hg.): *Ernährungskommunikation: Interdisziplinäre Perspektiven – Kontexte – Methodische Ansätze.* Wiesbaden: Springer Fachmedien Wiesbaden, S. 1-18.

Europäischer Wirtschaftsdienst GmbH (EUWID) (2021): *Dossier: Umsetzung der Nitratrichtlinie – bekommt Deutschland die Nitratbelastung des Grundwassers mit der Düngeverordnung in den Griff?* Online unter: https://www.euwid-wasser.de/news/politik/einzelansicht/Artikel/dossier-umsetzung-der-nitratrichtlinie-bekommt-deutschland-die-nitratbelastung-des-grundwassers.html (zuletzt aufgerufen: 25. März 2021).

Europäisches Parlament (2020): *WTO-Übereinkommen über die Landwirtschaft.* Online unter: https://www.europarl.europa.eu/factsheets/de/sheet/111/wto-ubereinkommen-uber-die-landwirtschaft (zuletzt aufgerufen: 13. März 2020).

Everts, Jonathan/Jackson, Peter (2009): Modernisation and the Practices of Contemporary Food Shopping. In: *Environment and Planning D: Society and Space,* Jg. 27, Nr. 5, S. 917-935. doi: 10.1068/d11908

Festinger, Leon (1957): *A Theory of Cognitive Dissonance*. Stanford: Stanford University Press.

Fiedler, Horst (2018): *Strukturen im Naturkost-Einzelhandel: Was sich seit 2010 verändert hat.* Online unter: https://bio-markt.info/berichte/strukturen-im-naturkosteinzelhandel-was-sich-seit-2010-veraendert-hat.html (zuletzt aufgerufen: 16. April 2020).

Förtner, Maximilian/Belina, Bernd/Naumann, Matthias (2019): Stadt, Land, AfD: Zur Produktion des Urbanen und des Ruralen im Prozess der Urbanisierung. In: *sub\urban,* Jg. 7, Nr. (1/2), S. 23-44.

Food and Agriculture Organization of the United Nations (FAO) (2021): *FAOSTAT. Compare Data.* Online unter: http://www.fao.org/faostat/en/#compare (zuletzt aufgerufen: 26. Juli 2021).

Foster, Robert J. (2008): Commodities, brands, love and kula: Comparative notes on value creation In honor of Nancy Munn. In: *Anthropological Theory,* Jg. 8, Nr. 1, S. 9-25. doi: 10.1177/1463499607087492

Franz, Martin/Schumacher, Kim Philip (2020): Risiko Gülle – ein Abfallprodukt gefährdet das Globale Produktionsnetzwerk der intensiven Landwirtschaft. In: Baur, Nina/Fülling, Julia/Hering, Linda/Kulke, Elmar (Hg.): *Waren – Wissen – Raum. Interdependenz von Produktion, Markt und Konsum in Lebensmittelwarenketten.* Wiesbaden: Springer VS, S. 187-217.

Fülling, Julia (2017): *Geographien der ökologisch-fairen Mode – Räumliche Perspektiven auf die soziale Konstruktion symbolischer Werte.* Master of Science. Berlin: Freie Universität Berlin. Online unter: https://refubium.fu-berlin.de/handle/fub188/26655 (zuletzt aufgerufen: 30. August 2021).

Fülling, Julia (2020): Lebensmittelkonsum im Spannungsfeld von Nichtwissen und Verantwortung. In: *Berichte. Geographie und Landeskunde*, Jg. 93, Nr. 1-2, S. 79-95.

Fülling, Julia/Hering, Linda (2020): *Markt – Quartier – Milieu. Der Berliner Lebensmitteleinzelhandel aus interdisziplinärer Perspektive.* Arbeitsbericht zum interdisziplinären Lehrforschungsprojekt SoSe 2018, Nr. 197. Berlin: Geographisches Institut der Humboldt-Universität zu Berlin. Online unter: https://www.geographie.hu-berlin.de/de/institut/publikationsreihen/arbeitsberichte/download/Arbeitsbericht_197 (zuletzt aufgerufen: 05. August 2021).

Fülling, Julia/Hering, Linda/Kulke, Elmar (2021): Kartierung und Foto-Dokumentation. Vorschlag für ein raumsensibles Mixed-Methods-Design am Beispiel einer Einzelhandelskartierung. In: Heinrich, Anna Juliane/Marguin, Séverine/Million, Angela/Stollmann, Jörg (Hg.): *Handbuch qualitative und visuelle Methoden der Raumforschung.* Bielefeld: transcript, S. 345-364.

Geden, Oliver (2009): Strategischer Konsum statt nachhaltiger Politik? Ohnmacht und Selbstüberschätzung des „klimabewussten" Verbrauchers. In: *Transit. Europäische Revue,* Jg. 36, S. 132-141.

Giddens, Anthony (1996): Leben in einer posttraditionalen Gesellschaft. In: Beck, Ulrich/Giddens, Anthony/Lash, Scott (Hg.): *Reflexive Modernisierung: Eine Kontroverse.* Frankfurt am Main: Suhrkamp, S. 113-194.

Gill, Bernhard/Torma, Franziska/Zachmann, Karin (2018): Sprache und Materialität von Biofakten. Eine Einleitung. In: Gill, Bernhard/Torma, Franziska/Zachmann, Karin (Hg.): *Mit Biofakten leben. Sprache und Materialität von Pflanzen und Lebensmitteln.* Baden-Baden: Nomos, S. 11-26.

Goodman, Michael K. (2011): Towards Visceral Entanglements: Knowing and Growing the Economic Geographies of Food. In: Leyshon, Andrew/Lee, Roger/McDowell, Linda/Sunley, Peter (Hg.): *The SAGE Handbook of Economic Geography.* London: SAGE Publications, S. 242-258.

Goss, Jon (2004): Geography of consumption I. In: *Progress in Human Geography,* Jg. 28, Nr. 3, S. 369-380. doi: 10.1191/0309132504ph486pr

Goss, Jon (2006): Geographies of comsumption: the work of consumption. In: *Progress in Human Geography,* Jg. 30, Nr. 2, S. 237-249. doi: 10.1191/0309132506ph604pr

Grauel, Jonas (2013): *Gesundheit, Genuss und gutes Gewissen: Über Lebensmittelkonsum und Alltagsmoral.* Bielefeld: transcript.

Groß, Matthias (2007): The Unknown in Process: Dynamic Connections of Ignorance, Non-Knowledge and Related Concepts. In: *Current Sociology,* Jg. 55, Nr. 5, S. 742-759. doi: 10.1177/0011392107079928

Hacker, Kathi/Wieland, Marc/Scherbaum, Ellen (2019): Rückstände und Kontaminanten in Frischgemüse aus konventionellem Anbau 2019. Online unter: https://www.ua-bw.de/pub/beitrag.asp?subid=1&Thema_ID=5&ID=3149&Pdf=No&lang=DE (zuletzt aufgerufen: 05. Februar 2021).

Halkier, Bente (2010): *Consumption Challenged. Food in Medialised Everyday Lives.* Oxon/New York: Routledge.

Handelsverband Deutschland (HDE) (2018): *Handelsreport Lebensmittel. Fakten zum Lebensmitteleinzelhandel.* Online unter: https://einzelhandel.de/images/HDE-Publikationen/HDE_IFH_Handelsreport_Lebensmittel_2018.pdf (zuletzt aufgerufen: 24. August 2020).

Harvey, David (1990): Between Space and Time: Reflections on the Geographical Imagination. In: *Annals of the Association of American Geographers,* Jg. 80, Nr. 3, S. 418-434. Online unter: http://www.jstor.org/stable/2563621 (zuletzt aufgerufen: 11. August 2021).

Hayes-Conroy, Allison/Hayes-Conroy, Jessica (2013): Veggies and visceralities: A political ecology of food and feeling. In: *Emotion, Space and Society,* Jg. 6, S. 81-90. doi: 10.1016/j.emospa.2011.11.003

Hayn, Doris (2005): Ernährungsstile. Über die Vielfalt des Ernährungshandelns im Alltag. In: AgrarBündnis (Hg.): *Landwirtschaft 2005. Der kritische Agrarbericht 2005.* Hamm: ABL-Verlag., S. 284-288.

Heinrich-Böll-Stiftung (2012): *Braune Ökologen. Hintergründe und Strukturen am Beispiel Mecklenburg-Vorpommerns.* Online unter: https://www.boell.de/sites/default/files/Braune-Oekologen.pdf (zuletzt aufgerufen: 09. März 2020).

Heinrich-Böll-Stiftung (2020): *Agrar-Atlas. Daten und Fakten zur EU-Landwirtschaft.* Online unter: https://www.boell.de/de/2018/12/20/agrar-atlas-daten-und-fakten-zur-eu-landwirtschaft?dimension1=ds_agraratlas (zuletzt aufgerufen: 17. März 2021).

Hellmann, Kai-Uwe (2008): Das konsumistische Syndrom. In: Hellmann, Kai-Uwe/Zurstiege, Guido (Hg.): *Räume des Konsums: Über den Funktionswandel von Räumlichkeit im Zeitalter des Konsumismus.* Wiesbaden: VS Verlag für Sozialwissenschaften, S. 19-50.

Hellmann, Kai-Uwe (2013): *Der Konsum der Gesellschaft: Studien zur Soziologie des Konsums.* Wiesbaden: Springer Fachmedien.

Hendriks, Annemieke (2018): *Tomaten. Recherchen auf dem globalisierten Nahrungsmittelmarkt.* Bonn: be.bra Verlag.

Hering, Linda (2020): Notstand im Schlaraffenland – Lebensmitteleinzelhandel in Zeiten von Corona. In: *Berichte des Arbeiskreis Geographische Handelsforschung,* Jg. 47, Nr. (7/2020), S. 4-7.

Hering, Linda (2022): *Die Materialität der Märkte. Qualität, Bewertung und Organisation im deutschen Obst- und Gemüsehandel.* Bielefeld: transcript.

Hering, Linda/Fülling, Julia (2021): Die karibische Banane im deutschen Supermarkt: Über die (Un)Sichtbarkeit des Produktionsnetzwerks und die Materialität der Ware. In: Löw, Martina/Sayman, Volkan/Schwerer, Jona/Wolf, Hannah (Hg.): *Am Ende der Globalisierung. Über die Refiguration von Räumen.* Bielefeld: transcript, S. 337-362.

Hirschfelder, Gunther (2018): Facetten einer Ernährungs-Globalgeschichte. In: *APuZ,* Jg. 68, Nr. 1-3, S. 4-11.

Hobelsberger, Christine (2012): Verhaltenskodizes als Instrumente nachhaltigkeitsintendierender Governance. In: Zink, Klaus J./Fischer, Klaus/Hobelsberger, Christine (Hg.): *Nachhaltige Gestaltung internationaler Wertschöpfungsketten.* Baden-Baden: Nomos, S. 61-86.

Holloway, Lewis/Kneafsey, Moya (2000): Reading the Space of the Framers 'Market:A Case Study from the United Kingdom. In: *Sociologia Ruralis,* Jg. 40, Nr. 3, S. 285-299. doi: 10.1111/1467-9523.00149

Hudson, Ian/Hudson, Mark (2003): Removing the Veil? Commodity Fetishism, Fair Trade, and the Environment. In: *Organization & Environment,* Nr. 16, Jg. 4, S. 413-430. doi: 10.1177/1086026603258926

Ibert, Oliver (2007): Towards a Geography of Knowledge Creation. The Ambivalences between Knowledge as an Object and Knowing in Practice. In: *Regional Studies,* Jg. 41, Nr. 1, S. 103-114. doi: 10.1080/00343400601120346

Ibert, Oliver/Hess, Martin/Kleibert, Jana/Müller, Felix/Power, Dominic (2019): Geographies of dissociation: Value creation, 'dark' places, and 'missing' links. In: *Dialogues in Human Geography,* Jg. 9, 1, S. 43-63. doi: 10.1177/2043820619831114

Inglehart, Ronald (1995): *Kultureller Umbruch. Wertewandel in der westlichen Welt.* Frankfurt a.M./New York: Campus.

Inglis, David/Gimlin, Debra (2009): Food Globalizations: Ironies and Ambivalences of Food, Cuisine and Globality. In: Inglis, David/Gimlin, Debra (Hg.): *The Globalization of Food.* Oxford/New York: Berg, S. 3-44.

Institut für Energie- und Umweltforschung Heidelberg gGmbH (IFEU) (2021): Lebensmittel-CO2-Rechner. Online unter: https://www.ifeu.de/projekt/lebensmittel-co2-rechner/ (zuletzt aufgerufen: 02. September 2021).

Jacobs, Luisa (2020): Das ist der Spargel nicht wert. In: *Zeit Online*, 16. April. Online unter: https://www.zeit.de/arbeit/2020-04/erntehelfer-coronavirus-infektion-rumaenien-deutschland (zuletzt aufgerufen: 22. April 2021).

Jaffe, Eugene D./Lampert, Shlomo I. (1998): A dynamic approach to country-of-origin effect. In: *European Journal of Marketing,* Jg. 32, Nr. (1/2), S. 61-78. doi: 10.1108/03090569810197471

Johansson, Barbro/Ossiansson, Eva/Dreas, Jessica A./Mårild, Staffan (2013): Proper Food and a Tight Budget. In: *Food, Culture & Society,* Jg. 16, Nr. 3, S. 457-477. doi: 10.2752/175174413X13673466711921

Johnston, Josée/Baumann, Shyon (2007): Democracy versus Distinction: A Study of Omnivorousness in Gourmet Food Writing. In: *American Journal of Sociology,* Jg. 113, Nr. 1, S. 165-204.

Joosse, Sofie/Marshall, Matilda (2020): Fridge stories and other tales from the kitchen: a methodological toolbox for getting closer to everyday food practices. In: *Food, Culture & Society,* Jg. 23, Nr. 5, S. 608-626. doi: 10.1080/15528014.2020.1778921

Jürgens, Ulrich (2014): Forschungsfragen zur Nahversorgung. In: *Kieler Arbeitspapiere zur Landeskunde und Raumordnung,* Nr. 54, S. 1-6. Online unter: https://www.stadtgeo.uni-kiel.de/de/team/apl.-prof.-dr.-rer.-nat.-ulrich-juergens/artikel-material/forschungsfragen-juergens (zuletzt aufgerufen: 12. Oktober 2020).

Jürgens, Ulrich (2020): Versorgung mit frischen Lebensmitteln in ländlich geprägten Food Deserts am Beispiel von Schleswig-Holstein. In: Baur, Nina/Fülling, Julia/Hering, Linda/Kulke, Elmar (Hg.): *Waren – Wissen – Raum. Interdependenz von Produktion, Markt und Konsum in Lebensmittelwarenketten.* Wiesbaden: Springer VS, 365-398.

Kallerna (2021): *Greenhouses near El Ejido.* Online unter: https://commons.wikimedia.org/wiki/File:Greenhouses_near_El_Ejido.jpg (zuletzt abgerufen: 18.04.2022)

Keller, Markus (2010): *Flugimporte von Lebensmitteln und Blumen nach Deutschland. Eine Untersuchung im Auftrag der Verbraucherzentralen.* Online unter: https://www.ichbindannmalimgarten.de/wp-content/uploads/2017/02/Flugimporte-von-Lebensmitteln-und-Blumen-nach-Deutschland_2010.pdf (zuletzt aufgerufen: 17. November 2020).

Kleinert, Johanna (2020): *Lebendige Produkte. Obst und Gemüse als gestaltete Dinge.* Bielefeld: transcript.

Kleinert, Johanna/Braun, Veit (2018): Die „andere" Tomate, oder: Wie werden Tomaten kommodifiziert? In: Gill, Bernhard/Torma, Franziska/Zachmann, Karin (Hg.): *Mit Biofakten leben. Sprache und Materialität von Pflanzen und Lebensmitteln.* Baden-Baden: Nomos, S. 155-176.

Kneip, Veronika (2010): *Consumer-Citizenship and Corporate-Citizenship.* Baden-Baden: Nomos.

Knoblauch, Hubert (2014): *Wissenssoziologie.* Stuttgart: UTB.

Knoblauch, Hubert (2017): *Die kommunikative Konstruktion der Wirklichkeit.* Wiesbaden: Springer Fachmedien.

Knoblauch, Hubert/Tuma, René (2018): Wissen. In: Kopp, Johannes/Steinbach, Anja (Hg.): *Grundbegriffe der Soziologie.* Wiesbaden: Springer, S. 517-520.

Kofahl, Daniel/Jahnke, Benedikt (2020): „(No) One-fits-all" – Eine ernährungssoziologische Analyse zur Beeinflussung des Lebensmittelmarkts durch Millennials. In: Baur, Nina/Fülling, Julia/Hering, Linda/Kulke, Elmar (Hg.): *Waren – Wissen – Raum. Interdependenz von Produktion, Markt und Konsum in Lebensmittelwarenketten.* Wiesbaden: Springer VS, S. 421-450.

Koos, Sebastian/Kattermann, Leonie (2020): Wie übernehmen Unternehmen Verantwortung in globalen Zulieferketten? Eine explorative Analyse der „Supply Chain Responsibility" des schweizerischen Lebensmitteleinzelhandels. In: Baur, Nina/Fülling, Julia/Hering, Linda/Kulke, Elmar (Hg.): *Waren – Wissen – Raum. Interdependenz von Produktion, Markt und Konsum in Lebensmittelwarenketten.* Wiesbaden: Springer VS, S. 561-588.

Krüger, Timmo/Strüver, Anke (2017): Narrative der ‚guten Ernährung': Ernährungsidentitäten und die Aneignung öffentlicher Nachhaltigkeitsdiskurse durch Konsument*innen. In: *Zeitschrift für Wirtschaftsgeographie,* Jg. 62, Nr. 3-4, S. 217-232. doi: 10.1515/zfw-2017-0006

Kuckartz, Udo (2010): *Einführung in die computergestützte Analyse qualitativer Daten.* Wiesbaden: VS Verlag für Sozialwissenschaften.

Kühl, Jana (2016): Walking Interviews als Methode zur Erhebung alltäglicher Raumproduktionen. In: *Europa Regional*, Jg. 23.2015, Nr. 2, S. 35-48.

Kulke, Elmar (2005): Räumliche Konsumentenverhaltensweisen. In: Kulke, Elmar (Hg.): *Dem Konsumenten auf der Spur. Neue Angebotsstrategien und Nachfragemuster.* Passau: L.I.S.-Verlag, S. 9-26.

Kulke, Elmar (2007): The Commodity Chain Approach in Economic Geography. In: *Die Erde,* Jg. 138, Nr. 2, S. 117-126.

Kulke, Elmar (2010): *Wirtschaftsgeographie Deutschlands* (2. Aufl.). Heidelberg: Springer Spektrum.

Kulke, Elmar (2011): Wandel der Einzelhandelslandschaften in Europa. In: Matznetter, Walter/Musil, Robert (Hg.): *Europa: Metropolen im Wandel.* Wien: Mandelbaum, S. 121-138.

Kulke, Elmar (2017): *Wirtschaftsgeographie* (6. Aufl.). Paderborn: UTB.

Kulke, Elmar (2020): Dynamik von Zentrensystemen. In: Neiberger, Cordula/Hahn, Barbara (Hg.): *Geographische Handelsforschung.* Berlin: Springer Spektrum, S. 183-192.

Kulke, Elmar/Baur, Nina, im Erscheinen: Spatial Transformations and Spatio-Temporal Coupling: Links Between Everyday Shopping Behaviour and Changes in the Retail Landscape. In: Million, Angela/Haid, Christian/Castillo Ulloa, Ignacio/Baur, Nina (Hg.): *Spatial Transformations: Kaleidoscopic Perspectives on the Refiguration of Space.* London: Routledge.

Kulke, Elmar/Hering, Linda/Fülling, Julia/Baur, Nina (2020): Interdependenz von Produktion, Markt und Konsum und Lebensmittelwarenketten. In: Baur, Nina/Fülling, Julia/Hering, Linda/Kulke, Elmar (Hg.): *Waren – Wissen – Raum. Interdependenz von Produktion, Markt und Konsum in Lebensmittelwarenketten.* Wiesbaden: Springer VS, S. 1-27.

Kusenbach, Margarethe (2003): Street phenomenology: The go-along as ethnographic research tool. In: *Ethnography,* Jg. 4, Nr. 3, S. 455-485. Online unter: http://www.jstor.org/stable/24047846 (zuletzt aufgerufen: 30. August 2021).
Lamnek, Siegfried (2010): *Qualitative Sozialforschung* (5. Aufl.). Weinheim/Basel: Beltz Verlag.
Lee, Jin Kyun/Lee, Wei-Na (2009): Country-of-Origin Effects on Consumer Product Evaluation and Purchase Intention: The Role of Objective Versus Subjective Knowledge. In: *Journal of International Consumer Marketing,* Jg. 21, Nt. 2, S. 137-151. doi: 10.1080/08961530802153722
Legun, Katharine A. (2015): Club apples: a biology of markets built on the social life of variety. In: *Economy and Society*, Jg. 44, Nr. 2, S. 293-315. doi: 10.1080/03085147.2015.1013743
Legun, Katharine A. (2016): Ever-redder apples: How aesthetics shape the biology of markets. In: Le Heron, Richard/Campbell, Hugh/Lewis, Nick/Carolan, Michael (Hg.): *Biological Economies: Experimentation and the Politics of Agrifood Frontiers*. New York: Routledge, S. 127-140.
Liefeld, John P. (2004): Consumer knowledge and use of country-of-origin information at the point of purchase. In: *Journal of Consumer Behaviour*, Jg. 4, Nr. 2, S. 85-87. doi: 10.1002/cb.161
Martin, Niklas (2005): Stadt der kurzen Wege? Zu Nearest-Center-Bindungen der alltäglichen räumlichen Einkaufsmobilität in Berlin. In: Kulke, Elmar (Hg.). *Dem Konsumenten auf der Spur. Neue Angebotsstrategien und Nachfragemuster*. Passau: L.I.S. Verlag, S. 27-62.
Max Rubner-Institut (2008): *Nationale Verzehrstudie. Ergebnisbericht Teil 1.* Online unter: https://www.bmel.de/SharedDocs/Downloads/Ernaehrung/NVS_Ergebnisbericht.pdf?__blob=publicationFile (zuletzt aufgerufen: 11. Oktober 2019).
McGoey, Linsey (2012a): The logic of strategic ignorance. *The British Journal of Sociology,* Jg. 63, Nr. 3, S. 533-576. doi: 10.1111/j.1468-4446.2012.01424.x
McGoey, Linsey (2012b): Strategic unknowns: towards a sociology of ignorance. In: *Economy and Society,* Jg. 41, Nr. 1, S. 1-16. doi: 10.1080/03085147.2011.637330
Meah, Angela/Jackson, Peter (2017): Convenience as care: Culinary antinomies in practice. In: *Environment and Planning A: Economy and Space,* Jg. 49, Nr. 9, S. 2065-2081. doi: 10.1177/0308518X17717725
Meyer-Rebentisch, Karen (2012): *Möhre in der Geschichte.* Online unter: https://www.gemuese-info.de/moehre/geschichte.html (zuletzt aufgerufen: 18. März 2021).
Michel, Johanna (2021): Flora-Fauna-Habitat-Richtlinie. Naturschutz mangelhaft: EU-Kommission verklagt Deutschland. In: agrarheute, 18. Februar. Online unter: https://www.agrarheute.com/politik/naturschutz-mangelhaft-eu-kommission-verklagt-deutschland-578404 (zuletzt aufgerufen: 25. März 2021).
Müller-Lindenlauf, Maria/Zipfel, Gunnar/Rettenmaier, Nils/Gärtner, Sven/Münch, Julia/Paulsch, Deftlef/Reinhardt, Guido (2013): *CO2-Fußabdruck und weitere*

Umweltwirkungen von Gemüse aus Baden-Württemberg. Endbericht. Online unter: https://www.ifeu.de/wp-content/uploads/IFEU-MBW_Gemuese_Bericht_2013-final.pdf (zuletzt aufgerufen: 14. Juli 2020).

Nestlé Ernährungsstudio (o.J.): *Nutri-Score: Bewusst ernähren leicht(er) gemacht.* Online unter: https://ernaehrungsstudio.nestle.de/ernaehrungwissen/nutri-score (zuletzt aufgerufen: 25. Juni 2021).

Nobis, Claudia/Kuhnimhof, Tobias (2018): *Mobilität in Deutschland – MiD Ergebnisbericht.* Online unter: http://www.mobilitaet-in-deutschland.de/pdf/MiD2017_Ergebnisbericht.pdf (zuletzt aufgerufen: 05. Juli 2021).

Norddeutscher Rundfunk (2019): *Gesunde alte Apfelsorten – auch für Allergiker.* Online unter: https://www.ndr.de/ratgeber/gesundheit/Alte-Apfelsorten-Welche-sind-vertraeglich-fuer-Allergiker,apfel344.html (zuletzt aufgerufen: 28. Juni 2021).

Oatly Germany GmbH (o.J.): *Hey, Bundestag!* Online unter: https://www.oatly.com/de/hey-bundestag (zuletzt aufgerufen: 17. Februar 2021).

Otte, Gunnar (2004): *Sozialstrukturanalysen mit Lebensstilen: Eine Studie zur theoretischen und methodischen Neuorientierung der Lebensstilforschung.* Wiesbaden: VS Verlag für Sozialwissenschaften.

Otte, Gunnar (2019): *Weiterentwicklung der Lebensführungstypologie, Version 2019.* Mainz: Johannes Gutenberg Universität. Online unter: https://sozialstruktur.soziologie.uni-mainz.de/files/2019/12/Otte2019-Weiterentwicklung-der-Lebensf%C3%BChrungstypologie-Version-2019.pdf (zuletzt aufgerufen: 16. März 2020).

Pfeiffer, Sabine (2014): *Die verdrängte Realität: Ernährungsarmut in Deutschland. Hunger in der Überflussgesellschaft.* Wiesbaden: Springer VS.

Pfeiffer, Sabine/Ritter, Tobias/Oestreicher, Elke (2015): Food Insecurity in German households: Qualitative and Quantitative Data on Coping, Poverty Consumerism and Alimentary Participation. In: *Social Policy & Society,* Jg. 14, Nr. 3, S. 483-495.

Phau, Ian/Prendergast, Gerard (2000): Conceptualizing the country of origin of brand. In: *Journal of Marketing Communications*, Jg. 6, Nr. 3, S. 159-170. doi: 10.1080/135272600501 18658

Pike, Andy (2009): Geographies of brands and branding. In: *Progress in Human Geography,* Jg. 33, Nr. 5, S. 619-645. doi: 10.1177/0309132508101601

Polanyi, Michael (1985): *Implizites Wissen.* Frankfurt am Main: Suhrkamp.

Pollan, Michael (2002): *Botany of Desire. A Plant's Eye View of the World.* New York: Random House.

Poore, Joseph/Nemecek, Thomas (2018): Reducing food's environmental impacts through producers and consumers. In: *Science,* Jg. 360, Nr. 6392, S. 987-992. doi: 10.1126/science.aaq0216

Popke, Jeff (2006): Geography and Ethics: Everyday Mediations Through Care and Consumption. In: *Progress in Human Geography,* Jg. 30, Nr. 4, S. 504-512. doi: 10.1191/0309132506ph622pr pro agro e.V. (o.J.): *Geographische Herkunftsangaben.* Online unter: https://www.pro-agro.de/agrar-und-ernaehrungswirtschaft/qualitaet-und-marken/geographische-herkunftsangaben/ (zuletzt aufgerufen: 18. März 2021).

Probst, Gilbert/Raub, Steffen/Romhardt, Kai (2012): *Wissen managen. Wie Unternehmen ihre wertvollste Ressource optimal nutzen.* Wiesbaden: Gabler Verlag.

Psaraftis, Hariloas N. (2016): Green maritime logistics: the quest of win-win solutions. In: *Transportation Research Procedia,* Jg. 14, S. 133-142.

Pütz, Robert/Rainer, Gerhard/Steiner, Christian (2020): Vom Lagenwein zum off-shore Brand. Qualifizierung und Raumproduktion in globalen Produktionsnetzwerken. In: Baur, Nina/Fülling, Julia/Hering, Linda/Kulke, Elmar (Hg.): *Waren – Wissen – Raum. Interdependenz von Produktion, Markt und Konsum in Lebensmittelwarenketten.* Wiesbaden: Springer VS, S. 217-258.

Rauh, Jürgen (2020): Methodologie und Methoden der Geographischen Handelsforschung - Eine Einführung. In: Neiberger, Cordula/Hahn, Barbara (Hg.): *Geographische Handelsforschung.* Berlin: Springer Spektrum, S. 264-272.

Reckinger, Gilles (2018): *Bittere Orangen. Ein neues Gesicht der Sklaverei in Europa.* Wuppertal: Peter Hammer Verlag GmbH.

Reichertz, Jo (2020): Besonderheiten der kommunkaktiven Handlungsabstimmung via Videokonferenzen. Online unter: http://blog.soziologie.de/community/methoden-der-datenauswertung/besonderheiten-der-kommunikativen-handlungsabstimmung-via-videokonferenzen/ (zuletzt aufgerufen: 27. Oktober 2020).

Reimer, Jule (2020): COVID-19-Ausbrüche. Warum die Arbeitsbedingungen in Schlachtbetrieben so prekär sind. In: *Deutschlandfunk*, 22. Juni. Online unter: https://www.deutschlandfunk.de/covid-19-ausbrueche-warum-die-arbeitsbedingungen-in.2897.de.html?dram:article_id=476511 (zuletzt aufgerufen: 22. Aptril 2021).

Reisch, Lucia A. (2002): Symbols for Sale: Funktionen des symbolischen Konsums. In: Deutschmann, Christoph (Hg.): *Die Gesellschaftliche Macht des Geldes.* Wiesbaden: Westdeutscher Verlag GmbH, S. 226-248.

Reitmeier, Simon (2013): *Warum wir mögen, was wir essen: Eine Studie zur Sozialisation der Ernährung.* Bielefeld: transcript.

Rempe, Christina (2020): *Nutri Score: Nährwertvergleich auf einen Blick.* Bundeszentrum für Ernährung (BzfE). Online unter: https://www.bzfe.de/lebensmittel/einkauf-und-kennzeichnung/kennzeichnung/modell-zur-naehrwertkennzeichnung/ (zuletzt aufgerufen: 25. Juni 2021).

Ritchie, Hannah (2020): You want to reduce the carbon footprint of your food? Focus on what you eat, not whether your food is local. Online unter: https://ourworldindata.org/food-choice-vs-eating-local#licence (zuletzt aufgerufen: 17. März 2021).

Rosol, Marit (2005): Community Gardens - A potential for Stagnating and Shrinking Cities? Examples from Berlin. In: *Die Erde,* Jg. 136, Nr. 2, S. 165-178.

Rössel, Jörg/Pape, Simon (2009): Lebensstile und Konsum. In: Beckert, Jens/Deutschmann, Christoph (Hg.): *Wirtschaftssoziologie*. Wiesbaden: VS Verlag für Sozialwissenschaften, S. 344-365.

Rothgerber, Hank (2014): Efforts to overcome vegetarian-induced dissonance among meat eaters. In: *Appetite,* Jg. 79, Nr. 1, S. 32-41. doi: 10.1016/j.appet.2014.04.003

Sauer, Heike (2018): Geschmack von Tomaten. In: *LandInfo,* Heft 4, S. 24-26.

Scheffler, Clara/Seiffert, Robert/Koll, Uta/Osmanlic, Benjamin (2020): Wohnen, Verkehr, Einzelhandel. In: Fülling, Julia/Hering, Linda (Hg.): *Markt – Quartier – Milieu. Der Berliner Lebensmitteleinzelhandel aus interdisziplinärer Perspektive.* Arbeitsbericht zum interdisziplinären Lehrforschungsprojekt SoSe 2018, Nr. 197. Berlin: Geographisches Institut der Humboldt-Universität zu Berlin, S. 24-40.

Schenk, Patrick (2020): Wenn der Supermarkt nicht genügt. Einkaufsorte und soziale Distinktion im Feld des fairen Handels. In: Baur, Nina/Fülling, Julia/Hering, Linda/Kulke, Elmar (Hg.): *Waren – Wissen – Raum. Interdependenz von Produktion, Markt und Konsum in Lebensmittelwarenketten*. Wiesbaden: Springer VS, S. 331-364.

Scherbaum, Ellen/Korte, Nadine/Hacker, Kathi (2019): *Rückstände und Kontaminanten in Frischobst aus konventionellem Anbau 2019.* Online unter: https://www.ua-bw.de/pub/beitrag.asp?subid=1&Thema_ID=5&ID=3144&Pdf=No&lang=DE (zuletzt aufgerufen: 05. Februar 2021).

Scheytt, Carla (2020): *Telefon- und Videointerviews in der Coronakrise – Reflexion eigener Erfahrungen.* Online unter: http://blog.soziologie.de/community/methoden-der-datenerhebung/telefon-und-videointerviews-in-der-coronakrise-reflexion-eigener-erfahrungen/#_ftn3 (zuletzt aufgerufen: 26. Oktober 2020).

Schlich, Elmar H./Fleissner, Ulla (2003): Comparison of Regional Energy Turnover with Global Food. In: *The International Journal of Life Cycle Assessment,* Jg. 8, Nr. 4, S. 252-252. doi: 10.1007/BF02978482

Schmied, Doris (2018): *Nahrungsgeographie*. Braunschweig: Westermann.

Scholz, Fred (2006): *Entwicklungsländer. Entwicklungspolitische Grundlagen und regionale Beispiele*. Braunschweig: Westermann.

Schritt, Katharina (2011): *Ernährung im Kontext von Geschlechterverhältnissen: Analyse zur Diskursivität gesunder Ernährung*. Wiesbaden: VS Verlag für Sozialwissenschaften.

Schulz, Ralf/Bub, Sascha/Petschick, Lara L./Stehle, Sebastian/Wolfram, Jakob (2021): Applied pesticide toxicity shifts toward plants and invertebrates, even in GM crops. In: *Science,* Jg. 372, Nr. 6537, S. 81-84. doi: 10.1126/science.abe1148

Schulze, Gerhard (1992): *Die Erlebnisgesellschaft: Kultursoziologie der Gegenwart* (4. Aufl.). Frankfurt a.M./New York: Campus Verlag.

Šedová, Iveta/Slovák, Ľuboš/Ježková, Ivana (2016): Coping with unpleasant knowledge: Meat eating among students of environmental studies. In: *Appetite,* Jg. 107, S. 415-424. doi: 10.1016/j.appet.2016.08.102

Setzwein, Monika (2004): *Ernährung — Körper — Geschlecht: Zur sozialen Konstruktion von Geschlecht im kulinarischen Kontext.* Wiesbaden: VS Verlag für Sozialwissenschaften.

Shaw, Deirdre/McMaster, Robert/Newholm, Terry (2016): Care and Commitment in Ethical Consumption: An Exploration of the 'Attitude–Behaviour Gap'. In: *Journal of Business Ethics,* Jg. 136, Nr. 2, S. 251-265. doi: 10.1007/s10551-014-2442-y

Shiva, Vandana (2016): *Biopiracy: The Plunder of Nature and Knowledge.* Berkeley: North Atlantic Books.

Shreck, Aimee (2002): Just Bananas? Fair Trade Banana Production in the Dominican Republic. In: *International Journal of Sociology of Agriculture and Food,* Jg. 10, Nr. 2, S. 13-23.

Simandan, Dragos (2016): Proximity, subjectivity, and space: Rethinking distance in human geography. In: *Geoforum,* Jg. 75, S. 249-252. doi: 10.1016/j.geoforum.2016.07.018

SIRPLUS GmbH (2019): *Grüner wird's nicht - Wir wollen das Klimalabel!* Online unter: https://sirplus.de/blogs/news/gruner-wird-s-nicht-wir-wollen-das-klimalabel (zuletzt aufgerufen: 17. Februar 2021).

SIRPLUS GmbH (2021): *Mission & Vision.* Online unter: https://sirplus.de/pages/mission (zuletzt aufgerufen: 17. März 2021).

Spiekermann, Uwe (2006): Ernährungskultur in der Wissensgesellschaft. Deutschland als Beispiel. In: *Thüringer Hefte für Volkskunde,* Band 13, S. 26-39.

Spiekermann, Uwe (2020): *Die begrenzte Rationalisierung der Produktions- und Absatzketten im späten Kaiserreich: Das Beispiel Obst und Gemüse.* Online unter: https://uwe-spiekermann.com/2020/01/31/die-begrenzte-rationalisierung-der-produktions-und-absatzketten-im-spaeten-kaiserreich-das-beispiel-obst-und-gemuese/ (zuletzt aufgerufen: 12.03.2020).

Spiller, Achim/Zühlsdorf, Anke (2020): Durchblick im Klimadschungel: Gestaltungsempfehlungen für ein Klimalabel auf Lebensmitteln. Online unter: https://agrardebatten.blog/2020/07/07/klimalabel-auf-lebensmitteln/ (zuletzt aufgerufen: 17.03.2021).

Statistisches Bundesamt (DeStatis) (2020): *Konjunkturindikatoren: Erwerbstätige im Inland nach Wirtschaftssektoren.* Online unter: https://www.destatis.de/DE/Themen/Wirtschaft/Konjunkturindikatoren/Lange-Reihen/Arbeitsmarkt/lrerw13a.html (zuletzt aufgerufen: 31. August 2020).

Statistisches Bundesamt (DeStatis) (2021): *Außenhandelsstatistik Deutschland, Bananen.* Online unter: https://www-genesis.destatis.de/genesis/online#astructure (zuletzt aufgerufen: 09. August 2021).

Stehr, Nico (2001): A world made of knowledge. In: *Society,* Jg. 39, Nr. 1, S. 89-92. doi: 10.1007/BF02712625

Stehr, Nico (2007): *Die Moralisierung der Märkte: eine Gesellschaftstheorie.* Frankfurt am Main: Suhrkamp.

Stehr, Nico/Adolf, Marian (2008): Konsum zwischen Markt und Moral: Eine soziokulturelle Betrachtung moralisierter Märkte. In: Jansen, Stephan A./Schröter,

Eckhard/Stehr, Nico (Hg.): *Mehrwertiger Kapitalismus. Multidisziplinäre Beiträge zu Formen des Kapitalimus und seiner Kapitalien.* Wiesbaden: VS Verlag für Sozialwissenschaften, S. 195-218.

Steigemann, Anna (2019): *The Places Where Community Is Practiced. How Store Owners and Their Businesses Build Neighborhood Social Life.* Wiesbaden: VS Verlag für Sozialwissenschaften.

Stiftung Warentest (2013): *Ergebnisse Umfrage regionale Lebensmittel: Das erwarten die Verbraucher.* Online unter: https://www.test.de/Ergebnisse-Umfrage-regionale-Lebensmittel-Das-erwarten-die-Verbraucher-4568449-0/ (zuletzt aufgerufen: 09. Oktober 2019).

Stracke, Stefan/Homann, Birte/Gröning, Stefanie (2017): *Branchenanalyse Obst-, Gemüse- und Kartoffelverarbeitende Industrie.* Online unter: https://www.boeckler.de/pdf/p_study_hbs_351.pdf (zuletzt aufgerufen: 01. Juli 2021).

Strübing, Jörg (2014): Grounded Theory und Theoretical Sampling. In: Baur, Nina/Blasius, Jörg (Hg.): *Handbuch Methoden der empirischen Sozialforschung.* Wiesbaden: Springer VS, S. 457-471.

Te Velde, Hein/Aarts, Noelle/Van Woerkum, Cees (2002): Dealing with Ambivalence: Farmers' and Consumers' Perceptions of Animal Welfare in Livestock Breeding. In: *Journal of Agricultural and Environmental Ethics,* Jg. 15, Nr. 2, S. 203-219. doi: 10.1023/a:1015012403331

The World Bank Group (2021): *Agricultural land.* Online unter: https://data.worldbank.org/indicator/AG.LND.AGRI.K2?name_desc=false (zuletzt aufgerufen: 17. März 2021).

Thompson, Craig J. (2011): Understanding consumption as political and moral practice: Introduction to the special issue. In: *Journal of Consumer Culture,* Jg. 11, Nr. 2, S. 139-144. doi: 10.1177/1469540511403892

Tillar, Jannik (2018): *Mit dem Laser gegen den Plastikmüll. Fast alle Händler haben der Tüte den Kampf angesagt, aber die Plastikverpackung um Obst und Gemüse hält sich hartnäckig. Dabei gibt es gute Alternativen.* Online unter: https://www.handelsblatt.com/unternehmen/handel-konsumgueter/natural-branding-mit-dem-laser-gegen-den-plastikmuell/22981420.html?ticket=ST-4288248-IdmkIx7czEYzndKHcKZl-ap5 (zuletzt aufgerufen: 17. September 2020).

Umweltbundesamt (UBA) (2020): *Marktdaten: Bereich Ernährung.* Online unter: https://www.umweltbundesamt.de/daten/private-haushalte-konsum/konsum-produkte/gruene-produkte-marktzahlen/marktdaten-bereich-ernaehrung#bio-lebensmittel (zuletzt aufgerufen: 25. August 2020).

Vagneron, Isabelle/Roquigny, Solveig (2011): Value distribution in conventional, organic and fair trade banana chains in the Dominican Republic. In: *Canadian journal of development studies,* Jg. 32, Nr. 3, S. 324-338.

Velte, Maria/Dannenberg, Peter (2014): Export horticulture – empowering female small-scale farmers in Kenya? In: *Die Erde, Jg. 145*, Nr. 3, S. 135-141.

Verbraucherzentrale NRW e.V. (2018): *Gesetzliche Bestimmungen für den Einsatz von Pestiziden.* Online unter: https://www.verbraucherzentrale.de/wissen/

lebensmittel/lebensmittelproduktion/gesetzliche-bestimmungen-fuer-den-einsatz-von-pestiziden-12486 (zuletzt aufgerufen: 18. März 2021).

von Meyer-Höfer, Marie/Spiller, Achim (2013): Anforderungen an eine nachhaltige Land- und Ernährungswirtschaft: Die Rolle des Konsumenten. In: *KTBL-Schrift,* Nr. 500, S. 1-9.

von Reeken, Anneke/Fesser, Waltraud (2016): *Lebensmittel mit Regionalangaben - Verwirrspiel oder wichtige Einkaufshilfe?* Online unter: https://www.verbraucherzentrale.de/sites/default/files/migration_files/media241195A.pdf (zuletzt aufgerufen: 30. August 2021).

Warde, Alan (2005): Consumption and Theories of Practice. In: *Journal of Consumer Culture,* Jg. 5, Nr. 2, S. 131-153. doi: 10.1177/1469540505053090

Warde, Alan/Welch, Daniel/Paddock, Jessica (2017): Studying consumption through the lens of practice. In: Keller, Margrit/Halkier, Bente/Wilska, Terhi-Anna/Truninger, Monica (Hg.): *Routledge Handbook on Consumption.* New York: Routledge, S. 25-35.

Warenvergleich (o.J.): Bis zu 27.000 Liter Wasser pro Kilo: Diese Lebensmittel verbrauchen am meisten Wasser in der Herstellung! Online unter: https://www.warenvergleich.de/bis-zu-27-000-liter-wasser-pro-kilo-diese-lebensmittel-verbrauchen-am-meisten-wasser-in-der-herstellung/ (zuletzt aufgerufen: 17. März 2021).

Warneken, Bernd Jürgen (1992): Banane. In: Bausinger, Hermann/Bechdolf, Ute/Jeggle, Utz (Hg.): *Wörter, Sachen, Sinne. Eine kleine volkskundliche Enzyklopädie. Gottfried Korff zum Fünfzigsten.* Tübingen: Tübinger Vereinigung für Volkskunde e. V., S. 23-27.

Weiß, Julika (2006): *Umweltverhalten beim Lebensmitteleinkauf: Eine Untersuchung des Einkaufsverhaltens und der Angebotsstrukturen in sechs Berliner Wohngebieten.* Berlin: Mensch & Buch Verlag.

Weiss, Walpurga (2007): Regionalität und regionale Lebensmittel. In: Brunner, Karl-Michael/Geyer, Sonja/Jelenko, Marie/Weiss, Walpurga/Astleithner, Florentina (Hg.): *Ernährungsalltag im Wandel. Chancen für Nachhaltigkeit.* Wien: Springer, S. 187-198.

Wiggerthale, Marita (2021): *Knebelverträge im Lebensmittelhandel. Wie Supermarktketten Lieferanten unfaire Handelspraktiken und Dumpingpreise aufzwingen.* Online unter: https://www.oxfam.de/system/files/documents/oxfam_2021_knebelvertrage.pdf (zuletzt aufgerufen: 23. Februar 2021).

Wilkesmann, Maximiliane (2009): *Wissenstransfer im Krankenhaus: Institutionelle und strukturelle Voraussetzungen.* Wiesbaden: VS Verlag für Sozialwissenschaften.

Wilkesmann, Uwe (2005): Die Organisation von Wissensarbeit. In: *Berliner Journal für Soziologie,* Jg. 15, Nr. 1, S. 55-72. doi: 10.1007/s11609-006-0100-7

Willmott, Hugh (2010): Creating 'value' beyond the point of production: branding, financialization and market capitalization. In: *Organization,* Jg. 17, Nr. 5, S. 517-542. doi: 10.1177/1350508410374194

Winter, Michael (2003): Embeddedness, the new food economy and defensive localism. In: *Journal of Rural Studies,* Jg. 19, Nr. 1, S. 23-32. doi: 10.1016/S0743-0167(02)00053-0

Wiswede, Günter (2000): Konsumsoziologie - Eine vergessene Disziplin. In: Rosenkranz, Doris/Schneider, Norbert F. (Hg.): *Konsum. Soziologische, ökonomische und psychologische Perspektiven.* Wiesbaden: Springer, S. 23-72.

Wright, Caroline (2004): Consuming lives, consuming landscapes: interpreting advertisements for cafédirect coffees. In: *Journal of International Development,* Jg. 16, Nr. 5, S. 665-680. doi: 10.1002/jid.1119

Wright, Caroline (2009): Fairtrade Food: Connecting Producers and Consumers. In: Inglis, David/Gimlin, Debra (Hg.): *The Globalization of Food.* Oxford/New York: Berg, S. 139-157.

Zhiyenbek, Abdikaiym/Beretta, Claudio/Stoessel, Franzisika/Hellweg, Stefanie (2016): *Ökobilanzierung Früchte- und Gemüseproduktion. Eine Entscheidungsunterstützung für ökologisches Einkaufen.* Zürich: Nachhaltiger Konsum ETH Zürich. Online unter: https://www.wwf.ch/sites/default/files/doc-2018-02/2017-02-Studie-Fruechte-und-Gemuese-Oekobilanz_0.pdf (zuletzt aufgerufen: 30. August 2021).

Zingher, Erica (2020): Spargel unser. Der Wert eines Menschenlebens ist nicht verhandelbar. Für Erntehelfer*innen aus Osteuropa aber scheint eine zynische Kosten-Nutzen-Rechnung zu gelten. In: *taz,* 16. April. Online unter: https://taz.de/Ausbeutung-in-Corona-Krise/!5676706/ (zuletzt aufgerufen: 22. April 2021).

Zühlsdorf, Anke/Spiller, Achim (2012a): *Grauzone Lebensmittelkommunikation: Empirische Studie zur Verbraucherwahrnehmung im Spannungsfeld von Informationsanforderungen und Aufmerksamkeitsregeln.* Agrifood Consulting GmbH, Spiller, Zühlsdorf & Voss. Göttingen: Georg-Augustin-Universität Göttingen.

Zühlsdorf, Anke/Spiller, Achim (2012b): *Trends in der Lebensmittelvermarktung. Begleitforschung zum Internetportal lebensmittelklarheit.de: Marketingtheoretische Einordnung praktischer Erscheinungsformen und verbraucherpolitische Bewertung.* Göttingen: Agrifood Consulting GmbH, Spiller, Zühlsdorf & Voss.

Zühlsdorf, Anke/Spiller, Achim (2014): *Herkunftsangaben auf Lebensmittelverpackungen. Ergebnischarts zum 2. Zwischenbericht des Projekts „Repräsentative Verbraucherbefragungen im Rahmen des Projektes ‚Lebensmittelklarheit 2.0' " im Auftrag des Verbraucherzentrale Bundesverband e. V. (vzbv).* Agrifood Consulting GmbH, Spiller, Zühlsdorf & Voss. Göttingen: Georg-August-Universität Göttingen.

Zühlsdorf, Anke/Spiller, Achim (2015): *Verbraucherwahrnehmung von Lebensmittelverpackungen. Ergebnisbericht des Projekts „Repräsentative Verbraucherbefragungen im Rahmen des Projektes ‚Lebensmittelklarheit 2.0'".* Agrifood Consulting GmbH, Spiller, Zühlsdorf & Voss. Göttigen: Georg-August-Universität Göttingen.

Zühlsdorf, Anke/Jürkenbeck, Kristin/Spiller, Achim (2018): *Lebensmittelmarkt und Ernährungspolitik 2018: Verbrauchereinstellungen zu zentralen lebensmittel- und ernährungspolitischen Themen*. Göttingen: Zühlsdorf + Partner Marketingberatung und Lehrstuhl „Marketing für Lebensmittel und Agrarprodukte" der Universität Göttingen im Auftrag des Verbraucherzentrale Bundesverbandes e.V. (vzbv).

Anhang

*Anhang I Liste aller Interviewpartner*innen*
Anhang II Leitfaden für Interviews
Anhang III Leitfaden Go-Along
Anhang IV Fragebogen

*Anhang I Liste aller Interviewpartner*innen*

Vorname	Alter	Beruf / Einkommen	Familienstand/ Wohnsituation	Ort	Go-Along	Lebensführung
Nadeen	20-35	Arzthelferin (1500-2000€)	verheiratet, zwei Kinder	Britz	Ja	bodenständig traditionelle
Sara	35-50	arbeitslos, Maßnahme Agentur für Arbeit (k.A.)	alleinstehend, ein Kind	Marzahn	nein	unterhaltungs-suchend
Eleonora	35-50	Studentin (2000-3000€)	verpartnert, vier Kinder	Marzahn	Ja	heimzentriert
Silke	50-70	Rentnerin (1500-2000€)	ledig, alleinlebend	Kreuzberg	Ja	innovativ gehoben
Ina und David	20-35; 35-50	Account Managerin & Data Scientist (über 5000€)	verpartnert	Prenzlauer Berg	Ja	innovativ gehoben
Birgit und Alina	20-35; 50-70	Verwaltungsangestellte und Studentin (3000-4000€)	vierköpfige Familie	Neukölln	Ja	liberal gehoben
Carla	50-70	freiberufliche Berufsberatung (1000-1500€)	ledig, alleinlebend	Neukölln	Ja	Unterhaltungs-suchend
Bernhard	50-70	Rentner (2000-3000€)	ledig, alleinlebend	Kreuzberg	Ja	innovativ gehoben

Mareike	20-35	Physiotherapeutin (1000-1500€)	In einer Partnerschaft, wohnt in vierköpfiger WG	Neukölln	Ja	mittelständisch
Angelika	50-70	Angestellte in Bekleidungsgeschäft	geschieden, alleinlebend	Lichterfelde	Ja	liberal gehoben
Benjamin	20-35	Einzelhandelskaufmann (1500-2000€)	ledig, alleinlebend	Wedding	nein	innovativ gehoben
Jakob	20-35	Rettungsassistent (2000-3000€)	verpartnert, alleinlebend	Lichtenberg	nein	innovativ gehoben
Rolf	50-70	KFZ-Mechaniker (2000-3000€)	verpartnert, alleinlebend	Buch	nein	mittelständisch
Sabine	50-70	Rentnerin (500-1000€)	ledig, alleinlebend	Schöneberg	nein	heimzentriert
Carolin	20-35	arbeitslos (500-1000€)	alleinstehend, wohnt in vierköpfiger WG	Tempelhof	nein	hedonistisch
Sandra	35-50	Studentin (4000-5000€)	verheiratet, vier Kinder	Tempelhof	nein	innovativ gehoben
Antonia	20-35	Studentin (500-1000€)	ledig, alleinlebend	Marzahn	nein	hedonistisch
Patrick	20-35	Referent (4000-5000€)	verpartnert, gemeinsam lebend	Prenzlauer Berg	nein	liberal gehoben
Saskia	20-35	Angestellte im Einzelhandel (1500-2000€)	verheiratet, ein Kind	Marzahn	nein	heimzentriert

Klaus	50-70	arbeitslos (500-1000€)	ledig, alleinlebend	Mariendorf	nein	mittelständisch
Erika	50-71	Motopädin (4000-5000€)	verpartnert	Wedding	nein	mittelständisch
Thomas	50-70	Redakteur (4000-5000€)	verpartnert, zwei Kinder	Zehlendorf	nein	liberal gehoben

Anhang II Leitfaden für Interviews

Frage/Erzählaufforderung – Formulierung wird situativ angepasst	**Memo für mögliche Nachfragen**
Vielen Dank, dass Sie sich bereit erklärt haben dieses Interview mit mir zu führen. Ich werde Ihnen im Laufe des Interviews vor allem Fragen zu Ihren Ernährungs- und Einkaufsverhalten stellen. Dabei werde ich Sie immer wieder bitten mir von konkreten Situationen oder Entwicklungen erzählen. Ich werde Sie dabei erstmal nicht unterbrechen und Ihnen Zeit geben sich Gedanken zu machen. Sie müssen also nicht verunsichert sein, wenn mal Pausen entstehen.	

1. Lebenssituation	
Beschreiben Sie mir bitte Ihre Lebenssituation	Familienstand & Wohnsituation (Wie viele Personen leben im Haushalt? Alter? Was für eine Konstellation? Paar/WG/Familie/…) Berufliche Situation (Ja/Nein, Welche Mitglieder des Haushalts, Vollzeit/Teilzeit)

2. Bedeutung von Ernährung & Kochen	
Wie würden Sie Ihr Ernährungsverhalten beschreiben und wie hat es sich entwickelt? **Können Sie mir ein Beispiel geben, damit ich mir das vorstellen kann?**	- genussvoller Bezug zu Ernährung? - Stress/Belastung/Krankheit/…? - viel/wenig Auseinandersetzung?
Welche Rolle spielt Ernährung in Ihrem Alltag?	
Wo und wie essen Sie für gewöhnlich?	- Auswärts/zu Hause? - Kochen? Wer? Wann? Wie oft? Zu welchem Anlass?
Was verstehen Sie unter guter Ernährung?	- Genuss - Gesundheit - Ausgewogenheit - Vielfalt
Welche Bedeutung hat Essen für Sie?	- Entspannung - Geselligkeit - Notwendigkeit - Stress - Verzicht - Religiöse/ethische Bedeutungen

3. Einkaufsgewohnheiten	-

Beschreiben Sie mir bitte, wie sich Ihr Einkaufsverhalten, so wie es heute ist, entwickelt hat.	- Alltagsorganisation
	  - Orte (am Arbeitsplatz/zu Hause, wechselnd/ gleichbleibend) & Zeiten (täglich/wöchentlich)
	  - Wer geht einkaufen
	- Produkte
	  - Frisch/fertig
	  - Bestimmte Produkte/Produktgruppen
	  - Bestimmte Qualitäten
	- Ereignisse/Lebensumstände, die Praktiken prägen

Wie empfinden Sie das Einkaufen von Lebensmitteln?	
Erzählen Sie mir bitte ganz konkret, wie Sie den heutigen Einkauf vorbereitet und geplant haben.	
Wieso besuchen Sie dieses Geschäft? Welche anderen Geschäfte besuchen Sie und wieso?	
Was muss ein Lebensmittelgeschäft bieten, damit Sie dorthin gehen? **Was zeichnet ein gutes Lebensmittelgeschäft aus?**	- Nähe zum Wohn- oder Arbeitsort (o.ä.) - Bestimmtes Angebot - Preis - Bestimmte Qualitäten (hochwertig, bio etc.) - Bestimmtes Ambiente (gehoben, natur- oder regionalverbunden etc.)

	- Soziale Kontakte (Mitarbeitende, Kund*innen)
Welche Erfahrungen haben Sie mit dem Online-Einkauf von Lebensmitteln?	- Schon gemacht? - Erfahrungen? - Vorstellbar? - Warum (nicht)?
Gibt es andere Wege, auf denen Sie Obst und Gemüse erhalten oder kaufen?	- Tafel, Gemüse-Kisten, SoLaWi/CSA, Foodsharing, Eigener Anbau, Nachbarschaft
4. Produktwissen	
Bitte beschreiben Sie mir, wie Sie im Laden vorgehen, wenn Sie Obst und Gemüse einkaufen. Worauf achten Sie? ***Warum ist Ihnen das wichtig?***	- Frische - Preis - Qualität - Marke - Gesundheit - Geschmack - Produktionsweise - Regionalität - Nachhaltigkeit - Bio, Fairtrade - Verpackung - Alles in einem Laden zu kriegen - Schmeckt allen zu Hause

Woran erkennen Sie, dass ein Produkt gut ist?	- Aussehen - Geruch - Haptik - Marke - Siegel - Geschäft
Welche Rolle spielt die Herkunft von Obst und Gemüse für Ihre Kaufentscheidungen? ***Warum ist Ihnen das (nicht) wichtig?***	Je nach Reihenfolge (Interview – Einkauf) diese Frage an den konkret eingekauften Produkten diskutieren (s.u.) Eher wichtige Rolle: - Zuschreibung an Orte konkreter erfragen - Welche Anbauregionen oder -orte werden mit besonders positiven oder negativen Assoziationen verbunden? Eher unwichtige Rolle: - Mögliches saisonales Beispiel (Gegenüberstellung einer eher globalen Herkunft)
Welche Rolle spielen Produktsiegel für Ihre Kaufentscheidungen bei Obst und Gemüse? ***Warum ist Ihnen das wichtig?***	

Können Sie mir eine Situation beschreiben, in der es einen Konflikt gab zwischen den verschiedenen Aspekten eines Obst oder Gemüses, die Ihnen wichtig sind? Also, wo Sie auf einen Aspekt, der Ihnen wichtig ist, verzichten mussten.	- Präferenzen - Anspruch vs. Wirklichkeit - Moral - Ignoranz
Würden Sie sich Doku/Artikel über Gesundheitsrisiken durch den Einsatz von Pestiziden beim Anbau von Obst und Gemüse anschauen/durchlesen?	- Warum (nicht)? - Ignoranz - Beziehung zu Produzent*innen - Verantwortlichkeitsgefühl - Konflikte
Würden Sie sich Doku/Artikel über die Arbeitsbedingungen von Erntehelfern in Südeuropa anschauen/durchlesen?	- Warum (nicht)?
Würden Sie sich Doku/Artikel über die Umweltfolgen des Avocadoanbaus in Chile anschauen/durchlesen?	- Warum (nicht)?
Wenn Sie jetzt mal überlegen, welche Informationen Sie über das Obst und Gemüse, dass Sie kaufen, haben und was euch wichtig ist bei eurer Ernährung und beim Einkaufen – wie gut fühlen Sie sich dann informiert?	- Abgleich Anspruch und Praxis - Umgang mit Nicht-wissen-können)

5. Wohnort	-
Jetzt würde mich noch Ihr Wohnort interessieren. Erzählen Sie doch mal, wie das gekommen ist, dass Sie hier wohnen. Wieso haben Sie sich für diese Gegend entschieden?	- Welche Rolle hat Angebot gespielt? - Wie lange schon? - Mit wem? - Miethöhe und Wohnungsgröße - Arbeitsweg - Infrastruktur (ÖPNV, ärztliche Versorgung, Einkaufsstätten, Restaurants) - Privatheit - Verwandte, Freund*innen
Beschreiben Sie mir bitte mal Ihre Wohngegend. Was macht den Kiez/das Quartier aus?	- Bewohner*innen
Von meiner Seite aus wären das jetzt alle Fragen. Vielen Dank! Habe ich noch etwas vergessen zu fragen, was Ihnen wichtig erscheint oder möchten Sie noch was ergänzen? - **Haben Sie noch Fragen an mich?**	

Anhang III Leitfaden Go-Along

Auf dem Weg zum gewählten Geschäft werden erste Fragen zum betreffenden Einkauf gestellt:

Frage	Ergänzungen
Wo gehen Sie einkaufen?	
Gehen Sie regelmäßig in diesen Laden?	
Was gefällt Ihnen an diesem Laden? Was nicht?	Warum ist Ihnen das wichtig?
Was kann man gut in diesem Laden kaufen? Was nicht?	
Verbinden Sie den Einkauf in diesem Laden normalerweise mit anderen Einkäufen/Erledigungen?	- Besorgungen in anderen Geschäften - Weg von/zur Arbeit - Weg von/zu Orten der Freizeitgestaltung
In welche Läden gehen Sie sonst noch?	
Zu welchen Anlässen/Zwecken gehen Sie wohin?	
Für welchen Zweck kaufen Sie heute ein?	- Normaler (Wochen)Einkauf, Besuch, kleine Besorgungen
Haben Sie einen Einkaufszettel geschrieben?	

Wie sind Sie dabei vorgegangen?	
Wer ist an der Entscheidung was eingekauft wird beteiligt?	
Machen Sie das immer so?	

Nach oder während dem gemeinsamen Einkauf werden die Einkäufe nach Möglichkeit bei dem*der Interviewpartner*in besprochen (zu Hause, direkt im Laden, an einem anderen Wunschort des*der Interviewpartner*in).

Jedes Frischeprodukt (Obst & Gemüse) wird unter den folgenden Gesichtspunkten besprochen:

- Geplanter oder spontaner Kauf?
- Nach welchen Kriterien ausgewählt?
- Wo kommt es her? Was glauben Sie wie/wo hergestellt?
- Was haben Sie damit vor?

Bei großem Einkauf/großer Vielfalt von Frischeprodukten werden nur die innerhalb des Projektes untersuchten 4 Produkte betrachtet (Apfel, Banane, Tomate, Aubergine).

Darüber hinaus sollen beobachtete Besonderheiten während des Einkaufs besprochen werden (z.B. „Ich habe gesehen, dass Sie beim Obst erst das Produkt A in der Hand hatten, dann haben Sie aber das Produkt B gewählt. Warum?“).

Anhang IV Fragebogen

Datenerhebung im Rahmen des Projektes „Waren und Wissen" im Sonderforschungsbereich „Re-Figuration von Räumen" (SFB 1265)

Bitte diesen Bereich nicht ausfüllen!

ID ____________

Wohnort (LOR) ____________

Datum ____________

– Basisinformationen –

Zu Ihrer Person

1. Geschlecht ☐ Männlich ☐ Weiblich ☐ Divers

2. In welchem Jahr sind Sie geboren?
(Wenn Sie es nicht genau wissen, schätzen Sie bitte so gut wie möglich) ☐☐☐☐

3. Welche Staatsangehörigkeit(en) haben Sie? (Bitte kreuzen Sie alles Zutreffende an.)

☐ Deutsch	☐ Bosnisch	☐ Griechisch	☐ Kroatisch
☐ Italienisch	☐ Marokkanisch	☐ Polnisch	☐ Rumänisch
☐ Russisch	☐ Serbisch	☐ Syrisch	☐ Türkisch
☐ Ukrainisch	☐ Vietnamesisch		

☐ Sonstiges, und zwar: ____________

4. Welche Sprache(n) sprechen Sie meistens zu Hause? (Bitte kreuzen Sie alles Zutreffende an.)

☐ Deutsch	☐ Arabisch	☐ Bosnisch	☐ Englisch
☐ Griechisch	☐ Italienisch	☐ Kroatisch	☐ Polnisch
☐ Rumänisch	☐ Russisch	☐ Serbisch	☐ Türkisch
☐ Vietnamesisch	☐ Sonstiges, und zwar:		

____

5. In welchem Land sind Sie geboren?

☐ Deutschland	☐ Griechenland	☐ Italien	☐ Jugoslawien
☐ Marokko	☐ Polen	☐ Rumänien	☐ Russische Föderation oder UdSSR
☐ Ukraine	☐ Vietnam	☐ Syrien	☐ Türkei

☐ Sonstiges, und zwar: ____________

Ihre Haushalts- und Familiensituation

6. Leben Sie alleine oder mit anderen Personen im selben Haushalt zusammen? Denken Sie bitte etwa an Partner, Kinder, Eltern und WG-Mitbewohner*innen.	☐ Ich lebe alleine (➔ *Frage 9)*	☐ Ich lebe mit anderen Personen zusammen. (➔ *Frage 7)*

7. Mit wie vielen Personen leben Sie zusammen in Ihrem Haushalt?
Denken Sie bitte etwa an Kinder, Eltern und WG-Mitbewohner*innen.

In meinem Haushalt leben ich selbst und ☐☐ weitere Personen.

8. Wie alt sind die Personen, die mit Ihnen zusammenleben, ungefähr?
Schätzen Sie so gut, wie es geht.

1. Person: ungefähr	☐☐ Jahre	6. Person: ungefähr	☐☐ Jahre
2. Person: ungefähr	☐☐ Jahre	7. Person: ungefähr	☐☐ Jahre
3. Person: ungefähr	☐☐ Jahre	8. Person: ungefähr	☐☐ Jahre
4. Person: ungefähr	☐☐ Jahre	9. Person: ungefähr	☐☐ Jahre
5. Person: ungefähr	☐☐ Jahre	10. Person: ungefähr	☐☐ Jahre

9. Haben Sie einen festen Partner oder eine feste Partnerin?	☐ Ja (➔ *Frage 10)*	☐ Nein (➔ *Frage 11)*
10. Leben Sie mit Ihrem Partner bzw. Ihrer Partnerin im selben Haushalt zusammen?	☐ Ja	☐ Nein

Beruf und Ausbildung

11. Welchen höchsten Bildungsabschluss haben Sie?

- ☐ Keinen / ich gehe noch zur Schule
- ☐ Volksschulabschluss oder Hauptschulabschluss
- ☐ Realschulabschluss, mittlere Reife oder Polytechnische Oberschule
- ☐ Abitur oder Fachhochschulreife
- ☐ Bachelor oder Vordiplom
- ☐ Master, Magister, Diplom oder Staatsexamen
- ☐ Promotion
- ☐ Sonstiges, und zwar: ____________________

12. Welche Tätigkeit(en) üben Sie derzeit aus? (Bitte kreuzen Sie alles Zutreffende an.)

Ich bin ...

- ☐ in Ausbildung, gehe noch zur Schule oder studiere
- ☐ berufstätig
- ☐ arbeitslos
- ☐ Hausfrau oder Hausmann, betreue Kinder oder pflege- bzw. hilfsbedürftige Personen
- ☐ Rentner(in) bzw. Pensionär(in)
- ☐ Zurzeit arbeitslos
- ☐ Sonstiges, und zwar: ____________________

13. Falls Sie derzeit einen Beruf ausüben:
Welchen Beruf üben Sie aus? (Bitte seien Sie möglichst genau!)

14. Wenn Sie alle Einkommensarten zusammennehmen:
Wie hoch ist das monatliche Netto-Einkommen Ihres Haushaltes insgesamt (einschließlich Arbeitslosengeld I und II („Hartz4"))**?** Gemeint ist damit das gesamte Einkommen aller Personen, die zu Ihrem Haushaltseinkommen beitragen. Wenn Sie nicht sicher sind, schätzen Sie so gut wie möglich.

☐ bis 1.000 Euro	☐ 1.001 bis 1.500 Euro	☐ 1.501 bis 2.000 Euro	☐ 2.001 bis 3.000 Euro
☐ 3.001 bis 4.000 Euro	☐ 4.001 bis 5.000 Euro	☐ Mehr als 5.000 Euro	
☐ Weiß nicht	☐ Möchte ich nicht beantworten		

Alltag und Lebensführung

15. Im Folgenden geht es ganz allgemein darum, wie man seinen Alltag gestalten kann. Bitte geben Sie jeweils an, ob die Aussage für Sie persönlich voll und ganz zutrifft, eher zutrifft, eher nicht zutrifft, oder überhaupt nicht zutrifft.	trifft voll und ganz zu	trifft eher zu	trifft eher nicht zu	trifft überhaupt nicht zu
Ich pflege einen gehobenen Lebensstandard.	☐	☐	☐	☐
Ich leiste mir manchmal ein richtig teures Menü im Restaurant.	☐	☐	☐	☐
Es ist mir zu teuer, regelmäßig große Urlaube im Ausland zu machen.	☐	☐	☐	☐
In Kunst und Kultur kenne ich mich allgemein sehr gut aus.	☐	☐	☐	☐
Ich lese gern anspruchsvolle Bücher.	☐	☐	☐	☐
Ich informiere mich umfassend über Politik und Zeitgeschehen.	☐	☐	☐	☐
Mein Leben gefällt mir dann besonders gut, wenn ständig etwas los ist.	☐	☐	☐	☐
Ich suche immer wieder nach neuen Herausforderungen und Erfahrungen.	☐	☐	☐	☐
Selbstverwirklichung ist mir in meinem Leben sehr wichtig.	☐	☐	☐	☐
Es gibt für mich kaum etwas schöneres, als mich in Haus und Heim zu betätigen	☐	☐	☐	☐
Sicherheit und Beständigkeit sind das oberste Gebot in meinem Leben.	☐	☐	☐	☐
Ich halte an Traditionen und Bräuchen in meiner Familie fest.	☐	☐	☐	☐

Sonstiges

16. Gibt es noch etwas, das wir über Sie wissen sollten?

Vielen Dank!

Geographische Handelsforschung

Würzburg, ISSN 2196-5811

Herausgegeben von Maike Dziomba, Sina Hardaker, Elmar Kulke, Cordula Neiberger, Peter Pez, Jürgen Rauh

Schriftleitung: Jürgen Rauh (kommissarisch)

Band 1-17 erschienen bei L.I.S.-Verlag, Passau, Band 18-26 erschienen bei Verlag Meta-GIS-Fachbuch, Mannheim

Band 1: PÜTZ, Robert: **Einzelhandel im Transformationsprozess**. Das Spannungsfeld von lokaler Regulierung und Internationalisierung am Beispiel Polen. 1998, 280 S., 35,00 EUR, ISBN 978-3-936438-48-2

Band 2: HEINRITZ, Günter (Hrsg.): **Die Analyse von Standorten und Einzugsbereichen**. Methodische Grundfragen der geographischen Handelsforschung. 1999, 133 S., ***vergriffen***, ISBN 978-3-932820-12-0

Band 3: SCHRÖDER, Frank: **Einzelhandelslandschaften in Zeiten der Internationalisierung: Birmingham, Mailand, München**. 1999, 196 S., 30 Tab., 19 Abb. 15 Fotos, 3 Ktn., 35,00 EUR, ISBN 978-3-936438-49-9

Band 4: HEINRITZ, Günter und SCHRÖDER, Frank (Hrsg.): **Stadtteilzentren, Ladenzeilen, Ausfallstraßen**. Berichte aus den vernachlässigten Geschäftslagen der Städte. 2000, 132 S., 23 Abb., 1 Foto, 25,00 EUR, ISBN 978-3-936438-50-5

Band 5: HEINRITZ, Günter und SCHRÖDER, Frank (Hrsg.): **Der gekaufte Verstand – Was taugen Gutachter- und Beraterleistungen im Einzelhandel?** 2001, 101 S., 25,00 EUR, ISBN 978-3-936438-51-2

Band 6: POPP, Monika: **Innenstadtnahe Einkaufszentren – Besucher zwischen neuen und traditionellen Einzelhandelsstandorten**. 2002, 162 S., 35,00 EUR, ***vergriffen***, ISBN 978-3-936438-52-9

Band 7: HAHN, Barbara: **50 Jahre Shopping Center in den USA: Evolution und Marktanpassung**. 2002, 192 S., 35,00 EUR, ISBN 978-3-932820-24-3

Band 8: DUCAR, Dirk und RAUH, Jürgen (Hrsg.): **E-Commerce: Perspektiven für Forschung und Praxis**. 2003, 101 S., 25,00 EUR, ISBN 978-3-936438-53-6

Band 9: GOTTERBARM, Cornelia: **US-amerikanische Einzelhandelsunternehmen in Deutschland: Fakten, Trends und Theorien**. 2004, 222 S., 35,00 EUR, ISBN 978-3-936438-54-3

Band 10: SCHELLENBERG, Jörn: **Endverbraucherbezogener E-Commerce**. Auswirkungen auf die Angebots- und Standortstruktur im Handel und Dienstleistungssektor. 2005, 208 S., 35,00 EUR, ***vergriffen***, ISBN 978-3-936438-55-0

Band 11: KULKE, Elmar (Hrsg.): **Dem Konsumenten auf der Spur**. Neue Angebotsstrategien und Nachfragemuster. 2005, 145 S., 25,00 EUR, ISBN 978-3-936438-56-7

Band 12: SALM, Volker: **Einzelhandelsgeographische Beratungsleistungen**: Evaluation ihrer Verwendung in der kommunalen Einzelhandelsentwicklung. 2006, 200 S., 35,00 EUR, ISBN 978-3-936438-57-4

Band 13: KLEIN, Ralf und RAUH, Jürgen (Hrsg.): **Analysemethodik und Modellierung in der geographischen Handelsforschung**. Mit CD-Rom, 2007, 154 S., 25,00 EUR, ISBN 978-3-936438-58-1

Band 14: PÜTZ, Robert (Hrsg.): **Business Improvement Districts – Ein neues Governance-Modell aus Perspektive von Praxis und Stadtforschung**. 2008, 164 S., ***vergriffen***, ISBN 978-3-936438-59-8

Band 15: KULKE, Elmar und PÄTZOLD, Kathrin (Hrsg.): **Internationalisierung des Einzelhandels**. Unternehmensstrategien und Anpassungsmechanismen. 2009, 114 S., 25,00 EUR, ISBN 978-3-936438-60-4

Band 16: ACKER, Kristin: **Die US-Expansion des deutschen Discounters Aldi.** Eine Fallstudie zur Internationalisierung im Einzelhandel. 2010, 268 S., 35,00 EUR, ISBN 978-3-936438-61-1

Band 17: JÜRGENS, Ulrich (Hrsg.): **Discounterwelten**. 2011, 149 S., 25,00 EUR, ISBN 978-3-936438-62-8

Band 18: FRANZ, Martin (Hrsg.): **Lieferketten im Einzelhandel**. 2013, 173 S. mit zahlreichen Abbildungen, Fotos und Tabellen, 25,00 EUR, ISBN 978-3-936438-46-8

Band 19: KLEIN, Kurt (Hrsg.): **Handelsimmobilien**. Theoretische Ansätze, empirische Ergebnisse. 2013, 352 S. mit zahlreichen Abbildungen, Fotos und Tabellen, 35,00 EUR, ISBN 978-3-936438-47-5

Band 20: DICHTL, Tobias: **Eigentümer von Handelsimmobilien als Schlüsselakteure für die Attraktivität der Innenstadt**. Untersucht am Beispiel Würzburg. 2013, 199 S. mit zahlreichen Abbildungen, Fotos und Tabellen, 25,00 EUR, ISBN 978-3-936438-63-5

Band 21: SCHUBERT, Fabian: **Lagequalität, Lagequalität, Lagequalität**. Standortbewertungsmethoden für den Einzelhandel und Lagewertigkeitsveränderungen durch Business Improvement Districts – am Beispiel der Stadt Gießen. 2013, 321 S. mit zahlreichen Abbildungen, Fotos, Tabellen, ***vergriffen***, ISBN 978-3-936438-64-2

Band 22: KULKE, Elmar und RAUH, Jürgen (Hrsg.): **Das Shopping Center Phänomen**. Aktuelle Entwicklungen und Wirkungen. 2014, 165 S. mit zahlreichen Abbildungen, Fotos und Tabellen, 25,00 EUR, ISBN 978-3-936438-70-3

Band 23: WIELAND, Thomas: **Räumliches Einkaufsverhalten und Standortpolitik im Einzelhandel unter Berücksichtigung von Agglomerationseffekten**. 2015, 304 S. mit zahlreichen Abbildungen, Fotos und Tabellen, 35,00 EUR, ISBN 978-3-936438-73-4

Band 24: FRANZ, Martin & GERSCH, Inka (Hrsg.): **Online-Handel ist Wandel**. 2016, 183 S. mit zahlreichen Abbildungen, Fotos und Tabellen, 25,00 EUR, ISBN 978-3-936438-78-9

Band 25: DANNENBERG, Peter; WILLKOMM, Maximilian und ZEHNER, Klaus (Hrsg.): **Einzelhandel in Deutschland**. 2017, 192 S. mit zahlreichen Abbildungen, Fotos und Tabellen, 25,00 EUR, ISBN 978-3-936438-92-5

Band 26: STEIGER, Markus: **Multiagentensysteme zur Simulation von Konsumentenverhalten**. 2017, 243 S. mit zahlreichen Abbildungen und Tabellen, 25,00 EUR, ISBN 978-3-936438-93-2

Band 27: MONHEIM, Rolf: **Innenstadtintegrierte Einkaufszentren**. Chancen und Risiken für eine nachhaltige Stadtentwicklung. 2019, 385 S. mit zahlreichen Abbildungen und Tabellen, 25,00 EUR, ISBN 978-3-947475-14-8

Band 28: NEIBERGER, Cordula; PEZ, Peter (Hrsg.): **Einzelhandel und Stadtverkehr**. Neue Entwicklungstendenzen durch Digitalisierung und Stadtgestaltung. 2019, 168 S. mit zahlreichen Abbildungen und Tabellen, 29,80 EUR, ISBN 978-3-95826-112-9

Band 29: GUTH, Denis: **Zur Sicherstellung der ‚Verträglichkeit' innerstädtischer Einkaufszentren** - Raumbezogene Diskurs- und Kalkulationsordnungen am Beispiel der Mainzer Innenstadt. 2020, 248 S. mit zahlreichen Abbildungen und Tabellen, 29,80 EUR, ISBN 978-3-95826-130-3

Band 30: SONNTAG, Christian: **Wie kommen Obst und Gemüse in Supermärkte im Globalen Süden?** Supermarktexpansion und Liefersysteme/Intermediäre für Frischeprodukte in Kenia und Tansania. 2021, 216 S. mit zahlreichen Abbildungen und Tabellen, 32,90 EUR, ISBN 978-3-95826-170-9

Band 31: APPEL, Alexandra; HARDAKER, Sina (Hrsg.): **Innenstädte, Einzelhandel und Corona in Deutschland.** 2022, 238 S. mit zahlreichen Abbildungen, Fotos, Tabellen, 30,90 EUR, ISBN 978-3-95826-176-1

Band 32: HERB, Christopher: **Restrukturierung von Wertschöpfungsketten in der Digitalisierung**. Eine Analyse der deutschen Schuhbranche vom Hersteller bis zum Konsumenten. 2022, 284 S. mit zahlreichen Abbildungen, Fotos, Tabellen, 34,90 EUR, ISBN 978-3-95826-186-0